大型传记报告文学

芙蓉骄子

——听"历史"讲述："袁老"家的国事家事

李文庆　著

中央文献出版社

题 注：

　　"芙蓉国"，湖南的别称，因晚唐诗人谭用之"秋风万里芙蓉国，暮雨千家薜荔村"诗句而得名。毛泽东更有"我欲因之梦寥廓，芙蓉国里尽朝晖"的诗句名扬四海。"袁老"即中国共产党湖南籍早期领导人之一、老一辈无产阶级革命家袁任远。袁家有夫妻长征、父子长征、两代将星、全家革命、三代共产党人的动人故事，书名故称"芙蓉骄子"。至于"袁老"之称谓，实为战争年代的一句戏语，与主人公年龄无关。

目　　录

国事篇　时代洪流弄潮去

一次 "红色考古" 之旅

（作者自序）

　　一个难题。

　　2011 年初夏，我接到了为原中共中央纪律检查委员会副书记、中顾委委员袁任远（"袁老"）及其一家写传记的邀约。平心而论，这事儿对我原本不难，毕竟数十年军旅生涯，对此类题材很熟悉且多有涉猎。况且这部传记的主人公的故事历史分量重，涉及面广，内容丰富，也很有 "写头"。

　　但这一次，我却有一种莫名的压力。首先，这部传记的传主很多（主要传主有七人，全部人物加起来多达十余人），按说资料应该很丰富。然而，传记中 "夫妻长征、父子长征、两代将星" 的 "主要亮点" 人物皆已去世多年。其次，袁老及其家人素来为人低调，除袁老有一本 "写给自家人看" 的薄本自传，其他没有任何影像资料，历史图像和文字资料少之又少。第三，当今时代，人们对于 "红色传记" 的阅读热情，较之过去更为理性，阅读要求大为提高。也就是说，只有故事好，有特色，有阅读快感，有思想深度，又有时代感的传记作品，才会受到读者的青睐。而我面对近乎 "无米" 的状况，能否做出 "色、香、味俱佳" 的上品呢？我感到这部作品很不好写。

　　但我最终还是决意要写，而且决意要把这部作品写好。理由也有三：

　　首先，身为"50后"，我亲身经历过那"火红的年代"，对"抛头颅，洒热血"的前辈们既熟悉又怀有深深的敬意。我写过中共一大代表"王尽美、邓恩铭"；保卫边疆、建设边疆、献身边疆的"王震和他的战友们"；长征队伍中的"红小鬼"群体；延安中央管弦乐团指挥、"中国交响乐之父"李德伦；"打死不投降、饿死不向组织伸手的"侦察英雄刘玉阶；《长征组歌》作者唐诃；写出《党费》、《七根火柴》等名著的王愿坚；还写过引发中国"菜篮子革命"的王乐义、"当代保尔"刘琦等各类英模人物。记录他们的光辉业绩，作家有这个义务。

　　其次，我认为今日中国之繁荣和强大，源于我们的前辈们打下的政治、经济和精神层面的坚实基础。当实现"中国梦"成为全中国人共同心愿的时候，须知要实现"中国梦"，首先要有具有中国气派、中国特色的"精气神"！前辈们之所以能够在满目疮痍的废墟中，托起"喷薄欲出的一轮朝阳"，就在于他们身上都具有一种坚定信仰和不怕牺牲、不怕艰苦，"要压倒一切敌人，而决不被敌人所屈服"的"精气神"。传承前辈们的"中国精神"，为实现"中国梦"尽一份力，作家有这个责任。

　　第三，作家也必须有自己的"精气神"。"有条件要上，没有条件创造条件也要上！"这是"铁人王进喜"的话。"有资料能写，没资料、缺少资料想尽办法也能写！"历史总会以各种方式留下痕迹的。我决意像考古人员那样，沿着先辈们走过的地方，去找寻和挖掘袁老及其家人的哪怕为数不多历史足迹，期望从中发现、整理我的传主们曾经的战斗历程和业绩，进而发现和探究具有现实意义的有关中国、中国革命、中国共产党人的"DNA"。

故此，我把这次创作过程，称为"红色考古"之旅。

是年深秋，在相关部门安排下，我们采访组一行开始了"抢救性发掘"之旅，从南到北，从东到西，上山下乡，行程数万公里。苍天不负有心人。一路下来，我们果然在袁老及家人曾经生活和战斗过的地方，在尘封已久的历史史料中，在数十位期颐之年的亲历者及知情人的那里，甚至在大街上偶遇的村妇口中，听到了许多零零散散、鲜为人知、口口相传、鲜活生动、动人心魄、发人深思的故事。这些已经沉入人们记忆深处的"碎砖片瓦"，经过时光和岁月的洗涤和磨砺，如同出土文物，铅华洗尽，艳丽不再，完全以"本色"示人，而我却在其中逐渐看到一座斑驳朴拙、"大写意"般的"记忆大厦"。

"古人不见今时月，今月曾经照古人。"当我把这些历史的"碎砖片瓦"聚在一起、捧在手上，就好像走进了百余年前那硝烟弥漫、风雨如磐的岁月；又好像置身于一片片遗落在人间的"红色星光"之中，虽稀疏却倍觉温馨。面对这些珍贵的"红色遗存"，我不想、也不敢轻易触动，在"稍加标注"和归类后，原封不动的"陈列"给广大读者。至于人们在观看这些"红色遗存"时，是否会有所触动，有所思索，心中的疑惑能否得到一点儿解答，那就是见仁见智的事了。

主要人物表

袁任远，原中共中央纪律检查委员会副书记、中共中央顾问委
员会委员

袁意奋，袁任远长子，原海军装备技术部政委（正兵团职），
少将军衔

袁意渊，袁任远次子，原广州铁路局离休干部（副厅级）

袁碧宇，袁任远之女，原长沙工商银行员工

袁意滋，袁任远幼子，原空军第一研究所副所长，大校军衔

吴晓梅，袁任远的结发妻子，一位"为革命尽力"的湘西北妇女

周雪林，袁任远的红军妻子，原青海省邮电管理局副局长

常玉英，袁意奋之妻，原中国科学院水生研究所人事科干部

李翠花，袁意奋未成婚的妻子

金云汉，袁意渊之妻，原广州铁路局长沙电务段职工

郭爱民，袁意滋之妻，原解放军总医院护士长

袁意奋子女：袁向宁（女）袁新海（女）袁海鹰　袁海俊

李翠花养子：袁谋奇

袁意渊子女：袁大新　袁金霞（女）

袁碧宇子女：连伟历　连伟英

袁意滋子女：袁春（女）袁源（女）

袁谋奇之子：袁慧煌，袁家重要知情者和革命文物保护者

国事篇　时代洪流弄潮去

敢于直面时代是勇敢者。

善于研判时代是思想者。

能够真正走在时代前列是成功者。

何以走在时代前列？识时务者。古人云：识时务者为俊杰。每个时代都有其特定的"时务"，洞察"时务"，既要有先天聪慧，更非勤于学习、善于思考和肯于实践所不能。

时代对每一个人都是公平的。共处同一时代，命运天壤之别，这里面最重要的因素是"人"。有志成功者，不惧时代风雨。

这并非笔者的"真知灼见"，而是我从我的"主人公们"身上看出的一点点儿"门道儿"。

第一章　少年志凌云

　　我的"主人公们"或是无产阶级革命家，或是爬雪山、过草地的红军战士，或是出生入死、身经百战的战士，或是为共和国的建设和发展做出过贡献的共产党人，他们的事迹为时代所赞誉，他们的人格备受尊重。对于今天的人们来说，在了解前辈们的"伟大"和"光荣"的同时，多听听他们的"人之初"或许更有意味和启迪——

（一）袁任远出生在"不寒而栗"的时代

　　"我原名袁明濂，一八九八年农历四月生于湖南慈利县三官寺镇"[①]（现为三官寺土家族乡）。这是袁老在他的《征途纪实》中的第一句讲述。

　　"一八九八年"的慈利县是个什么样子呢？

"五十里路走不出一家田"

　　"20世纪初期的慈利县是湘西北一个地广人稀、耕地较少、经济文化比较落后的农业县。"

---

　　① 袁任远：《征途纪实》，湖南人民出版社1985年1月版，第1页。

3

◎绵延不断的慈利山区

"……生产力水平低。水稻亩产不过100多公斤，棉花亩产只有10公斤左右。"

"……1922年全县78921户，家有万缗以上财产的只有271户，占总户数的2.7%。'朱半县'，'余半街'的民谣比较真实地反映了当时财富过分集中在少数地主、豪绅手里的情况。官僚地主朱劝益的子孙有8大庄园，号称'朱八堂'，每堂有良田5000多亩，每堂收租8000担。"[1]

当时的慈利不仅生产力低下，而且大部分农田集中在大地主的手中。当地民间曾有"五十里路走不出一家田"的说法。

国民政府收税就像"即时贴"

在地主剥削农民的"基础上"，那时国民政府是怎样一番

---

[1]《中国共产党慈利地方史》（1921-1949），中共慈利县委党史研究室编，2005年7月版，第7页。

"作为"呢？

"田税、地税、烟税、门牌税、屠宰税、祠堂税、庙宇税、桐茶税、场期税、懒汉税、人头税、道关税、落地税、烟灶税、军养税、草鞋税、货物税、厘金所得税、牙税、契税、地价税、土地增值税、房捐、烟灯捐、船捐、鸟枪税、打岩税、谷种税等，还有田赋三征，田赋附加，一两赋银最多加到30元，并超征过16年。"[①]

名目繁多，多重收税，即时征收，超前征税，现炒热卖，随意征税。纵是"千手观音"，也难以应对国民政府的"不断挖掘"。

百姓的生活百态

这样的"时代"里，百姓生活又是如何呢？《慈利县志》载：

"劳农汗血，节衣杀食，十年回溯，供之于高额之赋税，供之于窃发之盗贼，供之于外强中干、有名无实之新政，乃犹未已也。军队割据，星罗棋布，三家之村，五都之市，任去敌远。且非战时，莫不有形形色色之旌旗影，与零零碎碎警夜之叱咤声。以军之强势，临民之弱形，鱼肉既贯，耗蠹无艺。鸡鹅果蔬，取

◎1919 年的袁任远

---

① 《中国共产党慈利地方史》（1921-1949），中共慈利县委党史研究室编，2005 年 7 月版，第 8 页。

唯所欲。名之买军米，而给仅半价。名之日筹借饷而实等没收。年年岁岁，天长地久……"①

这段"写照"写于上世纪20年代，半文言文有些不太好读，但是如若细细品味，会发现这段不太长的文字，却是生动形象、人木三分的勾画出当时的社会百态。

旧中国的"三权鼎立"

"想当年"的慈利，族权势力很是强大。"慈利的姓氏有300多个，人数较多的家族都有宗祠。……民国初年，慈利有宗祠279个。按照族规，族中弟子行为不轨或忤逆父母者，族长开祠堂当众申斥、体罚、甚至处死。"②

"神权方面，当年慈利"佛教、道教、天主教、基督教及其他异端邪说遍布城乡各个角落。……民国初年，比较大的寺、观、庙、庵等368处，……加上各地的土地庙之类，全县有数千处。"年节吉日，春去冬来，百姓们诚惶诚恐，小心敬奉和供养，得到的回答却是："命中只有八合米，走遍天下不满升。"③

还有，夫权。

"妇女受到的压迫更重。不仅要遵从'三纲五常'（君为臣纲、父为子纲、夫为妻纲和仁、义、礼、智、信），而且还要做到'三从四德'（未嫁从父、既嫁从夫、夫死从子，妇德、妇言、妇容、妇功），以及女儿经、孝经、家训等，还立

---

① 吴恭亨：《慈利县志》1923年印，卷八，财政第四，第1页。
② 《中国共产党慈利地方史》（1921-1949），中共慈利县委党史研究室编，2005年7月版，第9页。
③ 《中国共产党慈利地方史》（1921-1949），中共慈利县委党史研究室编，2005年7月版，第10页。

节孝牌坊，慈利县城的节孝祠里仅清朝的就有184个牌位。"①

国之不治，匪祸横生

国家管理不善，民间疾苦不断。"想当年"的慈利还有更直接的祸患——匪祸。

赵健（慈利县接待办）："当时慈利县和桑植县，匪患严重是出了名的，土匪头子张沼吴、朱疤子、周矮子，他们动不动就把这个人头拎来，抓那个人头要钱啊！据说把当地人害的要死，很多人都恨不得吃他们的肉，刮他们的骨，让他们永世不得超生，后来好在都被镇压啦！"

袁谋奇（袁老的孙子）："我们家老屋的后面有两个山坳，土匪经常从那里窜出来。所以村民们就在山坳口那里站上人，只要发现土匪，就在那里摇晃树干发出信号，村里的人就赶紧跑掉。"

这听上去很像"消息树"的办法。

近代以来，由于社会控制的严重削弱，慈利一带的土匪种类逐渐变得繁多起来，各种各样的角色，光怪陆离。

像张沼吴、朱疤子、周矮子之流，他们无恶不作，扰乱社会秩序，危害人民生命财产，长达数十年。仅"朱疤子"一帮就有3000余人，活动于石门、慈利一带，曾在半年内残杀群众400多人。直至1950年才被剿灭。电视连续剧《乌龙山剿匪记》中的匪首田大榜的原型——姚大榜，也是湘西著名的一代积匪。

除了"人祸"，还有天灾。

---

① 《中国共产党慈利地方史》（1921–1949），中共慈利县委党史研究室编，2005年7月版，第10页。

据《慈利县志》记载：从袁老出生到新中国成立的 50 年间，慈利县共发生 15 次大水灾、7 次大旱灾、5 次大虫灾。平均两年就有一次大的自然灾害……①

这日子，这时代，别说身处其中，连听听就让人不寒而栗。

◎袁任远旧居

袁老先祖，"出狼窝入虎口"

"祖籍江西吉安。元末明初，朱元璋和陈友谅大战鄱阳湖，我的祖先为了躲避战祸，从吉安迁到湖南慈利定居。"②

袁老说，先祖为"躲避战祸"而迁居慈利。殊不知这慈利非但不是"避祸天堂"，反而因其地理位置的缘故，却是名符其实的"战乱热土"。据《慈利县志》载：

"慈利是进入湘鄂西的咽喉，地理险要，历来是兵家必争之地。明初，朝廷镇压慈利州军民宣抚使覃垕和石门土家族首领夏得忠率领的土家族人民起义后，设立九溪卫，长期驻重兵把守。清顺治二年（1645 年），李自成部将占领慈利西北部，

---

① 《慈利县志》，农业出版社 1990 年 12 月版，第 1015–109 页。

② 袁任远：《征途纪实》，湖南人民出版社 1985 年 1 月版，第 1 页。

与清兵相持 5 年。"①

"1840 年鸦片战争后，民国初期，军阀混战。湘军、川军、滇军、黔军及北洋军阀的数十万军队争夺地盘，招兵纳粮，扩充实力，出入于慈利。战事迭起，各种土著武装形成。"

"民国 14 年（1925 年）8 月，川军第二师第九混成旅旅长贺龙任澧州镇守使时，派兵驻慈。之后，戴斗垣、周朝武、陈渠珍等相继驻慈，各种武装势力为争夺地盘，互相残杀，弄得民不聊生。"②

有道是："是福不是祸，是祸躲不过。" 1898 年农历 4 月，伴着火光连连，枪炮声声，袁任远出生了。

◎袁碧宇接受采访

◎袁任远的秘书崔开成接受采访

① 《慈利县志》，农业出版社 1990 年版，第 419 页。
② 曹淑仙：《张家界之神奇的东大门》，中国文联出版社 2011 年 12 月版，第 33—35 页。

◎郭爱民在激情讲述

袁老地主家庭的破落

袁老的父亲叫袁云亭，号尚赤。母亲叫唐玉翠。袁老出生时，家道已经中落。

问：到您爷爷的时候，家境为什么不太行了？

袁碧宇（袁老的女儿）："不是不行。我爸爸是四兄弟。我奶奶生了八个儿子，我爸爸排第六（袁老在家乡被称为六叔）。只有四个成人的。四伯结了婚的，其他的小时候就夭折了。我三伯结了婚没好久，死得啦。二伯结婚也没得好久，也死了。"

"他（袁云亭）有四个儿子啊，四个人分家，这家分几间房子，那家分几间房子，那个土地也就分成四部分啊，把大家分成小家了，各家经营各家。我们家虽然也败了，但败家不败人，还可以——（他们）有的家就败得不成样子。"

"你讲那个房子，一二十间，分成四份，还剩几间哪？"

问：您知道袁老家因为什么破落了吗？

崔开成（袁老的秘书，接受采访时82岁）："这我还真不太清楚。我只知道他是破落地主出身。"

郭爱民（袁老的小儿媳）："我听爸爸（指袁老，下同）讲过，他们老家有吃腊肉的习惯，可是他们也只有过春节的时

◎袁老家后的小山坳，是土匪经常出没的地方

候才吃得到，而且每人只能吃两片儿，算是'打牙祭'（吃一顿有荤菜的饭）。我还经常给他开玩笑，你这'破落地主'！"

鸦片毁了袁家

由于24岁以前一直生活在老家，袁碧宇对袁家的情况比较知情。

袁碧宇："旧社会讲穷三代富三代的，我爷爷有一点财产，分给那些伯伯们的，都抽鸦片不劳而获（挥霍）了。"

"我三伯妈为什么解放的时候成为一个寡妇地主呢？因为我三伯死得很早，他家的土地还没卖掉。"

"二伯死得晚些，也是抽鸦片的。我的那个堂哥哥家庭后来报的是中农，田产都抽没了。四伯呢，也是抽大烟，后来把土地卖的就没得好多了，屋里（家里）有六七个人吃饭呢！我二伯死的时候呢，他只生了一个女孩子，我老喊她大姐姐。"

分家导致家庭破落，这好像有点儿缺乏说服力。但是加上"鸦片"的因素，那就一点悬念都没有了。在殖民地半殖民地的中国，由于吸食鸦片导致家庭破产的例子司空见惯。

袁碧宇："爷爷不信佛教，不信道教，信礼教，信风水。"

袁云亭老先生熟稔风水，可他却没算准自己辛辛苦苦积累的财富，竟然会被"鸦片这个坏东西"一股脑儿"吸"走。

"杀年猪舍不得吃肉"

湘西北土家族有杀年猪和吃"刨汤"（吃刨汤又叫吃杀猪饭）的风俗习惯，每年从农历十月起到腊月止便是土家族宰杀年猪的季节。

袁碧宇："过年杀年猪，要交五块钱的税（屠宰税）。一年喂两次（头）猪，头一个养大了卖出去，换点钱；第二个喂到冬天杀年猪。杀猪要请人，自己杀不了。杀猪以后要交税，还要买盐，那个时候盐很贵，（花钱）都还是从猪身上打主意。腊月里杀一头猪，做成腊肉几十斤肉吃一年。自己舍不得吃唻，来个亲戚，请人做事啊，就这样子。"

问：养不养鸡？

袁碧宇："养鸡。养鸡下蛋也是这个样子，来人呐，请人做事啊，谁家生孩子啊，做生日啊，送几个蛋呐……自个儿吃得很少。"

问：干活很累，好东西舍不得吃。

袁碧宇："那是，舍不得吃。"

"种田的没饭吃，织布的没衣穿"。这是感叹当时民不聊生的俗语。这里还要加上"杀年猪的舍不得吃肉，养鸡的舍不得吃蛋"。

袁云亭每日"手不释卷"

问：袁云亭是个什么样的人？

袁碧宇："我爷爷这个人，一天抱着一本书，就是看书，也不管别的事。你要说爷爷，有一课书认不得，他就告诉你，

◎流经袁老故居前的索水溪

他就这个样子。"

　　袁老先生知书达理，在家庭破落的境况下，把"诗书传家"的民族传统传承下来，也实在不容易。

　　袁碧宇："他穿没得穿得好，吃也没得吃得好，就是跟着大家伙儿吃啊。过生日七十几岁了，我们乡里还是尊重他喽，在我们家里，我们就管，在他们（其他儿女们）家里，他们就管。那时候，爷爷在三伯妈屋里住三天，再到我们这里住三天，再到四伯伯屋里住三天。"

　　问：每家住三天？

　　袁碧宇："三天。这叫'轮供'。我二伯伯屋里的财产呢，因为我那个大姐还没成家，四伯伯的儿子接到二伯伯屋里（继承财产）了。'轮供'还是我们三家，一直到老爷爷去世。"

父亲去世，袁任远千里之外开追悼会

　　问：还记得爷爷去世的情况吗？

　　袁碧宇："我记不清喽。大概是一九四几年吧？我三哥一九四〇年去延安的时候他还在。"

　　袁云亭 1944 年冬去世。

　　问：听说袁云亭去世时，袁老还在绥德开过——

袁碧宇："开过追悼会，我有个半寸的相片。我父亲寄回来的。"

柳维和，一个普通的绥德汉子。当年袁老在绥德当专员的时候，两家是邻居。2012 年，接受我们采访时，90 岁的他还记得当年参加袁老为父亲开追悼会的情形。

柳维和："袁老家里父亲没了，他开追悼会，在绥德开追悼会，我们都参加（追悼）会去了。王震啊，三五九旅的那些领导，也都去了。"

袁老一生行事谨慎。然而，当有破落地主身份的父亲去世时，身为共产党的绥德专员，竟为父亲举办了追悼会，并有众多高官和群众前来吊唁。在那个年代这举动可是"超大胆"，足见袁老对传统孝道的尊崇。

母亲去世，袁老近在咫尺未能诀别

袁老的母亲于 1934 年 12 月去世。

问：你的奶奶活了多大岁数？

袁碧宇："那时她就八十多岁了，我也搞不清。我父亲到大庸的时候，奶奶就病了。父亲没得回来，没几个月，我父亲长征以前，奶奶在老家过世了。去世前，父亲回来过一次。我只记得奶奶好老噢，她天天晒太阳，太阳走到哪里，她就在哪里晒太阳。"

袁碧宇记忆稍有误差。其实，母亲去世前，袁老没能回家。

袁任远："（一九三五年）四月底，我军主力进到慈利县的江垭、象耳桥、杉木桥一带活动，一面调动敌人，寻找战机；一面开展群众工作，筹粮筹款，扩大红军。到江垭后，军委分会令我带十六团到三官寺去开展工作，我才有机会回到了阔别九年多的家乡，见到了年迈的父亲。我的母亲在两个月前

（实为四个月前）已去世。我在大庸时，就听说她病重，因工作紧张，未请假回家探亲。这次回家，她已离开人世，未能见上一面，只能在坟前默哀了一会。当时，我虽抑制住了哭声，但眼泪却夺眶而出，无法控制。"①

父亲去世，袁老不能回家送终。母亲去世，他近在咫尺竟也没有"临终关怀"。"母亲在里头，他在外头"，相对无语，泪洒双颊。

◎湘西土家族住房

"跟潮流，剪辫子"，袁任远被"忽悠"了

袁任远："辛亥革命前，我七八岁时，就听大人说过有关孙文、黄兴的革命党闹革命的事。湖南独立后，各省申讨清政府的檄文很多，有些就张贴在三官寺的街上，我喜欢去看，心里为皇帝的垮台和革命的胜利感到非常高兴。"②

一个七八岁的小孩，好看热闹，这是常事。可是跑几十里路到镇上看檄文，还居然对"革命的胜利感到非常高兴"，这

---

① 袁任远：《征途纪实》，湖南人民出版社 1985 年 1 月版，第 97-98 页。
② 袁任远：《征途纪实》，湖南人民出版社 1985 年 1 月版，第 1-2 页。

算不算"革命的天赋"不好说，但袁老深受时代氛围的熏染却是不争的事实。

面对时代的巨大变迁，少年袁任远有些莫名的亢奋，他与兄弟们"走在了时代的前面"。

袁任远："特别是我的一位在慈利县小学堂读书的远方叔父，寒假回家，动员我们剪辫子时，我们兄弟都热烈响应，并分别同村里的青少年到各村去劝人剪辫子，也有不愿剪的，我们说，留辫子是清朝的风俗，现在清朝灭亡了，还留辫子干什么？我们这个乡的人，只七八天时间就把辫子全剪光了。"

"但辛亥革命的胜利成果很快被袁世凯所篡夺，全国人民仍然处于水深火热之中。"①

尽管"袁任远们""为革命胜利感到高兴"，尽管他们也跟着时代潮流"剪了辫子"，可随后的一切，依旧是地主恶霸、兵匪盗贼的天下，劳苦民众依旧劳苦不堪。甚至如"九斤老太"所说，"一代不如一代"②。这让"熟稔历史"的袁任远非常气不过，次年，他有了一个大举动——

◎江垭古渡口景色　　◎江垭古渡口石阶

① 袁任远：《征途纪实》，湖南人民出版社 1985 年 1 月版，第 2 页。
② 鲁迅：《呐喊·风波》，人民文学出版社 1981 年 1 月版，第 468 页。

百年渡口的"惊诧"

袁老 14 岁考上慈利中学。那时候，从株木岗村到慈利，需要先到三官寺，再从镇上到江垭乘船去县城。2012 年 12 月初，我们来到江垭，寻找袁老当年乘船外出的古渡口。中午时分，江垭正逢大集，街上熙熙攘攘，我们一时找不见古渡口的位置。

一路打听，我们来到一个小街巷口，恰好遇到一个三十多岁的妇女，我们随口一问："请问这位大姐，去江垭的古渡口怎么走？"

这位年轻妇女回身一指："往里面去就是。你们找谁？"

我们回答："我们找一个很久以前从这里出远门的人。'袁任远'这个名字，您听说过吗？"

"袁任远，三官寺的嘛！那时候他就是从这里坐船走的。"

这位妇女一言既出，令我们惊诧不已。袁老 1912 年从这里乘船出行，距今年整整 100 年了！100 年前有一个 14 岁男孩从江垭乘船外出，怎么到今天还会有人记得这事儿呢？！

我们打量着这位年轻妇女，她的言谈话语和气质，看不出有与文化或相关职业沾边的样子。我们带着满脑子的问号，往江边走去。

很快，我们来到江边，看到有一条旧石板铺成的石阶通往江边，石阶的尽头有一个窄窄的石板平台，这大约就是当年所谓的古渡口"码头"了。渡口边的繁华街市早已荡然而去，唯有一条细长的街道和稀稀拉拉、绝达不到百年历史的临街小房。我们沿着石阶而下，看到有一个比刚才那个妇女年纪稍轻的女人正在"码头"上洗衣服，见我们几个陌生人在这里东张西望，指指点点，她有些兴趣。

"你们在找什么？"那女人主动问道。

问：这里是古渡口吗？

年轻妇女："是的。你们是干啥子的？"

问：我们在找一个100年前从这里出远门的人，叫袁任远，您——

我们的问话还没出口，那妇女就已经作答了。

"袁任远啊，知道。他就是从这里坐船去闹革命的。那边学校最大的树底下，还有他搞革命活动的地方唻！"

这让我们再次感到"惊诧"！前后两位年轻妇女都不到40岁，却都熟知袁老一百年前曾经从这里的革命活动，尤其记得袁老就是从这里上船，这让我对"岁月无痕"的说法陡生疑惑，站在袁老曾经走过的石阶上，心中有一种说不出的感慨。

从江垭百年前的古渡口朝远处眺望，但只见群山层峦，索水和娄水分别从绵绵薄雾中流出，在山脚下交汇，使得娄江水面猛然宽阔了许多，也平静了许多。江水两岸郁郁葱葱，具有湘西北特色的民房和现代化建筑间或闪现其中。古渡口上游有一处温泉，过去当地老百姓每逢冬季不分男女，都要到这里洗温泉泡澡。而今，这里已辟为旅游休闲胜地。古渡口近旁有一座跨江吊桥，整个山水景色形成了一个别致而有地域特点的景观。

"人过留名，雁过留声。"我看着周围的景色，心里一直想着那两个年轻妇女的回答。袁老，您在古渡口石阶上留下的"脚印"居然历经百年而不消失，厉害呀！我这里内心正在"翻江倒海"，陪同我们采访的张家界市委党史办的杨慈安主任，突然问道："这里有一副对联，想不想听听？"

"对联儿，谁写的？"我当即表示有兴趣。

18

　　杨主任并没有回答作者是谁，而是先读起对联："二龙戏江垭，搅乱世上凡夫心；一泉入洞庭，煮沸天下忘情水。"说完了，他以一种颇具几分神秘的表情看着我。

　　我不太擅长作联。杨主任说的这副联，很符合眼前的景色。他的表情让我多有期待，莫非是……我猜不出来，就再次问他，这副联的作者是谁？杨主任回答，这副联的作者就是他(杨主任是湖南省作协会员)，是他前不久参加这里一家企业的笔会而即兴创作的。

　　"绝对儿，绝对儿——"大家嬉笑一番。

　　我还想着刚才那两位妇女的话，心里也试着诌了两句："扁舟别江垭，远寻救国光明路；战士返故园，红旗漫卷溇澧风"。怕被人笑话，这联我没敢说出口。

◎在慈利中学寻找父亲的足迹

◎袁碧宇与袁家后人袁新军在袁老曾经就读的学校留影，他们身后的水杉树就是袁老回母校时亲手栽种的。袁新军现为慈利四中教务处主任。

上中学，袁老砸了学校的大挂钟

袁老读书的慈利中学，现为慈利第四中学。在这所学校的简介中，有这样一段文字：

"慈利县第四中学的前身，是1906年（清光绪32年）2月由著名南社诗人吴恭亨创办的慈利县立高等小学。1912年（民国元年）8月扩建为县立中学，1981年7月改名为慈利县第四中学，老前辈袁任远、张沈川、卓康宁等都是从这里走上革命道路的。"

进入这样一所名人所办、具有现代观念的学校读书，自然会接触到更多新思想、新观念。《慈利中学档案404号》记载：

袁任远"进中学后，开始接受一些西方资产阶级的民主思想。有正义感，对一些不公允的事，常抱不平。有一次，学校对一学生处理不公，悬牌记过。他和另两个同学在一气之下，撕掉了学校的布告，砸毁了记过牌。结果，受到了学校的严厉处罚。三个'闹事者'中，两个被学校开除，因他是班上年纪小的，只给了记过处分"。

袁老自己还记得一件事：

袁任远："例如学校有条规定，上课不准迟到，学生如若迟到，老师就在名册上打点点，准备以后扣分，但老师却常常迟到，无人过问。我们非常气愤，说老师既然可以不遵守规定，学校还要挂钟计时干什么？于是我们就把学校的大挂钟给砸了。"①

近代以来，湖湘人才辈出，陶澍、魏源、贺长龄等经学主变派的学风，影响了整个湖湘思想界。曾国藩、左宗棠、谭嗣同、黄兴、蔡锷、陈天华、宋教仁、谭延闿、杨度等精英群体的出现，想必对少年时代的袁任远，也会产生潜移默化的影响。

事实上，慈利中学的四年，确实是袁老"思想起飞的时期"。

（二）袁意奋，还没出生就"被盯上了"

这话绝非搞噱头、"博眼球"，而是确有此事。

袁碧宇："小时候我听我妈妈和三伯妈讲，我三伯妈要早要儿子的话，应该是我四伯、五伯他们的孩子。但是我三伯妈也比较精明，听说我三伯父去世的时候，我父亲只有八岁。她（三伯妈）就讲，我要等着他（袁任远）的儿子。结果我父亲十八岁结婚，第一个孩子是我大哥袁意奋，（后来）就过继给我三伯妈抚养。"

"大哥小时候很能干，他为三伯妈种田，下井淘水，被三伯妈看上了。"

---

① 袁任远：《征途纪实》，湖南人民出版社 1985 年 11 月版，第 3 页。

因为父亲人品好，袁意奋出生前就被三伯妈"预定"，这才叫名符其实的"命里注定"。

◎袁老故居的水窖

父亲变成了"六叔"

袁碧宇："我大哥呢，我比他小九岁。他参军的时候我才只有八九岁。小时候记得他下井把井水掏出来。读书也很上心。他过继给了我三伯妈。我三伯妈和我三伯父结婚没得几年，我三伯父就去世啦。那个时候农村里你要没得丈夫，要守节吧，要有子嗣。"

"在乡里，没得儿子是不能继承财产的，家里再优裕，女儿是不能继承财产的。所以四伯伯两个儿子，就过继一个给二伯。我三伯不在啦，三伯妈就把我父亲的大儿子过继过去了。"

"因为她（三伯妈）守节、守寡。我大哥就是我三伯妈养大的。后来，我到北京去的时候，我大哥还叫我父亲'六叔'。到后来，才依着孩子们喊'爷爷，奶奶'。"

意奋"抗婚"

古有"英台抗婚"，十五岁那年，袁意奋也有一段"抗婚"的经历。

袁碧宇："由于三伯妈守寡没孩子，所以就要我大哥早结婚、（早）管家。我大哥不肯，就睡在床上不起来，不吃饭，他不想结婚，要读书。我年龄小，就去看笑话，一会会儿看，看他起来没有。一会会儿看，看他起来没有……后来，还是顺利的喽，三伯妈遂了他的心，让他去大庸读书了，后来就参军了。我再见到他的时候，已经是一九五〇年了。"

那年，三伯妈给袁意奋找了个媳妇叫李翠花。由于袁意奋"抗婚"，他和李翠花没有成婚，但李翠花还是"嫁到"袁家来，和三伯妈一起生活了。

◎袁意奋、袁意渊小时候玩耍的地方

17岁，意奋当了"红小鬼"

袁意奋的养母三伯妈叫张菊春。

三伯妈还是深明大义的，意奋不想早结婚，坚持想读书，她就卖了8亩好水田，供他去县城读书。只是她万万没想到，意奋这个"好儿子"一去就再也没回来。

袁老在《征途纪实》中记述了袁意奋"离家出走"的经过：

"第二天，我的长子袁意奋在中学读书，听说我回来了，就跑到大庸来找我。适我去慈利溪口收编游杂武装，他又连夜赶到溪口。回到大庸后，我问他是愿意回家读书，还是跟我一块参加革命，他坚决要参加革命，不回家了。并表示不怕吃苦，不怕牺牲，革命到底。我就把他留下来，住在政治部，看些政治书籍。他于一九三四年十二月参加红军，年仅十七岁。我离开大庸时，他同我一起回到塔卧，接着去教导营学习，以后还同我一起参加了长征。"①

在红军队伍中，未成年的战士被统称为"红小鬼"。笔者曾采访过的"红小鬼"中，有一位长征结束后才9岁。

李翠花差点儿去延安

一个活脱脱的儿子不见了，三伯妈心情自然很焦急。更让她心焦的是她已经给意奋找了媳妇，意奋虽然没有与李翠花"圆房"，夫妻名分是有了的呀！被气坏了的三伯妈几经思考，做出了一个重大决定——

袁谋奇："在这之前，张菊春曾经想了很多办法，（要）把李翠花送到延安去。在国民党乡政府打（开）来的条子（通行证），（当）把这个女的（李翠花）送到株木岗的时候，雨伞被狗子咬坏了——"

嗯?！听说过"狗咬耗子——多管闲事"。"狗咬雨伞——"没听说过。

袁谋奇："（开始）兆头不好，结果只走了十多里路，

————————

① 袁任远：《征途纪实》，湖南人民出版社 1985 年 11 月版，第 93 页。

（又）被袁意奋大伯的同学叫杜泽生的拦住，杜说，'你们胆子真大呀，一个区区乡政府的条子能走过几（个）省啊？'当时还找了四个男人去护送，有人说四个男人带一个年轻女人，路上不太方便，也就算了。"

这位杜泽生同学的话，听上去很有道理，可也不能排除这是他对老同学袁意奋的"一番用心"。

◎袁老用过的镇尺

袁任远的"烽火家书"

明明是一个自己等待多年、亲自挑选的好孩子，现在居然在婚姻大事上"爽约"，眼下儿子唤也唤不回，媳妇送也送不走，使得自己左右为难，难下台阶，一向心胸豁达的三伯妈把气都撒在小叔子袁任远身上。她连续写信，放"重话"斥责袁任远。于是，就有了袁老的"烽火家书"。

袁谋奇："我妈妈（李翠花）是小时候就订婚了的。三伯妈想要她的儿子（袁意奋）早些组成一个家庭。结果儿子去当兵了，（儿）媳妇觉得家庭婚姻可能就不存在了，（三伯妈）就有气，就写信（给袁老）说那些气话。在这种情况下，爷爷（袁任远）写的信。李翠花的父亲叫李屏章。爷爷写信是为了说明问题，提出解决的办法。我记得有两满页，第三张只有两句（话）了，大概三四百字，记得不是很全了。这个信写的是情真意切，真诚感人，是一封难得的家书。"

袁谋奇是袁碧宇的儿子，他为什么又称李翠花为"妈妈"呢？详情后面再讲述。

◎袁谋奇

70年前的长信，袁谋奇全文背诵

采访袁谋奇的第二天，他突然打来电话，说他要告诉我们袁老上世纪40年代写家信的事情。我们很是欣喜，马上约他见面。

在武陵源景区的一座茶楼里，我们再次见到袁谋奇。一见面，我急切地要他拿出袁老的信件来看看，70年前的信件呀，这绝对是文物级别的东西。不料，袁谋奇说他手上没有原件。

这让我们很懵，没有原件，他还能提供些什么呢？

袁谋奇镇定自若，说找不到原件，他可以"背诵"给我们听。

啊，怎么会是这样？我们马上又来了精神。

问：袁老几十年前写的信您能背下来？

袁谋奇："差不多吧。"

我赶紧打开录音机，袁谋奇开始一字一句的"背诵"：

袁谋奇：爷爷的信这样写的：

"三姐（信中袁任远称三嫂为三姐）：来信收阅，甚为欣慰。细读来信，得悉你对我的误解和责备太深。虽然你是在忧伤痛苦之际所说气话，我并不见怪，但我仍有解释的必要。我自幼深受孔孟之道的熏陶，以及良好的家庭教育，具有完美的人格和道德修养，待人处事，与人于己，力求问心无愧。"

"奋儿出来参加革命，是他自主自愿的选择，我完全没有诱骗和逼迫。事实也证明他的选择是正确的，踏上了一条光明大道。至于他的婚姻，我完全没有拆散之意，而是尽其所能，玉成其美。只因时局不好，到处兵荒马乱，交通隔绝，婚嫁已然没有可能，难道，你忍心看到心爱的儿子在回家的路上遭人暗算吗？听到你亲爱的媳妇在出来的路上流离失所的讯息吗？我想，任何一种结局，都是令你无法接受的！"

"然而，男大当婚，女大当嫁。由于战争，延安是提倡晚婚的，男女双方年纪大点都无所谓。所以，我在此声明：解除他们的婚姻，以后男婚女嫁各听其便，互不干涉。既不是因为彼此人品不好，也不是因为亲戚不睦，是因为没有结婚的可能而解除婚约，无所谓不名誉，更无关于不道德，时局所限，实难成全，并请三姐转告屏章兄（李翠花之父），言明事情原委，请屏章兄多加谅解。此后你仍可以把她当做女儿，我亦当做侄女，袁李两家仍可以亲戚关系来往也。"

70年前的家信，如今袁谋奇竟能倒背如流。这让我们既兴奋又惊讶。

袁谋奇："此信自发出后三十八天才收到，因为是国共短暂合作时期，所以信能收到。这封信文情并茂，情真意切，一气呵成，是一封难得的家书，所以我常常品读。"

问：这封信的原件是怎么丢失的？

袁谋奇："这封信在（上世纪）八五年的时候，有一个人要看袁老的一些遗物，我让他看，结果他把中间第二张偷走了，我只有两张了。结果拆屋的时候，剩下的（信）又丢掉了。那封信是横排的。这封信是爷爷写给张菊春的，是（一九）四几年写的，（那时）我还没出生呢。"

问：收到信后，李屏章有什么反应？

袁谋奇："没得听到（李屏章）什么反应。李翠花一直住在这家里，终生没改嫁，活到八十八岁。再就是家里只有三伯妈就一个人，也很孤单，家里还有些田地，条件也可以，最后是两个女人（三伯妈和李翠花）相伴终生。"

问：李屏章为什么没有反应呢？

袁谋奇："李屏章没有反应，因为这封信张菊春在当地没公开，我想她也是不想让我妈妈（李翠花）走，所以当地人对（爷爷写信）这件事没印象。李翠花没有生育。以后我妈妈（生母）离婚后，身边不便带一个'小尾巴'（指他自己），就把我过继给李翠花当儿子了。这是（一九）五四年爷爷（袁老）回来时办的事情。三伯妈（一九）六七年死的，那时候我还没结婚。"

问：这封信您为什么记得这么清楚呢？

袁谋奇："它在我们家那个信箱里。（家里）只有我认字，张菊春啊，李翠花呀，都不识字，我经常看，我看那个信文采很好，情真意切，写得很好，所以我经常欣赏。"

问：你第一次看到这封信是什么时候？

袁谋奇："（一九）五几年，我过继过来以后，才看到的。这封信八几年才（丢）失的，这封信写得蛮好的。"

多亏袁谋奇的"博闻强记"，让袁老这封颇具人文色彩和史料分量的"家书"得以"保存"，也使袁意奋的"婚史"还以清白。

袁老称三嫂为"三姐"

问：袁老为什么称三嫂叫"三姐"？

袁谋奇："三伯妈比爷爷（袁任远，下同）大十几岁。她结婚的时候，爷爷还很小呢。爷爷称她（三伯妈）叫三姐。她（三伯妈）一个人，想过继个儿子组织个家庭，也好享受儿孙满堂的天伦之乐，在社会上也有应有的名誉和地位。"

这事儿发生的早，袁谋奇恐也难以说清楚。或许是袁老的三哥去世早，在袁老眼里，年轻的三嫂更像姐姐吧。

袁意奋进了"红校"

袁意奋参加红军后进了中国工农红军学校第四分校。说起来，这个学校也算是一个"名校"。该校的前身为河西教导队，教导队成立于1931年11月，同年12月，根据中革军委统一军队编制的命令正式定名为中国工农红军学校第四分校。校址初设永新县城考棚（即现在的任弼时中学）内，1932年搬至东里颜氏大宗祠，1934年6月红六军团西征前更名为随营学校，后随军西征。该校前后开办了5期，共培训学员2500多名，是湘赣苏区的军事摇篮，为革命培养了一大批军事人才。

值得注意的是，袁意奋在学校里不是学生，而是当文书。文书虽不是干部，但在军队中，文书必须具备脑瓜聪明、粗通文墨的条件。袁意奋具有初中文化水平，在那个年代，绝对算得上红军队伍中"知识分子"了。

之后，袁意奋的"知识分子路途"继续延伸，他又去了红军第2军团教导大队学习，在那里，他加入中国共产主义青年团，12月转入中国共产党。这期间，他参加了湘鄂川黔革命

根据地的反围剿斗争，以及陈家河、桃子溪、板栗园、龙山战役。后来又参加了长征。

◎袁意奋之子袁海鹰接受采访

"长征路上父子情"

袁海鹰（袁意奋之子）："记得爸讲过长征的时候爷爷与他的一段父子情：'过草地时父子相遇，父亲把自己的一半干粮给了他（袁意奋），还嘱咐他注意保护自己，要坚强。望着父亲那慈祥的目光（袁意奋）自己流泪了，这半袋干粮和父亲的话语帮他坚持走出草地。当时他可激动了'。"

长征路上，干粮就意味着生命。尤其是过草地的时候，红军战士连路上的野菜也吃得精光，很多人就是因为极度饥饿，而倒在了茫茫草地中。袁老把自己的干粮给了儿子，也就意味着他把自己生的希望留给了儿子……

过草地，参谋长舍命救意奋

袁意奋18岁参加长征。当时的职务是红二军团宣传部干事、俱乐部主任。关于红军长征的情况，人们都不陌生。我们这里摘发一篇《人民海军》刊登的文章：

骑上参谋长的马
——袁意奋的长征故事

1935 年，在袁意奋刚参军一年多的时候，长征就开始了。最让他难忘的是过草地时，为了牵制敌军力量，红二、六军团在空气稀薄、荒无人烟的草地上往返走了 4 趟。

当时，袁意奋任红二军团组织部宣传干事，和他在一起并肩作战的还有一位朱参谋长，20 来岁，个子不高，话也不多。

他们每天都是辛苦地急行军，草鞋烂掉了，就光着脚板走。当时朱参谋长对大家很照顾，宁肯步行，也要把自己的战马留给病号或者那些最需要的同志，还总要帮一把快要走不动的人。就在刚进入草地第三天晚上，袁意奋浑身疼痛发冷，朱参谋长说是发烧了，并告诉他说无论如何都不会让战友掉队。第二天行军时，朱参谋长把袁意奋扶到了他的战马上。袁意奋发现朱参谋长也不对劲，脸色蜡黄，平时消瘦的脸庞更加憔悴。多日极度的疲惫和病痛的折磨，使得袁意奋不久就在马背上浑浑噩噩、迷迷糊糊地昏睡了过去。又不知过了多久，袁意奋听见了几声马的长嘶，睁开眼一看，原来不知什么时候他已掉下了马背，那匹战马正在不远处等着自己呢……

傍晚时，袁意奋赶上了部队，集合站队时，他发现又少了很多战友。他到处找朱参谋长，可始终没看到，一阵不祥的预感涌了上来，最后终于找到了一个经常和他们一起行军的宣传员，他说："你不知道吗？朱参谋长已经得疟疾好几天了，早就不行了，今天在途中他就倒下了，现在应该早就被掩埋队掩埋了。"袁意奋一下子呆住了，回过头望着茫茫草地，任泪水肆意流淌，草地无声，只有风声不断呜咽……

（摘自：《人民海军》2006年9月1日。记者：田鸽）

我们遍查红二军团长征资料，也没能确定那位救了袁意奋命的"朱参谋长"的详细情况，是啊，茫茫草地，吞噬了太多红军战士的生命，近80年过去，我们只能和袁意奋一起，深深怀念那位没留下名字的"朱参谋长"……

◎袁意渊接受采访

（三）袁意渊，四岁时"当了土匪的人质"

问：听说袁意渊很小时候就被土匪抓去过？

袁碧宇："家里分家不久，我妈妈还跟爷爷在一起。我爷爷在的时候，土匪总是抓他。一个是他有点钱，再一个我爷爷嘴巴直（率）。有时讲土匪的一些坏话啦，（人家）就要抓他。再一个，为什么我们家没得好多土地呢？我广州的哥哥（袁意渊）被土匪抓去了，我们家那些水土比较保质的田地都卖了（为了救意渊），三哥那时只有四岁，每天跟着爷爷奶奶睡觉。因为爷爷说了土匪的坏话，土匪来抓爷爷，爷爷躲起来了，（土匪）'顺手牵羊'就把三哥抓走了。"

他曾被土匪吊在水缸边

郭爱民："袁意渊被土匪抓去后，曾经被倒悬在水缸边淹水！"

袁意渊："把小孩抓到邻县桑植竹叶坪，交给一个年轻妇女看着，两个月后才赎回家。"

因为父辈的缘故，袁意渊被"顺手牵羊"，"父债子偿"，备受惊吓和折磨。残酷的经历给当时只有4岁的袁意渊留下了刻骨铭心的仇恨，也使得他后来的革命意志异常坚定。

◎当年袁家最好的水田

救子心切，吴晓梅几乎卖光家产

袁慧煌（袁老的重孙子）："我常听老人说，意渊爷爷被抓去后，土匪隔个一两天就送信来，说如果再不交钱取人，就把意渊的手砍下来送来；再过一两天又说要把意渊的腿砍下来送来。把吴奶奶逼得像灶台上的蚂蚁，团团转，七天七夜没休息，没换衣服，没洗澡，饭不思，茶不香……"

儿子被土匪抓走了，作为母亲的吴晓梅心急如焚。她深知土匪一向心狠手辣，做事不计后果。尽管家中一贫如洗，为了救意渊，吴晓梅还是咬牙做出了决定——

袁碧宇："我妈妈把分家时分到的好地一下子卖了！把三哥赎出来了。我算过的，（妈妈卖了）大概有二十亩水田！我妈妈是很爱孩子的——（姑姑说到这儿，不由地伸出大拇指）我记得我妈妈坐船的时候，总是扶着两个孩子，生怕掉进河里，发生危险——"

救子心切，出手果断。后来我们听到的关于吴妈妈的故事，多次证明她是个很坚强的女人。

家里仅靠"雷公田"维生

袁碧宇："卖（好）田以后，家里还有那个远处的山坡田，靠天下雨，下雨田里就有收获，不下雨就没得水。田隔我们家远，是靠天吃饭的'雷公田'，那是我外公留下的。外公原来也是个地主，我妈妈出嫁的时候穷了。我外公在的时候呢，他的土地卖不出去，就给我爷爷讲，把土地卖给我爷爷。'雷公田'不保收，我爷爷看着是亲家喽，（碍于）面子，就把它买下了。分家的时候，没人要啊，这些不好的地，就分给我们家了……"

"好在我三伯妈的田还在，就在门口。打点儿粮食去换（钱和物）啊。（我们家）卖的卖了，当（典当）的当了。（三伯妈家）八亩好田，当出去二百块钱光洋，（也）没得赎回来。"

12 岁，他也想"闹革命"

1934 年，袁意奋找到了父亲并参加了红军。知道哥哥要走，意渊也在家待不住了，尽管他只有 12 岁，可执意要和哥哥一样，参加红军"闹革命"。袁老在自己写的一篇文字中，对此作过记载：

"一九三四年，红军到达大庸时，意奋参加了红军。次子意渊也要求参加红军。他私自出走，离家三十里，被爷爷派人追回。爷爷对他说，'不是不让你革命，因你年幼不能扛枪打仗，等长大了，再去革命'。要他在家学习。这个情况我是知道的。"

激流少年

袁意渊："我一九三七年，十五岁，到常德湖南省立第三中学（旧称省立三中）念初中班。"

湖南省立第三中学于 1904 年建校，原名衡州中学堂。辛亥革命后，改称衡郡联合中学。1926 年，省立三中并入省立三师。省立三中是湘南学联活动的重要阵地。毛泽东、何叔衡、郭亮等曾到该校指导革命运动。大革命时期，中共湘南特委曾设于校内，并在此举办了"农民运动"、"妇女运动"、"农村教育"、"师范"等各种形式的讲习班，培养了众多革命骨干，有力地推进了湘南各县的民主革命运动。

值得一提的是，袁意渊上初中，也是三伯妈买了部分田产资助的。袁家"尊师重教"，人人身体力行。

袁意渊："（我）在学校就参加搞宣传。后来常德遭到日本人的飞机轰炸，学校在炮火中待不住了，就搬到了泸溪，在沅陵附近，当时还是一个小镇子。学校就在那里搭了竹棚子，居住，上课。我那时候喜欢参加文学，宣传，最不喜欢的是英文。那时抗战刚开始，（我）参加了中国民族解放先锋队。"

中国民族解放先锋队，简称"民先"或"民先队"，是中国先进青年在中国共产党领导下建立的抗日救国组织。1936年2月，在中国共产党的领导下成立于北京。在抗日战争中，队员们积极参加抗战。后并入青年救国会。

17岁，袁意渊秘密入党

袁意渊："国共合作的时候，（我）接触了抗战思想，一九三九年，毕业那年，加入了地下党。我（一九）二二年生人。"

袁意渊17岁入党。他的哥哥袁意奋也是17岁入党。哥俩都是名副其实的"老资格"。

袁意渊："当时学校里有秘密党员。单线联系。学校里的党组织情况我不知道。"

"我初中毕业了。参加国民党，不愿意。那个时候共产党员要自己找工作。国民党中央军校招收年轻人，搞什么通讯呐……各种技术人员。我也去看了，看见国民党兵，太不像样了，不想去。"

"那时候我看到了在重庆出版的《新华日报》，就给发展自己加入共产党的李孝梅说，要到延安去。李表示支持，说能接上关系最好，接不上组织关系就重新入党。"

"李孝梅。还有一个人名字不记得了，介绍入党的。记得是在河边上宣誓入党的。学校里的共产党没有公开活动。那时候国民党宣传一个主义、一个领袖、一个政府。"

18岁，意渊也走了一个"小长征"

1940年，袁意渊坚决要去延安参加革命，袁老对此赞赏有加。

袁任远："一九四○年我们将何绍南赶跑后，边区得到了巩固，我们住在绥德，比较安定。过去戎马倥偬，无暇顾及家庭，这时我才与家中通信。不久，就收到次子意渊的回信，说他已在湖南省立第三中学毕业，要求到边区参加革命，但没有路费，希望寄点钱给他。当时由于实行供给制，我没有钱。于是我将这封信给王震看，王同意他来，并由公家汇去一百元作路费。意渊收到钱后，于八月出发，走了一个多月，终于到达西安，找到八路军驻西安办事处。办事处主任林伯渠知道是我的孩子后，就发电报给我，并安排他乘车进入边区。"[①]

对于得知意渊到来时的心情，袁老单独写过一段文字：

"他从老家到西安，为着逃避国民党检查，都是走小路，翻大山，没有乘汽车坐火车，走了一个月多行程几千里，历尽艰难险阻，足证他参加革命有决心，也有勇气。我见到他很高兴，自庆又多了一个接班人。在绥德休息几天后，就送他到地委青年干部训练班去学习，毕业后当小参谋，一九四四年冬随三五九旅南下。"

"无论你在哪里，我都要找到你"

72年后，袁意渊给我们谈起当年去延安的往事，时间、地点、人物、起因、经过、结尾"六要素"仍然很齐全：

---

① 袁任远：《征途纪实》，湖南人民出版社1985年11月版，第130页。

袁意渊："(从常德三中) 回到老家，有个袁晓初，二十多岁，还有一个叫袁波村。我知道父亲在三五九旅，可以找个工作。他们两个人一个是躲壮丁，一个是找出路。以到西安投考刘勘的军校而开了一个路条，到乡政府开证明，证明你不是坏人，出去找工作。"

"一九四〇年八月，(我们) 带着《中国分省地图》，背上衣服，带点钱，踏上了去延安的道路。当时 (我们) 三个人商定，不在国民党反动派下面找饭吃，欺压人民；在路途若被抓壮丁扣留，跑出来后再去 (延安)。当时走路要有路条，我们在乡公所说是找工作或求学开了路条，防止被抓壮丁。"

"再讲定三个人不要走在一起，跟着商人走，少走大路，不进县城，避免麻烦。我们走大庸到桑植，到湖北宜川，到宣恩、利川，由万县 (今重庆万州) 过长江，没有继续西去重庆，于是改向北走老苏区，再经川北 (今重庆) 开县、宣汉、城口到万源，翻越大巴山脉，进入到陕西的紫阳，再经镇安到柞水，再翻越秦岭山脉，经子午峪到达西安。"

袁意渊去延安的路上曾翻越的秦岭，是中国中部东西走向的巨大山脉，主峰太白山海拔3767米，是中国中部超过3000米的少数山峰之一。秦岭的山顶气候寒冷，经常白雪皑皑，天气晴朗的时候，在百里之外也能看见银色的山峰。秦岭地势险要，交通极为不便，古人讲得"明修栈道，暗度陈仓"的故事就发生在这里。"蜀道难，难于上青天"的诗句，也是形容秦岭和大巴山的路非常难走。

有意思的是，袁意渊不但翻越了秦岭，后来还成了这里的"老主顾"，战争年代他曾四次翻越秦岭，这是第一次。

在生活书店找到八路军

袁意渊："（我们）到达西安后，不敢住大店，也没有钱，就住在最便宜的骡马店里。那时，（我们）在西安什么关系也没有。我在街上发现有个生活书店，那时候生活书店都是面向进步青年办的书店。我进去打问：'八路军要人不要人哪？'店内服务员马上告诉我，在西安市东北方向七贤庄一号有个第十八集团军办事处。我一听高兴了，一路小跑赶回骡马店，叫上袁晓初、袁波村赶快去。"

第十八集团军驻西安办事处即八路军西安办事处。1936年4、5月间，经周恩来与张学良商定，中共以"德国医师海伯特牙科医院"的名义，在西安七贤庄一号建立了秘密联络处。1936年12月西安事变后，国共合作形成，这里成为中国共产党设在国民党统治区的公开合法机构——"红军联络处"。1937年7月抗战爆发后，改为"第十八集团军驻陕办事处"（即八路军西安办事处），叶剑英、林伯渠、董必武同志先后任八路军办事处党代表。周恩来、朱德、刘少奇、彭德怀、邓小平、博古、吴玉章、冼星海夫妇等都曾在这里工作、居住。越共中央主席胡志明，白求恩、柯棣华、巴苏大夫，美国进步作家史沫特莱也都曾在此居住过。新中国成立后，这里成为八路军西安办事处纪念馆。

化妆勤务兵去延安

袁意渊："很快，我们三个人就找到办事处。办事处安排我们三个人住在办事处，还发给了一二九师的军装。当时国民党一个警卫团就住在八路军办事处近旁，办事处嘱咐我们千万不要外出，以免被国民党抓扣。后来，为了安全起见，又把我们三个人转移到西安郊区的一个地方。一个月后，办事处备好路条，安排我们跟随去延安送过冬物资的马车队去解放区。我被安排给一个张姓太太当勤务兵，就这样，去了延安"。

"秘密"假党员

袁意渊是 1939 年在学校秘密入党的。可是这事儿进行的太"秘密"了，以至于他到了延安后，没办法证明自己入党的事实。

问：你说你是党员，组织上不信，你怎么办呢？

袁意渊："重新入党啊！"

袁意渊在到达延安的当年，又重新加入中国共产党。"文革"期间，这事儿被翻腾出来，因为这个"秘密"说不清，袁意渊被当做"假党员"，备受批判。

袁意渊："后来，我知道了。介绍我入党的李孝梅，是学校党支部书记。后来他在学校（常德三中）也待不住了，他跑到桂林，桂林有个什么书店。他那时凭一张嘴接不上组织关系。他就想办法考到一个师范学校，加入了民盟，后改名为李向平。在广西师范学校教书。（一九）五七年反右的时候，被打成右派，后来平反。到广西民族学院，在外文系当主任。一个儿子在山东，一个儿子在美国。这人（是）'文化大革命'时期找到的。"

30 年后，袁意渊找到了自己第一次入党的介绍人，"秘密"终于得到证实，戴在他头上多年所谓的"假党员"的帽子，也被摘掉了。30 年间，他也以自己在血与火的革命斗争中的所作所为，证明了自己是一个真正的"真党员"。

袁意渊最后确定参加革命时间是 1939 年。

◎90 岁的苗汝鹬接受采访

延安来了"进步青年"

苗汝鹬，原总参谋部防化学院院长，袁任远在 359 旅时的秘书。2011 年 8 月 16 日，我们在北京采访时，他时年 90 岁。

苗汝鹬："意渊来延安后我与他住一个屋子，他比较进步思想（思想比较进步），（喜欢）看巴金的《激流三部曲》。（他是）进步青年，追求光明，要来（延安）参加革命，要求（袁老）寄路费，袁主任没钱，给王震借，王震批准一百块钱。（意渊到了）西安，（是）林伯渠接待的，拍电报给袁主任。（意渊）趁夜晚出西安，到九旅（即 359 旅）教导营学习，后到参谋训练班，（袁老的这个）儿子很好，意渊后来随部队南下了……"

◎在慈利，袁碧宇连夜接受采访

（四）袁碧宇，十四岁在家"主抓经济"

穷人的孩子早当家。家境不好，父亲和哥哥都参加了红军，身为家里唯一的女孩，袁碧宇这个"掌上明珠"，十四五岁就帮助妈妈挑起全家生活的重担，吃了很多苦。

袁碧宇："十四岁以前，我就跟她（吴晓梅）劳动。铲猪草啦，种菜啦，喂猪啦，有空就学点文化。十四岁的时候呢，我就学织布。为什么学织布呢？常德那个地方日本鬼子来了，有个姓严的师傅，会织布，他到山上逃难到了赵家岗，（离我们家）几十里，办了一个私立学校，教织布啊，织毛巾啊，织袜子啊。我就跟我的堂姐讲，在家劳动实在是太辛苦了，实在做不动。去学织布，织布以后家里经济条件有所改善。"

"我一匹布织四丈，那个时候工钱是四块钱。那真是穷人的孩子早当家呀！织布的纱，还有织好的布，我都是秤进秤出（成本核算），自己当家。我织布，跟男劳力换工。一个男劳力来插秧啊，帮工啊，我给他织一匹布，再给他纺两斤纱。两斤纱换一匹布。纺的好呢，一斤纱就能织出一匹布。这样我妈妈不就轻快些吗？（住的）远一些的人就是现金（拿钱），近一些的人就换工。这样呢，可以贴补家里，家里日子就好多了。"

袁碧宇年纪轻轻就懂得"搞活经济"，她后来进银行工作，绝对是"人尽其才"。

问：这个时候家里还有几个人呢？

袁碧宇："就是我妈妈、我和小弟弟意滋三个人呐。那时候意滋还小，是我帮着妈妈把他带大的。"

袁碧宇1926年生人，袁意滋比姐姐正好小10岁。在中国传统的家庭里，大孩子看小弟妹是普遍现象。

◎1949年袁老与女儿碧宇、儿子意滋在长沙留影

（五）袁意滋，袁家"最早走进新社会的人"

按年龄计算，袁意滋是袁家最早步入新社会的人，14岁那年，慈利县"天晴了"。

曾是家中唯一的"男人"

大哥二哥参加革命以后，家里只剩母亲、姐姐，那边也只有三伯妈和李翠花，意滋这个老幺成为袁家唯一的"男人"。

袁碧宇："他是一九三六年（生）的，算阴历是（一九）三五年的。他小时候读过书，我们家里很困难，每月交好几斗米，家里没得那么多米交学费，后来就不读了。"

书籍是人类进步的阶梯。在袁家，读书永远是"第一要务"。

袁碧宇："那个时候他还小，我记得他每次干活总是弄得浑身是土，活嘛，倒干不了多少。"

一个十来岁的孩子，能干点儿活就不错啦！现在十来岁的孩子在家里是什么状况？当然，今非昔比嘛……

"最早走进新社会"

比起父辈和哥哥姐姐来，袁意滋童年的苦难要少得多。1949年4月20日，解放军百万雄师过大江，国民党军队一路溃退。同年7月，慈利解放。从历史资料看，慈利临近解放的几年，由于全国政治军事形势的巨大变化，袁意滋的生活环境已经较比父辈甚至哥哥们在家的时候，相对好一些了。

袁碧宇："解放以后呢，就到长沙来了，那时他才十一二岁（实际是14岁），我到银行学习，他就上学读书，后来就参军了。我记得他是初中三年参军的。"

1949 年 7 月，慈利解放。这年，袁意滋 14 岁，较比父辈和哥哥姐姐，他成为袁家"最早走进新社会的人"。

1950 年，袁老回湖南工作，意滋跟着母亲和姐姐去了长沙，先是住在父亲家，上学后住校。

1953 年，17 岁的袁意滋参军，到了空军第八预科学校学习，穿上军装，提前结束了自己的青少年时代。

第二章　烽火炼青春

　　青年时代，是人生中最充满活力，最敢想敢干，最富有憧憬，最具创造性的时期。同时，青年时代也是最缺少经验，最容易受外界因素影响，最需要磨炼的时期。

　　每个人都是带着希冀走进青春岁月的。我的"主人公们"也不例外。

（一）袁老的青春岁月：曲折凶险艰苦

　　孟子曰："天将降大任于斯人也，必先苦其心志，劳其筋骨，饿其体肤，空乏其身，行拂乱其所为，所以动心忍性，曾益其所不能"。回首一望，这些，袁老几乎"全赶上了"。

"厌恶坏秩序"，就去考法专

　　1918 年，袁老考上了湖南公立法政专门学校（简称法专），到 1922 年，在校读了 4 年。这段学生岁月，对袁老来说至关重要。

　　袁任远："一九一八年夏，因乡下土匪猖獗，神兵又与官兵冲突，秩序很坏，不能安居，我决心离开家，外出求学。"①

---

　　① 袁任远：《征途纪实》，湖南人民出版社 1985 年 11 月版，第 3 页。

这年，袁老20岁。他告别了家乡，也告别了自己的青少年时代。

"为中华崛起而读书"

"为中华崛起而读书"。这话出自周恩来之口。说这话时周恩来12岁。袁老与周公同龄，巧合的是，他也有"为中华崛起而读书"的自觉。

袁任远："在长沙读书这段时间里，我的思想发生了深刻变化，眼界大大开阔了。特别是我从报刊上进一步了解到俄国革命的一些情况，增长了不少见识，

◎袁任远的青年时代

更激起了我关心世界形势和国家大事的热情。当时，我阅读报刊的兴趣很浓，几乎每天都要到图书馆去看报，从中汲取新的知识，以充实自己的思想。"①

追随毛润之，投身五四运动

袁任远："我入学不到一年，北京就爆发了五四运动，和全国一样，湖南学生迅速响应，很快形成了声势浩大的群众反帝反封建的爱国运动。这次运动，是毛泽东以新民学会会员为骨干发动和组织起来的。当时他在湖南青年学生中已经有很大的影响。在他的领导下，五月下旬召开了各校学生代表会议，

---

① 袁任远：《征途纪实》，湖南人民出版社1985年11月版，第4页。

成立了湖南学生联合会，由商专的彭璜任会长。湖南学联领导长沙各校学生，于六月三日举行了总罢课和开展各项爱国活动。我参加了这些活动，但正式参加学联工作，却是在一九二〇年以后。"①

"杜鹃滴血"，唤醒劳苦大众

传播马列主义，唤醒劳苦大众，这是早期中国共产党人的共同心愿。而早期中国共产党人的革命生涯，几乎都是从传播新文化、开始的。

袁任远："在五四运动的影响下，我们在法专组织了一个革命小团体——醒钟社。参加的人有彭粹孚、蒋兆骧、吴汝霖、黎宗烈、彭亮等十余人。我们一两个星期举行一次座谈会，研究马克思主义，讨论中国革命的形势和出路，还举办了一个墙报，取名《醒钟周刊》。"②

"醒钟"，有敲醒警钟、唤起民众之意。唤起民众，需要做实实在在的工作。来自湘西北贫苦农村的袁任远，深知民众的苦难境地与愚昧无知有关。为了践行"使农民能有接触新文化的机会，以作改造社会的基础"的理念，就有了袁任远从普及教育入手，积极在农村予以实践的超前举动。

慈利中学的档案资料：

袁任远同志组织农村阅报社

袁任远同志是慈利三官寺乡人，原任中共中央纪律检查委

① 袁任远：《征途纪实》，湖南人民出版社 1985 年 11 月版，第 4 页。
② 袁任远：《征途纪实》，湖南人民出版社 1985 年 11 月版，第 5 页。

员会副书记。现任中共中央顾问委员会委员。早在一九二年年，袁老还在学生时期，深感农村教育是一桩重要事情，为"使农民能有接触新文化的机会，以作改造社会的基础"，遂发起组织了"慈利第一农村阅报社"，对社会影响很大。湖南《大公报》与民国十一年二月十一日作了详细报道，现全文转载于后：

慈利有组织农村阅报社者

慈利袁明濂胡夷吾黑痕云开源吴楚良明诚彭粹夫蒋兆骧飞讯等组织第一农村阅报社，订有章程及宣言书。（原文如此）

章程云：

（一）定名　慈利第一农村阅报社

（二）宗旨　本"往田间去的精神"，使农民能有接触新文化的机会，以作改造社会的基础。

（三）组织　除发起人外、凡对于此项事业表同情者，皆可加入组织。

（四）职员　暂定干事一人，负收报及张贴之责。

（五）经费　本社无确定经费，所有各项报纸，皆系私人捐助，故希国内外出版界诸君，时以刊物见此赐

（六）社址　慈利三官寺团防局，通讯处慈利江垭张鼎升号转本社

宣言书云

凡千万的农民中，有几个知道新文化是什么东西呢？这固然是因为识字的人太少，然而那些少数识字的，也依然浑浑噩噩做他的无愧（怀）氏之民。所以任凭那纸上的新文化运动发挥如何唇焦舌敝，对于农民是依然毫无补益的。因此农村教育运动，是现在应有的一桩重要事情。

我们以为农村教育运动，可以分作两部，对于那般不识字的农民，便应该组织农村补习学校。对于少师资的农民，便应该设立农村阅报社，尽先由私人捐送几份报，给他们些微一点帮助，很希望海内外热心的朋友，多多的帮助，这便是我们所最起到的了。

(摘自《慈利县第四中学档案第 404 号》)

◎袁任远出走南洋时用过的箱子

"袁老曾有一箱日记"

作为读书人，袁老有着勤于思考和勤于动笔的习惯。在一次采访中，我们发现了一个没有结果的线索：

袁谋奇："袁老有三本日记，一本是学生时代的日记，记录了他青年时代所处的恶劣的社会环境，比如兵灾水祸。那时候谁有几支枪，几把刀就出来抢啊！"

"这里山多，山洞多，强人多的很，桑植解放的时候，抓起来的这些人集中起来用机枪扫（射）啊！太多喽！对面茅花界山那边，土匪多得不得了！经常翻山来三官寺劫市场，抢民户。"

"还有记录包办婚姻的事情，长沙有人不满包办婚姻，走的时候就跳车（逃跑），有摔死的，有被打死的。袁老就上前干涉。"

"这本日记是纸皮的，中间的纸张周边有红色方块。六八年毁了。我把它放在屋子的角落里，搁在夹层里面，（'文革'中）'破四旧'的时候，抄出来……我不记得是塞到哪个空隙里呀，还是……我拆房子（盖楼）的时候，没发现。多半是抄出来'破'了。还有一本是长征期间的日记，也没有了。"

据说早年曾有人复印过袁老的日记，但目前查无结果。

郭爱民："爸爸曾说，他有一箱日记，因为要上前线，就叫人埋在地下了，回来后再找就找不到了，感到很遗憾。"

一箱子日记！如果保留下来，那将是解读中国社会和中国革命史多么珍贵和有价值的资料啊！

动荡年代，袁老的次子不幸夭折

袁老1918年到长沙读书后，大约第二年，次子出生。或许由于跑匪祸等原因，这个男孩幼年不幸夭折。

袁碧宇："父亲十八岁结婚的。我们兄弟姊妹（实为意奋、意渊和夭折的那个男孩）几个都是他上学期间生的。"

袁谋奇："袁老还有个男孩，在袁意奋后头，很小的时候就死了。"

"受无政府主义思潮影响，在党外徘徊好几年"

袁老投身五四运动，参加新民学会活动，完全有机会成为湖南第一批共产党员。但是袁老直到1925年才加入中国共产党，这是为什么呢？

袁任远："一九二一年秋，毛泽东、何叔衡代表湖南共产主义小组，出席了中国共产党第一次全国代表大会，并在长沙开展建党工作时，我的同学中有的很快参加了党。而我虽对党有一定的认识，思想也倾向共产主义，但我受无政府主义思潮的影响，怕入党后受纪律的约束，不能自由活动，因此犹豫不决。就这样，我在党外徘徊了好几年。"①

尽管袁老不是湖南第一批共产党员，但他在湖南党史和革命史上的分量仍然很重。在湖南岳麓公园"半学斋"展室中，我们看到在"早期中国共产党领袖人物"的展版中，袁老的照片与毛泽东、何叔衡、谢觉哉、罗章龙等人排列在一起。

出走南洋，"攒钱赴法"

◎袁任远在马来西亚吉隆坡

上世纪二十年代初期，中国国内兴起出国勤工俭学潮，其中，具有共产主义倾向的年轻人很多人去了法国。

崔开成："当时时兴到法国勤工俭学。他（袁老）也想去，但家里没钱。到马来西亚去主要是找工作，因为那里有熟人。"

没钱赴法，怎么办呢？袁老想到了"曲线赴法"。

袁任远："当时我曾想到法国去勤工俭学，因旅费无法筹措，只好作

---

① 袁任远：《征途纪实》，湖南人民出版社1985年11月版，第6页。

罢。适逢有人要去南洋，约我一块去。我想先到南洋也好，待积蓄点钱以后再去法国。同时，我的同学黎宗烈在一九二〇年毕业后就去了南洋，在马来西亚教书，如果我去了，他是会助我一臂之力的。于是，我借了五十块钱作路费，决定去南洋。"①

南洋是对马来西亚、新加坡、印度尼西亚和菲律宾等国的泛称。

袁老虽然是借钱去南洋的，但他当时的行李并不简单。我们在袁老的故居中，看到至今保存完好的袁老为出远门专门定做的两只包皮大箱子（箱子内里还有制箱店的店号），当年里面装的全是书。一个年轻帅气的读书人，带着两只大箱子去南洋，这让我联想到远赴天竺国取经的唐玄奘。

在马来，他受到殖民当局警告

袁老在南洋待了三年。他先是在马来西亚吉隆坡教书，因为讲课中违规，受到马来当局的警告。

袁任远："在尊孔中学，我担任几个班的历史、地理课时，也教过国文。我在讲历史、地理课时，联系实际宣传反帝反封建的思想，当我讲到清政府腐败无能，丧权辱国，以及中国人民所受的苦难和压迫时，态度激昂，很受同学的欢迎。那时反帝，首先是反对英帝国主义，侵略中国最早的就是英国。当时的马来西亚就是英国的殖民地。我的言论引起了英国殖民当局的注意。有一天，华民政务司把我找去，详细询问我的履历及授课情况，最后警告我说，这里是大英帝国的属地，你以后必须注意。"②

---

① 袁任远：《征途纪实》，湖南人民出版社 1985 年 11 月版，第 7 页。
② 袁任远：《征途纪实》，湖南人民出版社 1985 年 11 月版，第 9 页。

在英殖民地痛陈大英帝国的罪恶，当时的袁老勇气之大令人佩服。

在缅甸，他和报社主编发生政治分歧

马来西亚待不下去了，袁老又转道缅甸首都仰光。在这里，他当了《缅甸新报》的编辑。《缅甸新报》的主编刘湘英，是湖南湘潭人。大家原本是老乡，袁老却与其谈不来。

袁任远："我和刘常在一些具体问题上看法不一致，在政治观点上也发生了分歧，但我和《仰光日报》的许苏巍比较接近。许是一九二四年国共合作后的国民党仰光支部负责人，当时我不知道他是共产党员，我只觉得我同他的政治观点和对一些问题的看法比较一致，谈得很投机，因此过从较密。"①

常言说，物以类聚，人以群分。袁老和许苏巍走得近，是因为他们思想上靠的近。

"要革命，就要参加共产党"

1925 年 3 月，孙中山逝世。这件事极大的震动了袁任远。

袁任远："我找许苏巍商量怎么办？我认为孙中山先生逝世后，国内政治形势会发生很大变化，国内的革命斗争更需要我们。住在国外搞宣传不是长久之计，我们应该立即回国，投身到火热的斗争中去。做一名真正的革命者。"②

是年 4 月，袁老回到国内。不久上海发生震惊全国的"五卅运动"，在全国掀起了反帝的革命浪潮。

袁任远："它使我更深切地感受到中国工人阶级的坚强的

① 袁任远：《征途纪实》，湖南人民出版社 1985 年 11 月版，第 9 页。
② 袁任远：《征途纪实》，湖南人民出版社 1985 年 11 月版，第 10 页。

组织纪律性和英勇顽强的革命精神，是革命的领导力量。中国共产党才是中国人民利益真正的代表者，是最坚决、最彻底的革命党。"

"要革命，就要参加共产党。"

"一九二五年八月，经刘子京、邹文辉两同志的介绍，我正式加入中国共产党。"

"由于我的家庭出身是地主，本人成分是知识分子，候补期为一年。"①

不盲从，不赶时髦，经过缜密思考和实际考察，袁老最终选择了加入共产党。可贵的是，他一经选择了自己的信仰，就再也没有半点的迟疑和犹豫，无论面临多么危险艰难的境地，他对信仰坚定不移。

袁碧宇："我父亲不是因为贫穷才闹革命的，他是为了理想。"

赵健："那个时候的人，出来闹革命需要勇气，置于死地而后生。"

"候补党员"，慈利建党

1926 年，袁老成为慈利建党首选人选。据《中国共产党慈利地方史》载：

"根据中央精神，1926 年 7 月，中共湖南区执行委员会派姜祖武（慈利人）来慈利做发展党组织的工作。姜祖武推荐袁任远来慈利。中共湖南区执委采纳了姜祖武的建议。袁任远感到一个人到慈利开展工作困难很多，要求多派几个同志，并提出了一个名单。"②

① 袁任远：《征途纪实》，湖南人民出版社 1985 年 11 月版，第 11—12 页。
②《中国共产党慈利地方史》慈利县委党史研究室编，2005 年 7 月版，第 31 页。

袁老提出一个人开展工作有困难，这是事实。但也不能忽视另一个因素，那就是当时袁老是候补党员，而且他的候补期缘于他的地主家庭出身，按今天的说法就是"说话办事不硬气"。多找几个人一起工作，想必是袁任远不得已的主意。

"中共湖南区执委同意袁任远的意见，派张一鸣与他一同来慈利。当时，袁任远是跨党党员（1926 年 4 月加入国民党），为了便于工作，征得中共湖南区执委的国民党工作委员会一位负责人同意，袁任远以国民党慈利县党部筹备委员会主任的身份派往慈利①。"

袁任远是中共候补党员，张一鸣是国民党员（1926 年上半年加入国民党，下半年加入中国共产党），负责组建中共慈利党组织。可见当时的情况之特殊。

"（一九二六年）九月上旬，中共湖南区执委易礼容派邹文辉来慈利进行建党工作。他的公开身份是国民党省党部农运特派员。不久，由邹文辉、袁任远先后介绍张一鸣、温燮理（又名炼之）入党。"②

袁任远在这期间也转为正式党员。

"（一九二六年）十月，根据中共湖南区执委的指示，成立中共慈利特别支部，书记邹文辉，支部有党员 4 人。这是共产党在慈利县的第一个基层组织。"③

---

① 《中国共产党慈利地方史》慈利县委党史研究室编，2005 年 7 月版，第 31 页。

② 《中国共产党慈利地方史》慈利县委党史研究室编，2005 年 7 月版，第 31 页。

③ 《中国共产党慈利地方史》慈利县委党史研究室编，2005 年 7 月版，第 32 页。

◎慈利今貌

勇斗"十大把持"

慈利建党后，主要抓了群众的宣传教育工作；建立工人纠察队和农民自卫队；积极开展阶级斗争。其中主要一个"大动作"是"勇斗十把持"。这项工作直接涉及广大群众的切身利益，因此影响大，效果好，在当地人们中间流传最广也最久。

袁任远："慈利县的政界除县长是省政府委派的外，像县议会、团防、财政、教育、商会等部门的大权，就为优级师范和西路师范的毕业生李柱臣、戴亦秋、宋次元、金次仁、邢锡之、朱允荣等十人所把持。群众对这些人非常不满，称他们为'十把持'。"①

对此，《中国共产党慈利地方史》中也有记载：

"1927年3月，在党组织的领导下，全县各界民众、各公法团体发起签名运动，要求镇压'十把持'中的李柱臣和戴亦

---

① 袁任远：《征途纪实》，湖南人民出版社1985年11月版，第14-19页。

秋。县农协会和县总工会根据广大群众的强烈要求，逮捕了李柱臣和戴亦秋，由工人纠察队和农民自卫军押着他俩游街，接着，在县城大草坪召开万余人参加的批斗大会，会后将其枪决。"①

袁老他们没想到的是，就在一个多月后，蒋介石发动了4·12反革命政变，长沙也发生了马日事变，袁老被敌人列入慈利"四大暴徒之首"遭到通缉和追杀。

白色恐怖中，袁任远武汉聆听毛泽东指示

1927年4月5日，长沙发生马日事变，许多共产党员、国民党左派及工农群众百余人被杀害，正在长沙的袁任远也遭到慈利反动当局追杀，长沙不敢住，有家不能回，几经辗转到达武汉，在那里他见到了毛泽东。他在《征途纪实》中这样回忆说：

"一九二七年六月下旬，毛泽东在武汉召集湖南各地被迫来武汉的同志，开了一个会，我也参加了。毛泽东讲话的大意是，湖南省委的某些同志，在事变前既不进攻，又不撤退，犹豫不决，等着挨打。他号召大家回到原来工作的地方去，恢复工作，山区的上山，滨湖的上船，拿起刀枪，进行武装斗争。于是，我与黎夏青决定离开武汉，返回湖南。"②

归途泪洒洞庭湖

1927年7月上旬，在白色恐怖中，袁老从武汉返回家乡，归途一路充满危险。我们在《征途纪实》一书中，看到这样一

---

① 《中国共产党慈利地方史》慈利县委党史研究室编，2005年7月版，第51页。

② 袁任远《征途纪实》，湖南人民出版社1985年11月版，第27页。

段文字：

"我们在长沙既找不到省委（省委已转移），又解决不了住宿问题，便决定回津市。当时，敌人在长沙的船码头以及交通要道，搜查很严，我们不能贸然去码头坐轮船。遂到北门外的一处粪码头，雇了一只小划子，在晚上十点以后悄悄划过铜官，没有被检查站发觉。第二天过洞庭湖，这一叶扁舟，在浩瀚的湖上，随波逐浪，时起时伏，忽上忽下。浪头来时，好像登山峰，浪头低时，又如沉入水底。我在这惊险风浪中，不但无心去欣赏这'浩浩荡荡，横无际涯'的大自然景观，而只是想着党被打入地下，革命队伍被打散，许多同志牺牲在敌人的屠刀之下的悲壮情景；想到我是一个被追捕的逃亡者，以致我的家庭受到株连，我父亲被迫外逃，年迈多病的母亲也被县警备队捉到三官寺罚款三百元。因我妻子晓梅带着大孩子意奋跑了，团防队就把（我）年仅四岁的次子意渊捉去，要罚款一千四百元。想到这些深仇大恨，我满腔悲愤无处发泄，遂向船老板买了一瓶酒。我平时不喝酒，这次我却喝了几杯，最后竟哭了起来，话也多了。黎（与袁任远同行的地下党员黎夏青，后叛党，解放后被镇压）怕我暴露身份，赶快向船老板解释，说我喝醉了，胡言乱语。我醒后才知道酒后失言，几乎泄露机密，坏了大事。从此决心戒酒，滴酒不尝了。"①

"无情未必真豪杰，怜子如何不丈夫"②。这是被毛泽东称为"骨头最硬"③的鲁迅的名言。人心都是肉长的，共产党人也是吃粮食长大的，也有常人的七情六欲。然而，真正的共产

① 袁任远：《征途纪实》，湖南人民出版社1985年11月版，第28—29页。
② 周振甫：《鲁迅诗歌注》，浙江人民出版社1962年4月版，第202页。
③ 毛泽东：《论联合政府》第二卷，人民出版社1991年11月版，第1036页。

党人又有别于常人,这个"别"就在于他们在任何艰难困苦面前决不会低头。大革命失败以后,"中国共产党和中国人民没有被吓倒,被征服,被杀绝。他们从地下爬起来,揩干净身上的血迹,掩埋好同伴的尸体,他们又继续战斗了"。面对残酷的革命斗争环境,袁任远有过委屈,流过泪,醉过酒,但是他也还是坚强地站立着。后来在石门南乡,身为文面书生的他,毅然决然拿起枪,成为武装起义的主要领导人,冲在了战斗最前面——

◎石门县党史工作者与袁老的孙子袁海俊(左四)合影

石门南乡起义,袁老革命生涯的"开山之作"

石门南乡起义,是石门县党史上的第一个重大事件,也是袁老漫长革命生涯中的"开山之作"。袁老在他的回忆录中对这段经历有过较为详细的记述,这里只对此做一概述。

石门县地处湖南省西北部,湘鄂西、湘鄂川黔老革命根据地的一部分，是著名革命老区。发生在 1928 年的石门南乡起义，前后经历了发动年关暴动、举行南乡起义两个阶段。

年关暴动包括新河乡年关暴动、新关和南圻除夕暴动、磨岗隘正月暴动，1928 年 1 月 22 日（农历除夕）至 3 月 23 日"石中惨案"的发生，历时两个月。年关暴动虽然有声势，却没有达到预期目的，即遭到敌人严酷镇压，并制造了震惊全省的"石中惨案"（石门县有北乡、中乡、南乡）。

袁任远是南乡起义的主要领导（当时改名袁思贤），他在起义前做了大量周密计划安排和组织准备。起义于 5 月 5 日爆发，取得胜利后建立了革命武装——湘西工农革命军第四支队。"南乡起义的胜利，极大地鼓舞了群众。各地游击队闻风而动，纷纷响应，起义浪潮很快席卷整个南乡及常德、桃源、石门、慈利、临澧数县的边界"[1]。8 月上旬，在敌人数千人重兵围剿中，南乡武装起义最终失败了。

2012 年 12 月 13 日，我们来到石门实地采访，石门县委对此极为重视，召开了专题座谈会，由县委正处级干部、县委原宣传部长詹腊珍主持，参加会议的有曾经两次见过袁老的原石门县党史办主任陈俊武（80 多岁）；还有人大常委会原主任、县委党史联络组组长王浦堂，原石门县史志办主任周训典，"石门南乡起义"研究者周友林，石门县史志办主任张吉全，副主任刘狂彪，石门县史志办干部谢应林等。张家界市委党史办主任杨慈安，张家界市政府档案局局长于平一同与会。

或许因为袁老在当地人们心中的分量和位置，座谈会的气氛很庄重甚至有些深沉。在这个座谈会上，我们听见了一些不

---

① 《中共石门地方史》中共石门县委党史办著，中共党史出版社 2005 年 7 月版，第 78 页。

见诸文字的史料。

年龄最长的陈俊武首先发言：

陈俊武："很荣幸见到李作家。对袁老的事情我大致了解一些，也不能全了解。小时候听（人们）讲，袁老当时化名老满。（袁老）我见过两次。第一次在湖南省委党校啊，我在那里读党校，他跟谭震林副总理在一起。（一九）八十年代，我到北京他的家里，当时他已经八十五、六了，我就询问他南乡起义的详细细节。他很热情地接待了我们，把南乡起义的过程大概的讲了些，由于年代久远哪，（他）年龄较高，好多人名字他想不起来。他的秘书（崔开成）就对着书（指《征途纪实》）核对，很负责任的。"

"当时啊，袁老在南乡二区（今夹山镇）涵枫村崇秀寺办过列宁小学农民夜校。宣传革命道理啊，教唱革命歌曲啊，开始人不多，后来慢慢多起来，附近十八湾的老百姓哪，都打着火把来上课。学字啊，'人、一个人、工人、农民'这些词儿，慢慢的懂得革命道理喽。"

"这时候呢，他（袁任远）又发展了一个支部，叫做栗山党支部，后来这个支部还走出了不少人。当时朱子注当教员，后来他成了游击队长。大概到五月份，共产党员（组织）发展起来了，游击队也组织起来了，当时南乡五个乡都成立了游击队，当时叫做赤卫队。在这之前（三月份），贺龙，还有周逸群来过石门，他原来准备在南乡搞暴动，但没找到袁任远，情况又紧急，就到慈利去了。"

食不果腹、衣衫褴褛、生活绝望的村民们，在暗夜中打着火把来学习识文断字，来听那些从来没听过的、让他们充满希望的关于"人"的学问，来学唱那些从来没听过的新调调……我们能想象得到，时年30岁的袁任远，一定在那一双双充满渴望的眼神里，看到了中国革命的光明前景，那一刻他周身一定是热血沸腾！

惨绝人寰的酷刑

石门南乡起义失败后，敌人对参加暴动起义的共产党人和革命群众实行了严酷镇压和迫害，其手段之残忍，令人发指！

陈俊武："我觉得（石门）南乡起义还是壮烈的一页，是历史上光辉的一页，永、垂、千、秋！我讲三个死的相当壮烈的烈士。第一个就是陈光钊（袁老在其书中记为陈况昭），他当时是二十多岁的年轻人（陈光钊1898年出生在石门，1928年3月14日，经袁任远介绍加入中国共产党，并担任中共石门县蒙泉乡党支部书记），他是（湘西工农革命军第四支队第二中队中队长）中队长，他与贺龙早期就蛮好，南乡暴动的时候，留下来与袁老一起搞暴动。南乡暴动失败以后，他本来能跑得了，不知为么子事情（没跑成），就被抓起来了（陈光钊只身突出重围后，潜至附近保宁桥表兄家避难。8月25日深夜被敌侦悉被捕）。（他）死的很壮烈，反动派用铁丝把他的锁骨穿起来，到夏家巷游街。然后一刀一刀地割肉，封建社会叫凌迟，最后这么整死的。"

"……第二个，是个党支部书记，叫张洁斋。南乡（起义）失败以后啊，与袁老没取得联系，以后被抓了，哪个抓的呢？是南乡的团总舒聚吾，要他投降说出来所有的人，要他把袁任远的情况供出来，他一概没讲，舒聚吾（就）把他剖腹、挖肝，当时就下酒（吃人肝下酒）。那真是的……死的很壮烈！"

"……第三个叫舒静媛，是个妇女主任，她搞过宣传，熟悉情况啊。被（敌人）抓到后给她灌辣椒水，用'燕儿兔水'的刑罚，最后唻压砖头，要她讲啊，她没讲，最后被整死了！"

"整个石门南乡起义，死喽大概千把人，杀绝三十户……南乡起义和桑植起义齐名。前几年，我还受约请写了几千字的东西（文章），刻在了那个（烈士）陵园的碑上。"

陈俊武老人身体不太好，他坚持讲了一个多小时，便告辞回家吃药。与他握别的一刻，我看到他眼里饱含期待的目光。

"善人坡"变成"杀人坡"

关于敌人残暴杀害参加起义的共产党员和革命群众的情况，石门县夹山镇西周村的张德富（烈士张采焕嫡孙），2011年5月20日也写过一份材料：

"由于敌我力量悬殊，南乡起义坚持三个多月后遭到失败，游击队员们有的去找贺龙的红军，踏上了漫漫革命征途，大部分则化整为零，分散隐蔽，等待时机，再图发展。那些被革命洪流冲击得四散逃命的地主恶霸、土豪劣绅及一切反动势力乘机卷土重来，疯狂实行阶级报复，西周村遭到血腥洗劫。尤其是该村有个叫周家峪的自然村落，差不多家家户户都有人参加游击队，所以成了遭洗劫的重灾区。这里所有游击队员家的房屋被焚烧，田地被没收，多数人遭杀害。"

"反共团总宋琴楼与石门县反动当局相勾结，搬来县铲共队（头目上官鲍）对第二游击队隐藏下来的游击队员进行大肆搜捕，结果有二十六名游击队员落入了他们的魔掌。他们是：周超焕、周才松、周才庆、周才谋、周才林、周洪瑞、周洪申、周衡山、周九山、周桂庭、周炎泉、周茂清、周伯清、周益志、张采焕、宋暑生、贺朝阳、贺世龙、贺洞泉、向登科、贺家琪、贺兴祥、贺阳春、杨春善、李以海、王举之（前十八人系西周村人，后十六人系周家峪人）。"

"一九二八年农历六月十四日这天，是被捕游击队员遭杀害的日子。反动分子在关押游击队员的地方——贺家祠堂（原新桥村村部所在地）先将张采焕、周伯清、周茂清、周洪瑞四人用'开花子弹'打死。所谓'开花子弹'，是一种射入人体后可以爆炸的枪弹，张采焕被打得脑壳开花，脑浆四溅。之后，反动派再将贺世龙、贺阳春、贺兴祥三人绑于木梯之上倒插入恩子潭（附近道水河一处深潭）淹死。然后将其余十九名游击队员串绑在一起往石门县城押解。"

"当押解队伍行至周家峪善人坡下一块小田边时，被押的游击队员周超焕一眼望见了不远处自己的家，便奋力挣脱绳索向家中飞奔而去。接着，两个伪兵边打枪边追赶。周超焕跑至自家门口坐在一碾米用的石磙上，两眼怒视着追来的伪兵大声喊道：'狗杂种，你们就照老子这儿打吧！'他边骂边拍着自己的胸膛，壮烈牺牲在自家门口。"

"在周超焕往家中奔去的同时，其余游击队员也见机行动，想拼命挣脱绳索逃跑。这时，押解的伪兵眼看招架不住了，慌忙朝他们一通乱扫射，结果有十六人被打死，一人（杨春善）受伤倒于死人堆中未被察觉幸免于难，还有一人（李以海）被押至粟山坡（今粟山村十二组山垭上）杀害。至此，二十六名被捕游击队员除杨春喜幸免外，全部壮烈牺牲。为了纪念逝去的英雄们，'善人坡'自此也改名为'杀人坡'。"

（摘自常德市石门县夹山镇西周村网页）

"为有牺牲多壮志，敢教日月换新天。"石门南乡起义牺牲者之众，惨烈程度之深，让人听了浑身都发紧。集体扫射、"开花子弹"，虽然残酷，但毕竟是瞬间结束生命。可类似凌迟、挖肝剖腹、铁丝穿锁骨，还有不知什么名堂的"燕儿凫水"……我们真得难以想象，当年那些身受酷刑的烈士们，遭受了何等生不如死的痛苦！

石门人的重要心结

王浦堂："我们这里（的人）对南乡起义看得非常重。对这次暴动没有列入湖南五大暴动深感遗憾。石门苏区创建初期的两次壮烈事件，石门南乡起义是其中第一个事件。希望你们把这件事提高到一个新高度，扩大影响。第二个事件是贺龙带领部队支援南乡起义。贺龙、周逸群曾经在南乡起义前到过石门，说你们起义力量不够，可以找我联系。南乡起义的时候曾经派人去找过贺龙，直到南乡起义失败以后才联上。这两件事有联系，也看出贺龙很看重南乡起义。"

周友林："在我们湖南党史的一卷的正本上，没有把（石门）南乡起义列入（湖南）五大暴动之一，我们搞史的一定要实事求是，要还原历史。"

周训典："我们认为，南乡暴动应该计入'湖南五大暴动之一'，现在是'四大暴动'。我们认为，之所以是这样，一是因为南乡暴动起义的领导人建国后在中央位置不够高；其二，这次暴动最终失败，没有把武装队伍拉起来，领导人也都到广西那边去了；第三，我们本身宣传不够。石门暴动在湖南四大暴动之后，排在其他暴动的第一，可见位置分量重要。……南乡起义没有列入湖南五大暴动之一，关键是在中华人民共和国成立以后，（南乡起义）那个领头人没得（很高的）位置。"

周明哲："我到政协有十年，感觉到搞苏区研究，首先要关注南乡起义。……南乡起义（应该）是湖南五大起义之一。"

（众人赞同："哎，这是很重要的！"）

唐明哲："正因为这样，要想把南乡起义写好，必须把袁任远的事情讲深、讲透、讲高，南乡起义才能立起来，我们一直这样想。"

……

所有参加座谈会的人，都谈到了他们心中各自珍藏的关于袁老的记忆。但是，在有关南乡起义应该列为"湖南五大暴动之一"的话题上，大家的观点却非常的一致。得知石门人对此心中纠结多年，看到石门人如此爱戴、看重袁老，这使我颇为感慨。

袁任远南乡险遭杀身之祸

南乡起义失败后，敌人疯狂杀害起义的参与者并全力追杀起义领导人，当时袁任远的处境十分险恶。在《征途纪实》一书中，袁老对石门南乡起义后他离开的过程没做详细记述（或者有些情况他本人并不知情）。此次湖南之行，对这个问题，笔者听到多个版本的说法，其中主要有三种版本。

第一个版本，是由原石门县委党史工作者文正直提供的：

"一九二七年八月，袁任远受省委派遣来到石门，参加县委工作。袁的公开身份是石门六高（白洋湖）教员，经常到石门二高（夏家巷）、蒙泉、福田、白洋、花薮、磐石等地的乡村小学往来，组织南乡起义。时任石门教育局学员的文玉珊和时任石门女高校长的文毅夫同袁任远关系甚为密切，并受派回到磐石建立了中共磐石支部。"

"一九二八年一月，省委派张仲平来石门接任县委书记。石门中乡、北乡各地举行了年关暴动，杀掉了一些贪官污吏，革命形势高涨。县衙反动当局恐慌不安，报请省府派兵前来镇压。三月上旬，李鑫四十三军的雷师宋团开到石门。文玉珊、文毅夫连夜赶到夏家巷。为了让袁任远安全离开石门，两文将袁任远'捆绑'，声称袁是'烟客'，将其押送常德专署。袁被'押解'到石门与桃源交界处望仙树曹家溶两文的老家躲藏起来。袁在文毅夫、文玉珊家躲了三天后，听说省委将派陈昌厚、郭天民、刘明哲等同志来石门南乡，协助组织南乡起义。这样袁任远不走了，并在福田乡的西周崇秀寺旁边龚机匠家里召开了南乡各个党组织负责人的会议。会上分析石门南乡地理形势好，群众基础好，各个乡都有党组织，肯定举行起义有条件。会上还研究了起义事宜。会后，袁任远（化名老满）、陈昌厚、郭天民（化名笔客）、刘明哲（化名老冯）等分散到各地活动，发展农会，组建游击队。"

"三月下旬，石门反动当局勾结宋团派兵包围石门中学，石门一高、石门女高、石门教育局，捕捉并杀害了苏清镐、邢业炳、文玉珊等十七位共产党员和革命志士，制造了骇人听闻的'石中惨案'后，打算到南乡捉人罚款，叫嚣'清乡'。此时，南乡已发展中共党员百多名，扩展八个支部，并成立了二区区委会。组织农会、发展游击队五个乡共达五六百多人。秘密制造大刀、长矛、土枪、土炮，准备起义。"

"五月上旬，石门警察局派八名士兵，带着名单，去捉暴徒，开到花薮寺垭铺佘家饭店落宿。袁任远、陈昌厚、郭天民得知，紧急召开会议，决定立即组织人员，先从他们开刀。农历三月十六日晚上，袁任远等率领佘策源（即佘汉初）等数十人带着长矛、大刀，从樟木岗出发，半夜到寺垭铺，将佘家饭店包围后，破门而入，蜂拥而上，将警备队的八个士兵全部砍死，并张贴布告，公开了他们罪状。紧接着又在夏家巷举行了南乡总起义。由曾庆萱指挥，捣毁了蒙泉区团防局，砍死团总梅春圃、征收暴徒款的委员陈潭秋、恶霸闫谷生和三个团丁、两个警备队士兵，缴获了团丁和警备队的武器。随后福田、白洋、磐石也组织了起义。此举唤起了群众，震惊了省垣。"

"紧接着，袁任远就在花薮樟木岗组织成立湘西工农革命军（俗话说"红脑壳"，后称工农红军）第四支队、佘策源任支队司令员，袁任远任党代表。湘西工农红军拥有五百多人枪，势力比较大。侯宗汉部通过老冯做工作，也被编入到第四支队为第二中队即第二路军，侯宗汉任第二路指挥，老冯任党代表。"

"湘西工农革命军第四支队成立后，四处出击，出奇制胜。南乡的土豪劣绅，贪官污吏，杀的被杀，跑的跑到县里、专署，省里求保。反动省府当局听说侯宗汉也参加了红军，就调集石门、慈利、桃源、常德、临澧五个县的团防齐来'围剿'，并调新编第四军陈嘉佑部的三个团来'围剿'，湘西工农革命军面临四方受敌，虽在五六月份的战斗中缴获来的一些武器、弹药，在会垭山，周思安、佘市桥、刘家山等地几次大战斗中用得差不多了，因而在夏家巷、陈家桥被包围的战斗中失败，队伍被打散。侯宗汉见势不妙，乘机拖队回太浮山，杀害党代表老冯，叛变革命，企图寻找捉住袁任远、佘策源后向主子邀功求赎。"

"七月中旬，袁任远、佘策源面临此情此景，跟随文毅夫又跑到石门与桃源交界望仙树曹家溶。文毅夫照原来办法，连夜请父亲文香盛和堂兄文世宗将袁任远和佘策源分别'捆绑'，自己背上干粮，要爹和哥把'烟客'牵起，借月光，走熟悉的小路，从碑垭进入桃源县境内，押往常德专署。文香盛和文世宗两叔侄把袁任远、佘策源和文毅夫'押'送出侯宗汉的地盘，让袁任远、佘策源和文毅夫安全脱险了，才各自拿着绳索担心的连夜赶回家里。"

第二个版本，是张家界市副市长杜芳禄讲述的：

杜芳禄："关于袁老在南乡起义后怎么脱险的，我姑父袁贻质（现已八十多岁了）常常给我们讲述一段惊心动魄的故事。那次，袁老为了躲避敌人的追杀经过我姑父家门口，姑父的父亲袁明善和伯伯袁明汉见状，急中生智，用晒谷的竹簟将袁老卷在里面，骗走了敌人，袁老躲过一劫。但后来，敌人却把袁明善和伯伯袁明汉兄弟俩同时杀害了。姑父的母亲姓郑，就成了烈士的遗孀，二十几岁开始守寡，到八十多岁才去世。姑父经常说，百善孝为先，母亲大如天。解放后，袁老到湖南当副省长，要给我姑父袁贻质在省城安排工作，姑父为了照顾母亲，只在乡里的二轻企业当了一个支部书记，一直当到退休。他（一九）五六十年代到北京去，袁老的夫人还给袁贻质带回了绣球花种子，多种颜色，有红的，紫红的，水红的，我家里都种了好多呢。"

第三个版本，是袁老的孙子袁谋奇讲述的：

袁谋奇："（一九）五十年代，爷爷曾经回乡探亲，他曾经说到过石门南乡暴动的事情。我记得他说（暴动失败以后），他遭到敌人通缉，东躲西藏，在一个比较偏僻的善变遇见一农家，此家人心地善良，听说了他的遭遇，甚是同情，甘愿冒着杀头的危险留他暂时躲避，不了，敌人闻讯赶来，主人急中生智，将他塞到房子后墙边上一个豆萁篓子里面，（豆萁篓子比较大，大概有170厘米-180厘米那么高，直径在50厘米左右，平时用来装豆萁，以便牛马过冬），然后在篓子四周塞上很多豆萁，（以防止被人发现），敌人东寻西找，就是没看见他的影子，于是恼凶成怒，就放火烧房子，主人在逃跑时乘敌人忙于到处点火时不备，一脚将他连同豆萁篓子踢到阴沟（阳沟，南方雨水较多，特别是在山区，家家户户都会在房子四周屋檐下挖个深沟，大概深40-50厘米，宽也在40-50厘米左右，作排水之用，常年沟里都会有水），敌人见房子烧起来后没见他逃出来，便以为他不在这，即使在这也被烧死了，于是作罢，扬长而去，待敌人远去，他才挣扎着从篓子里钻出来，由此躲过一劫。后来听说房子主人被抓到乡公所，罚了一部分钱才得以了事。"

"后来解放后，听说他（袁老）还给这户人家寄了一些钱，和写了一封信，在信上感谢屋主的救命之恩，告诉屋主有什么困难他一定会帮忙的，由此可以看出，当时的共产党和群众之间是一种什么样的鱼水情怀，又是一种什么样的精神力量让他们抛头颅，洒热血？"

以上三个版本中，第一个版本中的第一次掩护袁老躲避危险的经过，虽未见其他文字资料记载，但有其合理性。因为此时南乡起义尚未开始，敌人对南乡一带的关注度还没有后来那么高，袁老被扮作"烟客"押解脱险的可能性很大，只是对这件事发生的时间节点上可能计算有误。

袁老在《征途纪实》中说，"年关暴动时，我大病初愈，身体很坏，正隐蔽在慈、石交界处的一个朋友家里，三月初，我回到白洋湖，旋又转到花薮区。"①

至于第一个版本的第二段，讲南乡起义失败后再次用押解"烟客"方法掩护袁老出逃，值得商榷。据相关资料显示，南乡起义失败后，敌人搜捕共产党人和革命群众的用心之专、手段之狠，几乎达到疯狂程度。在敌人铁桶般的包围下，无论白天还是黑夜，敌人绝不会轻易放过一个押解"烟客"的行迹。因此，第一个版本第二段中所说的，七月份用押解"烟客"方式掩护袁老脱险应该没有成功的可能。

袁老在《征途纪实》中说，"在离开南乡之前，我们托人买了几匹布，装成布贩子，利用夜晚在热水坑和羊毛滩之间通过慈利到常德的大道，秘密进入慈利县境。"②这段话说明，袁

---

① 袁任远：《征途纪实》，湖南人民出版社1985年1月版，第40页。
② 袁任远：《征途纪实》，湖南人民出版社1985年1月版，第40页。

老虽然在敌人搜山中脱险，但并没有能够离开南乡，而是躲避在某个地方，在做些准备后，才离开的。两相对比，第一个版本七月份掩护行动，倒是与袁老所述有某些契合，只是其中细节不尽相同。

第二个版本的说法，与第三个版本、即袁老自己的回忆，契合度很高，只是有"竹箪"和"豆萁篓子"之分，也都符合在紧急情况下采取不得已仓促之举的常理。不幸中的万幸，恰恰是这个（两种）应急之举，却骗过了敌人。另外，杜芳禄副市长讲的解放后袁老要为袁贻质在省城安排工作的事情，以及上世纪五六十年代，袁贻质到北京去袁老家送绣球花种给他的事情，也大大增加了这个版本的可信度。

当然，南乡起义失败以后，敌人严密搜捕和残酷杀害参加暴动的共产党人和革命群众，仅南乡就有包括掩护过起义领导人在内的700余人被杀害，以致事后具体细节说法不尽相同，甚至形成善意的误传，完全可以理解。但有一点可以确认：当时有许多共产党员或革命群众，都是不惜牺牲身家性命掩护起义领导人的。这是我们所有革命的后来人永远不能忘却的！

◎县委正处级干部、原宣传部长詹腊珍主持座谈会

今天的石门

由于时间安排很紧，我们无法遍揽今天石门的全貌。为此，詹腊珍部长专门给我们作了深情介绍：

詹腊珍："石门属于湖南比较偏远的山区县，位于湖南西北部，东临澧县，南面与临澧、慈利交界，西抵桑植、鹤峰，北临五峰、松滋。原来是典型的老少边穷地区，是常德市唯一一个省级贫困县。改革开放以后，县政府抓住改革开放好的政策，大力调整农业结构，发展比较快，是全省最先进入文明县城的县，也是比较早的进入全国卫生先进县的县，也是全国首批文明县城，这就说明我们的经济、政治、社会、生态文明建设发展都比较平衡。我们现在是文明县城、卫生县城、生态建设示范区、全国依法治县先进单位。二〇〇八年我们提出来要创生态县城，目标定在二〇一六年。石门还是新农村档案工作示范县。"

"我们这里产业建设发展比较快，柑橘、蔬菜、马头山羊，包括公司加农户的养殖以及以畜禽为主的（产业），发展都还是比较快。"

"可以这样说，今天的石门人民已经在袁老曾经洒过热血、甚至拼过性命的土地上，描绘并将继续描绘出美好的蓝图！把革命老区建设得更加美好，我想这也是对袁老最好的告慰。"

对石门南乡起义历史地位的再认识

石门南乡起义应不应该被列入"湖南五大暴动之一"，长久以来石门人为此纠结不已，"耿耿于怀"。此次笔者在石门亲身感受到，这个问题不仅涉及到石门人对袁老多年以来的崇敬之情，也涉及到石门人浓重的乡土情结，更重要的是涉及到上千名为此献出宝贵生命的烈士们的历史贡献。故此，在查阅相关资料和倾听当地党史工作者讲述的基础上，笔者试着从更高大面、更宽视野，重新分析、思考和评价石门南乡起义的历史意义，由此形成了以下几点想法：

一、石门南乡起义时间具有重大历史指标意义和示范作用

石门暴动发起于 1928 年 1 月 22 日，南乡起义爆发于同年 5 月，就起义时间而言，位居当年湖南三大暴动之中的第二位。当时的历史大背景是，大革命失败以后，全国笼罩在白色恐怖之中，中国革命陷入最低潮。毛泽东 1927 年 9 月在湘赣边界的罗霄山脉领导了秋收起义，点燃了中国革命的星星之火，给暗夜中的人民重新带来希望。三个月后，石门暴动和南乡起义就爆发了，进而"席卷整个南乡及常德、桃源、石门、慈利、临澧数县的边界"①。固然，石门暴动和南乡起义的规模，较比湘南、平江和桑植起义要小很多，最初只有二三十个人，或手拿钢刀、肩扛鸟枪，或挥舞梭镖，连一支像样的枪都没有。然而在当时的形势下以如此弱小的力量，就敢举起武装斗争的大旗，需要何等的勇气！南乡起义得手后，起义队伍才从敌人手中缴获了枪支。今天看来是微不足道的胜利，在当时却犹如春天的一声惊雷，炸开了百姓心中郁结的心扉，也炸惊了反动统治当局。在此基础上，起义队伍成立了"湘西工农革命军第四支队"，袁任远为党代表，其他各区成立了中队。"接着福田、白洋、磐石各区的同志，也领导农民相继起义，袭击反动武装，捕杀地主恶霸，反动派的政权被打垮了，各地的农民协会又公开活动，他们没收

---

① 《中共石门地方史》第一卷，中共石门县委党史办著，中共党史出版社 2005 年 7 月版，第 78 页。

地主恶霸的粮食财物，一部分发给农民度荒，一部分做红军的经费。从此，南乡的农民运动又轰轰烈烈的开展起来"①。"南乡起义取得初步胜利后，中共湘西特委、中共石门县委以及南乡党组织为了巩固成果，夺取更大胜利，进一步壮大武装力量，扩大游击战争，恢复和新建农民协会，创建了以太浮山为中心的武装割据局面"②。同时，中共湘西特委和南乡党组织，还响亮地提出了建立苏维埃政权的口号③（中共最早苏维埃政权出现在 1927 年 11 月），这在中国革命史上也是比较早的，应视为中国革命史上的重要事件。由此可见，石门南乡起义的爆发，是在中共湘西特委组织指导、袁任远直接组织指挥的一次重要武装起义，并一度呈燎原之势，对湘南起义、平江起义、桑植起义起到了南、中和西北部相呼应的作用，因而不能视其为一般的农民暴动。

二、石门南乡起义的地理位置最靠近中心城市

石门县距常德市直线距离仅 40 公里。常德位于湖南北部、江南洞庭湖西侧，武陵山下，有"西楚唇齿，黔川咽喉"之称，是湘西北重要的交通枢纽、能源基地和政治文化中心，历来为兵家必争之地。在距离中心城市如此近的地方搞暴动，无异于"虎口拔牙、与虎谋皮"。是不是石门暴动、南乡起义，在地点选择上有失误呢？石门多山，东临澧县，南面与临澧、慈利交界，西抵桑植、鹤峰，北临五峰、松滋。从军事角度上说，可谓能攻能守、进退有路之地。况且，南乡起义部队"一

---

① 袁任远：《征途纪实》，湖南人民出版社 1985 年 11 月版，第 34 页。

②《中共石门地方史》第一卷，中共石门县委党史办著，中共党史出版社 2005 年 7 月版，第 78 页。

③《中共石门地方史》第一卷，中共石门县委党史办著，中共党史出版社 2005 年 7 月版，第 81 页。

直游击到离常德城二十里的石板滩，形成以太浮山为中心，东至临澧的佘氏桥，西至桃源的界溪河，慈利的老棚，北至石门城南二十里的会垭山，南至常德的盘龙桥，纵横二百余里的武装割据局面"[1]。石门武装割据游击区的出现，不但给近在咫尺的常德重镇造成巨大压力，同时也起到了牵制敌人注意力，减轻其他革命根据地外部压力的作用。事后敌人对石门南乡起义的革命者的屠杀方式极其残忍，如集体屠杀、祭坟、穿胸钉掌、剖腹挖肝、抛空跌死、"猴儿抱桩"、"铁牛耕地"、"倒插水"[2]等，从反面证明了敌人对石门南乡的武装起义和太浮山武装割据局面的恐惧心理。

三、石门南乡起义击中了敌人要害

在围剿南乡起义部队时，敌人调集了包括正规军第十四军一个团和一个师的兵力，加上常德、桃源、临澧、慈利、石门的团防队共数千人。"七月底，敌人集中兵力进攻陈家桥。当时第四支队的两个中队尚有六七十人，加上武装的群众共约三百多人，分守山头，相持了一天。虽几次反击，杀伤了不少敌人，但我们的伤亡也很大。陈家桥被敌人占领后，部队被打散，几经周折才转移到袁家岗。这时贺龙正派员前来联络，令我们将部队带往桑植集中，但为时已晚，我们只剩下二十多个人了，后又为敌人发觉包围。我们化整为零，分成几组，隐蔽山中，但大多数在敌人搜山时，英勇牺牲"[3]。当时，"湖南省清乡督办署将太浮山列为'清剿'重点，调教导师李云杰、

---

① 杨年耀主编：《慈利红军》，中国文联出版社 2011 年 6 月版，第 180 页。

②《中共石门地方史》第一卷，中共石门县委党史办著，中共党史出版社 2005 年 7 月版，第 59 页。

③ 袁任远：《征途纪实》，湖南人民出版社 1985 年 11 月版，第 38 页。

四十九师李韫珩等部正规军五千人，会同常德、桃源、临澧、石门、慈利等县挨户团武装数千，大举'清乡'"①。以近万人的兵力，围剿数百人的起义队伍，可见敌人对南乡起义的重视程度之高、扑灭决心之大。

这里面还有一个不可忽视的情况，那就是贺龙对石门暴动、南乡起义的谋划。1928年2月底，贺龙和周逸群曾到石门找寻袁任远，准备在石门开展武装斗争，只因没找到袁任远而作罢。临走时贺龙曾经说过，如果石门南乡起义需要帮助，可以与他联络。南乡起义开始后，起义领导者就派人与贺龙联络，但此时的贺龙起义部队，连续遭到反动当局调集的正规部队的反复进攻，直到南乡起义失败以后，派出去的联络人员才与贺龙取得联系。贺龙即刻带领1500人的部队奔赴南乡，路上又遇到敌人层层阻拦，到达目的地时，非但没有扭转局面，贺龙自己也陷入敌人重重包围之中。与敌人激战多日，贺龙的军参谋长黄鳌不幸中弹牺牲，师长贺锦斋为掩护贺龙撤退也不幸牺牲，贺龙本人幸而脱险。纵观全局，证明敌人在派重兵剿灭南乡起义队伍的同时，也做好了阻断、进而消灭前来救援的贺龙部队的准备。如此这般的布局，说明敌人对石门南乡起义极为重视。

据此可以得出一个结论：那就是石门南乡起义击中了敌人的要害，才导致敌人如此绞尽脑汁全力绞杀。

四、对石门南乡起义不能以成败论英雄

石门暴动没有达到预期目的。南乡起义最终也失败了。这次暴动和起义，既没有开辟像井冈山那样的革命根据地，也没有留下中国工农红军第四军这样的部队。但不能就此看轻这次

---

① 杨年耀主编：《慈利红军》，中国文联出版社2011年6月版，第181页。

暴动和起义的份量，果真这样衡量和评价一个历史事件，未免太过简单甚或草率。1927 年，上海起义失败了，广州起义也失败了，也没开辟根据地，也没留下部队，但这两次起义仍然是中国革命时尚的重大事件。用起义是否成功，是否拉起队伍，参加人员多寡，持续时间长短，领导人后来的职务是否足够高等标准来衡量一个历史事件，是不够的，至少不够全面。笔者以为，对于历史事件的评价，最要紧的首先应该考虑该事件的历史作用，只有这样，才能有评价的准确性、公正性，才能经得起历史检验。譬如，中共一大只有 13 名代表参加，却被称作"开天辟地的大事变"，就在于它在中共历史上具有伟大的标志性意义。历史地看，前后历时 8 个月，曾形成纵横 200 武装割据游击区，牺牲了上千人的石门暴动、南乡起义，对 1928 年的湖南全局具有很强的标志性意义，是中国革命史上的重大事件。相关党史和史学界，应该予以高度重视、深入研究和准确评价。

石门南乡起义对袁任远个人来说，同样具有很重要的意义。在与组织失去联系的情况下，袁任远独自前往石门，扎实工作，周密计划，积极有效地组织领导了南乡起义武装斗争，最终取得颇具影响的胜利，标志着时年 30 岁的袁任远，已经成为中国共产党优秀而坚强的砥柱中坚。

克服困难，坚持找党

石门南乡起义之后，袁任远再度跟组织失去了联系。为此他很着急，在苦苦等待和找寻后，终于在上海找到了党组织，并见到了周恩来。找党的过程很纠结，袁老对此刻骨铭心。他在《征途纪实》中这样写道：

"一九二八年夏，石门南乡武装起义失败后，敌人不仅挨家挨户搜查，而且还搜山，我们在根据地内根本无法隐藏，但仍然坚信共产党是为民族求解放、为人民谋幸福的，是为劳苦大众所拥护的，革命一定会胜利，我们决心要把革命干下去。于是我和游击支队司令佘汉初、文书佘修文两同志，于七月下旬离开石门南乡去寻找党组织，一边继续开展工作。"①

之后，他们辗转去了武汉。袁老继续写道：

"我们到武汉后，即去桂军李明瑞司令部找姜组武。他请过我们吃了饭，并把我们送回旅馆。当时我们问他能否找到组织时，他说他也失掉了联系。只知道佘爱生在开封，张沈川在上海，但不知道他们是否与党组织有联系。于是我们决定去开封找佘爱生，姜给了我们二十块钱做路费，但佘也同姜一样，使我们的希望又落了空。

十月的北方，天气渐凉，佘爱生倾囊相助，为我们添置了一点衣服、被褥，再也拿不出钱给我们作路费了。当时，我们身无分文，生活很困难，全靠朋友的接济。一位与冯玉祥的秘书黄少谷有关系的同乡，建议我找黄，弄个工作，暂时安身，我谢绝了同乡的好意，决心设法与党接上关系。"②

接下来，袁任远从开封到徐州，从徐州到南京，再到苏州，再去上海。一路上，不看风光不看景，一门心思找组织。

1929年，袁老改名"袁任远"

袁任远："我离开石门南乡后，历时三个月，忍饥挨饿，备受艰辛，终于在十月底到达上海，找到了自己的同志，真有说不出的高兴。"③

① 袁任远：《征途纪实》，湖南人民出版社1985年11月版，第40页。

② 袁任远：《征途纪实》，湖南人民出版社1985年11月版，第42-43页。

③ 袁任远：《征途纪实》，湖南人民出版社1985年11月版，第44页。

在上海，袁任远先后见到了同是湖南慈利人的张沈川（1926年入党，有"中共无线电之父"之称），在湖南特委工作的杜修经，中共著名隐蔽战线杰出人物钱壮飞，中共中央特科主要成员李强等人。

袁老原名叫袁明濂，石门南乡起义后，袁老一直叫袁思贤。此次来到上海，为了新工作、新环境的需要，1929年2月，袁老改名袁任远，并一直使用终生。

◎百色起义纪念碑是百色市标志性建筑之一。

百色起义，袁老一生中的华彩乐章

百色起义是继南昌起义、秋收起义和广州起义之后一次规模和影响较大的武装起义，是中国共产党在边疆少数民族地区实行"工农武装割据"的一次光辉实践。它震撼了西南半壁的封建反动统治，谱写了壮、汉、瑶、苗等各族人民团结战斗的新篇章。1929 年 12 月 11 日，中共中央代表邓小平（化名邓斌）和张云逸、雷经天、韦拔群等人在广西百色发动了起义。同一天，中国工农红军第七军和右江工农民主政府宣告成立。袁任远是这次起义的组织和领导者之一，时任红七军第二纵队政治部主任。这段经历也是袁老革命生涯最重要的阶段之一，他在"只想写给家人看的"《征途纪实》一书中，对百色起义的经过有过较为详细的讲述。这里，我们只将袁老在百色起义中的几个关节点，与相关知情者有关他的讲述，一并"公开发表"。

周恩来亲自批准袁任远去广西

袁任远："我是通过李明瑞的秘书姜祖武的关系到广西工作的。这次李明瑞倒戈拥蒋，姜起了一定的作用，为李所器重。蒋桂战争结束后，他随李明瑞路经上海时，曾来找我，约我去广西工作。我向党中央作了报告，中央军委领导同志认为这是开展兵运工作的好机会，同意我去广西，并发给五十元路费。"①

袁老文中所说的"中央军委领导同志"，实际上就是周恩来。1929 年，周恩来在上海坚持地下工作，任中共中央组织部长、中央军委书记。袁老在此不写明周恩来的名字，缘自他一向不愿"攀高"的性格。

和邓小平乘船到百色

袁任远："俞、李反蒋失败的消息传来后，我们按照规定的计划，将军械库的武器、弹药等物资装上船只，由邓小平指

①　袁任远：《征途纪实》湖南人民出版社 1985 年 1 月版，第 48 页。

挥，军械船和警卫部队溯右江而上，驶往百色；教导总队和警备第四大队，则由张云逸指挥，由陆路开往右江。有一部分干部乘船去百色，很巧，我和邓小平同志乘一条汽船，这是我第一次见到他。过去只知道邓小平同志是我们的领导，但从未见过面，他平易近人，没有架子，很健谈，有时也很诙谐，给我留下了难忘的印象。"①

◎红七军军部所在地——粤东会馆

---

① 袁任远：《征途纪实》湖南人民出版社 1985 年 1 月版，第 52 页。

红七军成立大会的"主持人"

据《张云逸传》记载：

"（一九二九年）十二月十一日，在百色粤东会馆和清风楼等地，升起了缀有金色镰刀锤子图案的红旗。酝酿很久的百色起义终于爆发了。"

"早八时，在粤东会馆（红七军军部驻地）的门前广场，张云逸、陈豪人等召开了由部队排以上军官和军直属队人员共约五百人参加的红七军成立大会。袁任远主持大会，龚鹤村宣布了红七军的干部名单和编组情况。从此，红七军正式成立，张云逸任军长，陈豪人任政治部主任、龚鹤村任参谋长。"[①]

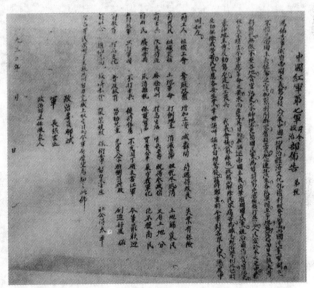

◎袁任远参与起草的红七军布告

---

① 《张云逸传》军事科学院军事历史研究所编写组，当代出版社 2012 年 6 月版，第 31 页。

◎现存唯一一张其实是出版的《右江日报》

◎百色起义时袁任远翻印的党的六大政治决议案

"大知识分子"为起义起草宣言、文告

袁任远："有关起义的一些具体工作，也在加紧进行，我和佘惠参加政治工作方面的准备，主要是起草起义布告、告群众书和标语口号等。我记得还发了一起义宣言，通电全国。除此之外，我们还翻印了党的六大的政治决议案等文件。"

"为了严守秘密，我们找了一家印刷铺，将石印机搬到政治部（百色清风楼，红七军政治部所在地——引者注）来印刷。"①

———————————

① 袁任远：《征途纪实》，湖南人民出版社1985年1月版，第54-55页。

◎百色起义时红七军政治部所在地清风楼，《右江日报》印刷处

◎百色起义时红军用来印刷的石板印刷机

一件有趣的往事

韦宝昌，原右江革命文物馆馆长。2013 年 7 月接受采访时已年逾古稀。他以一个文物工作者特有的眼光，讲述了他与袁任远交往的故事。

韦宝昌："袁老给我讲过一个很有趣的事。他讲红七军政治部就在清风楼。清风楼本来是国民党县长办公和居住的地方，楼旁边还有一个矮房子，是国民党县长审案的地方。陈豪人，我，还有许进等人，几个人挤在二楼。那时候办公和居住在一起，我们就在床铺上办公桌，条件很简陋，有时候膝盖也能当桌子办公。"

"他说，当时陈豪人是政治部主任，官蛮大的。哎呀！这个陈豪人打呼噜很厉害，我们就想办法把他弄到楼下去。就说，你是政治部主任，是领导，我们加班会影响你休息，你应该单独到楼下住才好。说我们打呼噜你睡不着，实际上我们是讨厌他打呼噜——白天我们都在一起工作，睡觉的时候，就让他到楼下单独睡。"

◎百色起义时邓小平办公室兼住处

跟随邓小平准备龙州起义和成立红八军

袁任远："十一月中旬，邓小平把右江的起义工作部署好以后，带领我和佘惠到左江地区布置检查工作，为龙州起义和成立红八军做准备。我们第一天到了田阳，第二天在路上碰到了李明瑞和许进。"

"邓小平和李明瑞谈话后，便邀李一同返回百色。经邓小平、张云逸多次谈话，李明瑞表示革命，随即转回龙州。"①

---

① 袁任远：《征途纪实》湖南人民出版社 1985 年 1 月版，第 54 页。

激战百色城

据《百色起义人物志》载：

"起义后，部队主力沿右江而下，准备攻打南宁。袁任远等留守百色。十二月下旬，一些地主、土匪武装约二千人，分三路突然袭击百色。袁任远等带领军部机关干部和一连士兵进行反击。袁任远带领十几名政治部的干部和部队一个排共约五十人直奔大西门，翻越城墙，向敌人猛冲猛打，把敌人打得昏头转向，仓皇逃跑。这次战斗，红军以少胜多，保卫了百色城。"[1]

百色保卫战是袁任远一生中第一次真正意义上的战斗经历。也是身为"大知识分子"的他第一次翻越城墙、冲锋陷阵。有资料显示，袁老在百色起义大会上领呼口号："打土豪，分田地，实行土地革命！""驱逐帝国主义出华！""打倒封建势力！""打倒国民党军阀！""中国共产党万岁！""红军万岁！"足见当时袁老之血气方刚。

◎战争年代的袁任远

保住起义财产

袁任远："一九三○年一月，红七军主力开始向右江下游的果德（现改为苹果）、隆安一带移动。"

①《百色起义人物志》，中共广西区委党史研究室中共百色地委党史办公室广西人民出版社 1999 年 12 月版，第 446 页。

"当时我们留守百色，经常和军部保持联系。后来一连几天电话不通，了解不到前线的情况，我们十分焦急，曾派侦查员前去打探消息，因田阳一带被土匪占领不能通过。我们分析主力部队可能已经撤出平马，但撤到哪里不清楚。如撤向百色，我们固守百色就没有问题。如撤向东兰、凤山，我们只有一个营的兵力，敌人来犯，我们的部队可以冲出去，但物资会受到损失。在这紧要关头，需要我们做出正确的判断和采取果断的措施。我和符斌商量了好几次，决定放弃百色，遂连夜动员，到第二天清早，我们雇佣五十多匹骡子，带着全部物资，安全撤出百色。就在我们撤出的当天，敌人就进城了。我们经过凌云、凤山，到达东兰的武篆，同先我数日到达的军部胜利会师了。由于我们保住了辎重，还带来十万小洋（约合七八万银元），又使部队得到补充，解决了部队的经费，全军上下都非常高兴。"①

"文革"中，张云逸勇救袁任远

《张云逸传》记载：

"袁任远是张云逸的老部下，早年参加百色起义，一九六二年年与张云逸一起进入中央监委任常委，这时（'文革'初期）被造反派抄了家，本人被抓走。袁的家人给张云逸写了一封求援信，偷偷地从门缝塞进来。张云逸看到后，心情沉重地说：'真不像话！袁任远我了解，他有什么问题，为什么要把他抓去？简直乱套了嘛！'张云逸马上给周恩来打电话，没有找到。他又与国务院办公厅联系，甚至给中央文革小组打电话，都没有结果。最后拨通了董必武的电话：'董副主席，袁

---

① 袁任远：《征途纪实》湖南人民出版社 1985 年 1 月版，第 58 页。

任远被造反派抓去了，家人向我求援，我只好向你报告了。请你赶快向周总理说说，他现在说话还有用啊！'后来，张云逸也找到周恩来，直接向他诉说，在他的关心和大家的努力下，终于把袁任远从造反派手里要了回来。"①

百色人的"百色情结"

袁老有深厚的百色情结。同样，百色人同样铭记着那些在这里战斗过的革命前辈们。此次百色之行，我们亲身感受到百色起义给这座城市留下的深深的印记。

习近平同志专程瞻仰百色起义纪念馆

据中国共产党新闻网载：新华社 2010 年 5 月 12 日电，

5 月 9 日至 11 日，中共中央政治局常委、中央书记处书记、国家副主席习近平来到广西考察调研。习近平强调，广西要继续深入学习贯彻落实党的十七届四中全会精神，不断提高党的建设科学化发展水平，推动学习实践科学发展观向深度和广度发展；要继续认真落实中央关于西部大开发的各项政策措施，抓好农村扶贫开发工作，切实加强革命老区建设，在新的起点上实现经济社会又好又快发展。

调研期间，习近平专程瞻仰了中国工农红军第七军军部旧址，参观了百色起义纪念馆，向百色起义纪念碑敬献了花篮，接见了当地 30 多名红军后代和亲属。他说，人民共和国来之不易，中国今天的大好局面来之不易，革命先辈的历史功绩党和人民永远不会忘记。我们要继往开来，与时俱进地发扬党的

---

① 《张云逸传》，军事科学院军事历史研究所编写组，当代出版社 2012 年 6 月版，第 524 页。

优良传统，把革命先辈为之奋斗的宏伟事业坚定不移地不断推向前进。

◎袁任远的孙子袁海俊接受百色起义纪念馆馆长黄芬赠书

习近平同志夸赞百色起义纪念馆"三个不错"

黄芬，女，担任百色起义纪念馆馆长已经多年。当我们到这里参观时，她很高兴地给我们讲述了习主席来这里视察的盛况。

黄芬："二〇一〇年五月九日上午九点，习主席来到纪念馆视察，之后他讲了'三个不错'：'我看了全国同类的纪念馆，百色起义纪念馆的展示手段、形式不错'。这是习主席讲得第一个不错。第二个不错是，'整个馆的管理不错'。第三个是'整个馆的环境不错'。这是对我们纪念馆全体工作人员的极大鼓励，更是对老一辈革命家的丰功伟绩的深切怀念。"

"李作家写袁老一家的报告文学《芙蓉骄子》，对宣传百色起义的光辉业绩很有帮助，对我们进一步挖掘、整理和宣传百色起义的革命前辈的事迹也很有启发。"

◎范力同志（右三）代表百色市接受采访组赠送的画作

继承和发扬百色起义精神，为建设新百色努力工作

范力，百色市委常委、副市长、宣传部长。代表百色欢迎袁老后人袁海俊先生一行，并详细介绍了百色市的发展情况。

范力："百色起义在中国革命史上具有重大影响，也具有深远意义。百色地区是多民族聚居的地方，百色起义的胜利，证明了全国各族人民是一个命运共同体，实现中华民族的解放和振兴，是各族人民共同的心愿。今天的百色比起当年来已经是改天换地了。但是，经济发展很不平衡。由于地理环境、交通条件等因素的制约，如今百色十二个县（区）中，还有十个国家级贫困县、二个区级贫困县，全市贫困人口占到农业人口一半左右。我们感到责任很重。"

"你们来搜集、创作有关百色起义的资料和作品，对我们也是一个很好的鞭策。希望你们多走走，多看看，我们会全力支持。"

◎原百色起义博物馆馆长韦宝昌接受采访

袁老乐见百色人

韦宝昌："一九七三年十一月份，我被借调到国家文物局筹办的一个全国出土文物展览工作。次年春节过后，我去访问莫文骅（参加百色起义老同志、原解放军装甲兵政委），莫文骅就提供了袁老住的地方和联络电话。后来我就试一试跟袁老联系一下，他说欢迎你来，你随时都可以来。"

"袁老同志非常热情，而且那个时候还属于'文化大革命'期间，他对我们也没有什么戒心。听到我是百色来的，他很高兴。他是从头至尾参与了百色起义全过程的。他就讲了，他是怎么来到广西的，后来在百色起义当中干了什么工作的，他说我原先是记者，一九二九年党组织派来到广西。到了广西以后呢，就在张云逸教导队那里当政治教官。"

"他说到百色我主要是搞宣传。他本行是记者嘛，来百色不久就搞了《右江日报》啊，除了政治部的工作之外呢，编报纸，写文章。他讲那时候我们红七军政治部的知识分子也蛮多，能写的（有）陈豪人，我算一个，还有许进，都是能写的。这样搞宣传，起草文件啊，翻印上级文件，比如六大文件啊，起草红军党委的文告啊，刻蜡版啊，都是自己动手，别人也没什么人能帮你。党的六大文件，是他亲自刻版翻印的。那时候，在政治部负责政治和宣传工作任务很重，我们每天都工作到晚上十二点多，印报纸，印布告，印布告主要是石印，有点像拓片的样子。"

◎百色新貌

袁老40余年的百色情结

韦宝昌："我从北京回广西前，又到袁老家里，问他有什么交代我在广西办的事。他说我自己没什么事。不过有一个事呢，我有一个老战友的女儿，想办理工作调动。这个人是我红七军的一个战友，团长，桂林人，叫魏柏刚，百色起义的时候一直在政治部工作。红七军北上江西到永新，以后到了赣南中央苏区，在肃反扩大化的时候遇害了……他还有个女儿，后来跟母亲到香港去了。解放后他女儿回大陆读书，工作分配在东北。南方人到北方生活不习惯啊，气候太冷啦！因此她身体也有些病，想调回南方工作。（她是）广西人，希望回广西或者广东也行。为此她找到袁伯伯帮助解决（困难）。老战友的女儿不帮忙说不过去呀，帮吗，我需要在广西找一些人。"

"当时韦国清（似时任广州军区第一政委）啊，覃应机（时任广西壮族自治区革命委员会副主任）啊，都是红七军的老战士嘛。我说我找不到这些人，但是我可以找到能找到这些人的人，帮你带信过去。他说好哇！他马上就写信。写了一张纸，递给我。我说你有信封吗？装进信封好一些。没信封我怎么拿呀？他把信装进信封，问我，信封写给谁好呢？我说，你就写上陆秀轩同志收。陆秀轩是红七军的老战士，当时是广西政协副主席。陆秀轩你认不认得？他说，陆秀轩是我手下的，我怎么会不认得？陆秀轩原是韦拔群手下的，是我把他从韦拔群那里'抠'到我这里工作的。我说我和陆秀轩是同乡。袁老的信到了陆秀轩那里，之后的事情他（陆秀轩）就会去办了。袁老很热心。他对这事一直放在心里头，因为那时候'文化大革命'，他没有寻找到什么好机会。"

问：这件事办成了吗？

韦宝昌："办成了。袁老那个老战友的女儿回南方了。"

问：为这事儿您与袁老又有联系吗？

韦宝昌："没有。哎呀，我们这些人……也不好老去打扰人家，也没再见过面。袁老在上世纪六十年代初曾经回过百色。可能是通过韦国清啊，那些当年的红七军老战友安排，也不像现在那么前呼后拥的。估计是旧地重游。那时候我还没到百色工作，这是我到北京后，袁老告诉我的。他还在清风楼前拍照留影，并拿出给我看。照片中的袁老拄着拐棍，这个样子，很威武的。我看照片上他有一种心满意足的感觉。"

巧妙传递邓小平信息

韦宝昌："那天，我'随便问'了一下，你见到邓小平同志吗？他说我见过。小平同志比我年轻，身体很好，我们老同志脸上都有老年斑，小平同志六十几岁了（那年邓小平七十岁），脸上没有老年斑，头脑很清楚，走路很矫健。我们见面也就说几句话，他也很忙。"

"我的意思是能不能有什么办法见一见小平同志，小平同志是百色起义领导人嘛。袁老这么说，我就不能再说什么了。"

1974 年，正值"四人帮"猖獗时期，中国的政治环境极为敏感。袁老用介绍"小平同志身体很好"和"他也很忙"的方式，巧妙传达了某种政治信息，充分表现了袁老的政治智慧。

◎百色市委党史办黄汉儒主任（左）与作者合影

◎红七军政治部编印的传单

百色"同行"话袁老

黄汉儒，百色市委党史办主任，曾任《右江日报》总编多年。作为袁老多年后的"同行"，黄主任熟知百色起义的情况，也熟悉袁任远的情况，并为我们此次采访准备了丰富的资料。

黄汉儒："百色起义是（一九）二九年十二月，但袁老来的是比较早的。（他）二九年十月到达百色，然后一年左右，到（一九）三〇年的十一月份到河池，往江西走了。红七军在这里活动时间略微短了些，留下来的资料有限。现在我们关于袁老的资料是这样，一个是《百色起义人物志》。这里面有解放军将领篇，有省军级人物篇，等等。袁老在省军级人物篇里面。《百色起义人物志》是自治区党委党史研究室和百色市党委党史办合编的。其中就讲到，袁老参加起义以后，大部队往四周游击，袁老带一个营在这里。然后敌人攻打百色，袁老带一个营把敌人打退了。《中国共产党百色市历史》中，百色起义专门有几章，这个也是比较权威的资料。《百色起义史稿》，还有《百色起义精神研究》，也都写到袁老。袁老在百色活动的历史旧址还有，譬如召开红七军成立大会的地方，袁老在政治部办公的地方，还有那个出版印刷报纸和文件的地方，我会领你们去看。"

◎原百色市政协主席黄桂宁（中）接受采访

"从百色走出去16位中共七大代表"

黄桂宁，年愈花甲，原百色市政协副主席，多年从事百色起义史料研究。我们采访他时，他兴致勃勃地把研究百色起义史料的最新成果介绍给我们。

黄桂宁："我最近刚刚作了研究，发现了一个让我们百色人民感到骄傲的事情，那就是在党的七大上，从百色起义走出去的就有十六个代表，其中正式代表十三位，候补代表三个。一个地区在一次党的全国代表大会上，拥有十六个代表，这在中国共产党历次全国代表大会上都是空前的记录！"

黄老拿出一张2013年6月30日的《右江日报》，报纸的报头依然沿用着百色起义时《右江日报》的板式。报纸在第3

版用了一整版刊登了黄老的文章:《从百色走出去的16位中共七大代表》。

黄桂宁:"你们看:邓小平,张云逸,叶季壮,陈漫远,莫文骅,袁任远,李天佑,卢绍武,云广英,冼恒汉,李志明,吴西,任国章,雷经天,谢扶民,韦祖珍。十六个人的事迹都在这里,了不起吧!"

◎袁任远的孙子袁海俊、孙媳周颖为百色起义纪念碑敬献花圈

进入"小前委",后进新前委

袁任远:"我们在崇义,将前委改为团委,由邓小平任书记,受赣南特委领导。经团委研究,邓小平去中央汇报工作并了解'富田事变'的情况。春节前,邓小平带几个同志到杰坝参加赣南特委会议和慰劳红七军伤病员后即去中央。团委由佘惠任书记,成员有许卓、李明瑞、袁任远和张翼,我们把它叫做小前委。"

"一九三一年三月下旬，五十五团和五十八团回合了。"

"四月底在永新召开了红七军第二次党代表大会，总结了转战桂黔粤湘等省的经验教训。这次大会选举了新的前委，前委成员有张云逸、李明瑞、许卓、许进、叶季壮、佘惠、袁任远等。"①

湘赣时期，袁老职务"可上可下"

1931 年至 1934 年上半年，袁老随红八军战斗在湘赣地区。期间，蒋介石先后于 1931 年 7 月、1933 年 2 月和 1933 年 9 月发动了对中央红军和苏区的第三、四、五次围剿。袁老所在部队战斗频繁，编制变化也很大，袁老的职务也随之"上下起伏"发生变化：红军学校第 4 分校政治处主任；中国工农红军湘赣独立第 3 师政治部主任、政委；红 8 军政治部主任；红 8 军独立 12 师政委；红 6 军团 50 团政委；17 师政治部主任；中共湘鄂川黔省委秘书长；红 6 军团政治部副主任；6 师政委；中共湘鄂川黔省委委员、大庸军分区政委兼大庸游击支队政委；湘鄂川黔省委秘书长。任职时间多则一年，少则半年，最短的一两个月。

在江西雩田圩，袁老第一次负伤

袁任远："雩田圩是（江西吉安）遂川东北三十里的一个小镇，有二百多户人家，（敌人）只有一个营驻守。兵力不多，但修筑了许多碉堡和工事。我军于（一九三三年）四月七日攻打了两三个小时，未能攻克。第一团团长牺牲，我的右手也负了伤。"

---

① 袁任远：《征途纪实》湖南人民出版社 1985 年 1 月版，第 69—70 页。

"次日，全军进至莲花的九斗冲，应急莲花县城倾巢来犯之敌。当时我的伤尚未痊愈，不能打枪，但仍参加了战斗。"①

在茶陵，袁老和李达同时"中弹"

袁任远："当时，正是王明'左'倾机会主义统治的全盛时期，他们在军事上推行一套单纯防御路线，提出以碉堡对碉堡，搞'短促出击'。"

"大约九十月之交，敌十六师及十五师一个旅向我进攻。他们先用炮轰毁我们的碉堡，然后用步兵攻上山来。这时，我团立即上山增援，看到工事里还有部分牺牲的同志的遗体，来不及运去掩埋，我们就在旁边踏着他们的血迹与敌人奋战。敌人炮火很猛，浓烟四起，尘土飞扬，咫尺不见。这时，突然一发炮弹打到我们的掩体，泥土溅了一脸，我以为负伤了，用手一摸，未见血迹，知道没有负伤。李达也没有负伤，我们都放心了。"②

袁老和李达同在 50 团，李达是团长，袁老任政委。

转战湘鄂川黔，与廖汉生一起爬城墙攻城

1934 年 7 月，袁老随部队开始了转战湘鄂川黔的征程。这期间，他先后结识了任弼时、贺龙。是年 10 月，袁老又有了"新壮举"：

袁任远："十月三十日，我军离开酉阳，接着攻打永顺。"③

---

① 袁任远：《征途纪实》湖南人民出版社 1985 年 1 月版，第 79 页。
② 袁任远：《征途纪实》湖南人民出版社 1985 年 1 月版，第 80 页。
③ 袁任远：《征途纪实》湖南人民出版社 1985 年 1 月版，第 89 页。

　　酉阳土家族苗族自治县，位于现重庆市东南部，与湖南、湖北、贵州毗邻。酉阳是以少数民族为主的多民族杂居地。这里地处巫山大娄山中山区，多为船形山、柱状山，东西两侧低，多为低丘、溶槽、平谷、洼地。

　　永顺是湖南省的一个县，位于湖南湘西土家族苗族自治州北部，地处武陵山脉中段，是湘鄂渝黔边区东出口的重要交通枢纽。

　　袁任远："永顺只有一二百名地主武装驻守，六师负责打先锋，我和廖汉生同尖兵连一起，爬城墙攻进城去，消灭了敌人，于十一月七日占领永顺，我们在那里休整了四天。"①

　　廖汉生，开国中将，全国人大原副委员长，他是桑植人，与袁老算是同乡。廖汉生曾这样讲述他与袁任远在一起的情况：

　　"就拿六师新任政委袁任远同志来说，他是湘西慈利县人，和我是邻县同乡。论年龄，他比我年长十三岁，论文化，他上过大学，我是高小毕业；论党龄，他是大革命时期的老党员，我是入党仅一年的新党员；论做政治工作，他当过多年的师政委、师和军的政治部主任，调来前担任六军团政治部副主任，我当师政委才不足三个月。因此，从各方面说，袁任远同志都是我的一位好老师。在他的领导下，我师的政治工作有了很大进步。"②

---

① 袁任远：《征途纪实》，湖南人民出版社 1985 年 1 月版，第 89—90 页。
② 廖汉生：《廖汉生回忆录》，解放军出版社 2012 年 4 月版，第 63 页。

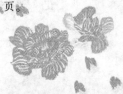

◎绵延不断的湘西北大山

荣归故里

　　袁老是 1926 年离开家乡的，再次回到这片熟悉的土地时，已经是 8 年以后了。袁老离家多年，屡遭颠沛磨难，家乡甚至多年流传他遭"凌迟"的坏消息。此番以红军军分区政委的"大官"头衔亮相家乡，那是"相当的"荣耀家人。

　　袁任远："我军攻克大庸后，任弼时在后坪召开两军团领导人会议，决定在湘鄂川黔边建立新的根据地，继续配合中央红军向川黔边转移。一九三四年十月二十六日，在大庸成立中共湘鄂川黔省委、省革命委员会和省军区。省委以任弼时为书记，贺龙、关向应、萧克、王震、夏曦、张子意等为委员。省革命委员会以贺龙为主席，朱长清和夏曦为副主席，我是委员之一。省军区以贺龙为司令，任弼时兼政委，张子意为政治部主任。同时，还成立了大庸地委和大庸军分区，夏曦兼地委书记。因我是慈利人，情况较熟悉，遂调我到大庸任地委委员、军分区政委。"

"庆祝革命委员会的成立的群众大会上，夏曦（时任湘鄂川黔省委委员）将我的籍贯、经历做了简单介绍。这时群众中有一个我老家的同族侄子，确认我回到大庸了，走到主席台附近抓住我的手叫六叔。"①

家门口遭撤职

袁老荣归故里实在可喜可贺。可惜"荣耀"的日子没过多久，他就被撤销了职务。在家门口遭到撤职"待遇"，这又是咋回事儿呢？

袁任远："湘西各县，除地主武装以外，游杂武装很多，每县少则几股，多则十几股，每股人数数十人，有的达到百余人。其头目均为哥老会会员，一般成员除少数退伍士兵、流氓外，绝大多数是破产的农民，也有'逼上梁山'的。必须正确对待和解决这些游杂武装，否则我们的工作将会遇到许多困难。但怎么解决？如果用武力去对付他们是不行的，他们都是本地人，地形熟悉，有的在山上活动，与我们周旋，有的躲进山洞，凭险固守，他打你容易，你打他困难，很不好清剿。根据这个情况，省委决定采取收编的办法，成立大庸游击支队，以李吉禹（大庸人，哥老会会员，二军团的参谋处长）为大庸游击支队队长，我兼政委，开展对游杂武装的收编工作。"

"经过我们多方做工作，有十多股游杂武装，约一千六百多人表示愿意参加红军。我们让他们带着武器在大庸县城集中，接受收编。但他们多抱有怀疑观望态度。有的没有把队伍全部带来，留下一部分人和好枪，有的迟迟不肯动身，还要看

---

① 袁任远：《征途纪实》，湖南人民出版社 1985 年 1 月版，第 91—92 页。

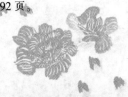

一看。到一九三五年二月份，只集中了四百多人。我们对已经收编好的游杂武装，给派去连指导员和一批连排干部去担任副职，加强对他们的管理和教育。对那些观望犹豫的尽可能多争取收编一部分，待主力部队回来以后，将其头目调开，给予适当安置，队伍则分散编入主力部队，对少数表现不好的则予以清洗。但不久主力部队回到大庸后，有的同志批评我对游杂武装的做法是和平相处，是严重右倾，一连批了我三个晚上。我怕开除党籍，只好做了一个违心的检讨，最后还是撤销了我的职务。"①

80 年后的"自我申辩"

历史是公平的。袁老迟暮之年写的回忆录中，对当年的事情作了自我的申辩，不求有功，但求实事求是。

袁任远："我离开大庸军分区后，他们将已集中的四百多名游杂武装编入主力部队，把几个头目也处理不当。这样一来，其他观望的游杂武装都不来了，反而坚决与我们为敌。我们派干部下乡做群众工作，还要派武装部队掩护，对我们开展工作造成了很大困难。我们在茨岩塘的后方办事处和在永顺、龙山做地方工作的同志，就受到过他们的袭击。这种情况在很多地方也发生过。"②

任弼时让他当省委秘书长

袁任远："我被撤职后回到塔卧，任弼时听了我对收编游杂武装的经过情况汇报后，只是对我说：你辛苦了，休息几天

---

① 袁任远：《征途纪实》，湖南人民出版社 1985 年 1 月版，第 93-94 页。
② 袁任远：《征途纪实》，湖南人民出版社 1985 年 1 月版，第 94 页。

以后再工作。我当时心情很不舒畅，再加上前一时期工作的劳累，多年未发的肺病又发了，连日咯血，卫生部的同志要我休息一个月，但我只休息了一周，任弼时要我回省委任秘书长，恢复了我的工作。"①

从省革委委员、军分区政委，到撤销职务，再到省委秘书长，此番袁老一番"折腾"，那叫"失之桑榆，收之东隅"，柳暗花明，"触底反弹"。正所谓"祸兮福所倚，福兮祸所伏"是也。

再别故土去长征

袁任远："一九三五年十一月十九日，二、六军团离开湘鄂川黔革命根据地，开始了新的战略转移——长征。我们转移的方向是向西，为了迷惑敌人，却有意向东南走，从桑植的刘家坪向大庸和江垭地区出发，走了两天两夜，于二十一日黄昏到达大庸和溪口之间的张家湾附近，强渡澧水……"②

袁老又走了。而且这一去就 16 年之久。他踏上了艰苦卓绝、九死一生的长征路，

◎当年红军离开大庸时走过的路

---

① 袁任远：《征途纪实》，湖南人民出版社 1985 年 1 月版，第 94 页。
② 袁任远：《征途纪实》，湖南人民出版社 1985 年 1 月版，第 101 页。

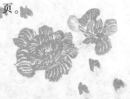

他也把自己"最精华"的生命阶段，铺在了通往理想和希望的"长征路"上了——

袁老的长征路很长

从 1934 年 7 月，袁老所在的红 6 军团奉命西征，成为整个红军长征中开始最早、结束最晚的一支部队。

《红军长征史》载：

"中共中央及中革军委于 7 月 23 日给红六军团和湘赣苏区下达训令，认为'六军团继续留在现地区，将有被敌人层层包围和紧缩之危险'。为'保全红军力量及捍卫苏区'，迫使敌人变更战略计划，决定'六军团离开现在的湘赣苏区转移到湖南中部去发展广大游击战争，及创立新的苏区'，'确立与二军团（即红三军）的可靠的联系，以造成江西、四川两苏区联接的前提'。"

"但是，中共中央、中革军委下达训令时，并没有明确红六军团是作为前导，为中央红军探索转移路线的，只是命令红六军团去湘西与红三军（即原红二军团）会合，并将每日行军路线和宿营地用电台报告军委总部。"[1]

"红二方面军（甘孜会师后 2、6 军团改称红 2 方面军）长征比红一、红四方面军晚，这时敌人已有一些围追堵截的经验，因而，红二方面军的长征更困难些。"[2]

---

[1] 中共中央党史研究室第一研究部：《红军长征史》，中共党史出版社 2006 年 3 月版，第 24-25 页。

[2] 中共中央党史研究室第一研究部：《红军长征史》，中共党史出版社 2006 年 3 月版，第 421 页。

与周素园结下终生友谊

袁任远："毕节有位知名的爱国民主人士周素园，他是清朝末年的秀才，早年参加辛亥革命，曾任贵州军政府行政总理，一九二五年退出军界，在云贵上层有较高的声望。"

"毕节革命委员会建立时，我们请他担任主席，还请他担任贵州抗日救国军司令，组织抗日联军。"

"后来周素园还参加了革命，随军长征。像他这样有地位、有声望的人，能够舍弃家产和妻室儿女，和我们一路长征，确实是难能可贵的。因为他随政治部行动，我们经常在一起，有空我就找他聊天，顺便做些工作。"

"全国解放以后，出任贵州省政府副主席，当他知道我在湖南工作时，曾写信给我，畅叙长征路上的战斗情谊，并感谢我过去对他的帮助。"①

与王震烧毁张国焘的"小册子"

袁任远："一九三六年六月三日，六军团在稻城北的甲洼与总部派来迎接我军的三十二军会师（即甘孜会师）了。"

"这次他们前来迎接我军时，总政治部派来的干部携带一批反对党中央、反对毛泽东、周恩来、张闻天、博古的小册子及宣传品在部队中散发，王震与我商议后，决定将散发的小册子及宣传品一律收回销毁。"②

此次会师，部队整编，袁老被任命为32军政委。

---

① 袁任远：《征途纪实》，湖南人民出版社1985年1月版，第102-103页。
② 袁任远：《征途纪实》，湖南人民出版社1985年1月版，第106页。

袁老"一生最大的憾事"

袁任远："红军三大主力会师后，全国抗日革命运动蓬勃发展，形势很好，但我军在西北地区的不利情况还没得到改变，毛炳文部在兰州渡河后正向西路军猛力追击。"

"根据中央部署，我军向北撤退，由三十二军担任总后卫，掩护主力部队。但因我指挥缺乏机动灵活，使部队受到一些损失，这是我一生最大的憾事。"①

袁老说的这个失误或许没有影响整个战役大局，至少在军史上没有标明。但袁老不以恶小而"隐"之，白纸黑字，写将出来。磊落襟怀，又是一例。

袁家的传奇故事："夫妻长征，父子长征"

这个故事袁老在《征途纪实》中没有讲，是我们根据相关资料整理的。

周雪林是袁老的红军妻子，他们是在长征中结婚的。有关他们的婚姻经历，我们将在第五章中详述。这里先说说周雪林和她的长征。

泼辣干练的宣传和妇女部长

1934 年 11 月，红军解放了大庸。身为大庸县委宣传部长的周雪林（女）经常主持召开会议，组织工会会员学习，宣传"谁养活谁"、"保护工商业"等革命道理，开展工会活动。同年 11 月，大庸县革命委员会成立，周雪林任妇女部长。鉴于我党对职务相对不高的红军战士的历史资料收集较少的缘故，

---

① 袁任远：《征途纪实》，湖南人民出版社 1985 年 1 月版，第 111 页。

◎二、六军团到达延安，后排左三为袁任远

有关周雪林在大庸工作时期的情况也少有记载。我们只在《红六军团史稿》中看到些许记载：

"县委宣传部长、妇女主任周雪林，带领工作队一面在街头巷尾宣传政策，动员中、小商号大胆开门做生意；一面在墙壁、城门上刷写'保护民族工商业'、'准许商人自由营业'、'取消一切苛捐杂税'等标语，使一些中、小商人很快解除了疑虑，纷纷开门营业。"

"群众团体，除了共产主义青年团外，在城镇，工会、商会组织陆续建立,；在农村，普遍建立了贫农团；各乡还建立了女工农妇代表会（简称农妇会，群众戏称为女儿团），从湘赣苏区来的李贞、臧元德、尹菊英、陈罗英、周雪林等为发展妇女运动做了大量工作。"①

---

① 李荣春　周维祝：《红六军团史稿》，2008·太原。

红二、六军团长征路上的女红军

1935 年 11 月 19 日，任弼时、贺龙率领红 2、6 军团（后合编成红二方面军）离开湘西开始长征。其中有女红军李贞、陈琼英、戚元德、陈罗英、马忆湘、周雪林、蹇先任、蹇先佛、曾纪林、胡越强、张四妹、伍秋姑、石芝、马积莲、范庆芳、杜玉珍、秦金美、朱国英、张金莲、尹菊英、李智等人。她们有干部、机要员、宣传队员、护理员、炊事员等。她们没有单独编队，也没有统一的组织，而是被分散在各个单位。

与父亲一起长征的袁意奋的故事，本节后面将有详述。

长征路上，周雪林得了伤寒

郭爱民："周妈妈曾经给家人说过，她在长征路上得过伤寒。那时候没有药品，得了伤寒就等于判了死刑。她被安排在一个老乡家养病，没想到居然能活下来。"

周雪林一生屡遭大难。先是与国民党作战打出肠子来，后来又得过伤寒，这些经历，严重地损害了她的健康，以至于解放后长期因病休养。

袁老走了，家里惨了

问：父亲长征以后，作为红军家属，家里是什么情况？

袁碧宇："那个时候知道情况的人都说我父亲是'戴反帽子'（当地人把参加红军称为"戴反帽子"）的。（父亲）长征以后，原来那些打过土豪的人被杀了一二十户，父亲（袁老）就叫我们赶快走，在家就是等死。"

"我们在家的老小，也出去躲了几个月。那一年，躲了好多次，那些人知道我父亲在红军里也不是普通人。那时候，意渊想读书，但是不准，说红军的儿子不准读书。后来，父亲的同学出主意，找了找人，意渊才上了学（在九溪读小学）。"

除却兵祸、匪祸、灾祸等等，袁老家还多一个"红祸"——各类人员经常光顾这个"戴反帽子"的家庭，于是"跑路"更成了袁家人的"常态化"的事情。

抗战开始了，袁老"没职位了"

袁任远："一九三七年七月七日，日本侵略军进攻卢沟桥，抗日战争爆发了。我党根据国共两党实现第二次合作所达成的协议，于八月间将中国工农红军主力改编为国民革命军第八路军。"

"红军的改编是按照国民党军队的建制改编的。实行单一领导，取消了政治委员和红军的政治工作制度。"

"我是长期搞政治工作的。红军改编后，取消了政治工作机构，我的工作不好安排，因此我想利用这个机会到延安党校学习一个时期。当我向贺龙、关向应提出

◎袁任远 1937 年 9 月 12 日东进山西参加抗战，由芝川镇渡黄河，在船上所摄

这一要求时，贺、关不同意，坚持要我随部队到前方去。于是，我留在师部任前委秘书，公开职务是师部秘书。"[1]

---

[1] 袁任远：《征途纪实》，湖南人民出版社 1985 年 1 月版，第 115–116 页。

◎八路军作战的资料片

官复原职，袁老的"文武"抗战

袁任远："一九三七年十月初，中央决定在八路军中恢复红军时期的政治工作制度，团以上恢复政治委员，师的政训处改为政治部，旅建立政治部，团建立政治处，营设教导员，连设指导员。"

"三五九旅的政治委员由王震兼任，我调回三五九旅任政治部主任。"①

王震是出了名的猛将。打仗、做事雷厉风行，果敢善断。袁老则是文人气质，做事缜密，善于协调。在山西抗战的一年多时间了，这俩人可谓一文一武，相得益彰。

抗战中，乘坐"小脚火车"

袁任远："侯马是同蒲路的一个小火车站，于是我们就改乘火车。我们坐的是运货的闷罐车，大家将卧具打开，席地而坐，一路上非常疲劳。路经太原，贺龙、关向应和我曾下车到

① 袁任远：《征途纪实》，湖南人民出版社 1985 年 1 月版，第 118 页。

八路军往太原办事处去。当时中央北方局也在太原，我们见到了周恩来和朱德，聆听了他们对前方工作的指示。事后我们乘火车来到忻县，在那里住了一周左右，又乘火车到宁武。"①

人们都知道，山西的同蒲铁路是阎锡山修建的。计谋过人的"阎老西"一为省钱、二为军事、三为经商，把铁路道轨设计成标准道轨的1/3。袁老他们有幸乘坐全国独一无二的"阎氏小脚火车"也算一个趣事儿。

"收编"大知识分子

袁任远："一二〇师路经太原时，曾要王震暂时留在太原，请求北方局帮助动员一批知识分子到部队工作。有不少爱国青年知识分子到八路军办事处填表申请，王震亲自找他们谈话，最后接纳了四十二名男女知识分子入伍。"

◎袁任远抗日战争时期在山西

"贺龙称赞'王胡子办了一件好事，要来这么多知识分子，给一二〇师增加了新生力量'。并决定将这批知识分子留下

① 袁任远：《征途纪实》，湖南人民出版社1985年1月版，第116页。

一半给师部和三五八旅，把会打球的也留下，王震欣然同意，只把刘亚生、高铁、郭小川、段兢、彤云和张铁夫妇等二十位同志带回三五九旅。"①

刘亚生，河北河涧县人，1932 年考入北京大学历史系。当过王震的秘书，曾任 359 旅政治部宣传科长，359 旅政治部副主任。参加过南泥湾大生产运动，南下支队的南征，1946 年 6 月，在中原突围中，与妻子化装通过国民党统治区时被俘。1948 年底，被国民党军警身缚巨石自南京燕子矶沉入长江中杀害，牺牲时年仅 38 岁。

高铁，著名教育家，辽宁省新民县人。"七七"事变前夕投身革命，同年 10 月加入中国共产党，参军后曾任 359 旅团政治处主任。新中国成立后，先后任哈尔滨工业大学副校长、党委副书记、第二书记、校长兼党委书记，北京大学党委副书记、常务副校长，建筑材料工业部副部长。

郭小川，河北省丰宁县凤山镇人。是我国文学界一位富有才华的诗人。他《致青年公民》组诗、《望星空》、《甘蔗林——青纱帐》《团泊洼的秋天》等百余篇优秀作品，都较为清晰地留下了时代的足迹。

目睹阎锡山部队乱象

袁任远："我们将宁武至原平约百余里铁路给以彻底破坏，切断了敌人的补给和增援。我们的旅部就在铁路线上的轩岗、阳武等地。与我军的情况相反，国民党的军队却不战而退，一溃千里。我们在宁武一带看到从阳高、大同等地败退下来的阎锡山部队，有的二三百人一股，也有百把和几十人一股

---

① 袁任远：《征途纪实》，湖南人民出版社 1985 年 1 月版，第 117 页。

的。他们三三两两，携带家眷，到处拉夫，为他们挑东西，抬老婆，军纪荡然，到处搞得闾里不安。"①

无意中打死日本少将

袁任远："一九三八年十月二十八日邵家庄战斗，我七一九团埋伏在广陵、灵邱之间公路边的山上，那里是两山夹一沟的丘陵地带，地形很好，当日寇的汽车进入我们的'口袋'时，我们拉响埋在公路上的地雷，炸翻了敌人的车辆，十几辆汽车被堵住了。经过两个多小时的激烈战斗，击毁敌人五辆汽车，消灭敌人一百多人，还缴获了一门钢炮，七挺机枪，八十多支步枪。战斗结

◎袁任远在陕北

束后，在打扫战场时，发现这次战斗打死了敌人的一名旅团长常冈宽治少将，另两名是山崎少佐和归森大尉。"②

（二）袁意奋的青春岁月：打仗办学留洋

袁意奋青春岁月，是随着抗日战争的爆发开始的，经过解放战争时期，迎来新中国的曙光。不变的是，他始终是一

---

① 袁任远：《征途纪实》，湖南人民出版社 1985 年 1 月版，第 118 页。
② 袁任远：《征途纪实》，湖南人民出版社 1985 年 1 月版，第 122 页。

◎抗日战争时期的袁任远与袁意奋

身戎装。

跟随八路军"王牌部队"驰骋疆场

抗战开始时，袁意奋 20 岁。他与父亲所在的八路军 120 师是一支闻名遐迩、"猛将如云"的"王牌部队"。1937 年 8 月成立之初，师长贺龙（元帅），副师长萧克（上将），政训处主任关向应（1946 年病逝），副主任甘泗淇（上将），参谋长周士第（上将）。

下辖 358 旅、359 旅。

358 旅旅长张宗逊（上将），副旅长李井泉（全国人大副委员长），参谋长姚喆（中将），政训处主任张平化（全国人大常委）。

359 旅旅长陈伯钧（上将），副旅长王震（上将），参谋长唐子奇（林业部副部长），政训处主任袁任远（1946 年军调处第 34 执行小组少将组长）。

团一级干部也都是赫赫有名的战将：王尚荣（中将）、宋时轮（上将）、刘转连（中将）、文年生（中将）、彭绍辉（上将），苏启胜（少将）；顿星云（中将），廖汉生（中将），陈宗尧（1945年牺牲），贺庆积（少将），黄延卿（南京炮兵工程学院副院长），伍云甫（中共中央军委秘书长），欧阳家祥（少将），刘理明（1938年牺牲），帅荣（少将），罗志敏（四川省政协副主席）。

袁意奋所在的358旅714团，参加了120师抗战期间全部战斗：忻口战役，百团大战，敌后抗战，整风审干，生产自救，晋西北"反扫荡"、"反蚕食"和保卫陕甘宁的斗争。

"奔袭阳方口"，陈列在军博的战例

这是袁意奋参加百团大战的一个战斗实例：（节选）

抗日战争进入第三年，由于敌后游击战争对日军威胁极大，日军将进攻的重点指向敌后抗日根据地。我八路军为了打破敌人对我各根据地的"囚笼政策"，配合正面战场作战，由彭德怀副总司令亲自指挥一〇五个团的兵力于一九四〇年八月二十日至十二月五日历时三个半月，向日军进行了一次大规模的战略性进攻战役。这就是震惊中外的"百团大战"。

阳方口地处晋西北管涔山麓和恒山山脉之间，两侧山高峰险，岩层倾斜，是内长城线上的一个重要关口。这个关口西南三十里，就是长城内侧的军事要地宁武。七一四团接受袭击阳方口的作战任务之前，部队在陕甘宁，同边区军民一道赶走了专事磨擦、反共的国民党绥、米专员何绍南后，又调回晋西北，驻河曲寺堰一带。

河曲远离阳方口有数百里，旅、团首长决定，采取长途奔袭的手段，予敌以意外打击。可是长途奔袭，也会给部队带来相当多的困难。日夜行军，要通过敌人几个据点；途中全是崎

117

岖不平的山路，且正值雨季，道路泥泞，部队将会极度疲劳，增加非战斗减员。因此旅、团首长决定加强部队的思想政治工作，发扬我军不怕疲劳、英勇顽强的战斗作风。

当时的团长是张绍武，政治委员是张世良，参谋长樊哲祥，政治处主任潘振华，副主任袁意奋。出发前要求大家保密，封锁消息，作好急行军和夜行军的一切准备，一切行动听指挥。过封锁线时各级指挥员要严格掌握部队，也要有与敌遭遇的准备。并检查携带破路工具、排除障碍的器材，如铡刀、毡毯、斧头、铁棍、钳子、绳索等。经过各级干部的宣传和动员，部队求战情绪高涨。战士们说："打到敌后去，任务光荣，我们要挺起胸膛，上好刺刀，让日本鬼子知道老八路的厉害！"

部队经过充分准备后，于八月二十七日开始行动，连续几天在雨中急行军，战士们抹着脸上的雨水和汗水，走偏关，出神池，绕朔县，再至宁武。神池、宁武县委书记也随团部行动。进至盘道梁，天色已在蒙眬的夜幕中，这里岩石嶙峋，山路崎岖，一脚踩不稳便会掉进崖底。前卫连和团部所带的向导都早已不熟悉这里的道路了，部队不得不在长城内外起伏的山梁上作短暂的休息。由于山谷风大，我们就肩挨肩，背靠背，互相挤在一块，坐在一起抵御飕飕的山风和雨夜的寒冷。由于急行军的疲劳，战士们一倒地就睡着了。

这次战斗是夜间袭击，二营担任主攻，一营担负向朔县、宁武方向警戒破路，并打来援之敌。三营（缺十一连）作团预备队。团直属特务连分散动员群众破坏交通线，收割电线。团指挥所设在阳方口车站东北高地由侦察排在此担任警戒。部队完全轻装。指挥员勘察过地形，下达了作战命令，二营以六连为突击连，分两组，一是破坏组，一是突击组。识别标记：左臂上系白毛巾。

为顺利地越过敌人的铁丝网、电网，有的连每人携带有羊毛毡毯，在进攻时铺在铁丝网上，使部队迅猛通过。有的破坏组用铡刀砍断铁丝网。敌人仍没发觉，在碉堡顶部还不停地使用着探照灯。深夜二时，突击队迅速通过铁丝网接近堑壕蜂拥而上，逼近碉堡。敌人发觉后向我射击，战士们很快向碉堡入口处投弹数十枚，碉堡中的敌人乱成一团，并发出嚎叫声，有四五个日寇企图逃跑，被我已绕至碉堡后的战士击毙。在攻碉堡的同时，突击队勇猛地攻入二层楼的营房里，正在睡梦中的敌人，有的被击毙，有的当了俘虏。战士们发现在房间的桌子下面，有通向碉堡的暗道，就用手榴弹炸塌了。日寇受到夹击，无法支援，我后续部队很快占领了碉堡、掩体、交通壕、掩蔽部和街道。但由于西南方向堵击的部队未能全部断敌后路，守敌趁隙向梵王寺方向的石嘴子、三岔逃窜。

这次战斗，打死打伤日伪军一百二十余人，俘日军五人，缴获歪把子轻机枪两挺，三八式步枪二十一支，望远镜一部，战刀两把，电话机四部。捣毁了伪政权，沉重打击了同蒲路北段日本侵略者。我团战士王开义等八九名同志负了伤。阳方口战斗是奔袭作战的一个范例。这次战斗的胜利，大大地鼓舞了部队的士气，提高了我军在人民群众中的声威，打击了日本侵略者的嚣张气焰。

这次战斗虽然只是八路军著名的百团大战参加一零五个参战团中的一个团，是一千八百八十多次战斗中的一次战斗，是攻克敌人二百多个据点中的一个，但它已作为我军的一个成功战例而载入史册，在中国人民革命军事博物馆抗日战争馆里就有一二〇师独二旅创造的这一成功战例。

（摘自《陆二师战友网》作者：凌云 2010 年 1 月 22 日）

《阳方口小调》

八路军 120 师 358 旅政治部战线剧社的董小吾，还专门为这次胜利创作了歌曲《阳方口小调》：

"这一仗打得真漂亮，

偷偷地摸到了敌人后方，

神不知，鬼不觉，

好像那神兵从天降。

有准备，有保障，

打得日寇像鬼印（音 áng）。

歼敌一百二十多，

还缴获两管轻机枪。

飞兵奇袭阳方口，

威震敌胆美名扬。

边区军民团结紧，

乘胜前进士气涨——"

◎郭成海的儿媳妇做"现场翻译"

"英雄之子"心中的"714团"

郭成海是我们2012年2月25日，在子洲采访时无意中遇到的。

那天，我们正在马蹄沟村搜集袁意奋的老部队714团的资料。1942年9月至1945年8月，714团曾驻防马蹄沟。路上，有村民告诉我们，"郭成海知道些事情，可惜他耳朵聋的厉害"。我们不想放过任何线索，在村里人指点下，我们来到（应该说爬到）村里最高处的一孔窑洞前。

几乎是山顶上，时年90岁的郭成海，端坐在窑洞门前。我们发现，他不但耳朵聋，似乎眼睛也看不太清。我们面对着他，大声喊着：

"郭老！您知道当年714团在村里住的情况吗？"

郭成海专注地看着我们，却听不到我们在说什么。这时，郭成海的小儿媳妇抱着孩子走出窑洞，得知我们的来意，她便当起我们的"传话人"。于是，采访开始了——

问：郭老，您知道当年714团的情况吗？

郭成海的小儿媳妇用当地话，大声地转告。

郭成海："七一四团张政委（张世良）……住在大槐树那边。"

问：您问问郭老，714团的事儿，他都知道些什么？

郭老的儿媳妇转告给郭成海，郭老开始断断续续讲他记忆中714团——

郭成海："打过仗，团长投降了你们不投降？"

"……开会了，大家联合唱歌了，好枪杆儿"

"……七一四团对老百姓好着哩！……到了年底，猪肉，羊肉，欢迎哩！"

"团部的号长，就住这里。"

"……四团和六团打榆林，敌人投降哩，……占领了。"

"……平时吃饭和老百姓一样……有伙房，帮助老百姓种地，好着哩。"

"……住了好几年哩嘛！"

"在延安开大会，父亲是劳动英雄哩，毛主席发的奖状，回来（县里）不给（我们）了……"

郭成海的儿媳妇告诉我们，她公公是边区劳动英雄郭富财的儿子。当年郭富财到延安参加表彰大会，毛主席曾经亲自给他颁发奖状，戴过大红花。开会回来，那个奖状留在县上了。她公公也参加过支援八路军打仗，具体事儿她说不上，她公公现在有些糊涂了。

袁意奋曾经担任 714 团政治处主任，驻防过马蹄沟村。从郭成海这简短的几句话中，我们看见一点点 714 团的军民关系和打胜仗以后的状态。就算是"窥一斑而知全豹"吧！

中央党校，弟弟成了哥哥的"学长"

1945 年 3 月，抗战胜利前夕，袁意奋到延安中央党校学习了 8 个月。

很巧，袁意奋的弟弟袁意渊，1940 年来到延安后也进了中央党校。兄弟俩不但成了中央党校的校友，而且弟弟意渊先于哥哥意奋入校，竟成为哥哥的"学长"。

解放战争，袁意奋"奋战大西北"

解放战争初期，袁意奋所在的晋绥野战军独 1 旅 2 团是较早投入战斗的部队。袁意奋时任该团副政委。

◎绥远战役资料照片

"归绥试剑"

据《王尚荣将军》（独一旅旅长）一书记载：

"一九四五年八月十五日，日本宣布投降后，我坚持绥远抗日战争的绥蒙军区部队和晋绥部队，即向日伪军占领的城市、据点发起了进攻，迫令敌军缴械投降，我军连续解放了桃林、武川、集宁、丰镇、清水河、凉城等城及绥东广大地区。"

"在抗战期间远避于绥西黄河后套地区的傅作义部，日本投降后即出兵东进，并联合日伪军向我解放区进攻。正当我晋绥部队攻入归绥（今呼和浩特）与日伪军进行巷战并包围大十字街伪蒙军总部之际，傅作义部突然由我军侧背攻入，与我军包围的伪蒙军一同配合夹击我军，我军被迫退出城外。"[1]

由于部队缺乏城市作战经验，这一仗2团损失不小。

---

① 《王尚荣将军》，当代中国出版社 2000 年 1 月版，第 216–217 页。

绥远战役，"血战卓资山"

"九月十一日，中央军委决定：反击傅作义进攻，由晋绥、晋察冀两军区集结主要兵力组织绥远战役，消灭傅作义主力，收复归绥，解放绥远，切实保障张家口安全。"①

发生在 1945 年 10 月至 12 月的绥远战役（又称平绥战役），是一场影响大，规模大、敌我双方投入兵力大的著名战役。是役，我军投入兵力 5.3 万余人，敌方兵力人数 3.6 万多人，虽人数不及我军，但大都住在城里，凭坚固守，且武器装备精良，致使此役进行得异常激烈。

卓资山战斗是绥远战役的一部分。尽管整个战役胜负不尽理想，但袁意奋所在部队打的卓资山战斗，却很漂亮。

《王尚荣将军》载：

"卓资山位于归绥城东七十五公里，在平绥铁路线上，是东向集宁、丰镇，西达归绥、包头的咽喉要道。也是北接陶林，南通凉城之交通枢纽。它背靠大青山灰腾梁，地势较高，为归绥之门户，是军事上必争之地。我攻下卓资山，则对整个战役会造成有利形势。"

"二十二日，独立第一旅奉命留七一四团在凉城以西负责牵制归绥之敌，王尚荣率第二团进到豪切、查汉不浪附近。"

"第二团部队于二十五日拂晓前，堵截向卓资山以东溃逃之敌，俘敌二百多人。后听到东北方向有枪声，二团团长傅传作即令三营沿三道沟东北侧高地运动查明情况，当三营进到少代沟北侧时，与集宁撤回妄图救援六十七军的傅作义主力一〇一师遭遇，第二团当即占领有利地形顽强阻击，给援敌以迎

---

① 《王尚荣将军》，当代中国出版社 2000 年 1 月版，第 217 页。

头痛击。"

"集宁撤退来援之敌，被我二团及三五八旅七一五团三营分别在三道沟东侧，二道沟北侧占领阵地顽强阻击，打退了多次进攻，敌毫无进展。两敌相隔仅一道山梁，遥遥相望，两地枪声相闻，但终于未能挽救二十六师覆灭的命运！①"

保卫延安，二战榆林

榆林战役是袁意奋参加的又一次战斗。这时，他所在部队已经整编为西北野战军第1纵队独立第1旅，袁意奋任旅政治部副主任、主任。

西北野战军第一纵队所属三五八旅，辖七一四、七一五、七一六团。从一九四七年三月起，三五八旅共参加延安保卫战诸多战役，主要有：三月二十五日的青化砭战役，四月初的羊马河战役，六月二十九-三十日的三边战役，四月二十六日的蟠龙战役和五月三十日的陇东战役。

在一九四七年八月的榆林战役中，西北野战军一纵参加八月六日攻打三岔湾、刘官寨（榆林城南）战斗。八月七日下午攻打飞机场九一八高地。七日晚一纵激战凌霄塔一晚。

一九四七年八月二十日沙家店战役中，一纵三五八旅负责攻打沙家店以东高地，并成功夺取以东高地。

一九四七年十月六日晚，西北野战军开始攻击清涧城，一纵独立第一旅由西向东，三五八旅由西向南和东北，第三纵队独立第五旅由东北向西南，独立第二旅由东向西同时发起冲击。至七日，攻克外围据点十余处。

一九四七年十月至十一月，第二次榆林战役中，十月二十

① 《王尚荣将军》，当代中国出版社 2000 年 1 月版，第 220-222 页。

七日，三五八旅占领榆林城南五里墩，控制了飞机场。十月三十日晚十七时，三五八旅七一四团激战凌霄塔，和独立第一旅二、三团及第六纵新编第四旅七七一团重点攻打城南的三义庙及凌霄塔。

一九四七年十一月十三日，亦在第二次榆林战役中，三五八旅七一四团、七一五团在元小滩附近与东进的宁马援军先头部队遭遇，击退敌数次冲击，形成对峙状态。该敌误认为所遇为西北野战军少量抗击部队，企图夺路援榆，于十四日上午在飞机掩护下向第一纵队三五八旅阵地冲击，我七一五团一营伤亡较大，但仍坚持了阵地，击退了敌之冲击。十七时，西北野战军仍按预定作战计划攻击元大滩之敌，激战彻夜，夺取敌阵地数处。宁马援军受到重大伤杀后，于十五日九时西撤。

《陕西省榆林市地方志办公室》提供

一路奋战到西宁

《西北解放战争纪实》载：为适应全国大规模作战的需要，中央军委曾于 1948 年 11 月 1 日颁布了《关于统一全军组织及番号顺序的规定》；1949 年 1 月 15 日又发出了《关于各野战军按番号顺序排列》的指示。遵照中央军委的指示，西北野战军从 1949 年 2 月 1 日起改称中国人民解放军第一野战军，下辖 7 个军、2 个骑兵师、共 15.5 万人。

……第一纵队改称第 1 军，军长贺炳炎，政治委员廖汉生；

……独立第 1 旅，改称第 2 师①。

---

① 黄德金、刘振华：《西北解放战争纪实》，人民出版社 2003 年 1 月版，第 423-424 页。

袁意奋任 2 师政治部副主任。有关这一时期的战斗经历，袁意奋在自己写的履历表这样记录的：

"解放战争参加了：蟠龙（1947 年 5 月）、陇东（1947 年 5 月至 7 月）、察绥（1948 年 8 月至 11 月）、陕中（1949 年 5 月至 6 月）、扶眉（1949 年 7 月）、兰州（1949 年 8 月）、西宁（1949 年 8 月）等战役、战斗，并获西北军政委员会颁发的'人民功臣'奖章一枚。"（原件前后顺序有颠倒，此处按时间顺序排列）

相关资料中显示，袁意奋所在部队这段时期的作战最大特点就是连续作战，一路奔袭。如"为配合第 4 军歼灭该敌，刚刚赶到岐山的第 1 军第 2 师，2 个半小时急行军 20 公里，抢占了凤翔东北之姚家沟西山至老君岭及其以东高地"此类的作战状况比比皆是。

1949 年 9 月 5 日，第 1 军第 2 师作为前卫部队，进入了西宁。

他是"十世班禅见到的第一个红军代表"

袁海鹰："我父亲说过，他是'班禅见到的第一个红军代表'。"

2011 年 8 月 14 日，袁意奋之子袁海鹰接受采访时这样说道。

我追问是什么情况下、在哪里见到的，回答是"父亲没仔细说，我当时年龄小也没仔细问。"

袁意奋是"班禅见到的第一个红军代表"（藏族民众很长时间里都这样称呼解放军），这个可是难得的人生经历啊！我想，袁意奋经历过长征，长征路上红军曾经经过藏区，与班禅见面完全有可能。可是当我一查相关历史背景资料，事实却

是：1949 年 8 月 10 日在塔尔寺举行坐床大典，当月即移居距西宁 500 公里的香日德班禅寺院。而 9 月 5 日西宁才解放，作为第一批进入西宁市的解放军，袁意奋根本没机会见到十世班禅——

袁海鹰："我父亲还说，他见到班禅的时候，他（十世班禅）才十来岁，当时他（袁意奋）并不知道班禅是什么人，当护送到上级机关以后，才知道他（十世班禅）原来还是个大人物。"

袁海俊："这事儿我也听父亲说过，具体过程记不清了，是我参军以后听他说过。"

从十世班禅曲折的"转世"说起

袁意奋曾经把十世班禅护送到上级机关，这事儿又是怎么发生的呢？笔者经过一番收集、考证、整理，觉得这事儿还得从十世班禅"转世"和"坐床"说起：

十世班禅额尔德尼，幼名贡布慈丹，1938 年出生，青海省循化县人，远祖出于西藏萨迦昆氏家族。1937 年 12 月 1 日，九世班禅额尔德尼·曲吉尼玛圆寂，班禅堪布会议厅于 1941 年指认贡布慈丹可能为班禅转世灵童之一。1944 年在拉卜楞寺活佛、著名学者计美赤来嘉措主持下，于宗喀巴大师诞生处圣迹前举行仪式，从 10 名灵童中确认他为唯一灵童，授法名确吉坚赞，迎请至塔尔寺内供养。由于拉萨方面的噶厦政府坚持要到拉萨经过金瓶掣签才能确认，所以当时国民党的中央政府为了照顾拉萨方面意见，迟迟没有批复。其实达赖和班禅同为黄教创始人宗喀巴的徒弟，二者是完全平等的。直到 1949 年 6 月 3 日，国民党政府才由代总统李宗仁发布命令，承认"青海灵童保慈丹（即贡布才旦），慧性澄圆，灵异夙著，查系第九世班禅额尔德尼转世，应即免于掣签，特继任第十世班禅额尔德尼"。并特派蒙藏委员会委员长关吉玉为专使，青海省政府主席马步芳为副专使参加坐床典礼。1949年8月10日，在塔尔寺举行了坐床大典，年仅11岁的十世班禅，正式成为藏传佛教两大领袖之一。

西宁解放在即，十世班禅出走香日德

十世班禅1949年8月，出走香日德。9月5日，西宁解放。十世班禅为什么要离开西宁呢？

西宁解放之前，国民政府特使关吉玉、副特使马步芳曾极力劝说十世班禅及其主要官员去台湾"暂住"。对十世班禅来说，如果离开中国大陆，实际上是放弃自己作为藏传佛教一大领袖的地域基础；况且，国民政府已经崩溃，自己如果得不到新的中央的承认，合法性就会受到质疑。但中国共产党对他的态度如何，尚不清楚。在这种情况下，十世班禅于1949年8月中旬率领所属到清政府封给四世班禅的香火地——都兰县香日德。8月26日，他在西宁指示自己的经师嘉雅活佛派遣两名绝对可靠的喇嘛到西宁，观察共产党和解放军"讲些什么，做些什么，对藏民及其宗教什么态度"。

◎藏族传统节日晒佛节
张宝宗摄影

来自香日德的重大抉择

到香日德后，班禅堪布厅关于十世班禅的出路有种种考虑：一是去台湾。这个方案遭到许多人反对，理由是国民党800万军队都被打败了，根本"帮不了我们"。二是回西藏。这个方案遭到全体一致反对。首先，九世班禅和十三世达赖已经失和，如果矛盾未解决就回去，是对九世班禅的背叛；其次，噶厦（藏语音译。即西藏原地方政府）并未承认十世班禅的地位，只认为他"是一个候补灵童"，他如果贸然前去，等于自我否定。其三，到南疆"观察局势变化再说"。但是新疆也会很快解放，"能从南疆再逃到哪里?"

十世班禅有自己的主见。9月10日，两名喇嘛返回汇报了中共关于宗教信仰自由、尊重少数民族风俗习惯、保护清真寺和寺庙的政策，并带回《中国人民解放军布告》和一些文件。十世班禅于11日表示："现在代表祖国的是共产党，我们应该投靠共产党。"

1949年9月5日西宁解放，十世班禅就从香日德派人到西宁，与人民解放军联系。1949年10月1日，十世班禅大师于新中国成立当天，就在香日德班禅行辕发致敬电给毛主席和朱总司令，电文如下：

北京中央人民政府毛主席，中国人民解放军朱总司令钧鉴：

钧座以大智大勇之略，成救国救民之业，义师所至，全国腾欢。班禅世受国恩，备荷优崇。20余年来，为了西藏领土主权之完整，呼吁奔走，未尝稍懈。第以未获结果，良用疚心。刻下羁留青海，待命返藏。兹幸在钧座领导之下，西北已获解放，中央人民政府成立，凡有血气，同声鼓舞。今后人民之康乐可期，国家之复兴有望。西藏解放，指日可待。班禅谨代表全藏人民，向钧座致崇高无上之敬意，并矢拥护爱戴之忱。

班禅额尔德尼叩一九四九年十月一日①

同年 11 月底，毛泽东主席、朱德总司令给班禅大师发来复电：

班禅额尔德尼先生：

接读十月一日来电，甚为欣慰。西藏人民是爱祖国而反对外国侵略的，他们不满意国民党反动政府的政策，而愿意为统一的富强的各民族平等合作的新中国大家庭的一分子。中央人民政府和中国人民解放军必能满足西藏人民的这个愿望。希望先生和全西藏爱国人士一致努力，为西藏的解放和西藏人民的团结而奋斗。

毛泽东 朱德
一九四九年十一月二十三日②

历届班禅都有爱国主义光荣传统。十世班禅在年仅 11 岁时，就做出如此重大、具有深远影响的政治抉择，其"非凡的远见卓识和政治灵性"，实在令人敬佩。

香日德，袁意奋初遇十世班禅

还在兰州解放前夕，毛泽东在给彭德怀的《关于解放西北方针的指示》电报中就明确指出："请十分注意保护并尊重在青海的班禅及甘、青境内的藏族人，为解决西藏问题做好准备。"西宁解放以后，根据党中央和西北局的指示，廖汉生与班禅堪布会议厅的政治代表计晋美和班禅的老师、佛学大师喜

---

① 《人民日报》1949 年 11 月 24 日。
② 《人民日报》1949 年 11 月 24 日。

饶嘉措取得联系，并派部队在偏远牧区香日德找到十世班禅。1950 年春，在人民解放军的专程接送下，十世班禅一行回到西宁，受到了时任第 1 野战军 1 军政委、青海省委书记的廖汉生的亲切接见。

关于这一段历史，廖汉生在其回忆录中有过这样的讲述：

"十世班禅原是青海循化县的一个苦孩子，家里很穷，后来他被选定为九世班禅的转世灵童，一九四九年八月，在青海塔尔寺举行了坐床大典，随即为躲避战乱跑到了柴达木盆地的都兰县香日德。西宁解放后，党中央要求我们找到十世班禅。我们通过喜饶嘉措大师与班禅堪布会议厅官员、政治代表计晋美取得了联系。计晋美首先来到西宁，参加了民族联谊工作。中华人民共和国成立之日，计晋美即以班禅的名义向北京的毛主席、朱总司令及兰州彭德怀司令员发电致敬。"

"一九五〇年六月，当剿匪斗争和建政工作进行了一段之后，我们派人把十世班禅及其一行接来西宁。我以省人民政府副主席的身份与班禅见了面，并请他到青海军区司令部里做客。"

"当时十世班禅只有十二岁，还是个娃娃，由他的父母和一个哑巴弟弟陪伴，政治性活动和与外界的联系由班禅堪布会议厅及其负责人计晋美负责，日常活动由他的经师照管。没有经师的允许他自己不能随意行动，包括吃的东西，不经过经师的手别人给的东西不能吃。班禅到我那里，我没有什么好东西招待，摆了一些本地产的糖果，我给他拿了几块，他很有礼貌地接过去吃了。初次见面，他话不多，但举止间表示出对共产党、解放军十分尊重。"

"经过几番来往、交谈，班禅对我党的民族政策、宗教政策有了一定的了解，在人民政府的帮助下结束了长期颠沛流离的生活，到塔尔寺住下来，为促进西藏的和平解放作出积极贡献。"①

当时，保护好十世班禅是一项非常重大的政治任务。选派谁去执行寻找和保护十世班禅顺利返回西宁的任务，必须慎之又慎。根据袁意奋的履历记载，1949 年下半年，他由 1 军 2 师政治部副主任，调任 3 师 7 团政委，3 师 7 团是率先进入西宁的先头部队之一。把一个经过长征的干部，派到进入西宁先头部队第一线，想必与加强部队严格执行党的民族政策有关。还有，廖汉生和袁意奋是湖南老乡，廖也曾是袁任远的副手，他对袁意奋的个人情况应该很熟悉。袁意奋红军时代当过俱乐部主任，且身经百战，时年 33 岁，被选派担任寻找和护送十世班禅的任务，可能性极大。故此，虽然《廖汉生回忆录》中对这一具体细节没有予以讲述，在没有其他更确切的资料时，袁意奋是"班禅见到的第一个红军代表"，并由他"护送班禅到上级机关"的说法是可信的。

相关资料还记载，时任 1 军政治部联络部长的范明，也一同前去执行寻找和护送十世班禅的任务。具体执行任务的部队，是骑兵第二支队。如此，可以得出结论：

1950 年 6 月，在范明、袁意奋带领下，我骑兵部队远赴偏僻的都兰县小镇香日德，找到避居此地的十世班禅，并护送其安全抵达到西宁。期间，风华正茂的袁意奋，长得高大挺拔，英俊潇洒，很是"抢眼"，他能被选拔执行这项重大任务，并成为"十世班禅见到的第一个红军"，也就不足为奇了。

---

① 廖汉生：《廖汉生回忆录》，解放军出版社 2012 年 4 月版，第 312 页。

袁老父子与十世班禅的两代情缘

◎解放初期的袁意奋

世上无巧不成书。1958 年春，时年 60 岁的袁老出任青海省省长。在任 4 年的时间里，为人儒雅的袁老与十世班禅结下相伴终生的友谊。

崔开成："讲到班禅。我记得袁老说在青海的时候，他（十世班禅）每次出去到外地或者回来，都由他（袁老）去接送。两人的关系一直很好，一直延续到北京。这里面还有个小插曲，当得知（十世）班禅结婚的消息，袁老还特意到他家里探望祝贺。（十世）班禅热情接待了袁老，拿来各种新鲜水果招待客人，只是（十世）班禅的新婚妻子没有出面。"

郭爱民："爷爷（袁老）病重的时候，（十世）班禅曾经多次到医院探望，并献给爷爷一条很长的白色哈达表示慰问。"

袁意滋："班禅待人很随和，我还对他说过：'您的汉语说得不错呀！'他说：'马马虎虎。'"

十世班禅的汉语水平很高。具有讽刺意味的是，他的汉语是在"文革"期间长达数年关押中，在刻苦攻读马列、毛泽东著作中练出来的。

"他是班禅，是藏族的神"

袁海鹰："在青海时，爷爷和班禅的关系非常好，有一次我同爷爷看电影，正巧碰到班禅和他的母亲，那时我小不知班禅是谁，只看到他很年轻，很高很胖，穿着藏民的长袍子。他看到爷爷就过来握手问好聊天。之后，爷爷指着我说：这是我的孙子，在这读书，快叫叔叔。班禅拉着我的手又摸摸头，笑着问我几岁读几年级。我一一回答。后来才知道他是班禅，是藏族的神。"

◎袁意奋（前排左三）与大连海校部分干部合影

解放了，袁意奋从"旱鸭子"改当"水鸭子"

1950 年 9 月，袁意奋从陆军调任海军大连学校一分校政委（由团职干部晋升为师职干部），这一年他 33 岁。从此，他作为组建中国人民解放军海军的优秀骨干力量，由"旱鸭子"去当"水鸭子"了。

◎时任大连海校副校长的张学思

2012 年 2 月，初春的大连依然寒风刺骨。在大连海军指挥学院干休所里，我们看到了中国人民解放军第一批海军"元老"：原一分校学员、后留校当教员的曹助雁；原海校司机、后任管理处长的王树君；原海校预科班学员、分队指导员林荣祯。从他们那里，我们听到了文字资料中鲜见的故事……

初创时的"微型学校"

问：当时学校是什么状况？

曹助雁："这个学校，当初（我们）来的时候，跟现在大不一样。这里前身是一个日本人的中学。"

王树君："上面一座二层楼住过一个日本军中将。"

曹助雁："这边就是一个三层楼，我们来的时候就这么一个三层楼。（全校）吃住用全在这个楼里：一楼是宿舍，二楼是教研室，三楼就是教室。后来就这么来回倒（着用）。这个楼带有一个礼堂，是伸出去，礼堂也就坐几百人。学校也没院墙，院墙是后来五几年才修的。"

院校没有围墙，这在世界名牌大学中常见。当年海军大连海校也没有围墙，但那是不得已而为之。

◎曹助雁（左二）
王树君（左三）
接受采访

"东西南北"的学员队伍

问：首长，您当时是从哪个部队来的？

曹助雁："我原来是国民党海军的。英国不是送给国民党两条船吗？一条是'重庆号'，一条是'灵甫号'，我在'灵甫号'（舰）上。"

曹助雁是当年国民党"灵甫号"舰22个起义人员中的主要骨干之一。

曹助雁："我（来）念书的时候，一开始呢（校长）就是张学思。连开学典礼都不是在我们礼堂里进行的，是在外面开的开学典礼。我们来的时候就是扛着背包，从桥上（大连海军指挥学院门前不远处）进来的，大约一个月就开课了。"

"重庆"号轻巡洋舰，是国民党海军的一艘著名军舰。1949年初，舰上国民党官兵与中共地下党组织取得联系，经过周密准备，2月25日在舰长邓兆祥的赞助下，于上海吴淞口外举行了起义，开往解放区烟台。"灵甫号"属于英国狩猎级护航驱逐舰，1947年租借给国民党海军。蒋介石为纪念他的得意门生张灵甫将其命名为"灵甫号"。1949年3月，中共地下党曾组织"灵甫号"武装起义未果。在中共党组织帮助下，"灵甫号"77人起义官兵离开香港转赴东北，进入安东海军学校，参加了人民海军建设。

问：首长我提个问题，希望您别介意。当初我们起义官兵和解放军"土八路"相处得怎么样？

曹助雁："从我们教研室来看，我感到应当还是（相处的）不错。我开始是学员，学员之间没有这些问题。"

问：起义人员占比例大吗？

曹助雁："哎，那个时候（起义人员）占比例大，业务部

门几乎都是重庆舰的人，重庆舰来的人里面还有地下党员。"

问：陆军是整建制过来的呢，还是个别调动过来的呢？

曹助雁："他们抗美援朝过来有一部分是整建制（来的），过来以后就'加工'（学习），有一部分比较好的就进入二年制，或者是三年制。我记得（一九）五〇年，有两个学员，在地下党员的指引下从昆明来的，那时候昆明还没解放呢。他们其中有一个是（一九）四九年，从昆明步行穿过敌人封锁线到这儿来的。我俩一个班，他当班长，我当副班长。另一个家里有钱，他坐飞机到香港，从香港坐船到天津，再到北京进了革命大学，又到这儿来的。"

王树君："你们要问的事儿，（指曹助雁）这些老同志知道啊！"

曹助雁："你也知道哇。你比我老啊——"

王树君："我那时候还是司机呢！"

问：那时候有车开吗？

曹助雁："那时候校首长有车。张学思有车。"

张学思，中国人民解放军少将，原海军参谋长。在辽宁省政府主席任上转任大连海军学校副校长兼副政委。

王树君："刘华清（1952年任大连海军学院副政委）来了专门从上海买了三台车。张学思一台。李东野（原国防科技大学政委，时任大连海军学校政治部主任）一台，刘华清一台。"

"五脏俱全的编制"

问：您到学校后当教员吗？

曹助雁："因为我是士兵，因此来到学校后当学员。过来后在丹东分配的时候，要我到沈阳。我还想，到沈阳干吗？噢，到沈阳先考试，考数理化。那时候不考英语，考俄语我还

◎当年的海校学员

不会。考试完毕，就宣布我上大连，到大连不久就开班了"。

问：当时是两个分校吗？

曹助雁："不。一开始就一个（学校）。一个学校，成立了三个队，一队、二队、三队。一队是二年制的，学两年就出去。学通科，航海啊，枪炮啊，鱼、水雷啊，通信啊，都有。舰上的四个部门，除了轮机属于机械的在外，舱面的（业务）全部都有。这个两年制的（学员）文化水平都是……当时从北大、清华、交大、中山大学（来的），都是大三、大四的学生，有基础的。这是一队。然后是二队，二队就是我们了。一部分是从（国民党）原海军'重庆'、'灵甫'经过考试调来的；还有一部分呢，是从天津、北京、南京、上海——那时候南方还没怎么解放嘛，从这些地方来了一些中学生，解放以后还有什么革命大学，有什么军政大学，从这里面挑了一些人，经过考试来的。这些人学制是三年。"

问：这些人学什么？分专业了吗？

曹助雁："部分专业，还是通科。分专业是到了（一九）五四年以后了。"

问：实际上是按照文化水平高低，设计了二年、三年、几年的学制。

曹助雁："对。后来，到了（一九）五〇、（一九）五一年的时候，为了加速培养（海军骨干队伍），从抗美援朝回来的一部分（干部），学一年。学一年的，学一些舰艇的基本知识，主要是上舰当政工干部。二队的人数最多，那时候有一百多个人。我记得连二年制在内，一共有一百三十到一百四十个（人），然后（期间）这个不合格，那个不合格，到我毕业的时候，三年制的一百〇三（人），二年制的二十多个人。"

问：教员从哪里来呢？

曹助雁："教员呢，当时（学校）数理化（教学）主要依靠大连大学的教员，大约一年以后，由肖司令（肖劲光，时任大连海军学院校长）从湖南大学带过来一部分人（充实教员队伍），他们有人就在这里干了一辈子。"

管理这样一个全新的部队，当年袁意奋想必费了不少心思。

◎原大连海校用过的教材　◎建校初期学员们使用的教材

因材施教的教学方法

现在，某些偏远山区教师，在一个班里教数个年级学生，因材施教。当初大连海军学校的教学情况颇有些类似。

曹助雁："我们毕业后达到要求，根据你学的情况，上舰当航海长，或是枪炮长，通信部门长……当时留到学校（当教员）的不到二十个人。我是留校当教员了。当时讲是学三年，实际上弄了四年多。为什么呢？这里面除了政治运动以外，主要是到北京受阅（参加国庆阅兵式）去了。（一九）五〇年去、五一年去、五二年去、五三年去……那不就耽误一些时间吗？开始耽误两三个月，后来从五月份就到北京训练，后来提前一年就训练。我连续参加三次（北京国庆大阅兵）。"

问：当时海军知识怎么学的呢？

曹助雁："海军知识当时主要依靠的是重庆舰的那些……当时重庆舰的舰长（邓兆祥）不是到这儿当副院长了吗？他的航海系主任卢东阁，就是重庆舰的作战督导；陈景文是重庆舰的枪炮长，后来在这儿任火炮系主任……"

问：那就是说，除了数理化知识，有关海军舰船知识主要靠重庆舰的骨干来担任教学？

曹助雁："主要是重庆舰的人。我毕业后就分配到天文航海教研室。航海主要有天文航海，地文航海，气象航海这三个（专业）。"

问：你们这些学员，后来都成为海军的骨干了吧？

曹助雁："大部分都是业务骨干。有海司（海军司令部）的业务长，东海舰队航海业务长，南海舰队航海业务长……很多，都是我同学。首批学员，我留校当教员了。我常说我是'三幸'干部：幸存者，幸运者，幸福者。最后我是正教授职

141

◎大连海校学员在上课

◎原大连海校学员用过的教具

称，副师职干部。"

"二传手"授课法

问：数理化依靠大连大学教员，舰船知识靠原重庆舰干部，还有人参与教学吗？

曹助雁："再就是苏联专家。（海军）业务这些东西都是（靠）苏联专家。苏联专家写的稿子，（我们）有翻译人员。我那时候学习主要是靠笔记，他们（苏联专家）也没有讲义，也没有书，课讲完了好几周之后，才发下来这一讲的讲义。"

问：那你们主要是听翻译的喽？

曹助雁："不。当时是他（苏联专家）给重庆舰那些军官讲……（重庆舰军官再讲给学员们听）。苏联的（教学）系统和英美的系统不一样。到了五一年、五二年袁政委来的时候，就比较走上正轨了。（当然）一开始就比较正规。一个是生活上比较正规。第二是纪律上管得比较严。"

从吃高粱米到吃西餐

问：当时你们的生活是什么状况？

曹助雁："生活上——要讲得话，开始比较艰苦。主要就是抗美援朝，打响以后那段时间比较艰苦。后来弄成向苏联学习——到我快毕业的时候，那都吃西餐了！"

问：嚯，成了洋学生了。

曹助雁："开始是大灶。一人一份菜，饭（主食）随便吃，管饱。菜嘛，（当时）主要就是蔬菜比较多，油水少，这大约有个年把（一年）的样子。后来油水儿又太大了——（哈……）到我毕业的时候（1953年），就该吃中灶、小灶，那就好多了。"

王树君："他们本科的（学制三年的）吃西餐。部队来的还是穿大头鞋、吃大灶。那是预科（班）。"

问：还有预科班？

王树君："有预科班啊。"

曹助雁："对。那时候预科的主要是（吃）大灶，大灶是高粱米饭，南方人来吃那个高粱米饭，那吃不了，（高粱米）挺硬的。后来换了一种，是糯米的，那个（米）比较软。后来吃西餐，（他）不用筷子用刀叉。我的'刀叉待遇'是当教员以后才享受的，学员时代还没享受到。"

问：你们周末跳舞吗？

曹助雁："这个我们学员没资格（参加）。教员也没有资格，主要在学校迎宾楼为苏联专家办（周末舞会），他们有男有女。"

边学习边建设

问：那时候，你们边学习也边建设吧？

曹助雁："盖房子（我们）没有，主要是（开辟）大操场，现在学校（操场）这个规模是我们那个时候开辟出来的。这里原来是苏军的一个炮营，他们最后大概是（一九）五六年才撤走"。

问：国家领导人都是谁来过学校？

曹助雁："朱德来过，刘伯承来过。"

王树君："朱德经常来。他对张学思很好，有时候来就为了看他。"

◎建校初期学员们使用的课本

◎学员们使用过的训练器材

一道布帘"两重天"

王树君："那时候，陆军来的闹得厉害。来的时候都是选择来的，都是营以上的（干部），有的都是带通信员来的。我听说一般连的干部都不（要），都是营以上的。调来以后呢，苏联专家在这场儿（里），（看）他们（陆军干部大都）没有文化，就成立预科（班）。叫他们到预科（班）去学习，同时，召集（招考）的大学生、高中生，都是些知识分子，直接上本科（班）。来到的苏联专家相当严呐！本科（班）吃西餐，就是苏联那一套（生活方式）。那些（中国）小年轻儿吃不惯西餐，浪费也大。当时学员灶都在山上一个大屋里吃饭，预科和本科之间呢，当中就挂一个（布）帘儿，那边吃西餐，这边吃大窝头、高粱米，那（预科的）能没意见吗？本科穿呢子服，预科穿大布兜，吃饭一个布帘儿一挡，你说他心里能不有气儿吗？哎呀，闹得厉害，不是一般的闹！"

问：这怎么解决的呢？

王树君："哎呀，闹得都不听了，谁说也不行。最后，张学思火了。开大会，那天我去了。'大老粗就是吃不开——'张学思大声喊着。（他）真发火了！'为什么叫你们来学习？啊？你们知道为什么叫你们来学习吗?！'他讲了一大通，什么海防重要啊，军队现代化啊……这下子（预科的）老实了，老实多了。马上，李东野又开会，你不是闹吗？当场就提问，你懂知识吗？嗨呀，当场就蹀躞（山东方言，很失败的样子）了。这样的会开了三次，这下（预科的）都老实了。"

问：有受不了走的吗？

王树君："也有。但是，那时候学员素质就是好，走路站队腰板笔直，比现在的（学员）强。出去上街，到沈阳到哪儿，两人为伍，三人成行，那家伙真是——"

中国人民解放军从来提倡官兵一致。照搬这种按级别、文化水平"洋式就餐法"，在解放军系列中绝对"水土不服"。

有人为吃"四菜一汤"，拒绝提干

问：首长您当时给谁开专车？

王树君："李东野。说是专车，其实那时候他们谁有事儿谁坐，只是相对固定而已。建国以后，军职的专车一律不配，现在也是。专车一撤，叫我去干管理员（管理员是干部），我一不爱开会，二不爱学习，就爱开车。"

问：当干部多好啊？

王树君："我文化又不高，当什么干部，我还是愿意开车。那时候司机可以带家属的，吃饭四菜一汤啊……有南方战友结婚，家属被称为嫁给了'司机团长'。"

（大家大笑）

问：那您最后的职务是什么？

王树君："处长。管理处长，很后来了，我才当了干部。我是（一九）四五年抗战时候入伍的，生活待遇按副师职，离休。"

问：那时候你们供应有后勤保障，自己不去生产粮食种植蔬菜吧？

曹助雁："不不。"

问：那就是说学习生活精力还是很集中的，比较单一？

曹助雁："比较单一。到时候他（们）开饭（我们）就吃饭，只是建校有些劳动。"

王树君："从这儿到棒棰岛去的（山）路，都是我们修的。"

◎林荣祯接受采访

穿旧布衣服的袁政委

问：说说袁政委吧。您的印象中，袁政委是怎样一个人？

林荣祯："袁政委很好，长征干部，不分上下，平易近人。他也穿布衣服，旧衣服。他还叫过我'老林'呢（林荣祯当时才20多岁）。他一点架子没有。他是长征战士，他懂得基层。没有人害怕他的，早晨出操他也去，时常纠正学员动作。他很了解学员情况，我们有时开会他还来参加。我记得（一九）五三年，国家实行计划经济，他还来传达布置学习，（他）来给我们讲解总路线，总政策，计划性，和基层干部一起学习。他对中层干部可严了。"

问：那时候，学员队伍有陆军来的工农干部，有大学来的高才生，还有重庆舰、灵甫号起义官兵，这些人凑到一起，袁政委是怎么样稳定教学秩序和队伍的呢？

林荣祯："学习都有计划。主要是学习抗大精神，三八作风。干部带头，官爱兵，兵爱官。政治平等，经济平等，干部和学员关系很融洽，一般干部都和学员同吃同住。袁政委也是一样的艰苦耐劳，他们校领导吃饭有点儿不一样，也就是个饭吧。那时候学校的干部还是以工农干部为骨干，很多都是长征的。"

"袁政委要我们安心工作一辈子"

王树君："那时候成立（大连）海校，我不到（一九）五〇年就来了。当时我们在交通公司做饭吃。"

曹助雁："我印象比较深的是袁政委有一次作报告，（针对）大家不安心学习、不安心工作吗？他就讲：'你们安安心心就在这里工作学习，你死了就给你埋在后山（学校背面有一

◎袁海俊在父亲于大连的旧居前留影

座小山)'。"

问：意思就是安心长期工作。

曹助雁："对，就是你一辈子都要在这里工作的意思。"

袁意奋主抓一分校

问：当时一分校二分校是怎么产生的？

曹助雁："当时是两个系：一个指挥系，一个机械系。一开始（两个学校）只有一百来号人，后来招生人多了，这儿住不下了，然后从大连市寺儿沟成立了二分校，这里就是一分校，总校。袁政委就是一分校政委。"

问：袁政委，作为政治工作者在教学里面怎样把政治工作和教学工作两者结合的呢？

曹助雁："我的印象中间，前十多年，甚至以后有些时间里，那是政委讲了算。张学思是副政委、副校长，教学他（张学思）一把抓。袁政委我现在还记得，校长却不记得了。"

（资料显示：一分校不设校长）

王树君："袁政委是很好的人，好说笑话。"

采访中，很多人记得年轻时代的袁意奋活泼，开朗。他变得沉默寡言是后来的事情。

政治教育课，讲"从猴子变成人"

问：除了学专业可以外，你们每周有没有政治教育呢？

曹助雁："这个有。"

问：政治教育都是怎么搞得呢？

曹助雁："一开始……我印象最深刻的是'从猴子变到人'。这个讲完以后再讲社会发展史。开始没有，后来有了政治教研室。"

问：你们的教育起点很高的。

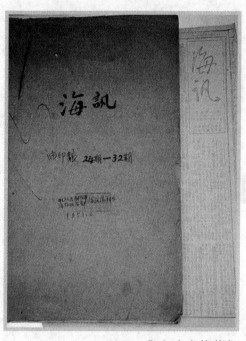

◎大连海校简报

曹助雁："后来（政治）运动一多，就打乱了。袁政委、张学思都给我们上过课。后来搞运动，他们还给我们做检查，什么有资产阶级思想啦，什么的。我们都感到很奇怪，他们这么大的干部，给我们做检查？！实际上就是多吃了一些东西，这些东西都上面照顾来的（曹大概指的是首长的特殊供应）——"

袁意奋每晚等学员们睡下才离去

问：当时的校风是怎么样的？

曹助雁："当时，无论是袁政委（袁意奋），还是张学思，我感到有一条，他们领头干！不管什么工作，像夏天拔草这种事儿，袁政委、张学思跟我们一块儿干。为抓好业务，袁政委和张学思跟我们一块儿听课，听完课以后他（们）还给你提意见。"

问：校领导当时跟你们同学习、同劳动……

曹助雁："同吃。他们当时和大家在一个食堂吃饭，平时一块吃（饭）。礼拜六才回家吃（饭）。我们晚上上晚自习以后，还要散步。散步以后回去才洗脸洗脚就寝。这时候，袁政委，还有校长（张学思）就在走廊里转，到每个宿舍里头去。那时候规定一个人一个床头柜，一个凳子，一张床。他（们）就检查你这个衣服叠的合不合格，下面放什么衣服，上面放什么衣服他都有规定，衣服（放置）拿来以后要好穿，天气冷，要是先穿裤子不就冷了吗？（他们）在这些小事上抓作风养成。像袁政委啊，张学思啊，每天等你们（我们）睡下去了，吹熄号了，他们才走。"

王树君："建校不容易！"

熄灯号响了，学员们睡了，袁意奋等领导们才走。日复一日，年复一年，他们这是为什么？是在干什么？他们是在艰苦的环境中，倾其心血，为共和国孕育第一代"海之骄子"……

此次采访中，王树君首长不止一次的说，"当时办校真的不容易！"这朴素的话语，久久的在我耳边响起，因为这是真正的"历史的回声"。

步兵穿上了水兵服

问：你们穿上海军军装，成为"名副其实"的海军是什么时候？

曹助雁："开始的时候学员穿水兵服，到（一九）五一年，水兵服就是呢子的了。"

问：那时候的水兵服是什么样子？

曹助雁："就跟现在一样的，披肩的。没有（帽）檐的帽子。"

王树君："预科（班）还是（穿）棉服。那时候本科（班）吃的、穿的是相当不错的。"

◎袁意奋（后排右一）与苏联专家合影

"土八路"变成了"学院派"

曹助雁："那个时候就是按照苏联的那一套模式来的。我毕业比较晚。我整理过一个训练部的材料，我一看那个底稿，那是苏联专家写的教学制度。我举个例子：你写完教案，要交到教研室主任那里去看，看你写的怎么样，提出来意见，你回去修改。然后再拿来，教研室主任签字，你才能（按照教案）上课。这是正常的程序。如果你是第一次上课，我第一次上课的时候，下面是教员，你在上面试讲，然后他（教员们）提问题，要看你解答的情况。然后征求大家意见（不当着你的面），够不够格。够格了。教研室主任要打报告，然后报到训练部，训练部部长批（准），然后你才能去上课。我第一次上课就是这样子（经历）的。很严格的，不像后来，稀里糊涂就上去了，连个教案也没有……"

严格的近乎古板，也许这就是学院派吧。

曹助雁："我那次到一个教室里面去，我一看那个黑板怎么弄得这么乱七八糟的？我们那时候四副黑板，都有规定的。你乱写（提示性板书）的是哪一块，有些听不懂的词儿，你随手一写，要写到哪一块（黑板）上；你正规的东西，写到哪一块（黑板）上，你（讲课）的题目是什么，第一个问是什么？第二个，第三个……；（还）有一块黑板，专门画图。画图要求有红颜色的，哪儿标出绿颜色的……；很规范。后来我发现，苏联的教学条令（里）这些都有。那时候，苏联的教学规范整个搬过来了。"

问：苏联老师怎么称呼？称专家吗？

王树君："有一个顾问，下面叫专家。"

曹助雁："总头儿叫顾问。"

问：跟专家们交往多吗？

曹助雁："我跟他们业务上有交往。我感到开始时的（苏联）专家有水平，你问他问题，他都能回答你。后来来的专家，有些问题他也答不上来。"

问：那是你们进步了。

◎原大连海校学员曹助雁接受采访

◎大连海校学员在舢板船

153

残酷的淘汰率

王树君："过去学员实习机会少，没条件。到南海（海南）去实习，还得坐（琼州海峡的）火车去，我们的船过不去了。所以毕业后上舰，淘汰率挺高。这是我听首长们讲的。部队不怎么欢迎，说你们这毕业生还不如我们一个战士？"

曹助雁："这个问题我是这样看，一个是政治上淘汰了，政治淘汰率很高；再一个他（们）对我们毕业的学员要求有的过分了。学员一上舰就按老手来要求，谁也不行。学员们出一点事儿，这就不行。我同班一个同学，是一个大作家的侄子，他学得很好的，毕业以后（在舰上）见习的时候当通讯部门长。有一次他让一个战士去剪一根天线，这根天线是假天线。他（这个同学）没讲清楚，那个战士上去把假的留着，把真的（天线）剪断了，这一下通讯发不出去了，我这个同学为此就被处理了。回去以后，我这个同学又考上了天津大学，毕业后分配在安徽大学，现在当教授……"

王树君："现在这种事儿就少了，条件好了，那时候真的不容易！"

曹助雁："那时候（军队）钱也不多。我记得毕业考试打靶，打那个130炮，指挥员说；'一发炮弹，要多少个农民才能生产出来？'所以一上去打（靶），那个心情就很紧张……"

这种情况完全可以理解。学院培养的和土生土长的干部，有门户之见是很自然的。

在板凳腿上"起航"的中国人民解放军海军

问：你们学习完了书本知识，还要实习吧？

曹助雁："要实习的。当时朝鲜战争期间，我们第一次实

◎朱德到大连海校视察　　　　◎刘伯承到大连海校视察

习是在大连。（那时）没有军舰，没船，就找了一个商船，商船的名字叫'东方号'。就在这个'舰'上，从大连开到旅顺，来回开，实习航海。枪炮（实习）呢？我们就回来，在礼堂里，原来重庆舰的一个枪炮长（陈景文，时任大连海校火炮系主任），让我们把吃饭的那个凳子（板凳），倒过来放在胯下面。他就下达（命令）：'左舷！多少度……距离多少……发现敌人一个什么舰艇——'"

问：完全是虚拟的。

曹助雁："都是虚拟的，开始连炮都没有，在那儿比划。所以开始给我们讲课，这是炮闩，那是什么，都是图上的。后来（苏联的）炮来了，才带我们去看一看实物，学一学。"

问：这个虚拟学习阶段有多长？

曹助雁："差不多有一年。后来实习枪炮的学员分成两部分，一部分到青岛，一部分到上海，也是来回倒（交替实习）。再后来就上舰了，到广州舰、临沂舰。"

"广州"号护卫舰是二战中加拿大建造的英国"城堡"级护卫舰，1947年拆除武器后售予招商局轮船公司，成为"元培"号快速客轮。解放军渡江战役前，"元培"号被国民党海军征用。上海解放，"元培"号因遭遇台风受损严重，泊在码头。经抢救脱险后移交人民海军。1950 年春，人民海军将"元培"号改装成护卫舰，装上从苏联购买的各种火炮和雷达等电子设备，并命名为"广州"号。

现在的"广州"号是 052B 导弹驱逐舰，舷号 168，2004 年编入中国人民解放军海军南海舰队。

"临沂"号护卫舰为二战中英国海军著名的"花"级反潜护卫舰中的"苜蓿"号，二战后售往香港招商局轮船公司成为商船"和乐"号，后被人民海军购回迅速抢修，改装苏式武器，后命名为"临沂"号。新的"临沂"号是中国建造的054A 型导弹护卫舰，舷号 547，2012 年编入中国人民解放军海军北海舰队。

问：那时候学校是个什么氛围？

曹助雁："那时候（大家）精神头很足。因为正好抗美援朝吗？大家心里打美国佬（的心情）——恨得要命！"

◎建国初期大连海校学员方队参加国庆阅兵

听到这里，我不禁在想：当中国人民解放军海军第一艘航母"辽宁号"从大连港开出的时候，人们还记得1950年代初期，新中国的海军是在商船上开始航海训练的吗？还记得中国海军曾经是在板凳腿上实习的吗？但愿人们能够记住，希望人们永远能记住——

◎昔日的大连海校，今日的大连海军舰艇学院

◎袁意奋在莫斯科

37岁，他进了苏联伏罗希洛夫海军学院

在袁意奋的履历中，有这样的记载：1954年——1958年，入苏联伏罗希洛夫海军学院学习。关于这一段留学岁月，与袁意奋一起赴苏留学的原中央军委副主席刘华清，曾经这样讲过：

刘华清："1954年6月，经中央军委批准，海军选调了一批团以上干部，去苏联苏罗希洛夫海军学院学习。在此之前，已有海军副司令刘道生带十人赴苏学习。我们这批算是第二期，有高立忠、陈云中、程庆荣、袁意奋、魏岱峰、柳条、武毅和翻译徐执提，加上我，一共十人。"

"伏罗希洛夫海军学院有百年建院历史，是当时苏联历史最悠久的高等军事学府之一。学院建院以来，培养了大批指挥官和军事学者，С·Т戈尔什科夫、Н·Т库兹涅佐夫、Ф·М叶戈罗夫、谢尔盖耶夫等海军元帅，都从该院毕业。"

"第一学年，我们主要学习武器的战斗使用和兵种战术。"

"本科第二学年，主要学习海军合同战术，还学习卫国战争的苏联海军学术史、通信等课程。"

"进入本科第三学年，我们开始学习海军战役法、海军地理、司令部工作和海军国际法等课程。"

"第一次实习是到芬兰湾的喀琅施塔得训练基地，内容是参观各种水面舰艇和武器装备。"

"第二次实习，我们乘火车到了波罗的海三国，到了爱沙尼亚的塔林、拉脱维亚的里加和加里宁格勒。"

"第三学年回到国内实习，是在旅顺基地司令部。"

"考试方式有笔试和口试。口试时，按抽的考题回答。考试委员还要问一些其他问题，学院院长也进行提问。笔试用俄文答题。"[1]

翻译官的"三封信"

转瞬之间，近60年过去了。当年留苏的10个学员中，仅有当年的翻译、原海军指挥学院副院长徐执提首长还健在。为了探寻那些留苏学员"原汁原味"的留学岁月，我们辗转联系

---

[1] 刘华清：《刘华清回忆录》，解放军出版社2004年8月版，第265—273页。

◎袁意奋（中间者）在彼得大帝铜像前留影

到徐老，请他帮助提供一些当年留学苏联时期的亲身经历，年逾80多岁的徐老作为历史见证者，非常认真地、先后三次提供了相关资料。鉴于这些资料的弥足珍贵，这里原文照抄如下：

徐执提的第一封信：与刘华清等一起留苏

(2012 年 1 月 21 日 14：53 周六)

"来信收到，关于你提的问题，由于时间久远，加之我当时只是个小小的干部，对上层决策和考虑的问题不甚了了，所以无法提供详细准确的信息，只能凭印像和回忆谈个大概。"

"全国解放后，中苏签订了友好同盟互助条约，苏联对中国的经济建设和国防建设提供了大量援助，在我海军建设方面，前苏联援助了一些装备，派遣了大批军事顾问来华，并接受了大批我军干部赴苏联留学。当时我海军派往苏联留学的有学习指挥专业的和工程技术专业的，指挥专业又分初级指挥和中高级指挥，中高级指挥干部在位于列宁格勒（现圣彼得堡）市的伏龙（罗）希洛夫海军学院培训，先后去了多批，每批人数不等，最多十人，直至中苏关系破裂。"

"袁意奋所在的是第二批，连我在内共十人：刘华清，海军大连海校政委；高立忠，华东海军第六舰队政委；袁意奋；陈云忠，海军后勤部部长；胡代耕，海军政治部干部副部长；程庆荣，海军干部处长；魏岱峰，来自鱼雷艇支队，职务不详；柳条，职务不详；武毅，来自岸炮部队，职务不详。海军派往苏联留学的人数之所以不多，我想是因为，海军初建，规模还小，所需中高级干部人数有限，同时一次派出大批干部长时间脱离岗位去学习也不切实际，至于人员的选调，我就不清楚了。"

"在苏联海军学院学习的是指挥专业。对于中高级指挥干部，主要科目是海军合同战术，战役法和海军战略使用，辅助科目有海军学术史，司令部工作，战备训练，海洋地理等。在海军建设初期，派遣留学生赴苏联学习，在当时具有重要意义，特别是中高级干部学成回国后，均走上了重要岗位，在领导机关，部队，院校和科研单位发挥了骨干作用，促进了海军全面建设，并对后来海军的自主发展建设奠定了坚实基础。"

"以上信息可能不全面和不准确，仅供参考，另外我这里没有照片，学习资料在'文革'中也全部销毁。"

◎袁意奋在苏联留影

徐执提的第二封：刻苦简朴的中国留学生

(2012 年 1 月 24 日 12：21)

"我留苏学员学习非常刻苦。一是因为身负重任，具有极高的责任感和自觉性；二是他们大都文化基础较差，加上语言不通，所以学习中的困难很大。苏联的保密制度非常严格。每天上课前，都要到保密室领取学习资料和笔记本，下课后交回保密室保存，自己不准带出教室，更不准带回宿舍。所以，必须在课堂上注意听教员讲解和仔细记笔记，课后只能靠回忆互相交流和讨论，达到复习的目的，基本没有空余时间。星期天，校方从不安排加班，有时组织大家参观革命圣地，名人故居，历史博物馆，著名公园等。苏联很重视传统教育，特别是十月革命，内战时期和伟大卫国战争中的重大事件和英雄人物，对中国同志来说也是很有益处的。苏军的教学是非常正规和严格的。例如，在进行海图作业时，对使用的铅笔和橡皮的硬度都有严格要求，一方面是为了保证作图的质量，另一方面也是为了保护海图不受损。有一次在作业中，有的同志使用了不符合规定的铅笔和橡皮，教员让他们交上来，他们以为教员有什么用处，便积极地交了上去，谁知教员顺手便掷出窗外。大家一开始感到意外，但很快就理解了。"

"中国学员在生活上很简朴。一方面是因为有这样的传统，二是薪水不高，在苏联学员和东欧国家的学员、甚至朝鲜学员中都是最低的，每月的薪金，除了吃饭和买些日用品外，所剩无几。大家对国家面临的困难都很理解，所以毫无怨言。由于吃西餐不惯，每逢星期天，几个人自愿组合，自己动手做一顿简单的中餐，算是改善生活。由于传统观念的影响，纪律的约束以及语言的限制，中国学员与外界社会接触不多，外出多是几人结伴而行，从不单独活动，所以从未发生过涉外事件。当时中苏关系处于历史最好时期，苏方教员教学很认真，基本没有保留，中国学员学习很努力，对教员很尊重，所以，教学双方的关系十分融洽，从未发生过矛盾。中国学员远离祖国和亲人，在异国他乡一起学习和生活，不论职务高低，几个人同住一个宿舍，互相关心和帮助，形成一个临时的大家庭。"

◎袁意奋在苏联

徐执提的第三封信："洋墨水"不是那么好喝的

(2013 年 3 月 24 日 11：41 周日)

"确因时间久远，记不太清了，现仅就能回忆起的略述一、二，不足之处还请谅解。"

"我们一行从北京坐火车出发，经满洲里换车入苏联境，历时 11 个昼夜，到达列宁格勒。到火车站接我们的是一个准尉。他把我们带进一幢小楼的二楼住下。我们不分职务高低，都住集体宿舍，大约 4-5 人一个房间。房间很简单，每人一张床，一个

◎留苏期间的袁意奋

小衣柜。再无其他设施。洗脸间和厕所是公用的，还有一间公用的小厨房，配有煤气灶可以烧饭。我们被编入外训系。除我们外，还有朝鲜、波兰、罗马尼亚、保加利亚等原社会主义国家的学员，每个国家的人数都不多，约 5-6 人。开学以后每天上午和下午都有四节课。中饭后有短暂的休息，没有午睡。每天有一人轮流担任课堂值日。每次上课前，到保密室领取教材和笔记本，下课即交还保密室保存，不准带到宿舍或带出教学区。由此可见，苏联的保密制度是比较严格的。"

"任课教员一般是上到中校，还有个别少将。大都参加过卫国战争，荣获过各种勋章或奖章，并都经过院校培训和具有

部队工作经验。他们学术水平高，治学严谨。"

"我们就餐是在军官食堂，自己点菜。中国学员在各国学员中薪金是最低的，加之不太可口，所以很节省。每天上完课后回到宿舍，由于不准带材料，当时也没有电视，所以凑在一起回忆当天讲课的内容，以增强记忆。"

"每周上六天课，星期天休息。通常校方会组织集体活动，去公园游览，参观名胜古迹，革命历史展览，卫国战争中列宁格勒一些战斗遗址等，进行历史文化和传统教育。如果院方没有安排，我们就去逛街，买些日常用品。当年苏联重点发展重工业，轻工业不甚发达。许多日用品，如牙膏、毛巾等都是从中国进口的，正合我们使用。另外，我们还自由结合，到商店或农贸市场买些食材，自己做些中国菜，算是改善生活。"

"我们每逢假期，一般要回国休假。有一年夏天没有回国，则安排我们住休养院。在前苏联，分疗养院和休养院。休养院没有任何治疗，完全是放松休息，接触大自然，恢复疲劳。"

"不知道到哪儿上厕所"

郝云飞（留苏学员柳条的妻子）："他们那时候很用功啊！学习用功的都不知道到哪儿上厕所，就在痰盂里方便。这都成了笑话。"

（三）袁意渊的青春岁月：跑路打仗建铁路

在兄弟三个人中，袁意渊的经历"最突然"。此话从何说起？他的人生几步关键棋，都不是预先想到的，而总是事情发生后再去想办法对待。

在延安 "为人民做事"

袁意渊："当时，三五九旅驻扎在绥德。到延安后，我很快就去了绥德。在那里见到了父亲。我清楚地记得，父亲见面时对我说的话：'有志气，步行几千里，等于一个小长征。到了这里要好好学习，要立志为人民做点事'。你们三个人，一个当过几天兵，剿匪。另一个（是）老百姓，什么门道儿（技能）也没有，就到了后勤部门工作。那时候后勤招待所、物资供应，什么都得管。我去了三五九旅青年干部训练班，以后我又到延安党校去了。那时延安就两个学校，一个抗大，一个中央党校。"

"那时候，农民种粮，多少亩地，种多少粮食。我们这些年轻人，就去跟着老百姓算账去，征粮算账。"

上着党校，被派去给农民算账，这他绝对没想到。

◎当年八路军用来熬盐的水井

◎八路军用来熬盐的锅灶

165

去老盐池当"盐官"

袁意渊："征粮以后，（我又）跑到'三边'老盐池晒盐，'靖边、定边、安边'，三边嘛。在那个大漠里，大概古代是海，含盐。一下雨，水就变成盐了。老池。现在有个地名叫盐池县。"

"我就在那里卖盐票，半年多时间。那时候不像现在，过秤。那时候不过秤，分毛驴、马和骡子、骆驼，三种票卖。你的驴车、马车、骆驼，按照票，能装多少装多少，不过秤。"

周颖："那个盐很重要，能换好多东西。"

袁意渊："那时候，（边区）靠运盐到西安换东西。那时延安什么都没有，连火柴、牙膏都没有。"

本来想来打仗革命，却当起了称重、发票员。这他也没想到。

当时，打盐确实是件大事。1941年秋，三五九旅四支队千余人，积极响应党中央和毛主席关于抗日根据地军民开展大生产运动的号召，到长城脚下的花马池（即盐场堡）打盐自救。那时打盐条件极差，战士们没有捞耙，就用手捞；没有车担，就用脸盆端，子弹箱子扛。许多人的腿和脚板被锋利的盐茬刺破了，再被盐水一蚀，伤口钻心地疼痛。打来的盐被运往陕甘宁边区的各县，满足了群众的食盐需要，还通过多种渠道，输入国统区，换回不少粮食、布匹、钢铁、药品、器械等边区急需物资。

当时文艺工作者还专门创作了《打盐歌》："天是我们的天，地是我们的地，我们的天地同胞，岂容小日寇欺。生产支前线，参加打盐队，嘿！参加打盐队！"这些歌曲，充分表现了八路军战士的高尚革命情操和宽阔胸怀。

袁意渊在延安喝"洋墨水"

袁意渊："在中央党校期间，我们都是小孩儿，什么也不懂，什么《反杜林论》啊，什么这个那个，名堂都不清楚。那时候，三五九旅搞一个参谋训练班，学学苏联的《费米条例》（音）啊，反攻理论什么的。那时我是小知识分子。从中央调到三五九旅了。那时候我二十四岁。"

不出国门，却学过苏联科班军事教程，也算"喝过一点儿洋墨水"吧。这更让他想不到。

◎袁意渊谈延安往事

延安机场，毛主席让他们"去画一块红色地图"

袁意渊："（一九四四年）十月份（实为11月1日），在延安东关飞机场，说是飞机场，其实就是一块平地，也没有跑道。……在机场搞了一个誓师阅兵式。听毛主席讲话，我记得很清楚，（他）讲：'同志们，你们到南方去要画一块地图，画一块红色地图！……蒋介石从四川下来像洪水一样，下山摘桃子，你们要把他们挡住！'"

南下抗日支队 1944 年至 1946 年的"南下北返"，是党中央和毛泽东亲自谋划的一次有重大战略意义的军事行动。在抗战胜利前夕，派出精干力量，到国民党统治的腹地开辟一块根据地，目的是为抗战结束后的全面布局。既然深入敌人腹地，这就决定了这次行动必定充满艰险。

之后南下的艰苦程度，袁意渊根本想不到。

袁老对儿子说，"路是靠自己走的"

袁意渊要南下了，行前袁老把他叫到身边，作了细致的嘱咐。袁意渊在后来的一段文字中，对此做了描述：

"一九四四年，王震组织南下支队，那时我在三五九旅参谋训练队学习，要求随军南下。父亲那时任绥德专署专员。他没有要我留下，同他在一起，给予工作上照顾，而是积极支持。他对我说：'你走吧，路是靠自己走的。工作要时时处处想到群众，要实事求是，尤其对杀人要特别慎重'。"

袁意渊二过秦岭

袁意渊："我们从延安出发后，经过台州，河南哪……最终到达广东韶关东边的南雄。"

几句话，简简单单，袁意渊就把自己南下的经历"打发"了。其实，熟悉军史的人都知道，当年南下支队的"南下之路"，被称为"痛苦的血染的路"。再加上"北返"的过程，更被称为"第二次长征"。这在很多专著、影视、小说中，都有介绍。这里只用《王震传》中一段文字，稍作注脚：

"王震率领第三五九旅自南征北返和中原突围，从一九四四年十一月十日从延安出发，至一九四六年八月二十九日胜利回到陕甘宁边区，历时六百五十八天。此次南下支队五千人马，孤军深入敌后，跃进万里之外，本为兵家之忌。但他们面对几百万强大的敌人，枪林弹雨，万马丛中，却锐不可当。……南下支队成建制回延安时一千八百九十三人，加上以后零星归队的共计二千二百余人。"①

"南下北返"是艰苦卓绝的。当王震率部回到延安时，延安城万人空巷，夹道欢迎。看到王震那满头的长发，那瘦削的面孔和满腮的胡须，还有那褴褛的衣着，毛泽东更是热泪盈眶。

袁意渊没能随南下支队回到陕北，也没有机会享受"英雄班师回朝的荣耀"。因为，在支队南下北返至中原时，他被留在了中原。

◎袁意渊夫妇深情讲述

---

① 《王震传》，当代中国出版社 1999 年 8 月版，第 273-274 页。

南下途中，他"死里逃生"

在湖北崇阳大源时，袁意渊曾经身负重伤，要不是遇到一个好心的老百姓，他从此就"光荣"了。

对于这段经历，或许因为我们采访时间安排太紧，话题太多，或是还有别的什么缘故，袁袁意渊没有说到此事。倒是袁老知道此事，并且有态度。这在王恩茂等人的回忆文章中，对此有些许记述：

"解放战争中他（袁老，下同）在吉林工作时，他的二儿子打仗负伤。就在这时，他接到一个部下牺牲的消息，他心情抑郁，寝食不安。得知那个部下家境困难，便翻屉掏兜，把手头的钱悉数拿出来，凑了一百多元，亲自写了慰问信，一并寄给烈士家里。身边一位同志问他：'那你自己的儿子呢？'他说：'他有组织上管，养养就会好起来的'。"①

袁老这回没说准。负伤后的袁意渊，并没有得到"组织照顾"，因为部队很快就继续往南走了，他是被人偶尔救下的。

袁意渊负伤背景

1945 年 3 月，由王震和张体学分别率领八路军三五九旅南下支队和新四军第五师十四旅渡江南下进入鄂南崇阳县。3 月 6 日凌晨，两支南下先遣队到达崇阳县金塘，击败了国民党驻金塘敌军后，大部队兵分两路，直捣崇阳大源桥鄂南行政专署和高枧崇阳县政府，抓获鄂南行政专署专员龚薰南、鄂南银行专员李经进和崇阳县伪县长李揆廷及其大小官员 300 多人。袁意渊就是在攻打大源鄂南行政专署时负伤的。

---

① 王恩茂等：《忠心耿耿为党奋斗六十年》，《人民日报》年 1 月 20 日。

张旺生救了袁意渊

在湖北省崇阳县政协的网页上，我们看到署名刘意初、陈国华写的文章，记载了袁意渊负伤后情形：

深受人们敬佩的张旺生

一九四五年三月二十三日，张给国民党当夫，在回家途中离长坪不远的地方见一年轻人脚上有伤，血流不止。近前细问，他叫袁意渊，是南下支队某特务连副连长，在攻打大源专员公署时，因负伤而掉队。天下穷人是一家，张出于无产阶级感情，不惜一切，连忙把自己仅有穿在身上的一件衣褂撕破，将袁的伤口包扎好，继而抓住前后左右无人行走之机，悄悄地把他背回家里。袁躺在床上，张急忙请母亲为之料理饮食，而自己则很快地出去寻草药为他止血。当时白色恐怖相当严重，袁住在家里，很不安全，只要别人一发觉，就会人头落地，而且对自己也会招来不测之祸，于是又背着人们于当天晚上把袁背到附近人迹罕至的高山大坡沟去，连夜赶搭一个茅棚让他住下来。关于袁的日常生活，便安排十二岁的女儿张细毛，每天扮做放牛或打猪叶的，给他送饭送菜，送茶送水。

起初，袁的伤势严重，常发高烧，痛苦异常。张心如刀绞，像痛在自己的身上一样。他借贷无门，没有钱给袁治疗，便叫女儿把晒干的茗叶挑到集市上去卖。钱的问题解决了，到药店去买刀伤药又恐怕引起人们的疑心，又告诉女儿，只说是爸爸上山砍柴被竹桩子戳伤，特别是附近人家见细毛天天往屋后高山上跑，甚感惊异，必怀疑其中的问题。这时张的思想更紧张了，非常关心袁的人身安全，又迅速采取紧急措施，彻底毁掉原来的茅棚，不留任何一点痕迹，再在相对方向的另一座大山太婆沟搭一个茅棚，便把袁转移了。

以后，袁的伤口化脓外流，现出弹痕。张找了一把剃头刀和一个夹头发的夹子，将袁伤口周围的腐肉割掉，然后拔出弹片，再敷上药。过了一段时间，袁的伤口有好转，饮食有所增加。为了让他增加营养，能够早日恢复健康，张于是天天砍柴，叫女儿每天到虎爪街上买肉，但在旧社会，穷人食不饱，穿不暖，哪能有钱天天买肉吃呢？一天，某店主有怀疑，竟问细毛："你家为什么天天买肉吃？"细毛机智地回答说："我妈病了，钱是向亲戚朋友借来的。"张怕出问题，以免别人怀疑，特别慎重其事，叫女儿不到虎爪街买，可远走一下，到桂口去买。到桂口往返十多里，细毛面有难色，不愿意去，张乃语重心长地对女儿说："出门人可怜，袁是为我们穷人翻身而打仗负伤的，你可不能畏难呀！"几句话，细毛受到教育，以后再没有推拒过，天天上桂口买肉，今天在这家铺子买，明天便到那家铺子买，再就不会引起人们的怀疑。

一个月过去了，袁的伤口痊愈，恢复了健康，归队心切。张不计较个人得失，宁可违误农时，也要想办法让他归队，于是到处打听消息，看什么地方有新四军。开头听到八斗山来了新四军，他连在田里插秧也顾不上，马上去探听，没有那回事，空走一趟；后来听到金紫山那里有新四军，他又从百忙中乔装小商人，日夜兼程，赶去询问，果然情况属实，便迅速返回家中，再亲自护送他安全归队。

事后，张掩护袁意渊的事情终于被当地反动政府发觉了，随即把他逮捕入狱。以后虽亲友保释回家，但罚去稻谷二千斤。张为保护袁，不仅在经济上背上债务，给全家生活造成了更大的困难，而且在狱中忍受了敌人的种种酷刑，使身体受到了极大的摧残。

"一饭不蒙贤母赐，韩信焉得取王侯"。解放后，在京汉铁路广州铁路局工作的袁意渊同志，不忘救命恩人，于一九八一年五月六日携带厚礼专程前来崇阳，在县和公社领导人的陪同下看望张老，而他已于一九六九年九月二日因病逝世了。袁看望他家里人之后，又以沉痛的心情前去蚂蚁坡张老的墓地前敬献花圈。

张老虽死犹生，其保护人民子弟兵的光辉事迹将永远流传。

他当过李先念的作战参谋

袁意渊："一九四四年，我从参谋训练班参加了南下北返。在李先念的司令部，也不算作战参谋，就是画军用地图，司令部到哪儿，把地图一挂，把各个部队的情况在地图上作标记……"

国民党的"洪水"真来了

从 1945 年 4 月到 8 月，袁意渊跟随部队继续南下，直至粤北的南雄。此时全国形势大变，南下支队面临的情况也发生了巨大变化。据《王震传》载：

"8 月 24 日，国民党顽军又从几个方向追了上来。部队马上出发，途径梧桐港、聂部圩，最后走到沙村。……为了摆脱尾追的顽军，尽快地和东江纵队会合，指战员们以极大的毅力，忍受着饥饿和疲惫，英勇地朝广东方向疾进。"

"27 日，部队越过五岭进入南雄所属的上多，薛岳部的追兵和余汉谋的一个军一起涌来，切断了南下支队与东江纵队会师的道路，对我军形成了又一次重兵包围。"[1]

---

[1]《王震传》，当代中国出版社 1999 年 8 月版，第 228-229 页。

袁意渊："我们南下的部队与东江纵队接头未果。日本鬼子投降了。国民党的'洪水'真来了！我们两千人，国民党多少万，（我们）再怎么挡也挡不住哇！（就）又折回到湖北，在武汉北边，大悟山宣化店一带，与李先念、王树声的部队会合，组成中原军区司令部，李先念任司令员，王树声、王震任副司令，王震兼任军区参谋长和中原局常委。（南下支队）部队共有四、五万人。国民党包围在周围有三十多万人。（南下支队）与李先念部队会合，组成中原司令部，在武汉北的大悟山地区休息。"

为防国民党下毒，部队发了银筷子

袁意渊："那几个月够苦，几万人吃饭。因为怕国民党下毒药，部队都发了银筷子（银筷子遇到砒霜会发黑，但对其他毒品没用）。那时，我就从南下支队司令部调到中原军区司令部做通讯参谋了。"

没有现代化医学手段，用民间传统检测手段也要保护战士们的生命安全，真难为那些卫生兵了。

袁意渊中原"金蝉脱壳"

据《王震传》载：

"（一九四六年）年一月十日，国共两党签订了停战协定。双方同时下令，规定自1月13日零时起就地停战。""从日本投降到直到中原突围之前，中原军区部队根据中共中央的战略部署，克服极端困难，在国民党军屯集重兵的中原地区顽强进行了十个月的战略坚持。"①

---

① 《王震传》，当代中国出版社1999年8月版，第238页。

袁意渊："中原军区部队在中原地区进行了十个月的战略坚持后，得知国民党大部队要在一九四六年七月份对我军动手。"

据《王震传》载：

"根据中央军委指示和当面敌情，李先念和王震等经过周密思考，早已决定在敌人戒备比较薄弱的西线突破。"

"突围行动的准备是在严守秘密中进行的。这时宣化店还驻有军调处第三十二执行小组，美蒋代表正在千方百计刺探我方情报。……平时负责与第三十二小组周旋的王震，特意对我方代表陈士榘作了一番布置，要让美蒋代表始终蒙在鼓里。"

"这天（29日）下午，中原军区代表在宣化店设宴招待第三十二执行小组全体成员，并在宴会上郑重宣布：国民党军向我发动进攻，李先念将军已率中原部队突围。美蒋代表一直蒙在鼓里，听后目瞪口呆。"①

化整为零，水银泻地，神不知鬼不觉，靠游击战起家的解放军运用这等"战法"，可谓轻车熟路。

身背金条突围

首脑机关是如何安排突围的，袁意渊不可能知道，而他记忆中的中原突围的最后细节，却颇具喜剧色彩：

袁意渊："我记得一九四六年六月二十四日（实为26日，90岁的袁意渊记忆竟如此细致），我们谎称今晚看戏，看楚剧。当时军调处第三十二小组住在宣化店，国民党和美国谈判代表都信以为真，结果戏开演之后，我们的部队悄悄地往西，朝河南方向走了。为了便于行动，部队分散式撤离，

---

① 《王震传》，当代中国出版社1999年8月版，第250-251页。

不是排着队伍走。后勤部门将重要财产如金条、银条，用布袋子分发给部队基层干部随身携带。我（此时他已是22支队副参谋长）身上也背了一个小包，加上一把手枪，两颗手榴弹，就这些。背的是金条还是银条、背了多少我也没看过，后来就原封不动交上去了。那时候靠觉悟呀，谁背着跑了也就跑了。"

眼见李先念化妆突围

袁意渊："那时候，我们看见很多领导都（是）化了妆走了。李先念（也）化个什么……他们都跑了，就剩下我们了——"

对于化妆突围的情况，《解放战争》一书中有记载：

"为了化妆转移，中原军区组织部专门设立了一个化装转移站，召集有敌后工作经验的同志传授化妆技巧，并根据需要转移干部的年龄、口音、长相和气质，精心设计其化妆后的身份与经历。仅这个化妆站，就成功转移出四百多名干部。"①

问：这个时候，您是什么职务？

袁意渊："我是司令部作战参谋。"

问：是什么级别？连、营级——

袁意渊："没什么级别，就是作战参谋。这时候，司令部已经散了，个人想办法生存下来。我们在西安南面的秦岭，待了半年多，那一段时间很苦的。大山里头，老百姓也穷得很"。

问：苦到什么程度？吃、穿，都困难吗？

袁意渊："哎。（部队）住老百姓家里，也没什么（吃的）……穿衣服啊，国民党的衣服剥下来我们也穿上了，把鬼

① 王树增：《解放战争》（上），人民文学出版社2009年8月版，第108页。

子打死了，衣服剥下来（我们）也穿上了……"

人生有太多的奇遇。袁意渊怎么也不会想到，1940年他曾化妆去延安，1946年6月，他又经历了化妆中原突围。

向西撤退，三过秦岭

中原突围后，袁意渊随部队向西撤退，这条路也正是他1940年去延安时走过的路。此番二过秦岭，可谓"旧路重走"，只是比前一次要艰险残酷得多。

袁意渊："部队向西，走过随州、老河口至丹江口，再翻过秦岭，到达位于西安南部的蓝田、洛南一带，部队在秦岭北侧驻扎下来。这次南下北返，解放军驻扎西安南边，也是为了保障陕甘宁地区安全。当时国民党也不敢在大山里与解放军作战。"

"当时吃东西很困难，老百姓看见穿军装的认为都不是好人，都跑了。那时候，脚都冻裂了，烧土豆把土豆泥塞进伤口里。我记得那是在青岗坪、清峪庙。后来，我又转到山西晋城，李先念部队的一个支队，在那儿待了半年多。"

再返中原，四过秦岭

1947年8月4日，驻晋城的中原突围部队，在南石店村虫王庙举行追悼大会，悼念在突围中殉难的烈士。会场上悬挂着"打回中原去，为死难烈士报仇"的标语。李先念致悼词，郑位三讲了话，部队群情振奋，高喊"打倒蒋介石，解放全中国"的口号。

次日，即8月5日，李先念亲率十二纵队从晋城出发，随刘邓大军强渡黄河，挺进中原，开始了反攻中原的胜利进军。

袁意渊也跟随部队再次南下，一路征战。

回到中原，袁意渊"被"离开刘邓大军

袁意渊："以后形势变了，刘邓大军南下，我们作为刘邓大军的一部分，又跟着刘邓大军南下。过黄河、过无人区，天天走，天天走，一个多月，到达湖北。这时，刘邓将我们分配到地方工作。当时邓小平给我们讲话：'同志们，你们这些人到地方工作去，你们把作风要搞好，爱护老百姓。你们把作风搞坏了就难办了，就不好办了'。"

是为了加强大部队机动作战能力，或是开辟地方斗争新局面的需要？袁意渊接受采访时没有予以具体说明。

◎金云汉提供
袁意渊当市长的"历史线索"

自任"市长"，袁意渊革命生涯的"经典桥段"

在袁意渊的履历表中，有这样的记录：

"1948年1月，任隋（县）枣（阳）县环潭市长、环潭区长、大队长、隋枣县大队参谋长"。他这一串职务是怎么得来的呢？

袁意渊："一九四八年一月，我（被）分配到湖北随县、

枣阳县开展工作。那时候我们没有作战任务，也没有上级组织领导。我们就把人家（国民政府）的随县和枣阳县合起来叫'随枣县'。在环潭镇、安居镇一带，成立了'环潭市'，我当'市长'。"

"我这个'市长'比别的市长可大多了，管着随县、枣阳县、环潭镇、安居镇一带，往北甚至到了河南桐柏地区，地盘大小愿意（自己）怎么说就怎么说。你别说还真把敌人吓唬住了！"

自己给自己"颁发委任状"，自己随意指定管辖区域，真是一个颇具创意的"奇思妙想"。这一年袁意渊26岁。环潭镇位于随州县西南部，距县城不足百里，是山区通往平原的重要地点。解放前，水运兴旺时，方圆百里货物均在此集散，顺流而下直抵汉口，有"小汉口"之称，是一个"七山一水两分田"的丘陵地区。

袁意渊："我这个'市长'兼县大队中队长（即党的地方武装）。环潭与铁路挨着，我这个'市长'，一边背着挎包，一边背着手电筒，腰里别着手枪和手榴弹，没有固定的办公地点，白天在这里，晚上住那里。"

"我带着县大队的一个中队，三十多个人。当时地方上一些国民党特务和小股武装他们不敢来，我们经常找他们的麻烦，进行游击活动，前后搞了一年多。我还出过布告。认真执行党的政策。"

"还有个姓温的河北人搞土改，地方还有一批干部，搞地方工作和搞党的工作。那时候没有与上级组织取得联系，老子天下第一。"

"我旁边的廖家寨也有一个中队。他们抓了好多地主武装和国民党兵，一次枪毙了十七个，还要我去。我能去吗？（他们）有时候先用机枪打，打完了还不放心，还一个一个踢一脚看动不动，有动弹的再补上一枪。”

“我们也抓住过敌人，但我们没有打死过人。”

“有个民主人士，四五十岁，他就公开说：‘分田分土地不怕。就是怕你们共产党的有冤报冤有仇报仇’。这两句话我记得很清楚。那时候，阶级斗争很激烈呀，‘你们分点儿土地无所谓，有冤报冤，有仇报仇’。你说过去有钱人，哪个没有冤仇哇？一报仇那可不得了！”

金云汉：“你这里报仇了，共产党一走，国民党又来了，那你就又完了——”

袁意渊：“我记得，（当时）有的地方把大木杆子竖起来，把（地主啊，有钱）人啊，吊起来，叫做‘望蒋台’，问他们‘蒋介石你们看到没有？’‘没看到，再吊高一点儿！’要是说看到了，那就把绳子猛地一松，‘哐’地一下掉下来。”

“那时候群众运动起来了，什么‘压杠子’（把人放在板凳上，用力压腿）啊，‘压腿啊’……那时候阶级斗争是很残酷的。”

“没有组织领导，没有作战任务”，独立开展工作，独立开展武装斗争，袁意渊是名副其实的“独立大队”。尽管如此，“袁市长”工作指导思想和行动方式，完全按照党的方针、政策办事，对此国民党也很是迷惑，说，“没听说共党在这里有政府机构存在呀？如果有，他们在哪儿办公啊？”

“‘文化大革命’期间，环潭有人来搞外调，找到我这个‘环潭市长’，他们在调查当时环潭市的积极分子，修鞋子的皮匠，姓罗。问我，‘袁市长，当时那个罗队长人怎么样？’我回答说‘他没干过什么坏事’。他们还来找我——”

周颖：“这么多年过去了，人家还记得当年有个‘袁市长'呢!"

袁意渊："哈……"

是啊，20年过去了，还有人找这个"袁市长"写证明材料。由此可见，袁意渊这个"市长"在当地的影响之大、之久远。

另外，我们看到一个信息："1947年12月，环潭地区获得解放，洪山县在此设立环潭市(不久即改为环潭镇)，下设三个街道，在佛垣寺设立涢阳区，管辖今之涢阳、大山两个乡和文昌街的几个村……"

上述信息表明，由袁意渊"创建"的"环潭市"，已经被地方政府列入本地区行政区划沿革历史阶段之一了。袁意渊理当为此"大笑一回"。

手电筒救了他一命

这事儿发生在一九四八年的秋天。

金云汉："他那时候身上的手电筒被敌人打亮了——"

采访时，袁意渊的妻子金云汉猛然插话。当时，我们看见袁意渊冲妻子直摇头，他似乎有话不愿说。

问：什么？"手电筒被敌人打亮了"，袁意渊，这是怎么回事儿？

在我们的追问下，袁意渊才讲了下面一段自己"大难不死"的奇巧遭遇。

袁意渊："那时候，我们县大队经常到各个村子去，看看有没有敌人。如果有，就袭击他们。有一次，我们夜里正在行军，突然听见前面一个村里响了一枪。当时这地方没有我们的队伍，老百姓没有枪，肯定是敌人。我们马上包围了这个村庄。十几个地主武装往外突围。那天天很黑，村里有什么路、有什么门，谁也不知道啊！"

"我正在摸黑往前走，突然有个手榴弹从身后扔过来，'轰'的一下爆炸了，我觉得背上'嘭'的挨了一下，（我）就趴在地下，把旁边的通讯员吓坏了！……过了一小会儿，我抬起头，看见眼前明晃晃的。（那时候）为了方便夜里看地图，我平常随身背着手电筒。原来是敌人的手榴弹片（从身后）打到手电筒开关上，把手电筒打亮了，我身上只出了一点血，没打坏脊梁骨。这个手电筒救了我一命。"

袁意渊真是福大命大。这来自真实生活的奇巧之事，想象再丰富的作家恐怕也编不出来。

"他被组织找到了"

袁意渊："我这个'市长'在环潭一带的活动情况，后来被桐柏解放区领导机关注意到了。组织上派人来了，一九四九年一月，我和我带领的县大队被编入江汉军区独立二旅三十七团（此时应为江汉军区独立旅2团），我当了这个团的副参谋长。"

《李先念传》载：

"第十三旅三十七团，是抗战时期李先念亲手创建的一支钢铁团队。这支部队驰骋鄂豫边区敌后战场，多次担负重要任务，屡建战功，威震遐迩。"①

袁意渊："解放军渡江战役后，我被派到湖北西边武岚（音）江汉军区独立二旅三十七团（任）副参谋长。营级干部，吃小灶，骑毛驴。我不要马，毛驴可以走小路。一九四九年七

---

① 朱玉主编：《李先念传》（1909-1949），中央文献出版社1999年6月版，第594页。

月，解放宜昌是我（军旅生涯）打的最后一仗。这一仗我还没赶上，没放一枪。为什么呢？因为我所在部队没能及时过江，没赶上攻城战斗。"

"战斗胜利后，整个宜昌城都显得很冷清。（因为）国民党啊，对解放军（进行）丑化宣传，战斗开始之前，城里的老百姓大都跑到邻近的四川和贵州避难去了。少数待在城里的老百姓，都关门闭户，害怕……解放军为了不打扰人民群众，严格执行三大纪律八项注意，官兵上下就地抱枪睡在街两旁的屋檐下。"

这一回，袁意渊赶上了。

◎袁任远与袁意渊在长沙

"稀里糊涂"脱军装

袁意渊："一九四九年六月，父亲到湖北（袁任远赴湖南任职，途经武汉），问李先念（时任湖北省委书记）：'我有个儿子，（不知道）还在不在'？李先念叫人查查，看看（我）

活着没有？结果查到，（我）还活着，就把我叫到武汉。那个时候，部队干部这么多，（今后）干什么呢？特别我是战斗部队，什么也不好（特长），结果是父亲把我带到湖南来了。那时他到湖南当副省长（省政府副主席）。"

袁意渊对他离开部队的经过"轻描淡写"，其实内里的情况要比这"突然得多"。

据家人解读，当年袁老去湖南赴任，途经武汉，想见见多年未曾谋面的意渊。李先念理解为袁老要把儿子调往身边工作，所以安排袁意渊从部队转业。袁意渊对此毫无思想准备，他有意再找李先念说明情况，回部队工作。袁老却说，既然作了安排，就不要再给组织添麻烦了。就这样，27岁的袁意渊轰轰烈烈的军旅生涯就这样"稀里糊涂"地结束了，这就成为他一生中最大的"突然"。

作战参谋当了铁路军代表

袁意渊："当时到湖南的时候，那时百废待兴。那个铁路火车也不通，还只能先通到衡阳。百废待兴啊，没办法，（我）也没到地方去，（去了）那个铁路有铁路军管处。"

"那个时候郭维城（原铁道部部长，1955年授予少将军衔）是衡阳铁路局局长、军事接管委员（领导）……就把我交给铁路了，就转入军管会，还是军人身份。"

"以后到株洲（铁路），是我参加接管的；郴州（铁路）是我参加接管的；柳州（铁路）也是我接管的，我是（军事接管委员会）军代表。把国民党那些（铁路人员和业务）接管过来。"

"那时候越南还在打仗嘛，我们支援越南，当时我们和越南不通火车。柳州有个来宾（地名），从来宾到镇南关（现在的友谊关）修铁路，又把我搞到这条铁路上去了。我是工程指挥部人事组组长，管劳动工资的，管整个的人事工作。"

1950 年，为了支援越南人民争取国家独立和民族解放，中国政府在物资和军事上给予无偿援助。为解决运输战略物资的交通问题，政务院决定紧急完成来宾至镇南关（现为友谊关）铁路的建设。来镇铁路长达 400 多公里，是新中国成立后广西修建的第一条铁路。1951 年至 1952 年，袁意渊调任来镇工程段人事组长。

之后回到衡阳，又接管车辆厂，任铁路衡阳车辆厂军事代表。

新中国第一代铁路分局长

袁意渊："那时候我们什么也不懂，铁路上有很多技术问题，闹出很多笑话。关于铁路的笑话：钢轨道岔前面有个弯轨，铁路通过弯轨接到另一边。我们有个领导说，"你这个道轨不严，车子容易出问题呀……""什么'道轨'呀？哪来的'鬼'啊——"

金云汉："这里面有事儿他没说。一九五三年，他从衡阳到了株洲，当了株洲铁路分局分局长，他是新中国第一代铁路分局长。"

这时我才发现，袁意渊在讲述自己经历的时候，只是叙述过程，遇到自己功绩的地方就绕过去。这使得我心里有一种说不出的感佩。

33 岁，袁意渊进了铁道学院

袁意渊："一九五五年，我到北京铁道学院干部学习班学习（袁意渊时年 33 岁）。四年的时间里，系统学习了铁路专业

知识，并拿到了毕业证书。"

"解放前别说火车，连汽车也没见过"。

金云汉："那时候他们拿枪打火车头的眼睛（车灯），嘴里还喊着'叫你跑——'"

袁意渊在铁道学院学习四年，在当时应该属于高学历了。但他认为这是进修性质，此后坚称自己是初中生。

"大跃进"时，他"为一句话丢官"

袁意渊："毕业后，（我）到广州铁路局当运输处长。后来铁道部重新划分，以省为界，成立长沙铁路局，把我搞到长沙铁路局当运输处长。'大跃进'期间有不同意见，又把我搞到商务处长。不搞运输了……"

此处，袁意渊用"有不同意见"，来模糊处理自己因为说实话丢官的事儿。看得出，他不想埋怨任何人。

金云汉："他这个人说话比较直，不在乎自己升官不升官。'大跃进'期间，上边下了令，让他当局长（长沙铁路局局长）。但由于在一件'苏联老大哥'的事情上，他说了实话，到手的官职没有了。"

"事情是这样的：苏联老大哥的机车车头爬坡拉不动。需要前边车头拉，后边车头顶才行。上边来调查，他就实话实说。另一个处长却说，没问题，'苏联老大哥'的火车嘛，可以拉，没问题，不用推。上边来人官僚主义，也不调查。结果，他被刷下来了，最终当了广州铁路局运输处长（运输处是铁路系统关键岗位）"。

袁意渊："哎呀，说这些干什么？不要说了。"

金云汉："为什么不能说？这是真的，又不是假的，铁路局老一辈的人都知道……"

"他这个人说实话吃了大亏了。'文化大革命'时候，'反右倾'啦，他就说实话，'大跃进'时，人家说能拉，你说拉不了——"

老两口为此事发生争执，袁意渊坚持不让说，婶子据理力争……之后，袁意渊一副若无其事的样子，继续自己的讲述。

◎袁意渊夫妇（前排）、女儿袁金霞（后排左一）与袁意奋之子袁海俊、周颖夫妇

虽"不受待见"，却常被派往一线

袁意渊："哎呀，以后事儿多着呢！以后长沙铁路局撤销，成立武汉铁路局，我又任武汉铁路局湖南境内的办事处主任；后来又变动，办事处主任没有了，我又搞个长沙分局长；以后又是……哎呀，七调八调，（'文化大革命'）走资派啊，这个那个一大堆……"

金云汉："'文化大革命'他还是'五·一六（分子）'嘞！爷爷（不是）在北京吗！"

"（后来）他又被搞到省级五七干校劳动。因为他在湖南铁路系统知名度很高，政治部的人就把他搞到省级干部的五七干校劳动。挖防空洞，劳动大队长"。

袁意渊："哎呀，又说那些干什么——"

从袁意渊的履历中，我们看到，从 1958 年任广州铁路局运输处长，到 1978 年再任广州铁路局计统处处长，这期间他工作调动很是频繁。但是，除了到五七干校劳动之外，他大部分都是出现在铁路工程建设第一线。

◎湘江边上散步的袁碧宇

（四）袁碧宇的青春岁月：掌握银行"核心机密"的人

袁碧宇的青春岁月可用"简单"二字来概括。

1950 年，她来到长沙进了学习班。

1953 年，参加工作进了工商银行。

1954 年入党。入党后担任小组长（不知道什么小组），所在银行把单位的公章和密码交由她保管。直至退休。

"小组长"职务不足为奇，但是，负责保管银行的公章和密码，这可是了不得的责任。"公章、密码"都是银行的核心机密，必须有政治上可靠，品德上良好的人才可以担当。

有鉴于此，直到她退休多年，还有同事将家中的"核心机密"交由她代管。

（五）袁意滋的青春岁月：从学员到飞机机械师

姐姐的"青春"很简单，袁意滋的"青春"也是"单线条"，他的履历表上简明写道：

1957年，在第八航校学习，任学员。

1960年7月毕业，分配在空军航空兵部队，先后任机械师，分队长，副中队长，中队长，团副参谋长，机务大队长。

1977年，调中国民航总局，任处长。

从学员，到飞机机械师，到机务大队长，他的"青春"始终与"技术"相伴而行。

◎青年时代的袁意滋

第三章　万难还坚劲

"咬定青山不放松，立根原在破岩中。千磨万击还坚劲，任尔东西南北风"。这是郑板桥的一幅题画诗，画中的竹子从石缝中挺然而立，坚韧不拔，表达了他勇敢面对现实，绝不屈服于挫折的人品。

抄录这首诗，是因为我的主人公们，也是具有这般情怀与人品的群体。他们在壮年时期，以无比的坚强和韧劲，写就了人生的壮美，度过了自己的多事之秋。

◎袁任远和袁意奋在绥德

（一）袁老的壮年，从绥德到东北，从湖南到北京

袁老的壮年时代，可用"从北到南，从南到北；再从北到南，从南到北。从冷到热，从热到冷；再从冷到热，从热到冷"的字眼儿来形容。

绥德五年

1939 年秋，袁老随部队来到绥德驻防。在这里他度过了五年的时光。他在这里留下的故事很多，也很有趣。

袁老经历"大炮对工事"

"国民党派到绥德来的'第二区行政督察员'何绍南，是一个臭名昭著、群众切齿痛恨的反共专家。"

"有一次，何绍南路过延安，毛泽东曾经把他找来，指着鼻子责斥他是'破坏抗战，制造摩擦的专家'，并且声色俱厉地历数他的罪行，骂得他的脸红一阵白一阵，头都抬不起来。当时，他虽嗫嗫应允不再搞鬼，但他口是心非，不思悔改，反而变本加厉，肆无忌惮。"[①]

袁任远："三五九旅返回绥德后，即对国民党的挑衅行动，进行了针锋相对的斗争。当时。何绍南的主力在绥德的二郎山修筑了工事。我们就将两门大炮架在旅部驻地的山上，对准二郎山何的阵地。"

"何绍南一看形势不妙，遂于一九四〇年二月赴重庆求援。但当何五月初返回绥德时，两手空空，什么也没捞到，只带了

---

① 《王震传》，当代出版社 1999 年 8 月版，第 139 页。

一个鲍介山，接替了他原任的保安司令的职务。"

"五月中旬，王震从师部开会回来时，何绍南急忙带领他的特工人员和保安团连夜向榆林方向逃走了。"①

毛泽东对袁任远"高抬贵手"

袁任远："我驻防在黄河边荷叶坪的部队误将阎锡山的一名少将办事处主任打死了。阎锡山向我八路军总部提抗议，要求查处。党中央很重视，来电追查。王震同我研究后，决定由我代表军政委员会去延安向中央作检讨。我向党中央、毛主席把事情发生的经过作了详细汇报。并说，这件事虽是干部、战士出于对国民党顽固派的义愤，但是个严重错误，我是政治部主任，平时对部队的统一战线教育不够，这件事应该由我负责，请求中央给我处分。毛主席很和蔼地说：事情已经过去了，以后总结经验教训就是了。接着毛主席详细询问了部队的各方面情况，又对我讲了国际国内形势，谈了两个多小时。"②

◎袁任远在绥德办公旧址

---

① 袁任远：《征途纪实》，湖南人民出版社 1985 年 11 月版，第 128 页。
② 袁任远：《征途纪实》，湖南人民出版社 1985 年 11 月版，129–130 页。

毛泽东点将袁任远当专员

1941 年，为打破国民党对边区的经济封锁，三五九旅奉命开赴南泥湾，开荒种粮。袁任远本意愿意跟随部队前去，但是最终却被毛泽东"亲自点将"留在绥德专署当专员。关于这些，"知情者"们介绍了其中的"内幕"：

崔开成："这个（事儿）呢，袁老在写回忆录的时候没有具体讲。

当时绥德是延安几个地区（中）最大的地区，延安陕甘宁边区一百五十万人，（仅）绥德就（有）六十万（人）。而且和榆林（地区）接近，榆林市由国民党控制，邓宝珊哪，就住在（榆林）那儿。邓宝珊大革命时期就和我们党有联系，他（邓宝珊）每次到重庆去要经过延安，毛主席都接见他的。所以，毛主席认为，他（袁任远）做政治工作、统战工作很适合，需要（他）这个人留下来。就这样，他（袁任远）就没有提成（三五九旅）政委。从袁老的资历来看，完全够。因为长征的时候，（他）曾当过三十二军政委，（他）资历是够了。（一九）二五年的这么一个老党员……"

当了专员，"丢了"政委，对袁老来说，其实是件很可惜的事情。因为 1955 年军队第一次授衔的时候，像袁老这样的资格，授个中将军衔恐无悬念，果真如此，袁老后来的身份、职级、待遇抑或是另一番状况。

毛泽东与袁任远的第三次长谈

让袁任远当绥德专员，毛泽东曾专门找他谈话。这是继大革命失败后，毛泽东在武汉当面作指示和他前不久赴延安作检讨时与之谈话后，毛泽东第三次与袁任远长谈。对于这次谈话

的过程，袁老做过详细讲述：

"（一九四三年）七月间，朱德总司令来电报，要我去延安接受新的任务。我到延安后，朱德说：原来准备派你去榆林，现在情况有了变化，你不必去了。他要我在延安休息几天后仍回绥德。另外，他要我去见毛主席，看他（毛泽东）有什么指示。第二天，我按约定时间去枣园。毛主席的住房前有一棵大枣树，树下放着一张小桌子和两把小椅子。我就在这里聆听了毛主席的教诲，边喝茶，边谈话，毫不拘束。毛主席问绥德搞'抢救'的情况，我说这项工作主要是地委抓，听说绥德师范在搞，搞出的坏人不少，详细情况我不清楚。毛主席在讲话中反复讲不要搞逼供信。你逼他，他没有办法，就乱讲，讲了你就信。然后，你又去逼他所供出的人，他又讲，结果，越搞越大。他很沉痛地对我说，我们过去在肃反中错杀的干部很多，这是一个很沉痛的教训。我们这次无论如何不要搞逼供信，要调查研究，要重证据，没有物证，也要有人证。不要听人家一说，你就信以为真，要具体分析，不要轻信口供。对于有问题的人，一个不杀，大部不捉。杀人一定要慎重，你把人杀了，将来如有证据确实搞错了，你虽然可以纠正，但人已死了。死者不能复生，只能恢复名誉。另外，也不要随便捉人，你捉他干什么，他能跑到哪里去？毛主席谈了一个多小时，他讲的很深刻，是对我党多年来肃反工作的总结。"①

王震一句话，袁老"知足了"

崔开成："原来呢，（三五九旅）到了延安以后，准备提袁老三五九旅的政委。三五九旅（是）王震兼政委，袁老一直

① 袁任远：《征途纪实》，湖南人民出版社 1985 年 11 月版，第 137 页。

◎袁任远的秘书
崔开成接受采访

是政治部主任，且袁老这个政治部主任做了很多工作。袁老他回忆时候讲（过），王震同志这个脾气啊，很爆的，（好）训人！（他的）部下一整就给训哭了，下不来台啊。（这时）袁老就（出面）做工作，调和好了。这样的政治工作做了好多。当时（王震）准备提他（袁老）当政委，后来报到主席那儿，主席说'袁老留在绥德做地方工作更适合'。"

"他（王震）讲啊：'这么多年来亏待了袁老'。我（从王震家）回来以后给袁老汇报，袁老说：'有他这句话，我就知足了'。"

当年，袁老没能当上359旅的政委。然而40多年后王震的一句话，就让袁老"知足了"，个中情缘，令人回味。

当年绥德曾"大搞经济建设"

苗汝鹍："当年让他到绥德工作，因为这里是延安（的）大门，是重要交通要道，重要关口。"

"（一九）三九年开始生产自救，搞运输，当时天很冷，集中骡马搞运输；烧煤炭，挖煤，在冰上取煤；（烧）盐巴、井盐池。宁夏三边地区缺盐。（把盐）运出去换东西；搞工厂，大光（应为光华）纺织厂，河北人会织布，二十多个骨干。

（机关）把勤务员集中起来去工厂，（还有）绥德婆姨，（有）六七十人……"

采访中我们看见过当年熬盐的地方，有盐水井、盐池和熬盐的锅灶，条件既简陋又艰苦。

◎苗汝鹏夫妇与采访组合影

袁老善做统战工作

苗汝鹏："为搞好运输，袁老两次到榆林，（给）邓宝珊、高双成（两位都是国民党爱国将领）做工作，以方便边区产品外运。邓宝珊的女儿是共产党员，高双成的秘书是失去关系的共产党员，袁老的统一战线工作（做得）好。全国解放后，袁老还为高双成的秘书作证明，恢复（他的）党籍。榆林方向关系畅通，（有）袁老的功劳。"

袁老和一个绥德汉子的旷世情

　　袁老在绥德工作时，柳维和20岁，我们在绥德柳家庄采访他时，他那高大挺拔的身材，还能看出几分当年绥德汉子的风采。

◎柳维和接受采访

◎柳维和带领采访组到袁老绥德旧居考察

柳家和与袁家是近邻

　　问：您和袁老很熟悉吗？

　　柳维和："他（当时）就在庄里住着，周雪林也在这里住着。我（家）和他们一墙之隔。袁任远（住）一个院，王震（住）一个院。"

　　问：柳老，请您说说袁老是个什么样的人啊？

　　柳维和："袁老很文雅，是（三五九旅）政治部主任，后来当专员，没跟王震走（王震带领部队赴南泥湾时，袁任远留在绥德当专员了），袁老留在地方上了。"

　　问：现在他们住的地方还有吗？

　　柳维和："有哩！离这不远就是。（一九）四几年他们走了，（我）送到义合，周雪林说：'回去吧……将来建国以后，（你）上北京来'。"

"那会儿他们叫俺跟他走,俺说不要跟,家里人不舍得。……我们家十三个孩子活了三个,就我一个儿子。那时我母亲还有哩。"

袁任远1945年4月赴延安参加中共七大,之后夫妇随南下支队离开陕北。

柳维和:"……四海(王震的长子王兵),王震(家)顾不了,周雪林帮他带,周雪林忙也顾不了,(就把四海)给我母亲帮着看哩。我母亲病了,袁老帮着找医生来看病。"

问:您那时候是做什么的?种地,还是干别的?

柳维和:"俺是耍手艺的,油漆匠。那时家里情况不好,这个地方……(我是)吃野菜长大的。苦菜,甜苣,长芝……(他说了一大串野菜的名字),那是旧社会。"

◎陕北向导刘飞(左二)带领采访组寻访知情人

◎袁任远、周雪林在绥德的旧居与柳家一墙之隔

198

柳家和袁家"经常换着吃饭"

柳维和："我们住的就隔一个墙，（两家）吃饭都互相换着吃。……我们家做了高粱饭就给他吃。袁主任是南方人，喜欢吃米，也给我们吃。……袁主任讲话听不懂，周雪林讲话听得懂。"

柳维和断断续续讲述了袁任远夫妇在绥德的工作和生活情况，虽然不尽有条理，但看得出他对与袁任远和周雪林相处的日子，记忆很深刻。

袁任远善搞"调和战术"

柳维和："当时的情况可厉害了！"

柳维和讲了很多当时绥德的社会情况，讲到驻在榆林的国民党部队的情况，讲到国民党专员、反共专家何绍南……

柳维和："都让王震拾掇了，何绍南（被）赶跑了。"

"榆林那边，袁任远实行'调和战术'，及时把榆林解放了……"

"榆林那边是高双成（国民党22军军长，被朱德称为"有正义感的军人"，曾与八路军有良好合作，1945年1月病逝于榆林任上），……（他们）合作了。"

"何绍南解放以后找不到哪去了，（后来）在杭州（实为天津）慢慢、慢慢找到了，然后枪打得了（枪决）。"

"哎呀，那时候土地革命最严重了！……李子洲就倒下了嘛！"

李子洲，陕西绥德人。1921年加入中国共产党。1924年底，指导成立陕北第一个社会主义青年团支部，第二年成立陕北第一个中国共产党支部。1929年2月，由于叛徒出卖，被捕入狱。同年 6 月，病逝狱中。1944 年，中共中央西北局和陕甘宁边区政府将绥西县改为子洲县，以志纪念。

有道是"近朱者赤"。柳维和只是一个普普通通的农民手艺人，不识字。但时年 90 岁的他，却还能讲出诸如"社会状况"、"敌我兵力对比"、"土地革命"、"调和战术"这般的话语，可见他当年受"邻居"袁任远夫妇的影响之深。

柳维和曾经是袁老的"秘密信使"

问：您帮过他什么忙呢？

柳维和："送（到）榆林呢！袁任远写的信，（让我）给榆林柳少田（音，下同）。"

问：是袁任远写的信，让你送给榆林一个叫柳少田的人？

柳维和："柳少田原来还不是咱这边的人，后来反（起义）过来了，为共产党办事。……第一次送到榆林。第二次送到半路上，柳少田回来的路上（碰到了），就转回来了。"

问：您送信知道信的内容吗？身上装着共产党的信到国民党那边去，您不害怕吗？

柳维和："不识字。（信）不敢（在）身上装，（藏进）孩（鞋）子里，鞋帮劈开，啊，把信缝在（鞋帮）里头。当时送信的人倒（牺牲）下来很多了。"

明明知道为共产党送信有"倒下来"危险，柳维和还是去了，而且还不止去过一次。他不是共产党员，也不是战士，但袁任远却让他去完成一个重大任务——传递延安方向给国民党驻榆林部队高层领导的统战信件。袁老和一个普通农民的相互信任，成就了一段共产党干部与人民群众鱼水情深的佳话。

问：您是怎么送信的呢？

柳维和："拿着担子，拿点儿烂铺盖（扮作小商贩），回来从榆林买点儿驮毛。……到榆林先找到自己家里人，让家里人引上（带领），再找人给柳少田（音）送信。"

笔者计算过，从绥德到榆林直线距离是102公里。按正常速度步行每小时6公里计，全程步行需要17个小时左右。但这是依据今天的社情和路况测算的。70年前，从绥德到榆林的道路全是土路。更重要的是，柳维和去送信时，还是国共合作时期，两党两军之间尚有往来，绥德和榆林之间自然也是"你中有我，我中有你"。在此情况下担负延安方向派往榆林的信使，其危险性之高，可想而知。另外，还有途中诸如"安检"、盘查、抢劫、抓夫、下雨（秘信在布鞋里呢）等多种不可预知的情况。袁老选定柳维和去送秘信，除了他的人品之外，想必也考虑到柳维和作为"手艺人"，年轻力壮，经多见广，反映机敏，能言善交等有利条件。秘信藏在鞋帮里，柳维和既不能旁若无人、大步流星，也不能步履蹒跚、左顾右盼；故而路上走走停停，做些"功课"是免不了的。进了榆林，找人、联络、送信，他必须要保证"脚底下的安全"，此时的他就是"专业地下交通员"啊！

问：你完成任务回来后，袁主任说什么了吗？

柳维和："回来（我）给他说送信的情况，他说：'哎呀，太危险了，太危险了——'他说我'很善良'。"

袁老曾给他写字据

柳维和："走的时候，袁任远留下字据，让我将来有事找政府。将来（有事情或有困难）找政府，政府会负责的。"

柳维和完成的任务如何危险，袁老不能说。但是依袁老给柳维和写字据的做法，想必柳维和也能猜出个八九不离十。

问：那张字据，您现在还留着吗？

◎袁任远和周雪林在绥德

柳维和："（我）把（他）给的字据藏到墙里的石板底下，下雨发潮，字据都烂掉了。还有袁任远、周雪林的相片哩。……那时候共产党走了，国民党来了，第一句话就是谁是共产党哩？……（那时候）谁敢吭气呢？"

问：哎呀，太可惜了。

柳维和："他（袁任远）后来到中央内务部了，还（给我）来过信，（是）袁任远亲手写的字。"

问：信上说些什么？

柳维和："（来）信上都说好了嘛，解放了，老百姓（日子）好了。有事情就找他。他还说到，当年我给他帮忙的事情是很危险的。"

周雪林是"共产党的脾气"

问：说说周雪林吧。她是个什么样的人？

柳维和："周雪林挺好看，长得方方正正（很端正的意思）的，个子不低，人方正的厉害。（对我们）就跟家人一样。"

问：她是个什么脾气的人呢？

柳维和："共产党的脾气。（个人）脾气不好，对老百姓也好。"

"共产党的脾气：个人脾气不好，对老百姓也好。"这发自内心的群众语言，新鲜、实在、生动、精辟！

"周雪林讲长征都流泪了"

周雪林经常给乡亲们讲长征的故事。尤其是柳维和，听到的更多。

柳维和："她们长征上（过）来的，都拉肚稀（拉肚子，指身体不好），周雪林是长征上（过）来的。她讲了长征吃生南瓜，吃草根，几十万大军越走人越少，病死的，打死的，跌死的，讲大渡河陈再道钻进敌人碉堡，用衣服提炸药包的事情，哎呀可苦了，讲得她都流泪了……"

"她唱红军歌曲，好听哩……她在卫生部（周雪林曾任359旅卫生部政治处主任）管伤号。"

周雪林与柳维和洒泪而别

柳维和："（他们）走的时候，周雪林说：'建国以后再来找你——'（我送）到义合（距绥德30公里的一个镇）的河边，（我们）双方都哭了……（喃喃地）……当时袁主任工作太忙了，他先走了。周雪林，还有警卫员胡发文（音），炊事员蒋隆业（音），养马的姓孙，四个人都哭了——"

讲到此处，柳老干涩的眼睛里流出了泪水，他的双唇在轻轻的抖动，他的喉头也在抖动……历经沧桑的老人，竟哭得这般伤心，在长时间沉默中，每一个在场的人都在为之怦然心动。

　　一边是共产党的高官，一边是大字不识的普通农民，离别时却相拥而泣，依依惜别……这样的场景，让今天的人们听来就像电视剧中的情节，但这却是真真切切发生过的事情。70年过去了，重提此事，柳维和老人的感情依旧这样浓烈深沉。这让我猛然想起吕继宏唱的那首歌：

　　"都说咱老百姓啊，是那满天星
　　群星簇拥才有，那个月呀月光明
　　都说咱老百姓啊，是那黄土地
　　大地浑厚托起，那个太呀太阳红
　　……
　　天大的英雄也来自咱老百姓
　　树高那千尺也要扎根泥土中
　　是好人都不忘百姓的养育恩
　　鞠躬尽瘁为了报答这未了情……"

◎2011 年 12 月柳维和接受采访照片

现在，他还是那个绥德汉子

问：您后来找过袁老吗？

柳维和："（摇摇头）不找。"

不是没遇到过困难，也不可能没遇到过困难，但是，柳维和这许多年来，从未动过到过北京找"大干部熟人"的念头。淳朴、正直、善良，如今90岁的柳维和，尽管身板儿有些驼，但他分明还是当年那个高大挺拔、精明能干的"绥德汉子"。

袁老回到老部队，当了"二梯队"

1944年11月，中央以359旅为主力，组成南下支队。做了多年地方工作，袁老很想回到自己的老部队。有机会重返军营，他心里高兴得直想飞。

袁任远："我在一九四四年十月即由绥德赶到延安，准备南下。后与王震商量，决定让张启龙（袁老的老上级，时任南下支队三支队政委）和我留下参加党的七大。然后随第二梯队南下，向部队传达七大精神。"

见证七大盛况

袁任远："（一九四五年）四月二十三日，在毛主席主持下，中国共产党的第七次全国代表大会，在延安杨家岭中央大礼堂隆重开幕。这是一九二八年六大之后我党在民主革命时期最重要的一次代表大会。我荣幸地参加了这次盛会，受到很大的教育。我是三五九旅出席七大的代表之一，是一九三九年在雁北地区时被选举的部队代表，属于晋绥代表团。这次会议有充分的准备，有明确的工作方针，有极为丰富的内容，开了五十天，开得非常成功。"[1]

诀别关向应

袁老比关向应年长 6 岁，但却是关的老部下。他们相识不长，关系很好。此次来延安参加七大，袁老特意去探望正在此养病的上级。

袁任远："我在延安期间，适逢关向应患肺结核，从前方回到延安休养。关是二方面军的领导人之一，我虽在他领导下工作时间不长，但他为人诚恳，胸怀坦白，关怀干部，知人善用的作风和才干，使我深为敬佩。所以，在他回延安养病期间，我常常去看他。最后一次是在七大即将结束前几天，我对他说，七大闭幕后，我就南下了，今天特来告辞，并请他给我作指示。他诚恳地对我说：你为人长厚，但原则性强，与一般的'老好人'是不同的'。他的谈话，使我感动得流下泪来，我一直把他的谈话当做一个老上级对我的鼓励和关心，经常用以鞭策自己。这段话多年来从未对任何人说过，今天把它写出来，以表示我的怀念之情。"[2]

袁老是知识分子出身，看事做事多有理性。但袁老又是出生在湘西北土家族乡，一生为人仗义，重情重义。关向应一句话让他心中流泪至今，就是足证。

这见面一年后，关向应病逝于延安，享年 44 岁。毛泽东主席为关向应题写挽联："忠心耿耿，为党为国，向应同志不死。"

1946 年 8 月 7 日，晋绥边区一万六千多人参加了关向应的追悼大会，送别这位英年早逝的无产阶级革命家。

---

[1] 袁任远：《征途纪实》，湖南人民出版社 1985 年 11 月版，第 142 页。
[2] 袁任远：《征途纪实》，湖南人民出版社 1985 年 11 月版，第 143 页。

他放下"乌纱"，只为"随军"

袁任远："七大闭幕的第二天，任弼时召集南下的部分干部在延安枣园开了一个小会，对南下的工作作了指示。会后，我即赶回绥德办移交，并向一起工作过的同志辞别。六月十四日，部队就从延安出发了，我和司令部一起行动，除参加梯队前委外，没有担负具体的工作。"①

瞧瞧，不为当官，不畏艰难，什么职务啊，待遇啊，不求。只为喜欢火热的部队生活。47岁的袁老，把"专员"的"乌纱"留在身后，跟上部队，向着未知的"南边"进发了。

南下不成，"争取东北"

袁任远："部队从延安出发后，在绥德休息了两天，然后由佳县的螅蜊峪东渡黄河，经过晋西北，在平遥和祁县之间通过了同蒲路敌人的封锁线。以后，又经过晋东南，翻越了王屋山，进入河南境内。因黄河流经风陵渡，折而向东，所以我们又要南渡黄河。在过黄河的路上，收到中央的电报：日本政府已宣布投降——"②

接下来的事情就"逆"了。南下不成，原地待命也不成——因为胡宗南的部队要来。南下二梯队刚刚进入豫西北打了两仗，就接到中央指示，命令他们"速到东北"！毛泽东在七大上就讲过"坚决争取东北"的话，中央现在的决定就是源于这个战略思想。

得，南下不成，转道东北，这回袁老又是"心想事不成"。

---

① 袁任远：《征途纪实》，湖南人民出版社1985年11月版，第144页。
② 袁任远：《征途纪实》，湖南人民出版社1985年11月版，第145页。

◎袁任远在抚顺

白山黑水的岁月

1945 年 9 月至 1949 年 5 月，袁老在吉林省工作了 4 年。袁老在东北的日子，可用"忙，忙，忙——"来形容。

抗战后的东北，局面复杂，百废待兴，因而袁老面临的工作具体、繁杂而琐碎。在这里，他先后任中共吉林省工作委员会委员、吉林市永吉地委书记、东北民主联军独立 11 师政委、吉林军分区政委、吉林省政府秘书长、吉林省政府副主席。详细工作情况，袁老在《征途纪实》中多有讲述，我们听袁老讲几个故事：

千里骑马遇到"下马威"

袁任远："我们接到中央的回电后，由张启龙在三五九旅的干部中抽掉一部分同志组成先遣队，骑马先行，部队随后向东北进发。先遣队共三十人，我也是其中的一员。我们日夜兼程，马不停蹄，几乎每天通过一个县。经过冀南、冀中、在石家庄附近通过了德石路，又经任丘、固安，在大兴县境内通过平津铁路。然后经香河、玉田、遵化、丰润、卢龙等县继续向东北进发，十月一日到达山海关。"

"经过几十天的长途行军，人疲马乏，我们在山海关休息两天。"①

几十天马不停蹄，人不离鞍，从南到北，从秋天走进"冬天"（十月的东北已经很冷了），就笔者手上的资料看，袁老还从未有过如此经历。

"水泥地上冻冰棍儿"

东北冷，人人皆知。身为湖南人，袁老从未亲身体验过。

袁任远："当时在沈阳住处工作的只有彭真、伍修权、叶季壮三位同志，其他中央领导同志都到哈尔滨为中心的北满各地去工作了。我们住在一栋三层楼的空房子里，就睡在水泥地上。当时，天气已经相当冷了，我们没有棉被，到了晚上，把可以御寒的东西都铺在地上，或盖在身上。还是冻得不能成眠。"②

◎20世纪40年代袁任远（右）在军调组任少将组长

---

① 袁任远：《征途纪实》，湖南人民出版社1985年11月版，第146页。
② 袁任远：《征途纪实》，湖南人民出版社1985年11月版，第147页。

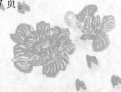

"不愿打嘴仗"的军调部少将

袁任远："七月，我到哈尔滨后，才知道调我到军调部执行小组工作。我对执行小组的工作，从内心说，实在不愿意搞。美蒋打着谈判的幌子，正在加紧进行内战的准备，利用美国的军舰、飞机把国民党军队运到前线。我党为了反映人民要求和平的愿望，为了揭露敌人，教育人民，决定同国民党谈判。东北局知道我过去同国民党打过交道，决定让我参加执行小组工作，组织上决定了，只好服从。我任第三十四组少将组长。"

"我方中心组长是饶漱石，政治顾问李立三（当时化名李明），伍修权任参谋长。"①

接下来的日子不出所料，最不愿意吵架的袁任远，不得不泡在"不得已"的氛围中。

袁任远："每次开会都是争吵，明明是国民党军队先开枪，向我方挑衅，但他们硬是不承认。每次争论都没有结果，最后由美国代表出来打圆场，以第三者身份居中调停。当国民党向我们进攻，占了便宜，他不吭气；一旦我们反击，或国民党吃了亏，他就帮助叫喊，指责我们。偶尔也貌似公允，和和稀泥，实际上是国民党和蒋介石打内战的后台老板。"②

假公正，重私利，拉偏架，藏祸心。这是"米"国人惯用的政治伎俩，且屡试不爽。直到今天，"痴心不改"。

袁任远："我在执行小组工作了三个月，实在无事可干（其中的奥妙恰恰就是"干无用之事"）我回到长春后，即向伍

---

① 袁任远：《征途纪实》，湖南人民出版社 1985 年 11 月版，第 159 页。
② 袁任远：《征途纪实》，湖南人民出版社 1985 年 11 月版，第 160 页。

修权提出辞职，我说，在根据地我还可以做些工作，在这里实在是浪费时间。他同意我的意见，经请示东北局同意，将我调回哈尔滨。"①

文人，从根本上还是不谙政治的诡谲。没完没了的谈判，貌似浪费时间，实际上是另一种博弈，甚至是更残酷、更狡诈、影响更深远的博弈。近期中日两国关于钓鱼岛主权之争和在南海维护国家海洋权益，就是一个典型例子。

◎袁任远与周雪林在吉林

不当正省长，去当副省长

袁任远："（一九四九年）五月初，我到沈阳，东北局找我谈话，想留我在东北工作。并说你进关（调回关内）是中央的决定，我们也挽留不了。如果你愿意留下，我们欢迎，仍回吉林工作，任省政府主席。我说，我离开家乡多年了，想回湖

---

① 袁任远：《征途纪实》，湖南人民出版社 1985 年 11 月版，第 162 页。

南工作。东北局同意我的意见。并让我暂时留下帮助办理进关干部的有关事宜。于是，我又在沈阳作了三个星期的临时工，待送走最后一批进关干部，我才进关接受新的任务。"[1]

　　袁老为何放弃副部级升正部级机会，毕竟那年他才51岁。和平年代晋职晋级的机会比战争年代要少很多，这一点袁老应该很清楚。可他还是坚持"候鸟南飞"，是思念家乡，还是另有原因，我们不得而知。但是，以今天的人们常用的"曲线提升"的思路，去解读袁老当时的心境，一定是徒劳的。

◎叶琦夫妻吊唁袁任远

收留日本弃儿叶琦

　　1945年，中国人民抗日战争的全面胜利，让日本帝国主义侵略并永久奴役中国的美梦变成了一场噩梦。日本战败后，

────────

[1] 袁任远：《征途纪实》，湖南人民出版社1985年11月版，第170页。

东北各地到处聚集着狼狈回国的日本军人和平民。他们聚集在火车站和安民所，没有任何生活来源，艰难地挣扎在生死线上。孩子成了他们的拖累，有的弄死了自己的孩子，就地埋葬。据史料载，当时大约有5000名日本遗孤留在中国，最大的十来岁，最小的才几个月，这些日本遗孤中既有军政人员子女，也有工商界后裔，更多是日本开拓团的后代，其中90%集中在东北三省和内蒙古自治区。善良的中国人民，以博大的襟怀收留并抚养了了这些日本弃儿。袁老收留叶琦的故事也发生在这个时期。

袁意滋："一九四五年十月，父亲到东北工作。十一月初，去当吉林永吉地委书记。就在到达吉林的那天，在乱哄哄的火车站上，父亲发现一个小女孩，一个人儿在那里转悠，一副很落魄的样子。经过询问，（得知）这个小女孩名叫叶琦，是一个被日本父母遗弃的孤儿。"

"当时父亲看她很可怜，就把她带回地委所在地。先是把她带在身边，第二年一月，把她送到八路军（二十四旅政治部）干部学校学习，后来又到了东北民主联军（吉南分区）卫生处工作。（一九）四八年吧？四八年十月，叶琦到哈尔滨医科大学医疗系学习。（一九）五二年的八月，（她）研究生毕业，分配到辽宁省鞍山市第一人民医院内科工作，（在这里）工作了二十年。叶琦工作很认真的，（一九）七十年代（一九七三年六月），她入党了（中国共产党）。（一九）八几年（一九八一年）当了副主任医师，还被选为（辽宁）鞍山（市）（第九届）人大代表和常务委员。"

"（一九）八四年，北京成立中日友好医院。父亲给胡耀邦写信，把叶琦调到了北京中日友好医院。"

郭爱民："叶琦跟爸爸的关系特别好，工作不忙的时候，她也经常过来探望。叶琦将爸爸视为再生亲人，他们之间终身保持着密切的关系。她也对爸爸的待遇（太低）抱不平。"

收养并终生照顾一个日本战后弃儿，感情如同父女，不知日本人民对这种事儿，会作何解读。袁老没有为此事留下文字，但他的仁爱之心和博大胸怀，却尽显其中。

再返湖南，再立新功

当年袁老回湖南工作时，长沙还没解放。此时湖南省的领导班子已经配好，中央拟定黄克诚任省委书记，王首道任省委第二书记兼省政府主席，金明、高文华任省委副书记，袁任远和谭余保任省委委员和省政府副主席。1949年6月至1953年底，袁老在湖南工作了4年多。这里，我们听听他给家乡留下的故事。

◎袁任远任湖南省政府副主席时签发的文件

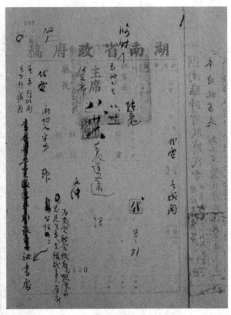

◎袁任远签发文件笔迹

参与长沙和平解放

袁任远："当时，主政湖南的是程潜、陈明仁两位将军。程潜是一九四八年七月回到湖南的，被任命为长沙绥靖公署主任兼湖南省政府主席，名义上统辖湘赣两省，实际上只能管湖南。"

"程不但和蒋介石有矛盾，同桂系李宗仁、白崇禧宿怨也深。程在湖南处境困难，既要对付蒋介石安插在身边的亲信，又要提防桂系。"

"陈明仁是蒋介石的嫡系。……一九四九年初，陈明仁来长沙任警备司令兼省政府主席。陈同共产党打过硬仗，对我党有疑虑，但陈是程潜的学生，又是同乡，彼此关系尚好。在程潜愿意走和平道路的情况下，可以通过程潜影响陈明仁。"

"我党分析了当时湖南的具体情况，认为有和平解放的可能，决定派金明、唐天际、袁任远、解沛然、李明灏为人民解放军和平谈判代表团，前往与程潜、陈明仁将军谈判。"

"八月四日，程潜、陈明仁领衔发出和平起义的通电，宣布'正式脱离广州政府'，'加入中共领导之人民民主政权'，'共同为建设新民主主义之中国而奋斗'。"

"关于湖南省临时政府主席的人选问题，我党原拟派王首道任主席，现在决定仍由陈明仁兼任主席，我任副主席。湖南临时军政委员会，是在程潜起义前成立的，经中央批准，将'临时'二字取消，仍由程潜任主任，黄克诚任副主任，陈明仁、金明、袁任远、唐天际、周礼、仇鳌、唐星、李明灏为委员。"①

---

① 袁任远：《征途纪实》，湖南人民出版社 1985 年 11 月版，第 172–174 页。

成立新的湖南大学

袁任远："湖南解放后，摆在我们目前的任务是如何接管好城市，改造旧政权，尽快地恢复国民经济，这是一项十分繁重的任务。"

"我们进长沙不久，即成立了长沙市军管会，我任长沙军管会文化接管部部长，负责接管文教系统。"

"当时。教育界的情况比较复杂，一是混进了不少CC分子和少数中统、军统特务，有的逃跑了，有的隐蔽下来；二是长沙私立小学很多，如不接管，学校就要停办，学生就要失学。"

"十二月，经中央人民政府教育部批准，将私立民国大学和南岳师范学院并到湖南大学，成立一所新的湖南大学。这样，湖南大学的学生增多了，师资力量也加强了。"①

◎湖南省首届人代会

---

① 袁任远：《征途纪实》，湖南人民出版社1985年11月版，第179—180页。

百废待兴，骑马去韶山

袁任远："革命胜利后，国民党给我们留下的整个国民经济是一个千疮百孔的烂摊子。我们面临着繁重的经济建设任务，我深感肩上的担子不轻。"①

袁老负责经济，这时期电力建设缺口很大，一时又没有资金，就将各地电力统筹使用，以解燃眉之急；加紧修建自来水厂，解决民众吃水问题；规划修建城市街道，解决交通拥挤问题；修复农田，兴修水利，农业有了大发展。

袁任远："湖南的公路在旧中国时是比较发达的，但也有许多县不通公路，至于农村那就更不用说了。一九五〇年，我陪同苏联专家去韶山参观毛泽东同志旧居，当时的公路只通到湘潭。到湘潭后，我和专家是骑马去的韶山。鉴于韶山和花明楼的外宾日渐增多，才修建了通往韶山和花明楼刘少奇同志旧居的公路。"②

劝降朱岳峙

袁老与朱岳峙是青年时代的朋友，后来朱走向革命的反面。袁老回湖南工作时，曾劝说朱投降。慈利中学的档案里，保存着袁老当年劝降朱岳峙的一封信，信中可以看出，袁老做工作的原则性和灵活性。

袁任远给朱岳峙的信

岳峙兄：

我在四月下旬就下乡了。你到北京后给我的两封信，在五

---

① 袁任远：《征途纪实》，湖南人民出版社 1985 年 11 月版，第 179 页。

② 袁任远：《征途纪实》，湖南人民出版社 1985 年 11 月版，第 179—180 页。

月底回来时才收到。旋又收到第三封信，知你的事已由孟正办妥了，故未及时作复。

我们是青年时代的好朋友，虽后来政治方向不同，但当年的友谊，仍是存在的。所以去年八月六日我一进入长沙，便打听你的消息。得知你和朱际凯在一起，我就遍托熟人，寄口信给你，希望你说服朱际凯早日投诚，替人民立点功，很体面地回到革命队伍中来。谁知你竟入宋希濂（部队）了。但在十月间，我们派段梦辉赴湘西找宋时，又曾亲笔写信给你，希望你早日回头。虽段没有找到你，但我照顾故人之心，确已尽了。

我们是老朋友，又是好朋友，我觉得仍应像当年一样，说实话。假如知而不言，那就不"好"不"老"了。我现在坦白地告诉你，我回湖南后，会到许多老友和同乡，大家对你的印象是不大好的。特别是你和朱际凯伙在一起，尤令人不满。现在，你已"折节为人"，这当然值得欢迎。但望你在学习中深自检讨。放下包袱，力求进步，无负人民。

　　此致

敬礼

袁任远

一九五〇年六月八日夜

（摘自《慈利县第四中学档案第404号》）

六祖父回家的两件事

袁谋勇，袁老的堂孙。共产党员，大学学历。闻知我们写袁家的往事，年逾70岁的他彻夜不眠，写下了"两件小事"，字里行间，再次印证了亲情和乡情在袁老心里的分量。

第一件事：六亲相聚办家宴

　　袁谋勇："一九五二年秋（实为五三年），我叔祖父袁任远回故乡举办了一次盛大家宴。恭请了本族的长辈、同辈的父老乡亲。我祖父袁明岸被六祖父（即任远）推上了上座。据我祖父回忆，当时家宴办了六桌，意味着'六亲相聚'，而且叔祖父频频给各位父老乡亲敬了酒，可真是其乐融融，回味无穷。"

第二件事：重返母校讲传统

　　袁谋勇："那一次，叔祖父回家，根据三官寺中心完小（包括幼儿园、学前班、小学一至六年级，或一个地方的重点小学）校长之请，袁老给我们全体学生讲述了他和长子袁意奋一同参加二万五千里长征的革命故事，他们过草地，翻雪山，没有饭吃就吃草根、树皮、煮皮带充饥。而且还多次击败企图阻击长征队伍的国民党蒋匪军队伍，取得了一次又一次的伟大胜利。会毕后大礼堂响起一片欢乐的掌声，而经久不息。"

◎袁家当年的口粮田

◎袁老曾经劳作过的水田

悄然回家，孙辈不识

◎袁老故居前的小路

与红军时代回家的情形不同，袁老此番回湖南工作，只回过一次家，而且"低调"的不能再低了。

袁任远："我在湖南工作了四年多，虽跑了很多县市，但却一直未回家乡，因我家是地主成分，亲戚中有些也是地主，我又在省里担负领导工作，所以在土地改革前，我避免回家，以免给下边增加麻烦。现在土地改革运动已经结束，我的工作也交卸了。遂向省里请了半个月的假，乘此机会回老家看看。我是一九二七年离开慈利的，现在已有二十六个年头了。一九三四年，红军长征到江垭时，我奉命回三官寺扩军，曾回过故乡，现在算来也有十八年了。我生于斯，长于斯，故乡的山山水水，我是熟悉而且热爱的。特别是一九二六年我在慈利建立了党的组织，进行过革命活动，对于家乡我是多么想念啊！"

"我十一月上旬启程回家，当天经常德到了慈利县城。第二天，我到街上跑了一趟，看看我最熟悉的大街小巷，风景名胜，也到一些机关和我的母校，还看了我住过的宿舍。所到之处，除县政府修了一栋两层楼的招待所外，其余依然如故。所见虽是陈旧风光，但倍感亲切。我在县城没有见到一个旧友，在街上也没有碰到一个熟人，仅在县政府与一些干部谈话时，才发现有几个旧友的子女。"

"我的家乡三官寺，距县城一百二十里，要翻过两座大山，没有公路，不通汽车。我回家时，县政府给我配了一匹马，我将行李放在马上，自己走路。七八里的高山，我一鼓作气就爬上去了，直到山顶才休息一下。当天晚上在杉木桥住宿，我向区委询问，得知这里还有几个朋友，我怕惊动群众，没有去看他们。群众不知道我回来了，所以也没人来看我。第二天中午到江垭时，九溪第二中学的几个旧友知道我回来了，在区政府等我，多年不见，大家很高兴，在一块吃了一顿中午饭。辞别诸友后，下午四时到家。沿途有些桥梁和房屋，在国民党统治时期就被破坏或被土匪烧毁了，因解放不久，尚未修复。这次回家，惟感人事变化很大。一些侄子、侄孙辈均不认识。第二天，到附近的几个村庄去访问，长辈多已去世，健在的不多，认识我的人也不多了。第三天我到两处祖先墓地瞻仰了父母、祖父母的坟墓，并到三官寺访问了区委、区政府的负责人，还看了一所小学。第四天在家中休息，有些亲戚和同村的人前来看我，真是应接不暇。第五天黎明，我离家回到了县城，在县城住了一天，又到石门。石门是我工作过的地方，那里几次起义都失败了，牺牲的同志很多，烈属约有几百家，我没时间一一拜访，如只去一两家也不好。所以，我在石门仅吃了一顿午饭即返回长沙。"[1]

滔滔不尽三湘水，悠悠万般故人情。斯人不知何处去，索溪依旧笑春风。投身革命数十载，袁老回家悄无声。芙蓉骄子耀青史，报得春晖不言中……

---

[1] 袁任远：《征途纪实》，湖南人民出版社1985年11月版，第181-183页。

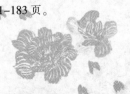

◎20世纪50年代中央内务部全国拥军拥属会议

当"京官"，袁老自选内务部

1953年底，袁老被调入政务院内务部。袁老说，进内务部，是他自己选的。

袁任远："一九五三年十一月底，我同金明一道到达北京。不久，中央组织部长饶漱石找我谈话，关于我的工作问题，提了两个方案，一是到司法部，另一个是到内务部工作。我考虑，内务部长谢觉哉，是党内的老同志，是大家尊敬的延安五老之一，为人诚恳，作风民主，平易近人，我又熟悉，我个人意见是去内务部。中央组织部同意了我的意见，决定去内务部任副部长，党组成员。"①

关于在内务部的时期，袁老也讲了五个故事：

① 袁任远：《征途纪实》，湖南人民出版社1985年11月版，第184页。

◎袁任远参加中央慰问团赴新疆

◎袁任远在新疆与老战友热烈拥抱

分管农村救济，夙夜在公

通常是哪里发生灾害，及时予以救济。这是人们对救济工作惯常理解。可袁老却为此常常夜不能寐，是何道理呢？

袁任远："部党组分工让我管农村救济工作，我感到责任重大。为了恢复和发展生产，战胜自然灾害，国家搞了一些水利工程建设，增强了抗御自然灾害的能力，但不能彻底解决自然灾害问题，特别是河北、河南、山东、安徽、湖南、江西、江苏等省。有时一场水灾，一淹就是几十个县。因此，每年一到汛期，我总是忧心忡忡，担心一些地区发生水灾，每天晚上都要等到各省将灾情汇报完以后才去睡觉，有时等到深夜。"

"国家每年发放的救济款，数目很大，有时高达五亿左右，在当时国家财力有限的情况下，能拿出这么多钱用于救济是很不容易的。如何使用好这笔救济款，真正把钱用在刀刃上，是一个很大问题。"①

恪尽职守，夜不能寐；当好"管家"，未雨绸缪。就是因为有上上下下万众一心，共赴前程的"共识"，才会有一穷二白的新中国的"一日千里"，日新月异！

笔者记得一位老领导说过：过去穷，不怕！因为全国人民齐心协力堵一个漏斗；现在富了，反而堵不住了，因为现在是"笊篱"，漏洞太多！

形象！精辟！震人发聩！！

◎袁任远在新疆给时任南疆军区司令员的郭鹏佩戴纪念章

---

① 袁任远：《征途纪实》，湖南人民出版社 1985 年 11 月版，第 184 页。

◎中央慰问团成员在新疆

专心救灾，三次放弃出国机会

袁任远："我主管农村救济工作期间，曾有三次出国任务，：一次是一九五四年，苏联邀请我国选派一百名民主人士到黑海休假；一次是一九五五年，去朝鲜慰问中国人民志愿军；还有一次是一九五六年，我国派人去参加在法国巴黎召开的国际荣誉军人会议。中央或内务部都曾决定让我参加上述代表团的工作，但我都因要处理救灾工作而未成行。"[1]

"想当年"，袁老有条件出国，而且是到发达国家，他却因救灾工作放弃了机会。如今，有的国家"公仆"人员，原本没有理由出国，创造、甚至编造理由也要出国，甚至还要带上老婆孩子一起出国，而且——而且还是公款出国！孰优孰劣，孰荣孰耻，不言自明。

---

① 袁任远：《征途纪实》，湖南人民出版社 1985 年 11 月版，第 186 页。

纠偏肃反工作扩大化

袁任远："一九五五年我任机关党委书记时，正值全国开展肃清内部反革命的运动。当时我在安徽了解灾情，部里打电话催我回京，抓机关的肃反工作。开始时立案审查的对象有五六十人。我回来后发现立案审查搞得过宽，除历史上有问题的人以外，还有一些老的民主人士也立案审查了。这些民主人士的历史问题，过去都已向组织交代过，我们是清楚的，以后又没有发现什么新问题，就算过关了，没必要再进行审查。但对一般干部进行审查时曾发生过逼供的现象，造成了一些假案。机关党委发现后，分别找被审查对象谈话，交代政策，要他们说老实话，终于纠正了好几起假案。"①

实事求是做好工作，是对上级工作的最好的支持。那些赶时髦，搞政绩工程的人，非但不能给上级增彩，而且只会添乱。至于有人为谋一己私利而折腾，就更不足挂齿了。

出席党的八大，见证大跃进总路线的提出

袁老出席过党的七大，一九五六年再次被选为党代表，参加了党的八大。他参加的这两次党的全国代表大会，都是具有历史意义的大会。关于大会的盛况，袁老在自传中作了详细、深情的回顾。最后他说：

"一九五八年五月召开的八大第二次会议，我也出席了，会议正式通过了'鼓足干劲，力争上游，多快好省的建设社会主义'的总路线及其基本点。"②

---

① 袁任远：《征途纪实》，湖南人民出版社 1985 年 11 月版，第 187 页。
② 袁任远：《征途纪实》，湖南人民出版社 1985 年 11 月版，第 190 页。

"救灾忙，耽误了反右"

"在整风过程中，发生了极少数右派向党猖狂进攻的复杂局面，对反党反社会主义的倾向进行反击和斗争是正确和必要的。但是，党对阶级斗争形势作了过分严重的判断，把一些明显错误的但不是从根本上反党反社会主义的言论，甚至把大量对党的工作的批评意见都看成是右派进攻，导致了"反右派"斗争严重扩大化的错误，造成了不幸的后果。"[①] 这是《中国共产党历史》一书中关于"反右派"斗争的一段结论。

"整风"和"反右派"运动时，袁老在内务部任机关党委书记。

袁任远："由于我们党对国内政治形势作了不切实际的估量，过分夸大了敌情，又采取了'四大'的错误形式，以至使反右派斗争犯了扩大化错误，把对领导正常的批评，视为右派进攻，把这些同志错划为右派，伤害了党内外许多好人，使他们长期蒙受委屈，在政治上、思想上受到压制，生活上遭到不幸。运动开始后，我因救灾很忙，虽没有主持反右派的工作，但作为部党组的一名领导成员，也是有责任的。"[②]

很显然，随着运动的不断深入，袁老对"反右派"斗争扩大化开始"认识跟不上，行动不得力"了——

----

① 中共中央研究室：《中国共产党历史》第二卷上册，中共党史出版社 2011 年 1 月版，第 422 页。

② 袁任远：《征途纪实》，湖南人民出版社 1985 年 11 月版，第 191 页。

（二）意奋的壮年，从海南到北京，从"下岗"到"上岗"

苏联留学毕业，"海归"袁意奋先是在海军广东湛江基地任政委，继而来到祖国的最南端——海南岛的榆林基地任司令员兼政委。

听"老榆林"们讲榆林往事

海南，三亚，榆林基地。1958 年底到 1969 年，袁意奋曾经在这里战斗生活了 10 年。这期间，榆林基地留给他很多经历，他也给榆林基地留下很多记忆。

2011 年 12 月，我们来到广州，有幸采访到当年在榆林基地工作战斗过的老同志：

杨青山，原榆林基地修船处处长；

肖鼎，原榆林基地科技处长；

吕林翰，原榆林基地俱乐部主任；

郑玉峰，原榆林基地作战处处长；

董顺卿，原榆林基地装备修理部部长；

有一位老同志不愿具名，我们予以尊重，下称"首长"；

已故榆林基地副司令刘世湘的夫人郑世芳；

◎榆林老兵杨青山　　◎榆林老兵肖鼎　　◎榆林老兵吕明翰

◎榆林基地老兵郑玉峰与袁意奋之子袁海俊、作者合影

◎榆林老兵董顺卿与袁意奋的儿子袁海俊、周颖夫妇合影

◎榆林基地老兵吕林翰（左二）郑世芳（左三）肖鼎（左五）杨青山（左六）与采访组合影

◎榆林基地海燕小学校长郝云飞阿姨

原榆林基地参谋长柳条的夫人郝云飞。

接受采访的"老榆林们"，年龄都在85岁左右，大家职务不同，性情各异，但说起当年在榆林基地的难忘岁月，谈到当年的"袁司令"，所有人的话语都如泉水般涌出心底。在他们激情澎湃的谈话中，那个火红的年代许多场景，又呈现在我们面前——

◎解放初期，百废待兴的榆林港　　◎珊瑚岛旧貌

当年榆林港，国民党军舰"舰首朝天"

吕林翰："（一九）五二年，榆林大院成千上万的汽车，四个轮一个梁，一个铁架子。国民党从那里逃跑的，汽车都在那里全部烧毁了，下边都烧毁了，就剩一个铁架子，漫山遍野都是这个。"

"第二个，国民党有两条军舰，大概都是500多吨的军舰，囚行在榆林港的港口，水最浅的地方，两手露出水面，一个露的比较多，舰首朝着天。……那两条舰就沉在榆林港港口最窄狭的地方，两个舰艇东倒西歪的。"

"我去的那地方荒草啊都那么深，拔着草走那样到一个地方去，住的都是日本人修建的房子。那里是日本人向东南亚派遣潜艇的基地，日本人盖的全部是木头房子。漫山遍野都是荒草，港里面沉了些国民党的登陆艇啊，都是可以一一可望的。基本的情况就是战争刚结束不久，一片废墟，一片焦土，一片荒草。"

◎平整土地创新业

◎推油桶上山

◎别看船小，当年可是宝

"吃无缝钢管"，自创"椰子炖鸡"

肖鼎："榆林苦到什么程度呢，没菜吃，没水喝，那时候没自来水，岸上吃的，舰艇上吃的，都（是）打井水喝。没房

◎当年的鱼雷艇码头

子住，我们住的日本的兵营，（一九）五六年到那里安家，家属都搬到榆林去了。巡逻回来以后，到井上打水洗澡，不管是冬天、夏天，榆林不太冷，就在那里洗澡。换裤子到日本的公共厕所去换，换裤子都没有地方。很久都没有青菜吃，刘少奇到那里巡视的时候，提出来'吃无缝钢管'嘛，那是空心菜，（所以）叫'吃无缝钢管'。"

"那时候没东西吃。海军的口号就是'面向舰艇'。家属做饭是在走廊里，用砖头，使（用）一个小锅在那里做饭吃，下雨就得打着雨伞在外头做饭，当时我们舰艇的干部（生活）就是这么一个情况。当时生活也没感到怎样的苦，习惯了吧。以后呢，就逐渐地好起来了，我们家属可以在那里养个鸡啊，吃鱼那是没问题了，海上都可以打鱼吃了。我经常养鸡，我在家里养了几十只鸡。盖了几个鸡窝。那时候，那些参谋经常到我家里去喝酒，吃饭啊，都可以杀鸡给他们。那北京那些训练部门的（领导）下来视察，都到我家，我给他炖椰子鸡吃，他们印象很深的吃过椰子炖鸡。（那时候）没有青菜吃。"

"以后袁司令他们去了，说深入就是到我们那里去看看。一看说，这样子怎么能行啊，干部就在走廊里做饭吃，下雨还得打个伞。当时就给我们盖了很简易的小伙房，用普通的铁皮，用砖垒起来，那时候我们就可以在小伙房里做饭吃了。而且修了个水池，我们就可以吃了晚饭，把井水挑到水池子里，方便多了，不要每次吃水都到井上去打，那个井很深的。"

"那时不感到苦，也没叫苦，一天到晚在海上转，都是这样子。那个吃苦精神现在需要发扬。我们思想叫你巡逻去就赶快出发去巡逻，回来打水洗澡就打水洗澡，没说感到怎么样啊，不安心啊。我在那待了二十年，从来没有想哪一天赶快离开这个苦地方。"

好多士兵训练被毒蛇咬了

肖鼎："士兵训练好多被毒蛇咬了。（榆林）基地的苦是在海军出了名的。无论东海舰队、北海舰队、南海舰队，最苦的地方就是榆林。那么热的天，睡的半夜睡不着，起来冲凉。我的想法，正是这个地方热，才是中国的宝岛。那时讲社会主义阵营，就这么一块热带的地方，出产橡胶，是战略物资，我们受的苦是应该的。我们不保这个地方，谁来保这个地方？这个热，这个苦，他保就保的这个地方。有这样的气候，他产生热带的生物，产生热带的战争传奇，我们热的睡不着的时间，想的就是这个事。没有想到离开啊，跑啊。"

肩负重任的袁意奋

肖鼎："当时袁司令在时，我在七三大队当副大队长。以后调舰队当科技处处长。巡逻的时候，我在舰上当舰长，那个时候为什么记得那么清楚呢，我们舰艇靠在码头上，听到斯大林逝世，收（听）广播收到的。那时候码头上都是草啊，破烂啊堆了一大片，蛇都往家里跑。第一次巡逻西沙我去的，当时我是汕头备战，连夜把我调回榆林。"

"（那时）榆林基地海南岛的海军部队都归他（袁意奋）管。原来的海南基地是海口领导榆林，后来成了军的单位是榆林领导海口，领导十一支队，整个岛的部队，成了指挥中心。那时候美国的潜艇还经常到外海来骚扰，我们常去搜索他们的潜艇。那时候，五几年，南沙布雷啊，潜艇部队还经常去扫雷。那时候舰艇很少，开始是小木船，榆林基地是海上的主要力量，巡逻西沙是榆林的一个重要的任务。"

◎当年榆林基地常常靠人力靠泊舰艇

◎平时多流汗，战时少失误

◎从难从严练精兵

◎海上训练

平易近人的袁司令

杨青山："袁司令为什么平易近人呢，深入到我们舰艇、家属区，没什么架子。谈谈心，了解了解情况啊，他是这样子。……当时一个是袁司令，一个是齐安据也是舰队的副司令，后来兼司令，刘世湘是副司令，柳条是参谋长，还有武义是以后，'文化大革命'的。……当时袁司令很接近群众，了解情况。袁（司令）在机关，我当训练处长的，很近了，经常见面，作战交班都参加。经常见，（他）关心我们舰艇部队，都到家里去看。马上派人修个简易厨房。我们舰艇训练，他经常到舰艇上走走。"

郑世芳："我就记得，袁司令和他爱人一块到我们榆林，榆林我是最熟了。我又喜欢吹牛，经常跟她（常玉英）在一块吹牛，她跟我时间很长噢——她爱人走了以后，她们就（都）

走了，就调走了，调到北京。"

"他（袁海俊）爸爸在北京。我去看他爸爸，他（袁意奋）跟我很熟。（过去）我们很多人在一起吹牛，常在一块吹牛，人家从来不叫我小名嘛，他（袁意奋）也不叫我小名，'来吧来吧，一块谈谈'。在一块谈谈。挺好的。不错。他（袁意奋）很好。跟我们在一块也没有架子，那个时候的人有什么架子呢，都没有架子。"

肖鼎："他平易近人，对我们这些人都可以叫上名字来，见了我们都叫名字。你不经常深入，你一个司令，对一个舰长、对一个大队长能这样叫吗？他在北京，我到他家里去看他，对下边没架子，随便都可以接触"。

"首长"："我刚才讲了，袁司令对上、对中、对下关系非常平和的，对同志非常平和、非常关心，不是我是司令，那派头（就）很大。"

"他个子高高的，这司令对我们下面的，我住得很近的，我住的那个大坑的（里），我住的那个前边，住得很近，我和袁意奋。我这个干部很大也很小，我是作战处的支部书记，他在我的支部里，是支部委员，他和我在一个小组，我是组长，我是他的党小组长。可是反过来以后，袁司令，到我们家也是随便坐坐，待人非常好，威望非常好。"

杨青山："我们修船处是首长直接领导的，所以接近他们比较多，袁司令在时他们班子是不错的，班子团结，到了'文化大革命'那就没办法了。"

吕林翰："我们和袁司令关系都非常好。他这个人很好的。他吃完晚饭就到我们家去玩。首长们班子之间挺好的，搭档的很好。"

郑玉峰："这个榆林基地班子，……袁意奋同志司令兼政委，袁那个时候是'红小鬼'，跟着他爸爸。袁非常平易近人，团结人都很好，我（一九）六四年调到海口当参谋长，我没看到他和谁发过一次脾气。"

◎当年，这是部队的营房

◎当年榆林基地需要挑水喝

◎海边养猪

◎学会生存的十八般武艺

◎西沙种菜

廉洁的袁司令

问：您刚才说袁司令很廉洁。

杨青山："是，不错，那个时候都是。……我们在时，从上到下，应该都是廉洁的，搞'三反'呢，司令员政委是没有什么东西，他们不管钱不管物，管下命令，管布置工作，没有条件贪污。我们修船处最有钱。在基地来说，后勤有钱，就是发工资。另外就是修船处有钱，有修船费，一年千把万，没有贪污。以后专门组织一个工作组，查一个作战处的副处长，一个副司令，查了一个月，查到一个助理员把一个箱子板，运机器的箱子皮拿回家去了，当柴火烧了。查了半天就查了这玩意，袁司令在时。从查下边，查上边，查上边没的查。他们下部队，朱坡（首长）种南瓜还给部队带去。"

"首长"："当年生活大众化，他（袁司令）跟舰出海，我们也不给他做小灶，不吃小灶的，军事干部吃小灶的，他在下边也不吃小灶的，不挑挑拣拣的，那个单位照顾的好一点。他服装也是这样的。"

"在榆林苦啊，六几年的时候，我们舰艇也经常吃不上肉。我们的生活费比陆地上高啊，甚至比基地首长还高啊，但基地首长，我们供应舰灶鸡鸭，首长没有要过。不吃两样饭，也不是一个人一个盘子，哪有那个啊，十几年，几十次，我们没有给他（单）炒过一个菜，也没有喝过一次酒，他也不喝酒，他也不讲究。首长的生活是非常简朴的，没有他们的表率啊，我们那时舰艇上也吃不上肉的。榆林啊在南海舰队是最苦的。在军队讲，高山舰艇百分之几的补助，在下边领的就越来越少了。多少年，首长和机关和部队、下边一样苦，服务社就在我们门口，袁司令回家从来没有买斤肉、买个鱼，上下苦，大家都一起苦，苦并不影响工作干劲，并不影响工作态度。"

郝云飞："工作那个地方很苦啊，基本是荒郊野外，连个围墙也没有，他们研究决定，他爸（袁意奋）讲，'没东西，发动战士捡石头'。见了石头捡石头，见了砖头捡砖头，捡了以后堆起来，最后自己垒的。另外种树，他们都一起，马尾松都是他们自己种的，没有院墙，拉起了院墙。首长和他们一块干。也捡石头。"

让人心情舒畅的袁司令

问：在袁司令领导下工作心情这样？

杨青山："很舒畅。不像以后，以后就不行了，'文化大革命'以后，那心老是揪着。接受贫下中农再教育，我是搞了三年的时间。"

吕林翰："袁司令随时可以接触的。感觉到袁司令平易近人、和蔼可亲，印象一直是笑呵呵的对待人，和蔼可亲。榆林基地（一九）五二年到（一九）五八年又去，正是榆林基地起步建设的时候，'文化大革命'在北京开会，……说（袁意奋）他们是站错队的，那个时间就没有让袁司令回去，扣在那里了。榆林建设从他那时起步。"

杨青山："袁意奋是个开朗的人。也很健谈。晚年受了'文化大革命'的影响了，谁还敢讲啊，我举个例子。林彪叛逃摔死在温度尔汗，别说别人了，广州军区大区首长一块开会，司令员传达林彪叛逃，两个副司令都听到了是林彪，但谁都不敢讲，还想从别人嘴里讲了，还说'没听见'，这个时间谁还敢健谈啊。"

郑玉峰："作战方案拿出去，都他看，都很细心的看，看完了，不理解的，不对的都提出来，大家研究，（袁意奋）性格还是内向，说的不多，我们在一起都很好。"

郝云飞："他爸（袁意奋）话不多，但要说个什么事都挺慎重，庄重的下决定。研究工作，挺和气，人们都很尊重他，稳重，不是个急性子。"

"袁意奋是个核心人物"

"首长"："袁司令当过基地政委，海军少将，他从苏联学习回来的，我跟他好多年，以后他到了北京的装备部，我就调出来了，他懂得舰艇的，但是又不像我们直接操作舰艇，那是一天到晚一干就是二十三点，干舰艇（干得）我那两个腿都不行了。我们袁司令的威望吧，在我们基地是非常好的。"

"袁意奋，对上对下，对同级，是个核心人物。下边对他来讲，像我们这个，又要应付下边，又要应付上边，能达到我们满意的话也不是好玩的，是不容易的。但他对上也好，对下也好，对司令部党委的中心领导没有二话，并能够做到经常深入下层。（他）经常跟我们在西沙啊，南沙啊，经常跟着去巡航，基本上都是跟着我们去。"

"袁意奋是榆林基地的司令员，以后又当过榆林基地的政委，我是榆林基地的猎潜舰（舰长），（他）直接领导的，海口有个水警区，也属于榆林基地，但是我们是榆林基地机关的，是基地首长直接指挥的，这个中间没有层次，直接属于基地。"

"袁司令可以组织舰艇训练。……他要求工作认真负责，工作不能马虎的，对于舰艇执行任务不含糊的，不是拿着工作原则去会合下边，在正事上，一是一，二是二。生活啊，开小组会，哪儿有地方他就往哪里坐，他的组织观念，就是做一个党员，就用党员来看待自己，具体开大会，那又是另一方面，那他在头里走，大家伙一起走，正常生活就不是那样了，到家庭可以随便坐坐，跟大家唠一唠。"

"在榆林很苦的，袁意奋也是老红军，他是个表率，是个团结的核心，自己的首长都忘了好多了，你爸爸来（对袁海俊说），以大局为重，不计较得失。在我们看来，完全水平。我在榆林呆过十一年，（他）平等待人。你妈高高的（个子），离开榆林就不知道（没见过）了。"

1959年，袁意奋率领由护卫舰"南宁"号和猎潜艇"泸州"号组成的巡逻编队，从榆林港出发，巡航西沙海区，曾派人登上永兴岛、西沙洲、树岛、南沙洲、东岛进行普查。成为中国人民解放军海军巡航西沙第一个指挥员。

"好人"袁意奋

杨青山："我是个业务干部，修船的。我这个修船处长，修船处和别的不一样，是归领导直接领导的，由副司令来管，但我经常参加交班。在榆林基地干部当中，有一个共同的看法，这个首长（袁意奋）是很好的，对待下级很和气，我们都喜欢接近他，我在那里时间较长，他不直接交代工作，由副司令来分管，因为搞修船跟作战有关系的，舰艇要出海啊，那就要保证质量，保证航行安全，我们袁司令对待下级非常和气，没有看到他训斥人。"

"有些事（他）帮着下级负责的，榆林基地副司令很多呀，好几个副司令，有的时候，副司令交的事，这个副司令也交，那个副司令也交，都要听，虽然他不主管我也要听，有的时候，要办的事不符合要求了，就有意见了，那就把气生到我身上来了，有时我们袁司令就说'算了算了'，（就）调和了。"

"每次我们舰艇出海啊，出航啊，保证舰艇安全啊，袁司令都要详细交待的，详细讲的，总而言之，他很关心群众，关心部队生活，他非常廉洁。一直到'文化大革命'，原来（他）是司令员兼政委，以后又派一个政委，……到了没有一两个月，就到北京住院去了，住了几年，基本上不在，就是袁司令一个人来管了。"

"首长"："（袁司令）最好的人，团结大度，他不计较，或者管理处给他点什么东西来，他哩，不是亲一个，疏一个，新上去的干部看他在一起，在一块活动吧。"

"我们从下边观察来讲，（袁）司令员就是我们基地参谋长，都是对门（办公），很平和，很公正的人。摆得正，对人就不分，两个副司令一样的（对待），使用上，你可能占的护航多一点，管后勤的出海少一点，但是对自己的副职、成员，摆得正，十一年没有发生纠纷，他的思想很公正，不是那些钩心斗角。……他当司令，往后（当）舰队司令员，我跟他，从榆林调过来，基地直接指挥的，他属于兵团级舰队副司令兼要塞区司令"

护渔护航

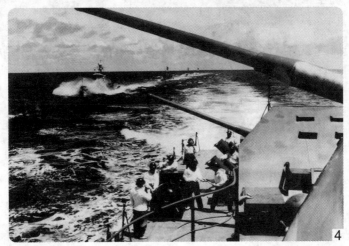

1 ◎军民鱼水情
2 ◎海上联欢会
3 ◎国土卫兵，人民卫士
4 ◎西沙巡航，保卫海疆

"种树司令"

杨青山："我在（榆林基地）那里是司令部的一个处，袁司令（一九）五八年到基地（一直）到走，我都在。……袁司令对人和气，不计较小事，抓实实在在的部队建设，干实事，在我们的印象中确实是比较好的首长。部队的建设、训练都是抓得很紧的。政治上，榆林基地码头上给毛主席塑像，政治上坚决贯彻毛主席的革命路线。"

"袁司令有个外号'种树司令'，榆林基地的树啊，他特别强调这个东西，榆林基地的大树以后都长得很大了。原来没有的，榆林基地光光秃秃地，没有什么，袁司令要求，营房周围种树，还检查，落实。原来小树，现在都这么粗了。榆林大院里到处出来种树，树长大了，绿化很好，从这也看出他关心群众生活。"

郑玉峰："说人家是'种树司令'是不对的。那时榆林不搞建设不行，日本鬼子那一套弄得烂烂的，破飞机、破船啊，破铁，那都很烂，榆林啥都没有。成立榆林基地，没有钱，码头也很乱，不搞点绿化也不行啊。……现在来看'绿化司令'也对。需要这样建设嘛。那个时候你没有什么，连个树也没有能行吗，连个办公室也没有，那个楼是他去了盖的。"

杨青山："袁司令去了后，环境逐渐改善，码头的清理啊，以后榆林的那一批椰子树啊，当时路两边的椰子树（现在）已经很粗了，开始长椰子了。那都是袁司令在那时候栽的。而且他还栽了很多树，改善环境。我为什么对这个印象很深呢，'文化大革命'批判他是'绿化司令'，我说他妈的搞绿化也犯罪吗！"

此次采访，我们到过三亚榆林基地军港。但只见码头整齐，路面整洁，尤其是营区里那一排排高大的椰子树，随风摇曳，美丽婀娜。"前人栽树，后人乘凉"，面对此景，我们有了切身感受。

第一个去西沙巡逻的海军指挥员

肖鼎："第一次巡逻西沙（他）把我调去，我那时当舰长。自古西沙就是中国的领土，以后我当大队长，巡逻西沙都是我带几个舰出去，我从第一次巡逻到三十二次，我才离开，西沙的那些大岛小岛我都下去呆过。都转过。当时停很长时间。那时比较苦，浪比较大。咱们吨位小，七十三大队原来买苏联的扫雷舰，是二百五十吨啊，还是二百七十吨，我忘了，一直到西沙海战。那是榆林的水上的王牌部队，在南海舰队来说也是水上的主要突击力量。"

下面"违规"建舰员宿舍，基地首长"认领"

杨青山："舰艇部队没有房子住。榆林基地离着海军很远，海军和钱都用在北海舰队，东海舰队。南海舰队就比较少，南海舰队钱用到榆林就更少。（榆林基地）争取个钱很困难，所以舰艇部队要修理了，进厂了，没房子住，战士住在舰艇上，一修理，他就得下来。没房子住，怎么办呢，海军不给钱呢，我就提出从我们的业务费中拿出二十万块钱来建一个宿舍，盖了两栋楼，专门给海军的兵，下来修船的兵来住。"

挪用20万专项军费，这可是天大的事情啊！

杨青山："20万要首长点头，不点头办不成，不是办不成，是不敢办。我修船费有，修船可以，干别的不行，舰员不下来船怎么修啊，能拆吗，能修吗，不下来没办法修，首长也不敢大摇大摆的，就说'有事我来承担'哪？以后我还挨了批评。海军开会一年一次两次，会上我就提意见，舰队部队没有房子住，首长应关心一下，你懂不懂啊！海军副司令×××他当过潜艇支队长，上面专门有一栋楼给舰员住的，他不知道水面舰艇（的情况），他把我熊（批）了一顿，我们基地首长就点头，承担责任。"

◎1959年11月24日，国家主席刘少奇在陶铸陪同下视察榆林港。左四为袁意奋

◎1960年2月7日，周恩来视察榆林港，前排右一为袁意奋

◎1959年，邓小平来基地视察

◎1960 年 2 月，越南民主共和国主席胡志明来基地访问，并亲笔题词"乘风破浪百发百中"。二排左三为袁意奋

周恩来说，"这是老袁的儿子"

杨青山："周总理有一次到榆林基地，他指着袁意奋说'这是老袁的儿子'。"

247

刘少奇说"不能老吃稀饭"

肖鼎："那时候国家穷，人民吃不饱饭，都是凭票，粮食、布匹，连一点线，都得凭票。以后刘少奇去了以后，舰艇不能老是吃稀饭，要保证粮食供应。刘少奇去了以后，我们有所改善，我们的大队干部，弄一盆稀饭，我们还不敢先（吃），那时是海灶（即大灶），大队以下的都是吃海灶。当时全国都是那样，我们海灶就是稀饭。刘少奇去了后说，舰艇（人员）可不能这样，要（保证）出海训练，以后就保证了。"

让人纠结的"北纬十四度线"

肖鼎："我过去当舰长的时候，（在）扫雷舰十大队三八八（号）当舰长，归基地管，袁司令开始在湛江当司令，以后他又调到榆林，榆林他是司令兼政委，军的单位。我们也归他管。有一次（一九）六二年（实为1963年），袁司令和海军参谋长张学思带着我们这个海上编队，去接印尼回来的运动员，到北纬十四度线，我们去了一七二（号）护卫舰，扫雷舰三八八（号），还有内潜艇，快艇，因为国民党要劫嘛，劫我们新兴力量运动员，叫亚洲新兴运动会。"

"首长"："贺龙在印尼开运动会，上边中央军委给榆林（指示）要保证。贺龙也在船上，咱们整个的国家的运动员也在船上，（亚非运动会）我们组织了四个舰艇组，那时一七二还能行，到南沙，在印度尼西亚举行的嘛，到南沙去接，一七二护卫舰，我们猎潜舰是一个战斗群，我是猎潜舰的群长。"

贺龙曾经带领中国体育代表团赴印度尼西亚参加泛亚洲运动会，回来时乘船到海南，袁意奋曾经带领舰船迎接代表团归来，并为之护航。"文革"中贺龙被整，袁意奋大概为此受牵连。

榆林基地的战斗岁月

郑玉峰："榆林基地他担负的任务是海南岛作战指挥，但南航平常什么我们不管的。那时南航也是副军（单位），海南岛两个军单位，一个是榆林基地，一个是南航，航空兵。但是海南整个的作战是榆林基地负责。"

"备战，搞建设，又搞西沙巡航，巡航主要是对付美国，一部分是蒋介石反攻大陆，打沉大金一、二号。打的时候田松去的，是我们安排的，目的打的是特务船。"

击沉"大金1、2号"

肖鼎："国民党反攻大陆，击沉大金一、二号，国民党特务船。这个时间袁（司令）在。（那）两个船都是一百五十多吨的，那个（时候打）也是很困难的。"

"大金二号从越南到台湾方向走去的，我们得到了这个情报后，当时他为什么敢这样，因为当时有美国两个航空母舰的编队，在那个地区，他想着有美国航空母舰的编队，我们不敢到那里去，结果我们七三大队的船……当时中央军委已经发现海上的情况，我们已经深入到很远了，就感觉到危险，中央军委给的命令是撤回来，这个时间正（是）发现大金一、二号的时候。海上指挥员是田松，副指令长，报务员就给他电报，他看到敌人的船了，坚决下命令打，打沉以后立即撤退，撤退的时候，海上编队下命令打的。等把这两个特务船打沉以后，田松才看上边发的电报，上边发的电报是叫紧急撤退，如果是那个时间看电报，也很可能误了战机。"

"那一仗抓了六十多个俘虏，国民党的特务，拴在小礼堂的凳子上，铁的靠背凳子上，一个个都绑在铁凳子上。抓到榆林来了，那个时间，袁司令如果没有出差、开会，就在作战室里。这事要查证。"

打掉英国飞机

郑玉峰："除外还发生过（其他）战斗：（一九）六四年，战斗护航，到印尼接侨，……在大屿山，我们就开始战斗护航，主要任务是护航，开始第一次是掩护列宁格勒号。列宁格勒号是个油船，送油的，一万多吨，因美国的航空母舰在榆林外5、60海里，在那里活动，我们这时走着时，南航打的空战，打掉了英国的飞机，当时空军十八师。我们出航就护列宁格勒号，苏联的，（美国的）航空母舰就在外面屯着，（我们）当时就没敢动，到了晚上也没走，到了第二天才护着走。"

"第二次回来就空战了，咱们的飞机瞎子，没有雷达，我们看着打掉了两架，我们在舰上，发生的战斗就是这。后来再没有，在和南越打，西沙的事。"

"那时候，有一段时间反攻大陆嘛，林彪在那住着，刚走了，高射炮就打了，打了不少炮弹，主要是防御，两个问题，一个防御，一个是发展海军，我们做的计划都是发展海军。"

"草棚大学"的育英才

我们的采访，得到了榆林基地军史部门的高度重视，并提供了许多有价值的资料：

1963年，为了培养鱼雷快艇指挥员，支队党委发扬"抗大"办学传统，克服种种困难，创办了被誉为"草棚大学"的支队教导队。创办初期，没有教学设备和训练场所，没有专职教员，没有"像样"的校舍，但学员们割茅草、砍竹子，搭起草蓬当宿舍兼教室，把床铺板当课桌，请有实战经验的干部战士当教员，按照"学制要缩短；课程设置要精简；官教兵，兵教官，兵教兵"等原则开展教学活动。在六七十年代，为支队培养了一批又一批鱼雷快艇指挥员。支队党委培养鱼雷艇指挥员的创造性做法，在海军乃至全军造成较大影响。《人民海军报》等军内报刊对此进行了大量宣传，1968 年 10 月 15 日，《人民海军报》发表了《"抗大"的传统，光荣的道路》的专题报道和《"草棚大学"就是好》的评论文章，突出宣传了支队"草棚大学"培养鱼雷艇指挥员的事迹。"草棚大学"的学员有不少成长为我军的中高级干部。

"一滴油"精神名传全军

六十年代初，部队官兵热烈响应党中央号召，积极开展增产节约运动。1962 年，所属 162 舰机电部门官兵用罐头盒将机器管路阀门渗出来的每一滴油盛接起来，并加以使用，一年累计节约柴油 3000 多公斤。1963 年 6 月，南海舰队和海军党委、政治部先后发出号召，要求部队学习该舰这种勤俭节约的精神。《解放军报》、《人民海军报》等军内报刊相继报道了162 舰珍惜每一滴油的事迹，1963 年 6 月 11 日，《人民海军报》发表题为《让珍惜每一滴油的精神遍地开花》的社论，强调指出："一滴油"精神是以主人翁态度对待国家建设和军队建设的精神，是以雷锋精神和好八连艰苦奋斗作风对待国家财产、对待革命工作的具体表现。兄弟部队纷纷来 162 舰参观见学，全海军以 162 舰"珍惜一滴油"的精神为榜样，掀起了勤俭节约的热潮。

◎歼灭国民党军舰"大金"、"二金"号庆祝大会

◎押送被俘特务

◎被击落敌机的残骸

袁意奋在职期间榆林基地的几次主要战斗

1. 榆林港部队对不明机战斗

   作战时间：1959 年 1 月 2 日

   作战海区：海南榆林港附近

2. 清澜地区部队对蒋军 P-2V 型机战斗

   作战时间：1962 年 8 月 3 日

作战地点：海南岛清澜港附近

3. 上川岛海区击沉蒋军"协进8号"特务输送船战斗

作战时间：1962年11月29日

作战海区：广东上川岛以东海区

4. 榆林东南海区击沉蒋军"大金1号""大金2号"特务输送船战斗

作战时间：1964年7月12日

作战海区：海南岛榆林东南海区

5. "8·6"海战（此次海战榆林基地的任务是协同作战）

作战时间：1965年8月6日

作战海区：福建兄弟屿附近海区

6. 榆林高炮七团对美军大型机战斗

作战时间：1965年12月20日

作战地点：海南岛榆林港附近

7. 亚龙湾部队对大型不明机战斗

作战时间：1967年2月9日

作战地点：海南岛亚龙湾

8. 高炮部队对美军飞机作战

(1)基地高炮部队一营于1966年10月26日和1967年8月24日分两批入越执行对空作战任务。先后同兄弟部队一起击落美机38架、击伤30架，其中单独击落2架、击伤7架；

(2)第二批高炮独立二营，和南航高炮8团一起，于1967年8月17日至23日从友谊关入越。在越期间，对空作战29次，抗击美机78批488架次，与兄弟部队一起击落美机42架、击伤30架、其中单独击落美机13架、击伤9架。

(3)舰队入越作战的高炮部队总计对空作战61次，击落美机80架、击伤60架，其中含与空军高炮部队共同战果；指战员用劣势装备战胜了美国六十年代最先进的武器装备，并积累了宝贵的对空作战经验。

榆林基地的家属孩子们

六十多年前的榆林基地，生活条件极为恶劣，部队干部战士们咬紧牙关，艰苦奋斗。许多干部家属和孩子们，也同样过着缺吃少用的日子。榆林基地原参谋长柳条的夫人郝云飞，曾经是这里的"孩子头"——海燕小学校长。在广州，她给我们讲述了"那时候——"

◎郝云飞和当年海燕小学的孩子们

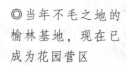

◎当年不毛之地的榆林基地，现在已成为花园营区

椰林里的海燕小学

郝云飞："（一九）六〇年（那地方）变化不大。袁（意奋）是（一九）五八年底去的榆林基地。后来建学校，我去的，建校去了，（当）校长，海燕小学校长。（一九）六〇年，因为那的孩子没地方上学去，老往外跑，语言（与当地人）不通。后来干部处这么想，在幼儿园的基础上，幼儿园后边一块地方，建的学校。（那时）什么都没有，（只）有椰子林，从那搞到了教室。从一年级开始，连工厂

◎西沙椰子树

和基地的孩子收了一个班，一个班一个班的往上升（增加），老师也是从部队上调的。部队上有的家属从外地调过来的，也在当地找有点文化的（当老师）。后来就逐渐地加点房子啊，家具啊，什么的，慢慢地发展到四个班，我就走了。"

问：那时候孩子们的课本怎么解决的呢？

郝云飞："课本怎么解决，用三亚的课本。语言不通，一个是太远，（周围）全是草，就像荒郊野外，蚂蚱飞过去，两米高的草，海边全是仙人掌，跟现在完全不一样。"

因为饿，只能让孩子们呆坐着

郝云飞："放假，去海边小礁石盘（看）小蓝鱼，退潮，

255

看小兰鱼，（有）海参不知道吃，回家吃饭，非常没饭吃，老爷子（郝云飞的爱人）打一份饭（回家）。（那时）一个人（每月）十八斤米，捞海草（作补充）。伙食，每个战士每月节省一斤米，给基地的孩子，那时孩子们吃不饱，一天喝两餐稀饭，早晨活动时就不活动了，呆坐着。小丁的爱人是校医，（看到）孩子们就有点休克那个样子，赶紧让司务长倒糖水来，喝了很快就好，起来就跑，就是低血糖。"

"因为老喝稀饭喝的，没了办法了，我就找几个首长要，首长说'我有什么办法呢？'吃椰子油渣，有个农场，做地瓜，也不是常办法，到干部食堂，干部食堂给200斤，首长批的，（说孩子们）吃了我们还。"

孩子吃了首长还，大人们饿了呢

郝云飞："在干部食堂吃饭的太多了，都有家属，家属没饭吃也不行啊，有的就退出去。那时候地上的秧都吃了，也不多了，老师们跑到树上摘大豆角，没了粮了，就找首长去要，（反正）不能让孩子饿着。每次要点就给我们解决点儿，从营以上干部食堂要。"

"穿衣服是自己家解决。班子之间最好了，班子团结，老头们团结一致，都很好，小孩们也很好。所有的人家都互相照应着，都特别好，家属们之间也很好，住的不太远。"

"他妈（常玉英）没事就跑到我们家来，四十年过去了，快五十年了，只要一说起来，那时都很好，都有联系。"

孩子们的记忆

柳亚新（柳条的女儿）："（有）很多的树根子，我们在时，破船烂军舰还在，二○二工厂……我们走后才清理干净。

（指着旧照片）草房子，竹楼搭阁楼，前面有篱笆帐，过去弟弟病快快的，现在弟弟比我高，这是后院，后边是警卫连，后有三棵树。有酸梅树，没有酸梅树。"

柳晓光（柳条的儿子）："吃我爸一个人的饭，我爸的饭到招待所去打饭，没啥吃的。用船去打一个鱼吃，大海龟就那时候吃过。"

袁海俊（袁意奋的幼子）："我（是）上小学走的。我还记得上着学从房上掉下个猫来。那时候，老拉警报，我记得经常跑的书包找不到了。（国民党）反攻大陆，（我们）学也上不好，（我）在四〇〇九海燕小学，待了几年，后来实在待不了了，学也上不了了，就走了。这儿经历不长，那会儿记事也不多。"

"文革"岁月，袁意奋"莫名下岗"

袁意奋的"莫名""文革"岁月，是从榆林基地开始的。

肖鼎："特别是值得提的'文革'开始，我们海军从××舰队调来一些'左派干部'，……'文化大革命'一开始，袁司令和刘副司令都给靠边站了。……这一点，我们看到袁司令老资格，都没有说把部队搞乱，还是要保护队伍，自己受了那么大的委屈，最后就给调到北京了，像这样的首长很少。对个人的不计较。"

吕林翰："当时那个关系，那个态度，后来文化大革命一搞，完全乱了套了。那时同志是多么亲密的关系，后来不行啊。"

肖鼎："袁司令的儿子、儿媳来，我们很亲切，还是保留了过去的感情，要是……那些领导来，我们要骂他们，抓住他们要质问质问他！"

杨青山："袁司令人家就是（人家）批判他，从传达海军的扩大会议后，说他完全站在刘少奇的路线上，肖劲光也是一样的嘛。反对毛主席革命路线，反对毛泽东思想，反对社会主义，只是扣帽子。没有实际的东西。既没有反对社会主义言论，又没有反对毛主席的，他是毛主席的忠诚战士，他怎么能去反对毛主席啊，他就给你扣个帽子，就给（是）空对空。单纯军事观点呐，反动军事路线主要的就是单纯的军事观点，说得实在的就这个，抓军事建设，抓这个、抓那个，不抓政治，说你不抓你就不抓。实际上哪有不抓呀？谁不抓呀？我们共产党人还有不抓政治的？！他就这样说你，你就没办法。"

吕林翰："后来，袁司令'文化大革命'……哪些是左派，哪些是右派，榆林基地排的右派就是袁意奋。（袁意奋）……'文化大革命'中间是受迫害受打击的。"

"首长"："很好的军事干部，就这样'文化大革命'也把他（袁意奋）（断）送了。"

董顺卿："为了教育下一代，可以把老的事宣扬宣扬，不是说中国，俄国对过去的事也不是都忘记。原来想一下子抛弃，现在看起来老百姓还是有印象的，百分之百的抛弃是不应该的。"

先是"右派"；后来"据说"是沾了"贺龙黑线"的"光"（"可能"与袁意奋率领舰船去"北纬14度线"，接护贺龙率领的参加印尼亚洲新兴力量运动会队员回国任务有关）；再后来又沾上刘少奇的"光"（刘少奇曾经视察榆林基地并解决舰船人员"吃稀饭问题"，当时袁意奋是榆林基地司令员兼政委）……"据说"、"大概"、"可能"，就这样，"文革"开始后，袁意奋就进入"莫名其妙"的境遇。

由于"'文革'中所有的派别，都是不正确的"。这是一笔大的糊涂账，"宜粗不宜细"。因此，袁意奋"文革"后期的经历也就只能是"莫名其妙"了。

重新"上岗"，袁意奋主抓"七一八工程"

1969年10月21日，袁意奋在经过一段"莫名其妙"的日子后，重新"上岗"了，他被任命为中国人民解放军第七研究院任政委（兵团级）。

对于袁意奋在七院的工作，来自官方的一份文件中的评价是：

"他在七院期间认真贯彻执行党的方针、政策，积极抓整治思想工作，在院长未到任之前主动抓贯彻落实科研工作的方针、政策。曾向周恩来总理汇报七一八工程（远洋调查船）进展情况，并认真部署七一八工程研制工作，做出了贡献。"

另一份官方文件中做过如下评价：

"袁意奋同志一九六九年九月调任国防部第七研究院政委，他顶住层层压力，大胆解放和保护了一批干部和知识分子，为我国的舰船科技事业的发展积累了财富，建立了功勋。"

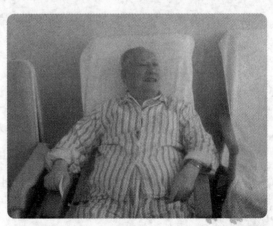

◎苏萍首长在医院中接受采访

259

一个"老政工"的讲述

苏萍，85 岁，原国防七院某研究所政委、海军装备部研究所所长。苏老曾经是袁意奋的部下，几十年过去，谈起袁意奋，很有自己的见解。在医院病房里，他接受了我们的采访。

苏萍："我给你说一说吧。袁政委我是（一九）七〇年认识的。他从海南（榆林基地）到七院当政委，我是从四川到七院的。我原来是七院××所的政委（××所是搞海军尖端武器的），是袁政委的下级。'文化大革命'（中）我被打倒了。后来，一九七一年，（我）到基础工程部（七院机关一个部门）当副主任。这一段时间与袁政委打过交道。说起来很简单，但是很重要。"

"袁政委到七院第一个要解决的是内部两派斗争问题。当时七院有两个派别。袁意奋同志到七院以后，基本上把两派团结起来，工作照旧，没有歧视，先解决这么一个问题。"

这在那个年代已经不容易了。

苏萍："（当时）他很少讲话，他没有说我举什么旗，他没讲过这个话，他就是工作，但并没有明确'进哪个村'，不'进哪个村'，不明显。这是一种策略，是老干部水平高的一种表现。在政治斗争当中不要随便乱举旗儿，要注意观测，要稳重。他就是'稳健派'，在执行政策上是很正确的。"

"到后期又出了点问题，不是他（袁意奋）的问题。后来的院长不是一个很稳重的人，是有派性的。到后期，'文革'后期的时候，我参加过一个批斗会，叫'责问会'，追查袁意奋同志和李作鹏（曾任海军政委）的关系，李作鹏是林彪反革命集团的主犯啊。（这）是怎么回事呢？就是海军后勤部的一个部长，去过袁意奋家。因为这个部长后来被确定是李作鹏'线儿'上的，所以就这么把袁意奋同志扯上了。我记得当时有人说：'啊，×××的车毂轮子已经到了（袁意奋）家了'——说这个部长啊，那时候与袁意奋'联络'过。"

"袁意奋同志'不吭不卡'，他也没法解释，你们怎么说就怎么说吧。那些群众也没作出什么过激的行为。"

一个机关的部长，到上级首长家去一趟，在没有其他证据的情况下，就视为非法"联络"，"文革"期间类这种不着边际的"罪名"多得很。

苏萍："当时与他搭班子的领导对此（'责问会'）表现很积极，这对袁意奋思想冲击很大。其实他这位搭档与李作鹏关系比他（袁意奋）密切的多。袁意奋同志在林彪事件后受到一点儿冲击，以后就没事儿了。"

"以后（1975年）他调到海军装备技术部当政委。这时候我也调到海军装备研究所当所长了。"

◎曹石亭在医院
接受采访

科技部长："他坐在那里老是抱着头"

曹石亭，时年 91 岁，原国防七院科技部部长。采访时，曹老正在住院，医院规定，我们谈话时间不能过长。同住一个医院的苏老陪同我们前去采访曹老。

曹石亭："我是一九七〇年，从南京海军军事学院来的，当时调了一批干部到北京来。我到七院的时候，是袁政委先找我谈话的。分配工作，他（袁意奋）征求我的意见，是（想）到论证部啊，还是（想）到科技部？他还把科技部干什么，论证部干什么，给我作了介绍。我说到科技部吧。他第二天就派我到青岛出差了。他（袁意奋）负责科技工作，我们工作上接触多一些。有时候到哪里开会，他也和我们一块去。一般工作程序就是，我们做好具体工作，他是首长，工作结束时，他作作指示就完了。"

问：说说您对袁政委的印象吧。

曹石亭："他平时没事不说话。他有个习惯动作，坐在那里老是抱着头，大概思考什么问题呀。有时候我到他办公室去，就看见他坐在沙发上就抱着头……以后'整风'的时候，我还提了他一条意见，说你老是抱着头干什么？他说他习惯了。"

袁意奋抱头动作是习惯动作还是在思考，我们无从得知。但那时候是他内心十分纠结的时段却是事实。"文革"期间，他因为与"贺龙黑线"有关系而"中枪"，失去了在海南榆林基地大展身手的机会。

苏萍："他处理问题的方式你还记得起来吗？"

曹石亭："他处理问题很稳健，一般不发脾气。你提他意见他也不发脾气。他心能耐得住，能听得不同意见。我们办公都在一层楼上，几乎每天都见面。他没什么官架子，上下班与大家一起，很平易近人。"

"他生活很简朴，很节约。家里有个公务员，大概还有个保姆。那时候部长以上的有一点特殊照顾，细粮啊，油啊，肉啊，都有一点。他家老太太（常玉英）也比较艰苦一点，吃饭都比较艰苦。（他家）老太太经常到我们家去，与我老太太很熟。他家老太太性格特好，经常和我家老太太，还有其他几个老太太在一聊天。"

问：那个时候你们的主要工作是什么？

曹石亭："主要是搞科技工作。我们的下属单位很多。首长（袁意奋）分工就是抓科研工作，我们搞得项目很多，都是海军配套项目。那时候我们在各单位召开的各种会议，他（袁意奋）都去"。

曹老在他的《回忆录》中有过这样的讲述：

曹石亭："我分工负责舰艇设备处和军务处，并兼任'七一八'工程办公室副主任，主任由院政治委员袁意奋同志担任。我们的工作主要是负责论证、研制远洋测量船。"

"我在七院工作六年多。……这几年七院的形势大好，广大科技人员积极性很高，研制成功核潜艇、常规潜艇及护卫舰艇、导弹舰、驱逐舰和各种火炮，以及'七一八'工程船等。"[1]

一个单位的主官，能使部下在其领导下工作很舒心，积极性很高，而且还能出成果，这样的主官过去需要，现在依然很需要。

---

[1] 曹石亭：《军旅生涯——曹石亭回忆录》，时代出版社 2011 年 7 月版，第 248-249 页。

查看七院当时复杂的工作程序和进程表，从中看出当时的工作量相当大、组织工作也相当复杂。如此重大的国防战备研制工作，没有强有力和高效的组织领导能力，是很难完成任务的。袁意奋在自身处境不尽顺畅的时候，还能够全身心抓好重大军事科研工程，充分体现了一个共产党人高度的政治素养和坚强毅力。

苏萍："袁意奋同志在装备部也是以'团结'著称。我认为政治工作的核心就是两个字：团结。政治工作的旗帜举得高不高，就看你的团结搞得好不好……话说远了。袁意奋同志在七院工作时间，群众基础很不错，袁政委是好干部，不整人，没架子，大家都是有共识的。"

袁意奋再遇"莫名其妙"

在国防七院工作的 6 年，袁意奋成绩卓著。让人不解的是，接下来他的履历表里，出现了这样的记录："一九七五年十月——一九七七年八月，任海军政治部顾问"。

58 岁到 61 岁的两年里，袁意奋却遇到两年"空窗期"——当了两年副兵团级"顾问"。这对于革命经历和经验十分丰富、工作能力很强、正值盛年的他来说，的确有点"莫名其妙"。

（三）意渊的壮年，从武汉到广州，从"走资派"到"好局长"

袁意渊的壮年时代，就是一个"壮劳力"出力过程。不仅一直在"干活"，不仅总是出现在最关键岗位、最艰难时刻，而且还总是"出力不讨好"。

◎袁意渊之妻金云汉接受采访

担任长沙火车站建设副指挥长

袁意渊："一九七五年，（我）从五七干校回来后，恢复原职，负责修建长沙火车站。"

担任长沙火车站建设副指挥长，是袁意渊33年铁路生涯的重要阶段之一。关于这段经历，袁意渊没说多少。他依然回避谈自己的"过五关斩六将"。我们只好查阅相关资料，从中了解一些背景情况。

长沙新车站于1975年7月破土动工。除了工厂拆迁之外，当时最大的困难是车站主楼、售票厅及广场一带是个较大的沼泽湖，湖边芦苇、杂草丛生，湖中淤泥沉积，深2-3米，最深处有7—8米，施工难度很大。建设工程调集了最好的技术力量和装备，采用沉沙打桩的方法，将数十万吨河沙填埋在沼泽低洼地带。施工专业队伍、全市人民和解放军官兵，在酷暑严寒，日夜奋战，历时两年。1977年7月1日，长沙火车站正式建成通车。

由此，长沙火车站，成为袁意渊一生的"重要作品"之一。

金云汉："长沙火车站建好以后，从来没有挂毛主席像。他（袁意渊）讲，'内部讲过，毛主席不愿意到处都是他的塑像，说我是给你们看大门的'。他说，'听说韶山站也塑了一个毛主席像，长沙城里已经搞了毛主席像……''文化大革命'这也是他的'罪状'。"

得，活儿干完了，挺有功劳的。就这么一句话，功劳变"罪状"了——袁意渊，您怎么这样儿啊……

到"三线"建设枝柳铁路

金云汉："长沙火车站以后呢，他又（去）搞什么呢，叫'三线'（工程），三线指挥部，在（湖南）怀化那里——"

袁意渊："修枝柳线。从湖北枝城到柳州。"

金云汉："修枝柳线，在指挥部（当）副指挥长。"

关于"修枝柳线"的事情，袁意渊依然没有细说。我们还是照老办法，查阅相关资料。发现枝柳铁路全长 883 公里，1970 年 9 月动工兴建，1978 年 12 月 1 日在湖南永顺县官坝站接轨铺通，12 月 26 日在怀化举行通车典礼。袁意渊是长沙火车站建成后到枝柳线工作的，因此，他是枝柳铁路线建设的最后一任指挥者。

担任这样一个工程浩大、建设工期长、施工条件恶劣、工程组织复杂、技术含量高、政治和经济意义重大项目的指挥长，我们想象当年袁意渊，一定是头戴安全帽，身穿工装，脚蹬水鞋，或者还手拿手电筒，天天奔走在建设工程的各个工地上，检查质量，了解进度，解决难题……忙得不亦乐乎。可是，现今坐在我们面前的这位"指挥长"，谈及此事，一语带过，毫无感慨之情，亦无炫耀之意。淡定的令人生疑——还有什么事儿能让他的心晃动呢？

"文革"中，袁意渊遭遇"莫须有"

金云汉："建设枝柳线回来后，'文化大革命'中的问题还在调查他。什么假党员啊？还没有结论呢！"

"后来（1978年）调到广州铁路局计划处处长，这个（假党员）问题还是没有落实。"

"'文化大革命'中，我们对门住着一个老干部，没什么文化。开始是保守派，后来不站队不行就变成造反派。"

"四人帮倒台后，他又挨整。有人把他关在屋里问他，'袁意渊与你住对门，他有没有搞什么抢班夺权啊？'搞了他一晚上，（他）坚持不住了，他乱说，'袁意渊在烈士公园开会，召集很多人'。工作组要调查呀，找了很多人调查，没有一个人说袁意渊的坏话，最后不了了之。"

"问他（袁意渊）自己，他说'根本没这些事，都是瞎扯淡！'"

最后问题虽然搞清楚了，但是年龄也到了，错过了原来要提升的机会。

"文革"中，袁意渊曾被打伤肋骨

金云汉："'文化大革命'中斗他呀，打他呀，把他这里（指肋骨）打得撕裂……"

谈到丈夫"文革"中的遭遇，金云汉情绪很有些激动。

袁意渊："哎呀，历史过去了——"

袁意渊又一次阻止了夫人的叙说。而后再次超然而谈。

袁意渊：（岔开话题）"'搞文化大革命'、'大跃进'，搞'人民公社'……都是一心一意想把国家搞快一些，搞好一些。"

"即便今天，（'文革'的事情）好些地方没搞通，但（毛泽东发动'文革'）是好心。但有的人是跟着浑水摸鱼。"

"我记得邓小平说，'过去党所犯错误，毛主席有责任，我们也有责任，我们也没说话呀'。这就是讲老实话。你也是一个成员呐，你也没说话呀。因为（那时候）没有准备、没经验嘛。这不是哪一个人的事，这是个历史过程。对这个历史过程，大家都应该自己评议评议，我自己（在这个过程中）对党忠诚不忠诚，对人民忠诚不忠诚，我只要做到这个（点），那（其他）都无所谓了。"

我仔细审视着袁意渊那魁伟的身躯和平静的面容，他的话语很真诚，丝毫听不出半点儿的怨恨之情。

"他要是假党员，为什么往延安跑"

金云汉：（把话题拉回来）"'文化大革命'中，人家看大字报都奇怪。'哎呀，他要是假党员？为什么他不往国民党那里跑，却跑到延安去？'大家都议论哪……"

袁意渊：（再次岔开话题）"我看一个材料上讲，说群众运动，有的群众运动是好的，有些借着群众运动搞坏事的也不少！像资本主义国家，讲起来是为群众办事，最后是变成自己争权夺利。"

"你对（整）我，我对（整）你，群众运动为着我们这些人上台整他（对方）——对人民怎么看……这不是那一个人的问题。有的问题都看不清。你比方说，搞'文化大革命'，搞人民公社的那一套，有人说这不对头。为什么不对头？这个错误错在什么地方？也说不清。没经验嘛！"

"文革"中，袁意渊曾被逼"披麻戴孝"

金云汉：（再次把话题拉回来）"他这个心还是很大的。（'文化大革命'）工人斗他，他就讲这是群众运动，这些人也是很受蒙蔽的。"

"'文化大革命'中他挨打，给人家披麻戴孝，一个工人的妈妈死了，说是走资派迫害的，那时他是走资派嘛。人家打他，把屎都打出来了。打得要死，当时他在株洲嘛……"

◎袁意渊接受采访

"文革"中，袁意渊曾被打得血肉模糊

金云汉："我其实心里也有点儿那个……因为他不在家吗。我就去打听什么时候有到株洲的车子……哎，这个时候他从株洲回来了。哎，我说'人家把你打得好厉害呀?!'他说，'没事儿没事儿!'他还没事儿没事儿？'快吃饭，端饭去'。"

"实际有事儿没事儿呢？等脱了衣服，这里（脊背上）都是紫呀！都打成那个样子。他夏天本来进屋脱衣服，热嘛，这回他就是不脱。咦，这么怪。我就看，结果这里（胳膊上）都被皮带打紫了，背上的肉被打得都和背心粘在一起了……他还不说来——"

袁意渊："哈哈……这说它干什么？反正也说不清楚。"

爱人在伤心地讲述往事，袁意渊听了反倒爽朗地大笑起来。这场景叫我心头陡然一紧：这是一个何等坚强的内心世界！

婶婶对此显然已经很是习惯了。继续讲述。

参加批斗会之前先睡午觉

金云汉："他就这样。人家有些人在外面受委屈啦，挨了打啦，回到家里就生气啊，躺在床上不起来呀——他也不生气，也不懒（床），就是吃饭！回来就是吃饭。"

"（那时）每天下午开批斗会嘛，要上台，罚站。他中午吃完饭习惯睡十来分钟，下午两点（去）开批斗会。"

"他喜欢游泳，我们（家）周围有个鱼塘，人家在鱼塘里养着鱼苗。有一次他去鱼塘里游泳，人家还以为他是偷鱼的，都围上来抓小偷。等他上岸，大家才发现，哎呀，这是袁局长啊！"

你斗你的，我活我的。你"打倒"我，我自己站起来。内心强大，凛然不可侵犯。这才真是"特殊材料所制成的"。

工人说，"没见过这样的局长"

金云汉："他（袁意渊）忠心对党。逢年过节都搞个红旗挂在家里。任劳任怨。有个修铁路电话的工人说过，我干了几十年了，从来没看见当局长的亲自坐调度台。一边干，还一边给年轻人讲，'火车调度也要画地图的'。"

"出事故到现场去，他就跟工人一样抬钢轨，肩膀都压得紫一块红一块。常常一身泥水的回家了。"

（四）意滋的壮年，从民航到空军，从巴基斯坦到坦桑尼亚

袁意滋的壮年时代，是只爱技术不爱"官"。这可不是溢美之词，我们先听听他是怎么千方百计离开"肥缺岗位"的吧。

袁意滋，"常在河边走，就是不湿鞋"

为解决夫妻长期分居的问题，郭爱民希望自己的丈夫调回北京。但进北京一向是个大大的难题。袁意滋调回北京的过程也很曲折。

袁意滋："当时我没能直接回到空军，就去了民航，那时候民航属于空军管，民航里面也有现役军人。我是搞机务的，可是民航局当时机务岗位没有位置了，就让我去了（民航）后勤部。后勤部下面有好多处，那时候不叫处，叫组。物资组啊，材料组啊，油料组啊——就让我去了物资组，后来改成物资处了。那时候，物资处是很有权的。因为那时候物资紧缺呀，（各种物资）都有指标啊，钢材、木材、水泥……全民航的物资都要经过我（的手）。"

问：肥缺部门。

袁意滋："哎"。

郭爱民："对你来说，'缺儿'再肥也没用。"

袁意滋："参加全国物资会议，我是代表民航总局去的。民航局的物资属于总后（解放军总后勤部）的零五单位（直属单位），干了两年。后来我觉得自己对物资（工作）不熟悉，几次要求回到空军干老本行去。"

"经过几次要求，民航领导说，既然这样，你自己写报告，意思是说，是我自己要求调离物资部门的，不是他们撵我走的。当时国务院文件规定，民航不归空军代管，空军师以上的干部回部队，团及以下的干部留民航。"

放着"肥缺"部门不干，见钱眼不开，偏要回到艰苦的机务工作岗位，这让今天人们来说，袁意滋"有点缺心眼儿"。

"高职低配"的日子

袁意滋："后来，我离开了民航回到空军。我原本想回工程部干我的技术工作，可是干部部门告诉我，第一，没房子。第二，没位子。要干，只能当副科长（那时候处叫科），就是说我要降低职务。我说，不要紧，只要不减钱（工资）就行。后来，我就在工程部外场部歼强科（歼击机强击机科）当正团职副科长，从民航总局处长调回空军，高职低配当了副科长。"

正处降副科，袁意滋延续了父亲、哥哥的"业绩"，这真是无巧不成书啊！

◎袁意滋在巴基斯坦工作

袁意滋"一炮打响"巴基斯坦

问：说说您去巴基斯坦的事吧。

袁意滋："1983年，巴基斯坦进口中国的歼6飞机出了毛病，查不出原因来，巴基斯坦空军给我们总参来电报，叫（中国）空军派一个专家组，去给他们解决这个技术难点去。总参把任务下到空军，叫空军派一个专家组，去给巴基斯坦解决这个问题。当时我正好是管小飞机的，歼6属于小飞机，就叫我去。"

"这件事下达的时候，我已经调任空军研究所了。上级说这事儿办完了我才能走，连准备、加出国，总共用了半年多（时间），我才上任（提副师职）去。"

"我从各部队挑选了几个专家，订货部翻译室派了一名翻译，组成一个组，到巴基斯坦去。这次去任务其实很难，不光是歼6（飞机），他们还有其他的我们援助他的飞机，他（巴方）有些飞机我还不太懂。像初教6教练机啊，怎么开车？我还专门到石家庄航校去实习开了几次车。因为我到机关好多年没接触基层了，像歼6啊，我还专门到××师重新弄了一次。"

"准备完了以后，我们去了（巴基斯坦）。我们第一站是到了伊斯兰堡，那里没有空军。第二站到白沙瓦，那里有空军基地，有歼6飞机，还有其他飞机，当时好几架故障飞机放在机库里头。我们一看一找，我们这几个人（平时）干得比较多一点，很快就把问题找出来了。有的飞机要拉到外面去进行飞机发动机启动，我们在部队干的时间长了，这些东西（工作）都很熟的。"

"（我们）这一炮在他们基地里头打响了，各种问题都解决了"。

273

"专家组长也干活"

袁意滋："他们（巴方）的技术处上校处长一直陪着我们。（巴方）机库里的发动机故障我们很快就解决了，是发动机叶片损伤打坏了，原因很准确，（我们）告诉他们了。后来在拉到外面的飞机上，我们开车检查，当时我在座舱里开车，其他几个人在发动机旁边调准。巴基斯坦有个特点，干活都是当兵的，当官的根本就不干活。这个技术处长是个飞行员（出身），他旁边还有个中校干机务的。这个处长看着我感到不可思议：中国这个专家组组长怎么还亲自开车还干这种活儿呢？"

在巴基斯坦，130 运输机成了他的"专机"

问：这一次用了多长时间？

袁意滋："为了报答我们，（后来）他们专门派了一架美国的 C130 运输机（太奢侈了！），从这边，白沙瓦到奎达，一直跟到任务完成到伊斯兰堡。"

郭爱民："他（指丈夫）脑子可清楚了！"

袁意滋："奎达基地（巴方）也有飞机，那里的（飞机）故障也给他们解决了。他（上校处长）也感到很满意。请我们吃中国餐，那菜做得很不咋地！哈……"

用中国菜招待中国客人，"巴铁"兄弟这真叫"关公面前耍大刀"。

袁意滋："这儿（奎达）干完了以后呢，还到了一个基地，叫什么名字来——"

袁意滋一时想不起来，直拍脑门。

郭爱民："（撇了撇嘴）嗨，我刚夸了你！"

袁意滋："叫什么基地……在这个基地，我们给他们分析原因，一个一个分析问题，怎么维护，怎么弄。这里弄完了以后，正好这个基地有法国'幻影'飞机，他们（巴方）陪同人员对我们很友好，悄悄地对我们说，你们想不想看我们的'幻影'啊？你们可以去看。我们怕出事儿，没去。"

外交无小事。袁意滋到底是军人，警惕性很高，谁知道着其中是不是圈套呢？

袁意滋："在这以后，我们到了他们（巴基斯坦）最大的城市叫什么——"

问：卡拉奇。

袁意滋："卡拉奇！卡拉奇有一个我们（中国）援助的'发动机换修工厂'。"

袁意滋经常把"飞机"说成"灰机"，把"翻修"说成"换修"，把"湖南"说成"福南"……哦哟，记录他的地方口音可叫我着实费了不少劲！

◎袁意滋在巴基斯坦与巴方人员合影

畅游"巴基斯坦的心灵"

袁意滋："他（巴方）叫我们给他检查一下工厂里的那些发动机，我们也给他们弄了，这（工作）就算完了。他们（巴方）认为我们工作干得不错。专门又用飞机把我们拉到一个巴基斯坦最好的、和印度交界的一个地方叫……一个最好的名胜古迹……那个地方，去玩儿来了一次。这次去玩儿，他那个军区司令接见我们了，我们专门去参观那个名苑啊……那个皇宫啊……完了以后，再回到伊斯兰堡。"

时年 78 岁的袁意滋，最终也没想起来"巴基斯坦那个最好玩儿的名胜古迹"的名字。根据他说的与印度交界、名苑、皇宫等"线索"，笔者查了资料，认为袁意滋他们被邀请去的是拉合尔古堡。拉合尔古堡位于巴基斯坦东部，毗邻印度。这里以其斑斓璀璨的莫卧儿建筑艺术神韵而被誉为"巴基斯坦的心灵"。拉合尔古堡的夏利玛花园是世界上最罕见的花园之一，夏利玛意为欢乐宫，公元 1642 年恰赫-吉汉皇帝在此降旨修建。公元 630 年中国唐代高僧玄奘曾来此访问。巴军方用 C130 大型运输机，运送中国空军专家组专程参观唐玄奘到过的"巴基斯坦的心灵"，意为中巴友谊源远流长，可谓用心良苦。

袁意滋巧用"喜马拉雅山"

袁意滋："回到伊斯兰堡，我们（本来）就可以走了。他们（巴方）那个作战参谋长，还要宴请我们。原计划我们（工作）完了以后就应该回国了，这个宴请（计划中）是没有这个活动的。后来他们（不但）举行了宴会，（双方）还要致辞。我没办法，只好临时编几句：'什么中巴友谊像喜马拉雅山一样怎么怎么样……'现在想不起来了。人家还送的大理石酒杯、烟盒什么的。"

郭爱民："人家送的东西回来后要上交的。"

军人嘛，觉悟是必须的。

袁意滋："啊，交（礼品）的时候，那个谁说，'这个不要交了，你拿回去吧'。"

◎袁意滋从巴基斯坦回国，全家机场迎接

受巴方赞誉，袁意滋却没能立功

袁意滋："我们回来后，巴基斯坦把我们的事情反映到中国大使馆去了，大使馆就把情况反映到总参来了，总参说要给我们专家组记功。我们外场部领导说，'老袁哪，人家说要给你们记功啊。你是师职干部记功得要总政批呀！'我说，'算了吧，我有三等功了，工资涨5%也不要了'……这事儿就过去了。"

袁意滋也不想想，假如给他立个二等功呢？怎么就认准是

277

三等功了?!

　　周颖："怎么，立功还有不要的?!"

　　郭爱民："他就这样儿!"

◎袁意滋与坦桑尼亚空军地勤人员

远赴坦桑当教员

　　非洲大陆，遥远而神秘。

　　袁意滋："去坦桑尼亚是 1987 年，（当时）我的位子（职位）没有了，我又回外场部了，就等于没工作了。因为我在机场工作了近三十年，对下面机务人员的情况比较熟悉，外场部武部长说：'你资格老，你代表我们工程部参加地勤两改善工作'。我就和空军政治部、空军后勤部和空军工程部组成联合工作组，到各空军军区部队进行调研。"

　　"在这过程中，外场部有个同志在坦桑纳尼亚（工作）到期了，初教 6 教练机这个阶段他已经训练完了，要有个人去顶（替）。因为这个（中国空军）训练团是帮助坦桑尼亚培养'灰行员'（飞行员）和地勤人员，（训练）团长是（空军）司令部派出的，他原来是搞灰（飞）行的。我呢，是副团长，我是（一九）八七年去接班的。我去的时候，正好训练歼5（歼击机5型飞机，下同）和歼6，把这些训练完了，我就算完成任务了。"

◎袁意滋与坦桑尼亚空军工作人员

因工作与团长产生矛盾

袁意滋："这一次近两年时间。歼6训练完了，准备结业的时候，下一批又要从初教6开始，这期间，我回来了，我与团长之间有矛盾。"

袁意滋的性格是外柔内刚，说话很绵软，声音也不大，即便说起"矛盾"来，也是细声细语的。

袁意滋："当时在训练歼5、歼6的时候，（坦桑的）初教6（飞机）是停在那里的，近一年多的时间，那种飞机有些部分是帆布的，都坏了。我已经从国内调了一个维修工，把这些（维修的）事儿都处理完了。国内空军总院也已经派了一个'选灰（飞）组'（选拔飞行员小组）去了，在坦桑尼亚全国（选拔飞行员）工作也差不多了。"

"按说，这一批歼5、歼6、初教6训练完了之后，应该接着（训练）下一批。但当时初教6（用的）是汽油，歼5、歼6（用的）是煤油。当时坦桑尼亚的汽油储存已经很少了，但团长呢，他要求国内的初教6的专家（马上）全都过去。我不同意。说：'现在没（汽）油，国内专家来了没事儿干，那不是麻烦事儿吗？'我亲自到油库去看了，没多少油了！我们对坦桑尼亚的油料供应每年就两次，春天一次，十月份一次。油供不来，你怎么飞呀？我一方面不同意他（团长）的观点，一方面给国内写信。我的意思是说，等中国的（汽）油快来了，我们的专家组再去。这是我的第一个观点。"

"第二呢，在（坦桑尼亚空军飞行员训练班）结业典礼（问题）上，我俩也有矛盾。结业典礼上受训的飞行员要表演，他（团长）想叫飞行员在结业典礼上把初教6也拿出来表演。这些飞行员开始的时候飞初教6，但好长时间没飞了，表演也生疏了，那（初教6）飞机也没弄好，出事儿怎么办？我只同意歼5、歼6表演，初教6我不同意表演。这事儿捅到（空军）司令部了，（司令部）知道我俩有矛盾，就决定我走（回国），他（团长）不想走，那时候在外面（国外）多干一天，就多（挣）一天外汇啊，也就是拿两份工资。他是（一九）八八年去的，是上校军衔；我是大校军衔。（最后）司令部飞行表演同意我的方案；专家组去坦桑尼亚的时间，同意他的方案了。"

郭爱民："这叫什么呀，各打五十大板。"

袁意滋："哎，这叫'折中方案'。后来结业典礼，（学员们）表演完了，我就回来了。后来的情况是，我们专家组去了，没油啊，（专家组）到那里天天吃住，坦桑尼亚（空军）意见大了！（连）车也不给他们派了。因为吃饭、住宿都是他们（坦桑）的钱哪！"

训练团长出于何种考虑要下一批专家组先行赴坦桑，我们不能妄加评论。但此举引起坦桑尼亚空军的反感，从侧面证明袁意滋的建议是正确的。

第四章　迟暮壮士心

　　曹操的《步出夏门行·龟虽寿》可谓家喻户晓："老骥伏枥，志在千里，烈士暮年，壮心不已"。这里的"烈士"不是指牺牲的人，而是指坚贞不屈的刚强之士。《庄子·秋水》曰："白刃交于前，视死若生者，烈士之勇也"。亦指有志建立功业者。《韩非子·诡使》有言："而好名义不仕进者，世谓之'烈士'"。

　　人间重晚晴。听听我的主人公们晚年的故事，仍一以贯之，既不倦怠，更不失意。

◎袁任远在考察工作

（一）袁任远：生命不息，奋斗不止

"人最宝贵的东西是生命，生命属于人只有一次。人的一生应该是这样度过的：当他回首往事的时候，他不会因为虚度年华而悔恨，也不会因为碌碌无为而羞耻。这样，在临死的时候，他就能够说："我的整个生命和全部精力，都已经献给世界上最壮丽的事业——为人类的解放而斗争'"。

——尼·奥斯特洛夫斯基（苏联）：《钢铁是怎样炼成的》

花甲之年上高原

袁任远："一九五八年春，中央调我去青海工作，任命我为青海省省长。中央的决定是由国务院副总理习仲勋通知我的。当时，我已经六十岁了，身体也不好。但中央已经定下来了，我决定去青海。临行前，我向安子文辞行时简单地说明了一下我的身体状况，安说，这些情况他不太了解，并对我说先去工作一段，以后考虑再调动。八大二次会议后，我即去青海。"①

中央调袁老去青海的真实背景我们不得而知。但此番青海工作的经历，却使花甲之年的袁老心情饱受纠结。

有关青海当时的情势，袁老是这样讲的：

袁任远："农业不发达，能生产粮食的县只有十多个。播种面积不到一千万亩，其他都是牧区。"

"全民大炼钢铁和人民公社化运动，也严重影响了青海地区各民族的经济生活。一九五八年的农业本是大丰产，却没有

---

① 袁任远：《征途纪实》，湖南人民出版社1985年1月版，第192页。

丰收，真正拿到手的粮食并不多。"

"农业上虚报和浮夸也相当严重。"

"在农业上的另一个错误是毁牧开荒"。

"大量开荒，缺乏劳动力。省委决定从河南、上海移民。计划在一九五八年冬至一九五九年底移民五十万。五八年底前先接收十万，这是个冒险计划。"①

反右倾，袁老"靠边站了"

袁任远："一九五九年七月，党中央在庐山召开政治局扩大会议。根据中央的通知，各省市参加会议的同志分几路到达庐山，××代表青海省参加这次会议，先到武汉集中，然后再去庐山。在武汉时，刘少奇召集西北、西南几省的同志开了一个座谈会，传达中央这次会议的精神是反'左'。"

"××回来后，说这次庐山会议主要是反右……"

"按中央文件规定，反右倾运动只搞到县一级，但是青海却搞到基层，打击面比较大。庐山会议后，实际上我也靠边站了"②。

一年不到，袁省长就成了"板凳队员"。老话说，"六十而耳顺"，这等情形让袁老怎么"顺"得了哇？

崔开成："他在青海当省长，那时挺左的，但他没办法。叛乱，平叛，上面定的武装镇压，他管不了哇！他写了一篇文章，刊登在《青海月刊》上，说一定要和中央政策吻合起来，中央说军事清剿，政治工作、发动群众相结合。他分析认为，大部分叛乱者都是跟着跑的，这是基本情况"。

---

① 袁任远：《征途纪实》，湖南人民出版社 1985 年 1 月版，第 193—194 页。
② 袁任远：《征途纪实》，湖南人民出版社 1985 年 1 月版，第 196—198 页。

他做了力所能及的几件事情

　　"靠边站"的日子里，袁老作为一个共产党员，并非只是站在一旁当看客，他还是尽力做些事情。

◎袁任远在青海

第一件事：建议结束大炼钢铁，转入正常生产

　　袁任远："我在省委会议上提出在十一月底以前，群众性的大炼钢铁要结束，转入正常生产。省委虽同意了我的意见，但还是延长到了十二月底才结束。"①

――――――――――

　　①　袁任远：《征途纪实》，湖南人民出版社1985年1月版，第194页。

第二件事："明批暗保"张国声

庐山会议后，青海省委召开三级干部会议，大"反右倾机会主义"，省委常务副书记张国声遭到批判。

袁任远："张是省委常务副书记，比较年轻，工作很积极。他在一九五九年三四月间，到下边跑了一个多月，找干部谈话，并且深入群众家里了解情况。他看到群众生活确实很苦，家家吃菜粥，得浮肿病的人很多，个别地方有饿死人的现象。他回来向我说，群众生活这么苦，下边的问题这么多，群众意见很大，如果不是毛主席的威信高，群众会骂娘的。"

"省委针对他的这些言论，在三级干部会议上批判他。这次会批判他，实际上也是批判我。"①

怎么办？形势比人强。袁老到底是老革命，经历的太多了，于是，就有了他《一九五九年九月十六日，在省委三级干部会议（扩大）上的讲话》，这篇讲话在今天看来很是滑稽，可在当时，那是"相当的智慧"，我们节选一段给大家听听。

同志们：

"省委二届十二次扩大会议就要结束了，在会议闭幕以前我发表一点意见：

1959 年在去年'大跃进'的基础上，又是继续'大跃进'。今年上半年有一个时期**虽然**有些地区的粮食和副食品比较紧张，群众的生活发生了一些困难，**但是**广大干部、工人、农民、牧民、革命知识分子和人民解放军，在中央郑州会议以后，省委采取了一系列的措施，克服了去年'大跃进'中由于经验不足所发生的某些缺点错误，对群众的生活积极进行了安

---

① 袁任远：《征途纪实》，湖南人民出版社 1985 年 1 月版，第 197-198 页。

排。……在某些方面并做出了出色的**成绩**。**但是**在今年六、七月份，当粮食比较困难，×书记去庐山开会时，以张国声**同志**为首的'右倾机会主义'反党集团进行了反党、反总路线的阴谋活动，向党发动了猖狂的进攻。**虽然**他们的人数很少，**但是**他们的毒素散布很广，影响却大，……使我们这一时期的工作受到了**一定损失**。

"1943年起每次运动我都参加过的。在每项运动中也受到了教育，在政治上也有一定的提高，**但是**，在我思想上是没多大震动的。审干、三反、五反、镇反、土改等运动，一直到1957年'反右'斗争，都给我思想震动不大。这次'反右倾'斗争给了我思想上很大的震动。为什么给我思想上很大震动呢？"

接下来袁老用了很大篇幅讲述自己前半生参加历次运动的"体会"。然后接着说：

"现在全国形势是很好的，青海的形势也是很好的。今年的粮食生产**如果**达到20亿斤，就比去年增加了18%，**如果**达到20.4亿斤，就增加了20%。我满怀信心地认为可以达到20%的。"

关于干部处理问题，袁老"认真、严肃"地说：

"在斗争中间**虽然**要本着庐山会议精神所指示的思想批判从严，组织处理从宽的精神，不要多处分人，**但是**一些必需要处分的，还是要处分；有些很恶劣的要划右派，要戴右派帽子。要狠狠整一下！要除掉根！昨天下午余光同志说西宁市有的干部主动向党作检讨，这是很好的。这样可以使每个党员、干部和群众受到一次深刻的党的教育；他们的干劲势必更大，工作势必搞得更好，将来可以少犯或不犯错误，这于党于本人都有好处。"

袁老的讲话最精彩的在最后一段。

"目前形势**虽然**很好，**但是**难免将来不发生困难，**谁能担保**前进路上不遇到困难？明年不会有自然灾害？粮食会不会减产？后年的粮食是不是会紧张？这些**谁能料得到**？有些事情是**很难料到**的。同时，在工作中**虽然**有了去年大跃进的经验，在新的情况下，**难免**不发生缺点。"

……

（青海省档案馆第 101 号全宗）

袁老说一口浓重的湖南话，湖南话听起来具有音乐美。在上述这篇讲话稿中，我们不仅能听到、甚至几乎可以"看到"袁老当时讲话时的"镇定自若、真诚讲述、自问自答"的表情。

欲说难言，欲罢不能。袁老也只好如此的"上挂下联"、"举例说明"，如此的"虽然、但是；但是、虽然"；"如果、难免；难免、如果"地说"政治绕口令"……

第三件事：试图扭转困局未果

袁老既坚持原则，又"虚与委蛇"。他也曾试图做出最大努力，以扭转现在的局面。

袁任远："面对这种严重的形势，我又无力挽回这种局面，作为一个共产党员，青海省的负责人之一，真是忧心忡忡。经过反复考虑，我决定在一九六○年三月去北京参加全国人民代表大会二届二次会议之前，以毛主席提出的'冷热结合'的指示为话题，找省委主要负责同志谈心，希望大家推心置腹，共同努力，把青海的工作搞好。但我的努力没有成功。人大二次会议后，我到几个地方转了一下，七月初，才回到西宁。"①

---

① 袁任远：《征途纪实》，湖南人民出版社 1985 年 1 月版，第 200 页。

第四件事：纠正平叛中的错误未果

袁任远："一九五八年，青海局部地区发生了反革命武装叛乱。这是极少数上层反动分子为了反抗社会改革，维护其封建压迫剥削制度，妄图推翻人民政府，分裂祖国，有预谋有组织挑起来的。"

"在叛乱分子中，除了极少数反动的宗教头子和少数反动的大农奴主外，多数群众是受蒙蔽的，我们如果能认真做他们的思想工作，是可以争取教育他们放下武器的。但当时在'左'的错误思想指导下，平叛工作犯了严重的错误。违背了'军事清剿、政治争取和发动群众相结合'的方针，过分强调军事打击，忽视政治争取。"

"为此，我曾写了一篇短文，在《青海月刊》上发表。一九六一年省委三级干部会议和西北民族工作会议以后，对平叛扩大化的错误进行了纠正。由于当时还受到'左'的思想影响，纠正的还不彻底，遗留了不少问题。"①

第五件事：袁老流泪做检讨

1960年底，中央发布了"农村工作十二条"，对于制止"共产风"，稳定全国农村局势，起了重要作用。

袁任远："一九六一年六七月间，在中央和西北局的领导下，省委召开三级干部会议，西北局派高克林、白志民带领大批干部来参加会议。我在会上发言，批评了省委的错误，也作了自我批评。"②

---

① 袁任远：《征途纪实》，湖南人民出版社1985年1月版，第201页。
② 袁任远：《征途纪实》，湖南人民出版社1985年1月版，第204页。

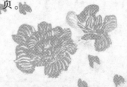

袁老这个发言，在批评省委的错误的同时，没有半点的推诿，更没有"落井下石"，他对自己的剖析很痛彻，令人听来很感动：

袁任远同志在省委三级干部会议上的发言
一九六一年七月七日（节选）

"今天我应该检讨的是：我有个人主义，党性不强，没有与××同志的错误作坚决的斗争。如果事情发生在十年以前，我会挺身而出，勇敢的向××同志的错误作斗争，即使受到打击，我还有时间可以忍受、等待，真理总会大白于天下的。但是我如今已经老了，我跟党走了三十多年，我不愿意也不甘心在我的晚年带着右派或右倾机会主义的帽子进棺材。我为此心情十分沉痛。长期以来，我对××同志的错误到底搞不搞，内心很是矛盾，我失去了当年在战场上"英勇杀敌"的精神，未能及早的向××同志的错误进行坚决的斗争，并借此以挽回因××同志的错误所给党造成的重大损失。我承受党培养的时间比谭生彬同志长，然而在这个问题上的表现尚不如谭生彬同志。这是我感到惭愧的。我有负于中央、西北局的重托和教育，我对不起青海的全党同志和人民，至今心有余痛！对××同志本人来说，我也是有错误的。过去我曾经主动诚恳地向他提过意见，因他不理会，我很气愤，在××同志主持会议时，有时我一言不发，向他表示了'静坐抗议'。去年下半年以后，××同志发展到了狂妄的程度，我的对立情绪也增加了，更是互不来往，放松了对××同志的应有帮助。××同志作为青海的第一书记，我无疑要尊重他，但是从我的年龄、经历讲，我给××同志以尽可能的帮助是应该的。我很惭愧，没有尽到帮助的责任。去年因为×擅自推迟省人代会开幕的时间，见面时，××同志想与我握手，我没有理他，表现很不礼貌，以后××又打乱了人代会议程召开参加会议的党员负责同志开会，要我主持会议，我气得与×各坐一方，不去主持。这些地方都表现了我不够冷静。对××同志的缺点和错误是应该批评，应该帮助的，哪怕他一次不接受，还可以二次、三次，这才是正确态度。而我后来是采取'顶牛'和'抬杠子'的办法，违背了毛主席谆谆教导我们的对犯错误的同志要从团结的愿望出发，经过批评和斗争，在新的基础上达到团结的原则。我对不起××同志，我应该向××同志和大家作检讨。"

"昨天，我准备这个材料的时候，我也曾经流过泪，我并不是因为个人被打击而伤心，我是一个老共产党员，我为没有尽到自己的责任而感到难过。"

"以上是我现在想起来的一点实事和过程，我年老善忘，如有不对的地方，××同志可以提出，我可以当众声明更正。"

（青海省委三干会议办公室一九六一年七月十三日印发）

毛泽东说过："一个共产党员，应该襟怀坦白，忠实，积极，以革命利益为第一生命，以个人利益服从革命利益，无论何时何地，坚持正确的原则，同一切不正确的思想和行为作不疲倦的斗争，用以巩固党的集体生活，巩固党和群众的联系，关心党和群众比关心个人为重，关心他人比关心自己为重。这样才算得一个共产党员"[1]。袁老上述发言，真正做到襟怀坦白，忠实积极。他因为党和人民的事业受到损失而倍感自责。一个正部级干部，敢于把个人的私心杂念，上升到党的事业的高度来自我批判。这是真正的无产阶级革命

---

① 毛泽东：《反对自由主义》，《毛泽东文选》第二卷，人民出版社 1991 年 6 月版，第 361 页。

家才具有的高风亮节！

这种精神，这种场面，现在真的是久违了！

◎袁任远在青海与文艺工作者会谈

第六件事：举重若轻讲道理

在此次采访中，我们发现袁老其实是一个很风趣、很善于针对不同的对象、把貌似枯燥的话题讲得很生动的人。我们来听听袁老完全另一种风格的讲话：

在青海省第五次人事工作会议上袁省长的讲话（节选）

"有些部门开会反映说：党不重视这个部门的工作，党不重视那个部门的工作，我现在讲一讲这个问题……"

"因为是做人的工作，人有各种各样，大体分有革命的和反革命的，革命的人中间又各有不同，有思想意识好的，也有思想意识差的，有个性温和的，也有个性暴躁的，对共产党员要做工作，对非党群众也要做工作。人就是复杂，好人中情况复杂，坏人就更不要说了，人们的政治觉悟不同，个性不同，在这种情况下，要把每个人都安排的很好，工作就很繁重和复杂了，人和物资不同，物资安排工作虽很紧张，但好处理，东西不会调皮，人就不同，把每个人安排都适当、都满意，那就有困难，所以说仓库好管，人就不好管，招待所就不好管。"

"你们不愿意干人事工作，转交给右派分子好不好？我想你们是不会同意的，我们要守紧第一关工作，不能松劲。"

"我们人事部门在今年六、七月份来了近万人都处理了，过去从外面来几十、几百干部要十几个人处理，现在来几千、近万人都处理了，这还不是工作大跃进吗？所以说人事工作已经在跃进了。……其实一切工作都是逼出来的，宋江被逼上梁山，无产阶级被逼搞革命，上马也是被逼上去的，被逼上马，会使人进步，不是坏事而是好事。"

"做人事工作的可以成为专家，只要你把一项业务搞好的话，就都能成为专家。"

"我现在一点也不专，是货郎担子、杂货摊子、什么都搞一点，什么都不懂。"

"安子文部长搞组织工作有十四五年，章夷白搞人事工作也有八、九年，……人事工作同样可贵，修武汉长江大桥的工程师，叫他来搞人事工作也不一定行，叫他当人事科长不一定能当好。……我们不懂他们搞的，他们也不懂我们搞的。"

"把男同志抽出来搞工业，要很好的调配一次干部，要有决心。现在西宁市有八个百货商店，全部换上了女同志，机关也要尽量用，要来一个大变动。当然开始这样搞也可能出些乱子，但是不要怕，不能下马，思想上要有准备。……机关中要拿老年人代替青年人，以往机关中的服务人员，都是年轻的，很多还是党员，现在将他们抽出去劳动，用四、五十岁的人就行了，也要叫老年人有出路，有很多事情是家属和老年人是可以作的。"

"在家属中进行共产主义教育，现在家属是个死角，现在有些家属比群众落后，就是因为没人管，街道也管不了，是个防空洞，是个自由人，今后要搞紧张些，要参加生产，要过政治生活，消灭落后散漫的状态。"

（摘自青海省档案馆第 490 卷）

第七件事：善始善终离青海

袁任远："一九六二年四月，我到北京出席人大会议时，曾向中央提出调离青海的要求，并说我年纪大了，身体也不好，地方工作任务繁重，实在承担不起。我提出在政协挂个名，有个机关照顾一下生活就行了。后经中央研究决定，我到中监委工作。我的工作问题已经解决了，但我考虑青海省的领导班子还需进一步调整。有次在国务院见到周总理时，向他简要汇报了青海的情况，并提出请中央考虑是否调整一下青海的领导班子？总理说，我们研究一下。在我返回青海路过西安时，高克林就告诉我，中央已来电调整了青海的领导班子。调杨植霖到青海任省委第一书记，××调离青海，另行分配工作。这件事至今使我难以忘怀，周总理对工作高度负责的精神和密切联系群众，办事果断的作风，确实是我们学习的榜样。××离开青海时，我未去车站送行，多年来我一直怀有歉意。一九七四年，我在北京见到××时，曾向他道歉。我说，你走时，我没去车站送你，是不对的，请你不要介怀。我们在工作中有不同意见，有争论，这本来是正常的。他也一再表示，他有错误。以后在他患病时，我还去看望过他几次，我们之间的个人关系一直是好的。"①

一个男孩子的记忆

薛洪，原青海省委副书记薛宏福之子，宁夏外贸系统退休干部。当时，他才五六岁。

德高望重的袁老

薛洪："我的印象是袁老（一九）五八年到青海当省长。那时候我们家就搬到省委宿舍了，当时我父亲任青海省委书记处书记。当时常听我父亲讲，袁老是长征干部，老资格。我那时候年龄小，只记得一些生活中的小事。那时候也没电视，大家经常有个聚会，就是一个礼拜大家看看歌舞团演出啊，（省）领导人都到剧场（去），每次大家一见袁老，不管你是多高的职务，大家都起立，都很尊重（他）。有时候在电影公司小剧场看电影，每次袁老一来，大家也都起立。袁老也很谦虚，那时候看电影，要是主要领导来晚了，电影就再从头放。但是袁老不这样，我记得几次他来晚了，就是以继续往下放（电影），从来不重新放（电影）。"

"长征干部，坐什么车都应该"

薛洪："当时我父亲是最年轻的省委书记，（他）经常教育我们，做事是一定要注意影响，不要搞攀比。那时候小孩儿经常说，谁谁坐什么车。我父亲就说，袁老坐什么车也应该，

---

① 袁任远：《征途纪实》，湖南人民出版社 1985 年 1 月版，第 206–207 页。

◎袁老一家在青海的合影

人家是长征干部。"

袁老绝不不搞特殊

薛洪："我记得那时候袁老家孩子特别多，住房比较紧张。有几次我父亲去他家，就提出来让袁老到省委宿舍来住（袁任远时任青海省委书记处书记、青海省省长、青海省人民委员会党组书记），按道理袁老两边都可以住。因为当时我父亲是常务（副书记），当时省委的（住房）条件好一些，而且还能种菜，养猪、养鸡。我们就养猪、养鸡。袁老说：'行啦，可以了，住这儿工作方便'。袁老当时年龄比较大，按级别也应该给他多配属服务人员，袁老不让，说大家都一样。所以我父亲经常说，要向袁老学习，很谨慎。那时候没有特殊情况，孩子们都不准上父亲的专车。真有急事，上去以后也得趴下，免得让群众看见有意见。"

"我记得当时我父亲，包括袁老在内的省领导还集体降工资。"

袁老对青海民族工作贡献很大

薛洪："从我父亲讲的和我了解青海历史来讲，我觉得袁老（在青海）的闪光点，一个是柴达木大开发时期，他毕竟是省长啊。再一个是平叛（指1958年，青海部分地区发生的反革命叛乱）。平叛扩大化是有（的），但是不平叛是不对的。"

"袁老在青海把民族工作做得很好，尽量平衡民族矛盾，这对于青海的安定团结是最重要的。比如藏族，我认为是一个比较忠厚的民族，直到现在我们去看，家里还供着毛主席像，这与我们当年做好民族工作是很有关系的。要说青海的工作比其他地方难得多，少数民族多嘛！我就说一定要写一笔：袁老在（一九）五八年青海（部分地区）发生的少数民族（极少数上层挑起的叛乱）……包括达赖出走、（十世）班禅留下，藏族没有出大问题，这是（袁老）不可（磨）灭的工作。这是无形的贡献，在青海，把民族工作稳定下来，就是大贡献！袁老能在民族地区口碑好，这可是不简单。我想，这可能与袁老经过长征，多次经过少数民族地区，积累了丰富经验有关系。"

袁老本身就出生在少数民族地区。在过去很长的历史时期，少数民族除了深受与汉民族同样的苦难，还有一个民族歧视的境遇。袁老应该深知个中滋味。

"达赖和（十世）班禅曾住省人委宿舍"

薛洪："达赖和（十世）班禅都住在省人委（宿舍），他们的房子都比袁老的好。他们（达赖和十世班禅）住的都是独楼，上下层，他们两个都是青海人，在青海的影响是很深的。他们

（在省人委宿舍）住了多长时间我记不清了，但我们小时候都知道。达赖和（十世）班禅都给我摸过顶，扎过红领带儿的。"

"袁老很懂经济"

薛洪："袁老很懂经济。当年余秋里当了石油部长，要让我父亲去北京。袁老当时坚决不同意，说：'别人走，薛（宏福）不能走'。因为薛是青海的'活字典'。我父亲是从青海的基层干起来的，加上年轻。"

"后来我跟父亲去北京看望袁老，袁老还说过：'老薛啊，也怪我当时没把你放（走）了，结果让你在那边苦了一辈子'。其实他（袁老留下我父亲）也是为青海着想。"

"和蔼客气的袁老"

薛洪："那时候袁老到我们家来，就像邻居串门一样，很随便，不像现在还要秘书先打电话呀，什么的。"

"我们小时候的印象就是资格老，大家很尊重他；再就是出头露面少，话不多。我们去看他，他头发白白的，戴着眼镜，跟你握手，很客气，很和蔼，特别和蔼，把你头摸一摸，说话细声细语，很像文人那种（样子），但是他说的南方话我听不懂。"

一个女孩子的记忆

高源，原青海省委副书记、省副省长高克亭之女。那时，她才七八岁。

"资历老，但拼命工作"

高源："袁伯伯年长我父亲几岁（高克亭同志比袁任远小13岁），革命的资历又很老，对我父亲来讲他既是领导也是兄长，所以对袁伯伯非常尊敬。两人都是初来乍到，青海的情况又比较复杂，所以他们都拼命地工作，尽早掌握熟悉情况，迅速进入角色，努力把党交给的工作做好。"

"慈祥伟岸"的袁伯伯

高源："我们家一九五八年从山东调到青海，袁伯伯一家同年也由北京调到青海，从此我们家和袁伯伯一家就有了不解之缘。刚到青海时我还很小只有7岁，只见袁伯伯面目慈祥、伟岸魁梧，在我心目中绝对是一个令人尊敬的好伯伯。后来我和袁伯伯的孙女袁新海成了同班同学，又住在同一栋联排大楼里，常常会去她们家玩，渐渐地就和袁伯伯的爱人周雪林阿姨熟悉起来。"

◎袁任远、周学林在青海

性格开朗的周阿姨

高源："袁伯伯和周阿姨很恩爱。周阿姨是一个经过长征的老干部，性格非常开朗、极爱开玩笑，我小时候很诧异怎么还有这么开朗爱笑的阿姨呢，和她在一起太开心了，没有愁事。她和孩子们也常常开玩笑，孩子们也不怕她，我常想，袁伯伯和她在一起太开心了，哪还有解不开的烦恼呢。以后接触多了，周阿姨对我的性格发展也起了潜移默化的影响，我长大后也大大咧咧的，对天大的困难一笑了之。"

艰苦朴素的袁家子女

高源："在我印象中，袁伯伯和周阿姨对孩子们要求很严格，学习是一定要好，新海和海英的学习都非常好，但他们的衣着却很朴素，我记得新海还穿过带补丁的衣服呢，我妈妈常要求我向袁家的孩子们学习，学习努力上进，生活艰苦朴素。"

袁老婉拒担任上海市长

◎1964 年的袁任远

袁意滋："有一次父亲和我闲谈时，说一九六二年中央想让他青海任期结束后到上海当市长。他认为自己年龄大了，身体也不好，难以担此重任，建议让年富力强的同志去！他同时提出，在人大、政协有个位子，管管生活即可。中央没同意，在一九六二年八届十中全会上，父亲当选中央监察委员会常委。"

当时，袁老已近 64 岁。面对上海市长这样一个重要职位，他以自己年龄大为由婉拒中央的安排，这是以党和国家的事业为重的生动体现。在尚未实行干部退休制度的情况下，是十分难能可贵的。我们完全应该相信袁老的态度是真诚的。袁老一生中最后一次接受采访时，讲得还是这个话题。

任职中监委

中监委即中央监察委员会。1963年底至1966年，袁老在中监委工作了3年半。

袁任远："中央监委的办事机构符合精简的原则，干部不多，只有一百四十多人。当时中监委的任务很重，特别是经过三年困难时期，在基层干部中违纪案件很多。"

"我们到下边检查工作时，注意了解国民经济建设的情况，人民群众的生活、思想动态，以及社会道德风尚等方面的问题。我们将了解到的情况及时向中央监委汇报，一些重大问题及某些有参考价值的问题，还要向中央反映，以便使中央能了解到下边的情况。"[1]

袁老的"文革"岁月"三阶段"

袁老的"文革"岁月大致可分三个阶段，即被动卷入、有限抗争、下放江西。

第一阶段："被动的三年"

袁任远："一九六六年五月，中央政治局扩大会议通过了毛主席主持制定的中共中央通知（即《五·一六通知》），'文化大革命'就正式开始了。尽管当时我还不理解，由于是毛主

---

① 袁任远：《征途纪实》，湖南人民出版社1985年1月版，第210—211页。

席亲自发动和领导的，所以运动初期，我还是积极参加了。八月以后，全国掀起了红卫兵运动。红卫兵打着'造反有理'的口号，冲击党和政府的机关，揪斗各级领导干部，今天抄这个同志的家，明天抄那个同志的家，今天批判这个领导干部，明天批判那个领导干部。给他们戴上高帽子，挂上牌子，押着游街示众，侮辱人格……"

"学生停课闹革命，工厂企业，实际上也处于瘫痪或半瘫痪状态，生产秩序混乱，全国人心惶惶，一个好端端的社会主义国家被搞得乱七八糟。"

"一九六七年一月上旬，上海的'造反派'夺权后，一月下旬，中央监委的八个'造反派'头头把中央监委的权也夺了。成了中央监委革命委员会，我们这些老同志全部靠边站了。"

"我还是坚持每天去机关。没有办公室，就和伍云甫、金昭典三个人挤在一个房间，每天只是看大字报，看看《人民日报》和《参考消息》①。"

第二个阶段：有限的抗争

袁任远："一九六七年，中监委的'造反派'给中央写报告，要建立中央监委老中青三结合的革命委员会。"

"他们让我当革命委员会主任，我明知是拿我当陪衬，但不干又不行。"

"革命委员会开会时我虽参加，但我不主持会议，也不发表意见，让我分管的来信来访工作，我也没管，我是名副其实的傀儡。"②

---

① 袁任远：《征途纪实》，湖南人民出版社 1985 年 1 月版，第 211–213 页。
② 袁任远：《征途纪实》，湖南人民出版社 1985 年 1 月版，第 214 页。

◎ "文革"期间与叶剑英、曹菊如在厦门合影

◎ "文革"期间和曹菊如夫妻在厦门

仗义执言惹大祸

钱瑛是原中监委副书记。20 世纪 30 年代在上海工作时，曾被捕关押在国民党南京反省院。抗战胜利后，才被释放。"文革"中，中监委的造反派说钱是叛徒。袁老在因公出差去广州时，了解到钱瑛在国民党监狱的表现情况。

袁任远："在南京反省院时，钱瑛是监狱里党的支部书记，曾领导监狱里的同志向国民党反动派进行斗争，表现得很坚强。监狱每天要升旗，升旗时，要唱国民党党歌，钱瑛率领大家拒唱国民党的党歌，并进行绝食斗争。"

"回到北京后，我曾向管钱瑛专案的负责人介绍了我在广州听到的有关钱瑛在监狱的表现，供他们参考。这一下可惹了大祸，造反派说我包庇钱瑛，包庇反革命的人就是反革命，撤了我革命委员会主任的职务，并在革委会上对我进行批判，随后又抄了我的家。"①

江湖有话，"为朋友两肋插刀"。共产党人不是绿林好汉，不为义气办事。共产党人讲正义，敢"为真理两肋插刀"。没有经过"文革"岁月的人，不知道"祸从口出"的厉害。那时的中国，处于"极左"的亢奋之中，不管相互之间是什么关系，也不管你是什么身份的人，只要"犯错"马上就有人把你揪出来斗争。

"一句话能成事，一句话能坏事"，那个时期真就是这样。

这样一个非常时期，袁老竟敢为"叛徒"钱瑛申诉，无异于惹火烧身。更有甚者，袁老为此被软禁。

袁任远："不准出门，不准会客，不准写信，不准打电

---

① 袁任远：《征途纪实》，湖南人民出版社 1985 年 1 月版，第 21–215 页。

话……，还成立了专案组，对我进行审查。"

"我很不客气地对他们说：我一未被捕坐牢，二未被俘，三未在国民党的政权里干过事，四未出国参观考察，在国外也没有亲戚朋友，即使在长征的艰苦环境下，也未掉过队，你们给我戴不上叛徒、特务、内奸、右派的帽子。我的历史是清白的，不但我个人没有在国民党的政权里做过事，就连我五服以内的亲属也没有一个在国民党内做过事，你们可以去调查。"①

袁老一向很在意自己"地主家庭出身"这个小尾巴。他总是"夹着尾巴做人"。可在'文革'汹涌的政治浪涛中，他居然摆出了这样一幅凛然不可侵犯的架势，正所谓，"士可杀不可辱!"所幸的是，袁老的"戴反帽子"经历，让那些打算整他的人实在无从下手。

周恩来发话保袁老

袁任远："(一九六八年) 八月间，专案组长带一名外调干部来我家，适逢我上街买信封去了，她大发脾气，说我违反了'五不准'的禁令，我们彼此拍案大吵起来。我怕他们加强对我的迫害，曾要周雪林去找王震请示总理，我可否也搬进中南海去住。总理说，如果造反派进一步迫害时，就住进中南海。事后专案组未再找我的麻烦。我虽未去中南海住，但对总理保护干部之热情却终生难忘。"②

周恩来是否为袁任远事做过交代，我们不得而知。但此事不了了之，有惊无险的结果，很难说没有周恩来的"因素"。

---

① 袁任远：《征途纪实》，湖南人民出版社 1985 年 1 月版，第 215 页。
② 袁任远：《征途纪实》，湖南人民出版社 1985 年 1 月版，第 215 页。

第三个阶段：下放江西

1969 年 10 月，中央监察委员会被撤销了。袁老的处境更坏了。

袁任远："一九六九年十月，中央组织部的军代表郭玉峰派人动员我离开北京到江西去。我对他说，我的问题还没有搞清楚，我不能背着包袱下去。只要我的问题头一天搞清楚，第二天我就走。来人反复劝说我下去，我坚决抵制，坚持不搞清楚问题不走，一直拖了半个月。他们没办法，不得不派人来向我宣布：说我几十年是忠于党，忠于毛主席的，虽然在工作中有这样那样的错误，是在所难免的，也是可以理解的。他们还向我说，我们参加革命的时间比你短得多，都有错误，何况你呢？我说：只要没有政治问题就算了，至于工作中的是难免的，只要实事求是，我当然检查。就这样，我被宣布解放。我向他们要书面结论时，他们说以后再给，我的问题也就这样结案了。"①

袁老下放的地方是江西抚州。他下放生活的经历，很多老同志也都经历过。在《征途纪实》中，袁老有较为详细的讲述，这里我们不再赘述。

林彪摔死，袁老回京

1971 年 9 月 13 日，林彪叛逃摔死。这个惊天消息让许多老同志激动不已。袁老的当时的心情也是一样。

袁任远："那时，我正在抚州地区参加会议，听有关林彪事件的传达，当听到林彪叛逃摔死在蒙古的温都尔汗时，我们

---

① 袁任远：《征途纪实》，湖南人民出版社 1985 年 1 月版，第 217 页。

非常高兴，许多老同志激动的
心情难以控制。如谭政的夫人，
在赣州听了传达后，心情过分
激动，引起心脏病复发而去世
了。"

"林彪事件被揭露后，我向
中央组织部写信，要求回北京
治病。不久，接到中央组织部
同意我回北京的信。"

"我回到北京后，在中央组
织部过组织生活。因为一九六
九年中央监委撤消后，中央组
织部设有老干部支部。开始时
有八九个同志，后来增加到十几

◎晚年的袁任远

个同志。如杨士杰、张策、曾志、蹇先任、曹菊如、郭述申、
王学文、吴岱峰、孙敬文、曾碧漪、彭靖秋、孙以瑾等，都是
老干部支部的成员。每周开一次支部会，或者学习，或者讨论
问题。老干部支部成员大都是遭到林彪、'四人帮'反革命集
团迫害的，对林彪、'四人帮'深恶痛绝。在'四人帮'统治
时期虽不敢公开反对，但一有机会，就对'四人帮'的倒行逆
施议论一番，讽刺讥笑一阵子。"①

"对中央文革那帮人都用代号，如说三点水、老阿姨、老
太婆，就知道是说江青。如说天师、眼镜，就是指张春桥。"②

此后 5 年多时间里，这些老同志们强压怒火，坚忍不拔，

---

① 袁任远：《征途纪实》，湖南人民出版社 1985 年 1 月版，第 220 页。
② 袁任远：《征途纪实》，湖南人民出版社 1985 年 1 月版，第 213 页。

蓄积力量，等待着，等待着云开雾散的那一刻——

粉碎"四人帮"，袁老老泪纵横

郭爱民："他对'四人帮'非常痛恨。粉碎'四人帮'的时候，爸爸当着我的面哭得不行了！他哭着给我讲'四人帮'的事情，在这以前他从来没讲过。"

1976年10月，"逆天"多年的"四人帮"终于被粉碎了，无数老同志遭受迫害、压制、冷遇和"修理"，心中积愤久矣。当"四人帮"被粉碎的消息传出，他们同全国人民一起，欢呼啊，雀跃啊，哭啊，喊啊的几近失态，简直成了中国举国上下的"政治狂欢节"！笔者记得当时各地菜市场的螃蟹全部脱销，大家纷纷"涌到"那里，都要购买"一支母蟹三只公蟹"做下酒菜！深受"四人帮"之害的袁老，焉有不哭之理呀——

◎袁任远在春节团拜会

袁老"八十打鬼"

与"四人帮"帮派分子郭玉峰的斗争，是中央机关"文革"结束以后、改革开放之前的特殊时间段里的一场激烈的、特殊的斗争。为了拔掉郭玉峰这个"四人帮"爪牙，年逾八十的袁老可谓拼尽全力。有资料显示，这场斗争激烈程度甚至可以用"惨烈和悲壮"来形容。袁老在他的自传《征途纪实》一书中，对此作过详细的记述。我们在另外一份材料中，看到了袁老在这场斗争中"战斗细节"：

"郭玉峰是胡耀邦前任的中组部部长，此人忠实执行林彪、'四人帮'的反动干部路线，制造了大量冤假错案，迫害大批革命老干部。在林彪、'四人帮'时期，郭就是中组部的业务组长，粉碎'四人帮'后，他仍为中组部部长。对平反冤假错案、落实干部政策，他持什么态度，可以想见。"

"袁任远是德高望重的老同志，解放初任湖南省委常委、省政府副主席，以后先后担任内务部副部长和青海省委书记、省长和中央监委专职常委。粉碎'四人帮'后的1977年，袁已八十高龄，是中央组织部老干部支部的老党员，十一届三中全会后，又出任中央纪委副书记。"

"那时，虽已打倒'四人帮'，但共和国冤案如山，中共的最高组织大权却操在郭玉峰等人的手里。对此，党内一些老干部忧心如焚，认为像中央组织部这种情况，要实事求是平反冤假错案、落实干部政策，是根本不可能的。"

"陈文炜从50年代起就是袁任远的秘书，一天晚上，袁找陈文炜，说了他和老干部商量后的共同观点：为解决中央组织部的领导权问题，'我们要向中央写信，反映情况！'"

"这个报告，当场由袁口述、陈文炜执笔起草。然后，报

告由袁仔细修改整理，又亲笔抄好。后来，同王震商量，王震建议，这报告应请陈云转交中央。"

"后来，陈文炜陪同袁任远到陈云家送材料，受到陈云亲切接待。那时，陈云家院子里还搭着防震棚，袁进了卧室，两位忧国忧民的老人谈了一个多小时，陈云亲自把袁送出门外。"

"出门后，袁任远告诉陈文炜：陈云没有收下这个报告。陈云说，他曾经当过组织部长，不便出面向中央转这个报告，但是陈云对组织部的情况很关心。后来，陈文炜还专门为陈云送去了一批组织部老干部支部揭批郭玉峰的大字报汇集。"

"后来，袁任远与杨士杰、张策商量，另请了曾宪植老大姐，将材料送叶剑英元帅，由叶帅转给中央。"

"一天下午，陈文炜下班回家，路过袁任远家门口，袁高兴地对陈说，组织部这一仗今天打响了！"

"原来，此时正值选举中共第十一届党代表大会代表，抓住这个契机，以袁任远、杨士杰、张策为核心的中组部老干部支部，坚决不同意选郭玉峰等人当党代表。与此同时，他们还用'大字报'形式，以大量的事实，揭露林彪'四人帮'在中组部的罪行和郭玉峰的真实面目。"

"对袁任远老前辈为党的利益不顾自身安危的精神，陈文炜十分钦佩，他当面对袁说：'袁老，你是八十打鬼啊！'袁说：'为这场斗争，我是不计后果的'。"

"中组部内老干部的这种行为，受到党内高层大批老党员、老同志和广大干部群众的关注和支持。有一天，老干部毛铎建议，请人民日报社把组织部里这场斗争的实际情况，整理一份材料送给中央。当天傍晚，毛铎同《人民日报》副总编安岗到袁任远家，杨士杰把一批材料交给安岗带回人民日报社。安岗与总编辑胡绩伟商量，指定国内政治部主任王泽民据此整理出一份《情况反映》，报送中央。题目是：《从一批老干部的大字报看郭玉峰在中组部的所作所为》，共一万多字。"

"事后，汪东兴在人民大会堂接见中央组织部老干部袁任远、杨士杰、张策和郭述申等人。"

"一九七七年二月初，把持中央组织部十年的郭玉峰终于下台。中央决定，胡耀邦任中共中央组织部部长。胡耀邦到任后，中央组织部发生了翻天覆地的变化，又恢复了党的优良传统，重新成为党员之家，从而大得党心。"

（摘自：《南方周末》（节选）应跃鱼文 1999.8.13）

◎袁任远与秘书陈文炜

积极推动为错划"右派分子"平反

继"八十打鬼"之后，袁老又在积极推动为反右扩大化中被错划为"右派分子"平反中尽心尽力。对此，袁意滋有过这样的讲述：

"胡耀邦上任后，大力纠正冤假错案，为老干部平反，同时对右派平反也很关心。并于一九七八年六月，在山东烟台召开了'研究右派分子摘帽的具体问题和商定落实方案的专门工作会议'。当时杨士杰（时任中组部副部长）、陈文炜（袁任远的秘书）代表中组部出席了会议。由于当时'两个凡是'的影响，会上出现了激烈的争论。"

"烟台会议后，陈文炜回到北京向父亲介绍了会议的情况，父亲叫陈文炜以自己亲身参加会议的身份起草一个报告，主要写：建议中央重新召开会议，实事求是地解决右派平反的问题。写好后送杨士杰审阅，最后呈送胡耀邦。胡耀邦根据此报告将烟台会议的情况上报了中央，促成中央重新审议'右派'平反问题。"①

◎1982 年，袁任远重归故里

① 《先辈的嘱托——红二六军团后代寻访录》，中共党史出版社，中共张家界市委党史研究室，2012 年 7 月版，第 117 页。

杖朝之年，成功助推张家界国家森林公园建设之门

提起张家界，稍有旅游常识的人都知道。这里"奇峰三千，秀水八百"，山峰集奇、高、险、峻于一身，千姿百态，如梦如幻。溪水蜿蜒如练，清澈甘甜，沁人心脾；核心景区空气每立方厘米负氧离子含量超 10 万个，被誉为"天然氧吧"；保护完好的原始森林；遍布长廊、大厅、暗河、瀑布的地下岩溶洞穴；称为"张家界地貌"的石英砂岩峰林峡谷地貌……美轮美奂，令人流连忘返。2010 年，美国大片《阿凡达》把张家界作为主要外景地，更是大大增加了这里的知名度。

现在的张家界游人如织，四季如常。

然而，就是这样一个人间仙境，在 20 世纪 80 年代前，却鲜为人知。直到 1979 年，著名画家吴冠中无意中发现了这片"大自然宠儿"，次年，他以《养在深闺人不识》为题的散文，第一次向世人掀开了张家界那美丽的面纱，吴因此成为最早发现和宣传张家界的"伯乐"。

很快，张家界这块"风水宝地"受到国家林业部门的高度重视。据张家界武陵源区党史办提供的《世界自然遗产武陵源开发保护史》资料介绍：

林业部周戈千局长，第一次提出在张家界建立国家森林公园。其后，上上下下的考察、规划、方案、报告等工作迅速展开。不过，令所有人没想到的事情发生了，军队方面提出，因为军事战略的因素，不同意开放。张家界的开发遇到"禁令"。后经湖南省和国家有关部门多次协商，军队方面还是没有同意。

正当大家一筹莫展之际，袁老在湖南省人大副主任王含夫

等陪同下，于 1982 年 4 月 4 日来到张家界。袁老是中央领导中第一个来张家界者，也是金鞭岩饭店第一位旅客。当听到大庸县委负责人关于军队方面不同意开放的汇报后。他说自己是慈利县江垭人，有什么问题他回去找军队有关部门协调，必要时找耀邦同志，给他们说一说。果然，袁老回去不久，军队方面就同意了。消息传来，人心大振。州委（即湘西土家族苗族自治州党委）研究，决定将张家界开放工作升级，纳入州政府直接领导。湖南省党政主要领导人及有关部门，对建立张家界国家森林公园及在张家界发展旅游业，均持积极态度，努力争取。

1982 年 9 月 25 五日，国家计委作出了《关于同意建设张家界国家森林公园的复函》（计农【1982】813 号），宣告中国第一个国家森林公园在湖南张家界诞生。

张家界国家森林公园的建立，具有重要意义，它结束了中国没有森林公园的历史，开创了中国森林旅游的新局面。

张家界森林公园建立后，名声大振，知名度迅速提高，1983 年来张家界旅游的游客仅 44500 人次，次年陡增至220753 人次；1989 年达到 32 万人次。1983 年旅游收入近62.38 万元，1989 年达到 648.42 万元。如今，张家界的游客，已经达到几百万人次了。

如果说，吴冠中是第一个发现和宣传张家界美景的"伯乐"，那么，袁老就是实现张家界大开发的重要推手。如今，人们一到张家界，都会看到景区入口处的吴冠中的塑像，而袁老推动张家界开发的功劳却"鲜为人知"。

◎袁任远与慈利县领导合影

◎当地餐馆以"袁任远故乡"为招牌

【三官寺】

慈利县三官寺土家族乡是老一辈无产阶级革命家袁任远的故乡，境内古有一寺庙，设祀天官、地官、水官三神的祭坛，含主福、生财、转运之意，故名三官寺，乡依此而名。位于慈利县西部，跟县城45千米，距张家界市50千米。东邻江垭镇，南与武陵源区和阳和乡交界，西与桑植竹叶坪乡接壤，北与赵家岗乡相连。

◎1982年袁任远在张家界

成功助推慈利索溪峪自然保护区

　　关于建立索溪峪自然保护区，张家界武陵源区党史办提供的《世界自然遗产武陵源开发保护史》也作了介绍：

　　索溪峪自然保护区的初期开发与张家界同步，但是遇到了比张家界还要大的困难。因为索溪峪比张家界更不符合军队方面的保密要求。因此，当张家界名声大振的时候，索溪峪却显得冷冷清清。

　　1982年，袁老回到慈利时，县委即向袁老汇报了这一情况，请袁老帮助与军队方面做协调工作。索溪峪距袁老的家乡株木岗村仅20里路，袁老对此地很熟悉。他向慈利县委要了一套索溪峪自然保护区的资料，答应回到北京后，与军队方面协调，必要时给胡耀邦和邓小平同志看看。自己虽然老了，还是愿意为家乡尽力呼吁。此后的两年，袁老一直为此努力。1984年10月，中国人民解放军广州军区司令部函告湖南省人民政府，同意外宾进入索溪峪风景区参观考察。这是索溪峪开发史上具有里程碑意义的大事。自此，索溪峪的开发工作才名正言顺大张旗鼓地进行。

这一年，袁老86岁。

杜芳禄（张家界市副市长）："袁老不仅是我们慈利、张家界的革命前辈，也是无产阶级革命家，你们采访袁老的生平事迹，收集他的革命生涯资料，我们全力支持。老一辈无产阶级革命家们有一个共同的特点，就是心中总装着天下百姓，这正是需要我们缅怀和传承的。袁老为家乡办了一件大事，很多人不知道，张家界国家森林公园的建立及整个旅游区的早期开发，是袁老帮助打开山门的。上世纪八十年代初，袁老还为家乡联系买了两台北京二里沟汽车制造厂生产的小卡车，这在当时农村来说，也是了不得的大事啊，车子从北京开回来后，乡里很多人都围着看稀奇哩！"

◎崔秘书谈袁老的自传

◎袁任远与老战友王恩茂在吉林

"自力更生"写自传

崔开成："当时写的过程就是，他某天想起了一段，就口述，我就记。就这么一小段一小段的来。我记完了给他看，记得对不对？对了。我再找些历史背景材料，给他加工，搞完了，他看着行，这一段就算过去了。下次再讲一段……就这么个过程。"

"书写完了以后，袁老（把书）送给王震看。王震看了说，你们没搞个（写作）班子啊？我给你找几个人。袁老说，我也不想发表，就是写给家里人看。后来王震找了中央党校的两位教师来帮助看一看，他们提意见说，要写的细一些，生动一些，这样写只是骨头，太干巴了。后来袁老也没找什么人。"

"病重还要求看资料"

郭爱民："爸爸感冒发病住进医院，都报病危了。中组部来人问候，看看家里有什么困难需要解决。我们家里暖气一直不够热（这也是他经常感冒的原因），四合院房子特别高，冬天屋里脸盆的水都会冻住（结冰）。我们要他给组织上说一说。结果人家来问的时候，他只说希望还能看到内部文件啊，《参考消息》啊，各种资料和文件啊，家里暖气不热的问题他压根儿没提。"

袁任远 "最后的声音"

1986 年，上海有声读物公司策划了一组《致青年朋友》有声读物，这组读物以德高望重的革命前辈的声音为主，著名演员张瑞芳担任主持人。接受采访录音的有王首道，杨献珍，陆定一，夏之栩，袁任远，任质彬，郭述申，郭化若，伍修权，何长工。这是一个极为珍贵的历史资料。我们找到了这本小册子，并将袁老生前最后的采访录音，呈现给大家听——

对青年的一点希望
袁任远

"我年纪大了，退休了，没有什么新鲜可以讲。要讲么就是最近召开了党代表会议，这是有历史意义的一个重大问题，就是废除干部终身制，这是个重大问题。党员一贯的都是搞到死嘛，除非是犯错误的，或者是身体特别坏的，以往都是终身制，那个不是搞到死呀！这好不好呢？不好的。结果是死了看，有什么意义？说话也是和我一样流口水，我都不能站起来，还不退休？仍然搞到死呀？这次决定实行退休制度，年老的人，身体不好的人，及时退下来是很好的。我今年八十七岁了，像我早几年退休，身体还好一点，对本人有好处，对青年有好处，对党对国家也有好处。年龄不饶人。六十以后的人，精力无论如何比四十五十的差，七十比六十差，八十比七十差，一年不如一年，老的就是一月不如一月。我现在就是一月不如一月，我十月走路还不错，现在不能动了，真是一月不如一月。精力差了，不能干了，让年轻精力旺盛的人干，把位子让出来嘛。当然退休不是退伍，我是不安啊，我退休的时候说我还是党员，生活待遇不变，政治生活还是不变，不过是不在职就是了，党员义务应该是一样的。凡是党员应该做的事情还是应该做。凡是身体啊，能力啊，能够办到的事，或是环境呀，能够办到的事还是应该做。当顾问呀，搞调查研究呀，特别是搞（老年同志向年轻同志）交班吧，交班就是事业，这是革命的趋势，后浪推前浪嘛，世上今人换旧人嘛，这是自然规律嘛。"

"我想历史上的事情大家都知道了，六十一年嘛，凡是八十岁的人，大多是六十年左右，七十五岁上的，那时还是青年团员呢，那个时候的青年团员都是现在七十五岁以上的。我们那时候二十几岁。我们这一辈老的死得没剩下几个人。总理，一八九八的；少奇同志，一八九八的；彭德怀同志一八九八的；项英，那死得更早，一八九八的；张鼎丞，一八九八的，和我同年的死得就存我一个了，现在比我大的人不多啊，大概十多个。在北京的没有十多个。总之革命六十多年，这个六十多年分两个时期，一个是民主革命，一个是社会主义革命。民主革命完全是战争，二十五年左右打仗嘛，完全战争，那时我们是在国民党的白色恐怖下面，那是很苦的。我们的革命在那么样的生活情况下面，为什么搞成功？开始只有几个人闹，主要是一个共产主义信念，他相信嘛，相信共产主义。共产党员是五湖四海的，姓张的、姓王的、姓李的，不是一家，也不是一个地方，也不是一个地区的，五湖四海，这许多人，为什么都团结一致，你们两个我又不认识，为什么我今天见你们，你们为什么访问我们？就是一个共产主义。我这么大年纪，你们又不了解我，老实讲我也不管你们的事，就是因为共产主义团结一致，讲思想，讲老实话。那时只要你是共产党，不管怎么样困难都是保护者被保护者。我在一九二八年领导湖南石门那一次起义失败以后我被打散了，哪儿去找党呀？也不像现在，有个招牌，某某县委，你找不到人。除了你支部的人外，别人又不认识，当然组织上感谢你，惦念你，这个我到了上海才知道，你首先要认得一些人，一小部分人，主要是支部的人，交通的人，支部书记，不知道几个人，哪去找党去？我从石门找到慈利，从慈利找到常德，从常德找到武汉，从武汉找到开封，最后从开封到上海才找到党。那为什么我们一定要找党？就是为着革命。信仰共产主义就是革命，崇高事业嘛。现在也是一样呀，你是个党员，好好的为党掌握技术呀，过去找党找不到呀，你现在是党员要好好干嘛，继续跟党走嘛。可现在我们这一代人老了，我们对青年同志期望大家跟党好好地干，这也是我自己的事情。所以希望青年一代也是好好地做吧。我没有什么德才，就这些废话，完了。"

（上海有声读物公司：《致青年朋友》革命前辈的心声之一1986年10月版，第21页）

为革命奋斗一生，鞠躬尽瘁。于公于私，问心无愧。袁老给自己的人生画上了圆满的句号。

（二）袁意奋：保持本色，鞠躬尽瘁

世界上没有完美的事，蔷薇花总是有刺，我相信，天上可爱的天使，他们也绝不会没有瑕疵。天幕上最光洁的星辰，要是伤了风，也会堕入凡尘，最好的苹果酒常带木桶的味道，太阳里也有黑点可以看到。

——海涅（德国）：《拉撒路》①

◎袁任远与长子袁意奋

再次上岗，袁意奋"高职低配"

1977 年，袁意奋被任命为海军装备技术部政委（正军级岗位）。兵团级干部，到正军级单位任职。如果说，袁意奋到海军装备技术部"高职低配"当政委是出于工作需要，或是部队编制所限等原因，那么他这个海装政委，党内职务却是"党委副书记"。熟悉解放军的人都知道，一个单位的政治委员，也当然是该单位的党委书记，除非有特殊情况。那么，此番袁意奋党内职务"正职副配"，显得就有些不同寻常。

阴法舜："也不知为什么，他这个政委的党内职务是党委副书记。通常一个单位的政委都是党委书记，这次他却是党委

---

① 艾海主编：《句海》，文汇出版社 2002 年 1 月版，第 83 页。

副书记，这很不正常。"

三十多年以后，时任海军技术装备部干部处长、原海军某基地政委（正军职）阴法舜首长，谈及此事颇有感慨。

2012 年 2 月 27 日，曾与袁意奋共事多年的阴法舜首长，作为"重要知情人"，接受了我们的采访。他给我们讲述了袁意奋人生最后一份工作的经历：

◎阴法舜与作者合影

一句话"降服"干部处长

阴法舜："这个老首长给人最大的印象就是平易近人，善于和人交流。我是在下面（基层）当军代表，长时间搞业务工作，对技术工作感兴趣。'文革'以后，端正业务工作方向，把业务和技术（工作）就提高到一定的位置上来了。海装（海军装备部，下同）是一个知识分子比较集中的单位，大部分都是搞业务的，而且大部分都是大学生，占 80% 还多。（这里的）干部工作在我之前连续换了几任都没有留住，要选一个搞业务工作的人来搞政治工作，就这样把我从山沟里选上来了。

那时候给我套了个名字，叫'学雷锋先进干部'。由于因为我们单位被评为先进单位，我是总代表，所以就给我这么一个称号。"

阴法舜首长很谦虚。当时只有"学在前、干在前"的模范榜样，才能得到"学雷锋先进"的称号。他后来的经历也证明了他的确是个好干部处长。

阴法舜："给我谈话的时候，我表示还是愿意做业务工作，既熟悉又得心应手。结果，袁政委说，我们就是要选一个做业务工作的干部做政治工作。这我就没话说了。"

按现在的话说，叫"服从命令是军人的天职"。那时候的说法叫，"我是革命一块砖，哪里需要哪里搬"。

豁达行得迎风船

阴法舜："当时海装是他（袁意奋）一个政委，底下四个副政委。因为'文革'以后，好多老干部需要安排。但从工作上来说，一个政委四个副政委，而政治部总共五个处，一个政委管一个处，那处长干什么？政治部副主任还有四个呢！所以，我现在回想起来，（他）这个做政委的也难。"

那是一个特殊时期。那时候中国刚刚从"文革"动乱中走出来，解放军还没有进行百万大裁军，冗员过多问题普遍存在。

阴法舜："但是他（袁意奋）这个人还有个特点——豁达。表现在哪里呢？（首先）他不太在意人们说长道短。再就是他对人还是比较关心的。那时候干部工作量比现在相对来说也大，各项制度没有健全，有些根本就没有制定。比如离退休制度。文件有了，但是落实起来很难，要让谁退休，要做很多的工作。现在一个命令，到点退休。那个时候不行。海装二级部很多副部长都是抗战初期或中期的老同志，有些还是红军时期的，怎么能把这些人（待遇）解决一下？才能使（为）海装的干部队伍的知识化、年轻化打开一条路。他（袁意奋）把我叫去，让我们拿个方案。我们就拿了一个方案，基本上这些人都能解决正师职务，还有几个资格老的部长由正师提升为副军级。随后他就召集了几个副政委，我也参加了，一块儿先商量一个初步意见，准备上报。不巧，这时上级有指示，干部工作暂时冻结，这件事就没有办成。"

问：后来呢？

阴法舜："后来袁政委问我：'老阴'……那时我年龄比他小得多，他还叫我老阴。他说：'老阴，这事儿你看还有什么办法吗？'我说：'这事儿暂时没什么办法了'。他说：'解决不了这个，底下的总代表们（驻各军工单位的军事总代表）的事儿可不可以解决一下呢？'那时候基层单位的（军事）总代表们，也存在同样的资格老、职务过低的情况。"

这件事他们办成了。阴法舜首长详细回顾了袁政委和他一起商量解决"总代表们"职务偏低问题的曲折过程，对袁意奋为基层办实事、办好事的韧劲和智慧，给予了充分赞誉。他还讲了一个实例。

为提拔年轻人"钻洞"

阴法舜："对于年轻人的成长和使用，袁政委也考虑的很多。（一九）八〇年代初，干部级别普调（通称'齐步走'）。当时海装大学生很多，不少是'文革'中毕业的，但是海装的业务主力，按文件规定他们都是从二十一级调整到二十级。但是文件中有一个'洞'（政策缝隙），他们中'个别的，业绩啦、资历啦，也可以调整二级'。作为干部处长，我觉得这是

◎海军装备技术部表彰"四学"先进代表会合影，前排左起第8人为袁意奋

机会，就此提醒袁政委，可以多调整一些干部，政委对此予以支持。最后在我们权限内干部调整二级的比例，打破了上级的规定，我被叫到上级机关，要求写报告（做检查）。回来后我向政委报告，袁政委当即表态：'你写吧，就说我说的'"。

从实现干部知识化、年轻化大局着眼，也充分考虑干部个人的实际情况，袁意奋此举用心良苦。此时，尽管导致他"中枪"的问题已经不算什么问题了，但还留有说不清道不明的"尾巴"。但他依然尽其所能，做一些有利于部队建设大局的事情。也许他深知，在人生的紧要关头，"一步跟不上，步步跟不上"。干部工作在某种意义上讲，决定着很多人的"前进步伐"。作为干部处长，阴法舜对此深有体会。他又讲了一个"调职称的故事"。

阴法舜："（驻厂）军代表调职称不能跟研究院和技术设计单位一样。他（们）是使用为主的，他（们）不是搞设计的。他（们）是你设计了，生产了，我是按标准验收的。这样一来，他（们）的技术有的深一些，有的相对来说就简单一点儿。但是他（们）干了一辈子了，有的人在很偏僻的地方。所以，这个工程师（职称）设计上就不能（标准）太高，不能按照院校里教授的标准来套，光外文就把他们卡住了。这件事情我们就实事求是的办了"。后来有人提出异议，要求再重新复议、削减比例。当我们进行重新筛选评定的时候，上级发文，说'暂停公布，职称已经评了的就评了'"。

疑人不用，用人不疑

阴法舜："袁政委特别替人着想。干部工作最怕的是受干扰，主管首长也管，非主管首长也管……但是袁政委一个特点，我们的日常工作他从来不干预。上边有文件你按照文件精神拿方案，这样一来我们干工作也就比较放手、大胆。"

"我是（一九）七八年到机关的，直到（一九）八五年离开海装。他没有一次因为他个人，或亲戚朋友的事叫干部处办个什么事。"

问：为人正派。

阴法舜："这在过去叫正派，现在叫傻瓜，哈……"

问：（无语）

老红军"敢为天下先"

阴法舜："咱们（干部）队伍中的知识化、年轻化，现在看不是个问题。用年轻人、用有知识的人，这很自然。但在那时候一九七、八十年代，叫得响，做不动。本身可能是叫得最响的人，就是最做不动的人。对此我深有体会。但在整个海装首长当中，他资格最老，是老红军、老将军，海装将军就他一个。"

"但他最喜欢用的就是年轻人和有知识有文化的人。几次在用干部讨论的时候，务虚的时候都很好，一涉及到具体人，

'这个人还缺乏点儿经验吧'，'还是再放一放吧'……这么一句话，对一个干部来说一下子就三年过去了！这里有个例子。刚才说的那些老同志没能解决职务问题，但是他们还占着位置。当时海装几个部，在大形势下，能不能先把几个部领导换成年轻的，这可是个'大动作'。这个任务交给我们了。在这之前干部处、特别是我，是不敢提这样的方案的，因为我也是相对比较年轻的。（袁）最后让我们拿方案，确定了十来个大学学历以上的部领导候选人，经研究通过了。这一下，大大优化了海装部级领导的年龄结构和知识结构。在海军来说走了个第一，为此，海军报社记者采写的经验报道还曾经在人民日报发表。这件事得到了袁政委的全力支持，从中可以看到袁政委作为一个高级干部的素质和水平。我们也从他身上受到感染。多年以后，在一次茶话会上，有为当时被提拔的干部问我，'你那时候怎么那么大胆呀？敢用这么多年轻人？'我回答说，'不是我大胆，是袁政委比我胆子还大！'"

兵龄老、资历老、人老，头脑不老。袁意奋花甲之年"吃螃蟹"，绝不患得患失，一个老红军的思想觉悟尽显其中。当然，敢做工作，会做工作，还要巧做工作。

◎阴法舜接受采访

袁政委妙计解难题

阴法舜："当时怎么做好那些即将腾出岗位的老同志的工作，难度很大。其实，说难度大也好做，（那时候的老同志）不像现在有些人，在个人利益上太较真儿。因为那些老同志基本的政治觉悟是高的，也是顾全大局的。'党的利益高于一切'，这一句话就行了。比如说，我们上海某单位一个主任，老红军，他对袁政委很有意见。说'都是老红军，怎么叫我休息（离休)?'（这事儿）要是袁政委给他谈话，他气儿会更大，俩人儿都是老红军嘛！政委让我去（谈话)。"

"我去了以后，就给那个主任说，'我是来传达命令的，不是来给你谈话的，我没有资格给你谈话'。他（那个主任）说，'你这（么）一句话，（我）就算了'。他还非要我在他家吃饭。别人请吃饭我绝不会吃，但是这位老红军让我吃，我非吃不可。就这么一吃饭，我们之间'解忧'了。那时候也不喝酒，就是家常便饭。吃饭的时候，我们说到长征，他（那个主任）讲了一个事儿：'长征过草地的时候，我得了传染病（痢疾或是疟疾)。过草地的时候死的人挺多，我走不动了，就得担架来抬。抬担架的来了，因为我个子小，人家就先捡了个小个儿的抬上了，旁边那个大个儿就没有抬走，我这才没有死掉'。我趁机说他，'您是这样生存下来的呀……你现在还有什么要说的?'他说：'你这样说，我就更没什么可说的了。我比他们……'"

"当时我听了心里一阵发热，这些老同志啊，虽然有时候叫个真儿，但觉悟还是很高的。"

想不通是一时的，想得通是必然的。袁意奋可谓深谙其道。

阴法舜："这些事儿，都对我们后来者有教育。对于新提拔的青年干部，袁政委当时主要提醒的是，能不能正确对待骄傲的问题。他特别关心这件事。'说是不骄傲，但往往自觉不自觉的会流露出来骄傲情绪'。袁政委就当面对我提醒过。我是正团直接提正师的。他（袁意奋）说：'老阴，你们的工作做了很多，但是要被人家接受，还是要做很多工作的'。他同时表示：'对很多老同志的（职级）事情没能最后解决好，感到很不安'。他的话语，提醒了我们，并不是自己的能力和学历怎么样，而是（我们）年龄上的优势代替了这样一些老同志，这样才能摆正自己的位置。说老实话，当时的职位只有十来个，你能干，还可以选出别人来干，并且不见得干的比你差。既然机会给了你了，你就要正确对待，更应该干好才是"。

实事求是，设身处地，鞭策警示，袁意奋身为老红军，言传身教、提携后人，其对事业的责任心之强，思考之深，令人感佩。

着眼部队建设大局，积极"回收人才"

阴法舜："还有一个事儿，'文化大革命'（中）老海装错误处理了二三百个大学生，都转业了。有的就带了一顶坏帽子——'家庭出身'（不好）啊，有的没戴帽子也处理了。"

"到了（一九）七九年、八〇年进行平反的时候，（这些人）要从地方收回一部分来，收回的原则是学历、知识、工作能力比较优秀的。完成这项工作也有难度，难在哪儿呢？派性。'文革'期间海军也出现过派性，处理走的这批人当时是受打击的，现在负责收回工作的正是他们所谓的'对立面'。客观上有的人不太愿意干这个事儿，或者是少收，至少是态度不积极。担心会与收回的人产生矛盾，（怕人家）说'你整过我’，起码是你喊过口号！可最终我们收回了一百零六个人。袁政委在这件事情上态度很鲜明，说‘不要带框框，这些人都是大学毕业的本科生，不容易，我们也需要，你们看着办’。这样我们工作起来就大胆一些，即便有反对意见，我们也有底。这些收回的人当中，后来许多人成为骨干，其中一个还当了海军副司令。”

问：从今天的社会风气来看，类似这种不站队也是站队的事情，躲还来不及，更何况积极推动呢？

阴法舜：“如果说有功劳的话，这功劳让我抢了。为什么呢？大家对海装的干部工作比较满意，我又是干部处长。其实功劳应该是袁政委的。好多年以后，每当我遇到当年经历过这个阶段的老同志的时候，大家仍然很怀念那段日子。其实，袁政委那时候也有难处。我不知道为什么他是（党委）副书记。但讨论干部的时候，一旦出现僵局，他就会说：‘老阴，你再把干部处的意见说一说’。他明知道我们的意见也是他的意见，等我说完了，他马上表态：‘就按干部处的意见办吧！’往往僵局就这样被打破了。”

问：这样，你就成为靶子了。

阴法舜：“没有。那个时候都很正派，没有什么私利。当时一下子调整四十多个师职干部，其中没有夹杂我们一个私人关系。因此大家对机关比较信任，对机关信任也就是对单位首长的信任嘛。同样，机关干部做事儿，不考虑首长的影响，你做得不好也是败坏首长的威信。那时候，我从来没遇到哪个首长说，‘老阴，你把谁提起来’。没有过。顶多说，‘老阴，哪个人他想调上海，你们看看能行不能行？’也是说‘你们看看行不行’，仅此而已。那时候谁要说，‘我想要当什么官儿’，任何人都会（为之）感到耻辱。”

比一比前辈们，现在那些卖官鬻爵、跑官要官、任人唯亲、感情用事、给钱办事的人，真该好好反省。

"干部处长也不能近水楼台"

阴法舜："当时我来当干部处长，也没有马上就位，先说是借用，让我参加考核干部，考核干部也是考核我呀！考核时间持续了大约半年。半年后告诉我，你别走了，在政治部当干部处长。这时候别人告诉我，我已被上报提升为副师职干部了。我现在当这个处长，也是平调。我当处长了，上报我提职的报告一并撤销了。当时也就哈哈一笑，服从组织分配呗。我认为袁政委考核我是务实。人都说政治工作是务虚的，我不这么认为。政治工作的虚与实，不是说他给你解决了什么就是实，不能用量化的标准去衡量政治工作的"实"。有些人把政治工作的形象搞坏了，所以人家才说你政治工作'虚'，是'开中药铺的'"。

《论语·学而篇》中说："上好礼，则民不敢不敬；上好义，则民莫敢不服；上好信，则民莫敢不用情"。毛泽东说过："老实人其实是不吃亏的"。阴法舜首长后来的发展很好，从正团职直接提升为正师职，从正师职直接提升为正军职。

袁政委，"于细微处见精神"

阴法舜："（袁）政委这个人很体谅人。曾经有一个人来（海装机关）上访，而且来过几次了。按规定，第一次来上访给报销路费的。那时我刚到机关不久，这个人来过多次，我就不同意报（路费）。基层到机关的人，办事一般比较机械一点儿，或者叫比较认真，从机关到机关的人，办事就比开阔，比较灵活。我们有个干事就主张给他报销。后来我给袁政委说起这个事儿，袁政委也说，'这种事儿不要卡得太死'。言外之意就是，人家来上访本身就不容易，机关能解决的就尽量解决。袁政委说这话时的样子，让我至今难忘。"

宋代大儒朱熹有语：体谓设以身处其地而察其心也。（朱熹：《礼记·中庸》后人引申为"设身处地"。）袁意奋身处高位，仍能体谅基层上访人员，老红军作风可见一斑。

秘书回忆老首长的"秘闻"

秘书往往知道首长的"秘闻"比较多。2011 年 8 月 14 日，两位袁意奋曾经的秘书：李军和郭永才，在北京接受了我们的采访。他们果然讲了一些外人所不知道的有关袁意奋的"秘闻"。

◎袁意奋的秘书李军　　　◎袁意奋的秘书郭永才

为研制国防尖端武器而倾心

李军："当时正值海军装备重点工程'一舰'、'一艇'、'一机'。他主要负责组建主持'一舰'、'一艇'工程。袁政委为组建整合装备部门、恢复海军技术办公室、研究建设新型装备部等，做了大量艰苦细致的工作。在理顺关系方面，主要抓了思想定位、磨合融合、部处归建，审慎解决老二级部长们的职级待遇等问题。"

苏萍："'一舰'是驱逐舰；'一艇'是核潜艇；'一机'是歼轰7飞机。当时已经开始建造'远望一号'（远洋调查船），海装也负责抓这个项目，我当过这个工程的总体组的组长。"

出于保密的原因，袁意奋这段工作的详细内容不便见诸文字，但他当时所有的付出，为海军后来的现代化建设打下了坚实的基础。

抓基层建设，红军俱乐部主任再显身手

郭永才："基层工作方面主要抓基层、打基础。海装所属有一百多个军代表室，点多、面广、人少，工作环境和条件艰苦，他主持制定解决问题的'三年规划'，包括目标、项目、具体解决方法。为此，他亲自下基层蹲点、了解第一手情况（袁意奋时年已60岁出头了）。他还主持提出'装备尖兵，质量卫士'的口号，抓好"把关、攻关、过关"三个环节。他是长征时期的政工干部，办法很多，注重抓典型，推动一般；树立和宣传先进集体、个人典型，达到'树立、引导、推广'效果。我记得'救火六烈士'、'有功不倨傲、有权不谋私、忘我不忘人'的优秀军代表卜凤刚等典型，当时在整个海军系统影响都很大。"

"还有就是，干部队伍建设方面，他花费了大量心血。制定干部队伍建设规划，成长起（培养出）大批干部，分到海军几大部，海军首长高度评价。他很注意抓干部革命化、知识化、年轻化、专业化，在他任上和之后，起来（提升）了很多干部，包括高级干部。有干部思想有事想不通，他会亲自去做工作。"

袁意奋巧喻"吃馒头"与"吃窝头"

郭永才："袁政委很善于用通俗的方法解读复杂的问题。当时部队急需'高精尖'的武器装备，相关科研成果又很难满足部队则需求，有些同志为此感到很着急。袁政委在很多场合和会议上讲，科研工作有其自身的规律，对于'高精尖'技术装备的研制要尊重科学规律，要实事求是，一步一个脚印。在没有新的'高精尖'武器装备的时候，我们还是要立足于现有装备，尽最大努力发挥其战斗潜力。这就好比'吃馒头'与'吃窝头'。馒头当然要比窝头好吃，可是没有馒头的时候，只能先吃窝头，如果连窝头也不吃了，那将会是什么局面呢？袁政委讲得很形象，大家都很信服。至今很多同志还记得他'吃馒头'和'吃窝头'的谈话。"

俩人互送一张票

李军："袁政委话不多。（他随后讲述了袁意奋的辉煌经历）我跟袁政委当了三年秘书，觉得（他）确实很好，直到现在也很敬佩，很尊重。他跟部长配合工作很大度，人民大会堂有活动，一张票俩人总是互相送给对方机会。袁政委团结人，对副职也很好，处理文件很认真。"

"决不搞下不为例"

李军："下去检查工作，严格纪律，他经常说，对待下级接待（工作），要'情理之中处理好，决不搞下不为例'。（他）倒是经常把战友、同事给他的东西，拿出来送给我们。有一次，南海舰队有战友给他捎来了芒果，可他外出开会一时回不来。我们打电话给他，他说：'以后我不在的时候，你们就消化了吧！'那是我们第一次吃芒果，记忆真的很深刻"。

"不怕自己的部下超过自己"

李军："袁政委很注意自身模范作用，党委班子内部，（能够）交心通气；在提拔干部等重大问题上，充分发扬民主。他不怕自己的下级超过自己，而且放手用。他很注意政工工作多听副手（意见），专业工作多听分管副职（意见）。他对老干部工作很重视，自己在位不用车，也要保证老干部用车。部里有了好车，先给年轻部长用，自己坐老车（旧车）。"

离休了，他说"你们忙，我有事儿找你们"

郭永才："他对家人子女要求很严格。他的做法是'家里事不要管'。家人不能用车。我们跟着他工作觉得他'好伺候，没任何（个人）要求'。他离休以后，我们去看他，他对我们说：'你们忙，我有什么事，会找你们'……"

李军和郭永才谈到自己曾经朝夕相处多年的老首长，话里话外透露着浓浓的敬仰之意，钦佩之情。"一心为公，严于律己，设身处地，淡泊名利。一个坚定的信仰，支撑着一颗强大的内心世界"。袁意奋给他的同事、战友、部下和后人，留下的"身影"依然挺拔如初——

（三）袁意渊：信仰坚定，谦逊低调

果实的事业是尊贵的，花的事业是甜美的；但是让我做叶的事业吧，叶是谦逊地，专心地垂着绿荫的。

——泰戈尔（印度）：《飞鸟集》[①]

---

① 艾海主编：《句海》，文汇出版社 2002 年 1 月版，第 169 页。

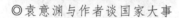

◎袁意渊与作者谈国家大事

他曾坚决拒绝采访

"我们这些人，那时候就说'生是共产党的人，死是共产党的鬼'。只要参加了组织，干一天算一天，最后死了那就算了。至于自己什么事，从来不想"。这是袁意渊接受采访时的"开场白。"

在这之前，袁意渊是坚决不同意写这部书、更不同意接受采访。他的理由是，要不要写、怎么写，这些都是组织行为。我们告诉他，我们既是组织行为，也是作家的创作行为，还是后代对革命前辈的仰慕和崇敬的行为。"发扬革命传统，争取更大光荣"。革命先辈们都不说，革命传统怎么继续发扬呢？事实求是的讲好革命传统，也是革命前辈义不容辞的责任。经不住我们"软磨硬泡"，这位有着丰富人生经历、集"奇人奇事"于一身的老革命、老前辈，终于对我们敞开了心扉。

2011 年 12 月 10 日，在广州的家中，袁意渊"正式"接受我们的采访。年近 90 岁的他，身材魁梧，声若洪钟，思维敏捷，谈锋甚健，只有从他那布满脸颊的老年斑上，我们才觉得他是一个老人了。

◎袁意渊的剪报本

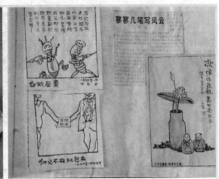

◎袁意渊剪贴的文章

◎袁意渊的剪报本

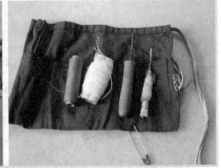

◎袁意渊至今仍然使用的针线包

"紧盯"时代，生活充实

　　袁意渊离休 30 年了，依旧持续关心国家大事，注重学习。每天详细地看《人民日报》、《参考消息》，对有价值、值得保留的资料（尤其是新闻资料），进行剪贴；每天下楼锻炼一小时。他是"全国健康老人"，全国老年网球比赛明星选手，80多岁时还畅游珠江，住在五楼，没有电梯，作为厅级干部，住房面积也不太大，但他日子过得很踏实！

在他的卧室的案头上，摆放着时事剪报、科学百科、国学、漫画、资料、算术、物理学、年度大事记等十余本自己制作的装订本，还有一直在使用的针线包。

金云汉："（他）看电视，除了新闻，就是打仗的电视剧，别的不看。"

"到现在，什么缝补衣袜啊，钉扣子啊，缝鞋子啊，（他）都是自己搞。"

一个老共产党员的"内心独白"

采访即将结束的时候，袁意渊的面色突然显得凝重起来。他不太在意我们的提问，而是开始自问自答地说起来——

袁意渊："不容易，我们的党啊，确实不容易啊！"

"毛主席他老人家逝世以后，很快就整顿，整个党都跟着变。很快就开干部会嘛……"

"我们的干部好多受委屈的，我们这算什么？像彭德怀这样的，我专门到他家里去看的。（我）还到刘少奇家里去看（过）的。彭德怀家就那么几间破房子，……他在国民党时候当团长啊（彭德怀1928年1月加入中国共产党时，任国民革命军独立第五师一团团长），几块银元修了那么几间房子。也没什么人，只有一个人在那儿看大门。所以好多人呐……是不是？"

"说中国共产党啊，……为什么我们现在转变这么快，步调这么稳，……苏联的事情啊，……苏联还有共产党在，久加诺夫还一直在……这是我们党接受了历史教训，（让）中国人民过（上）好日子了。"

"尤其昨天晚上公布了国家十二五规划，到二〇二〇年，要对这个目标啊——这是个大的规划。话又说回来了，到二

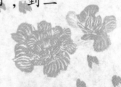

〇二〇年，咱们要建立一个比较合理的社会主义……有些人会不会思想又'左'点儿啊，又想'冒充冒充'，搞搞'大跃进'啊，也（可能）有的……"

"所以现在把老百姓从大山里搬出来，你强迫行不行？不行。"

"所以我们倒要想想，社会主义本质究竟是什么？还有没有私有制？好多人思想不清楚。好像就是公有制就是共产主义。社会主义本质是共同富裕，而且保护你的自由。有些人还是不清楚。他认为，共产主义社会不会是平均主义？……还会有贫富、还会有差距。'按需所取'的共产主义，是在人人具有高度的思想境界和高度发达的物质生活水平的前提下实现的……"

"我们现在是社会主义，（以后）国共合作以后呢，……那社会主义的要求和现在就又不一样了。"

"拿具体的来说吧，最初我们搞铁路，什么都没有，租借老百姓的房子，困难哪！慢慢发展了，有点钱了，福利分房，不拿钱住房子。再后来，公家出一部分，个人出一部分建房子。还有这个级别那个级别，你一百平方，他九十平房，都是离休，怎么你九十（平方），我八十（平方）啊？从这个方面讲又是不平等的。可是从社会发展阶段来说，总有九十、八十的。这又是合理的。所以，搞社会主义完全把物质利益排除在外是不对的。"

"承认个人利益，不侵犯个人利益，更不过分强调个人利益。劳动模范疗养啊，精神（鼓励）啊，什么的，那是肯定的。不然的话那就是鼓励人们偷懒，我躺在床上不动什么你都给我送来……那社会还有什么进步啊？这个事情就是，在唯物主义的基础上逐步向前发展的——"

年逾 90 的袁意渊，此刻思绪万千，心事浩渺，他心里装着太多太多的挂牵——

关于如何认识结束"文革"，改革开放。

关于如何认识平反冤假错案。

关于坚持中国特色社会主义道路问题。

关于十二五规划和 2020 年实现"中国梦"。

关于扶贫搬迁问题。

关于社会主义和共产主义理论问题。

关于祖国统一问题。

关于社会平等问题。

关于个人利益与社会进步的关系问题。

……

在他时断时续、似乎并不连贯的话语中，我们听见了他那颗对党对人民对信仰无比忠诚的心，依然在强有力地怦然跳动；

了解了他以国家为重，依然尽力为党和国家分忧。在他绵绵的心事里，丝毫没涉及到属于他个人、孩子和家庭的内容。

世事洞明，胸怀豁达，期颐之年的袁意渊，依然与时俱进，所思所想，依然很深邃，甚或还具有相当的前瞻性——

（四）袁碧宇：关注党风，含饴弄孙

生命的道路在于把地狱变成天堂，把人变成上帝，在于在那"苦难的山谷"里点起一盏万年灯，普照大千世界。

——萧伯纳（爱尔兰）：《巴巴娜上校》[①]

---

① 艾海主编：《句海》，文汇出版社 2002 年 1 月版，第 553 页。

◎袁碧宇与侄媳妇周颖

2012 年，袁碧宇的身体依然很好，面色白皙，一点儿看不出她历尽苦难，已经是 86 岁的人了。退休后的她生活井井有条，上午买买菜，到湘江边上转一转。而后回家，为孙子或孙女做中午饭。中午稍事休息，起床后再去湘江边上晒晒太阳，看看光景，和人聊聊天。回家后，阅读报纸，关心一下国家大事。晚饭后，看看电视新闻，浏览一下电视节目，到点睡觉。

有时候，还在家人的陪伴下，乘车外出旅游一下子。和老同事们聚会一下子。

青年时代吃过太多太多的苦，但在袁碧宇的脸上，居然看不出沧桑。

作为一个有 60 年党龄的老党员，袁碧宇对党内存在的腐败现象很是反感。但是，她也有自己的态度。

◎袁碧宇少年时代攀登五雷山的梦想，86岁时在孩子们的簇拥下实现了。

反腐败，"觉得党还是有办法的"

问：您对当前这种腐败现象是怎么看？

袁碧宇："我觉得党还是有办法（惩治）的，共产党好我就高兴。我也想保持共产党的光荣。现在能听得到中央（反腐败）的声音，过去听不到，下面呢，不按着政策办事。现在中央有规定了，就好了。还有，越是不抓越不好。中央的声音到省里就一个样，再到下面就又一个样。我看到中央的政策，很好。可是那些贪官呐……你说我们这些普通人，都可以吃得好穿得好，你们都是干部，条件更好，还贪啥子？都是为了子女。"

袁碧宇1950年参加工作，1954年入党，她还嫌自己进步慢。入党以后，她当了小组长，所在银行的密码和保密室钥匙，就交由她保管，30余年，直到退休！这是袁家最小的

"官"，但也是管钱最多、"任职时间"最长的"官"。

直到现在，她的同事们，还常常把重要事情（包括家中的大额款项）委托给她"老袁"，说只有她最让人放心。

（五）袁意滋：热心公益，情趣多多

生活得最有意义的人，不是寿命最长的人，而是最能感受生活的人。

——卢梭（法国）：《爱弥儿》①

在袁家不苟言笑的兄弟姊妹中，袁意滋算是最有"文艺细胞"、活泼开朗的一个。退休后，他每天早上买菜，然后就去跳舞，据说"舞艺"还不错。

◎袁意渊与袁意滋

他热心社会公益，经常接受采访，帮人查找资料，或者受邀参加各类弘扬革命传统的活动。

袁意滋生活很忙碌，仍然是"一人吃饱，全家不饿"（妻子语）。

---

① 艾海主编：《句海》，文汇出版社 2002 年 1 月版，第 125 页。

家事篇　诗书传后土家人

　　诗书传后，是中华民族的传统美德，也是袁家的传统美德。

　　三代人勤学苦读，知书达理，印证了学而优则"成"的道理。

　　三官寺，土家族乡，为何走出了袁老一家"汉族人"？这里有旧制度下民族歧视的痕迹。由于民族歧视，少数民族为生存而常常隐匿自己的民族身份。袁老祖上有无此意无从可查。

　　新中国成立后，少数民族受到尊重，享受诸多优惠政策。袁老执意不改民族身份，不以功臣自居，不给组织添麻烦，不去享受少数民族享有的政策，凸显了袁老的高尚的政治自觉。

　　传承中华礼仪之邦的文化基因，漫染湘西北土家人敦厚坚韧的古朴民风，袁老及家人对国家的贡献和成就，当然是土家人的骄傲。

第五章　春夏秋冬里的婚姻

婚姻是人类相互依偎的最高形式。爱情是人类精神世界永恒的主题。老托尔斯泰说，"幸福的家庭都是一样的，不幸的家庭却各有各的不幸"。其实，幸福家庭的定义，原本就没有标准，每个人的婚姻是苦、是甜、是酸、是辣，只有当事人最清楚。

（一）袁老和他的两位妻子：吴晓梅、周雪林

由于时代的缘故，由于革命的缘故，袁老的婚姻生活经历了非常的过程。

吴晓梅：袁老的结发妻子

袁老 1916 年结婚，妻子吴晓梅与他同岁。苦难的岁月，难有幸福美满的婚姻，他们夫妻生活的开头就不顺利——

结婚大礼，袁任远没赶上与吴晓梅拜堂

18 岁，大婚，袁任远竟阴差阳错没赶上与新娘子拜堂。这件事袁家所有接受采访的人都没讲过。直到书稿写作过半的时候，才由袁老的重孙袁慧煌那里得知。一个袁家最小辈分的

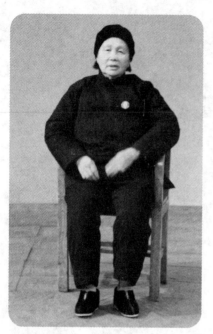

◎吴晓梅的"标准照"

年轻人，却珍藏着老爷爷老奶奶的秘闻轶事，此时本身就很有趣。

袁慧煌："老爷爷老奶奶结婚时都是十八岁，俩人是一九一六年结婚的。当时在我们老家的对面，有个胡姓聚住的胡家坪，而在这个胡家坪有一个秀才叫胡左锋，这个人招兵买马，反抗社会，老爷爷的父亲（袁尚赤）就将此事写信告诉了老爷爷。老老爷爷给老爷爷的家规里有一条：就是家信就不能毁坏，必须随身携带，以示铭记父辈的教诲。而就是这条家规，引出了后面的故事——"

"老爷爷结婚当天，要路过江垭回老家。江垭当时通船，也是唯一的交通要道。江垭当时只有一条顺山而建的小街道，蜿蜒曲折，缓缓向上，在街尾出城的地方，有一个长长的阶梯，俗称'三十二步半'。当时这里有一个哨卡，大概有十多个士兵，专门搜查过往的路人。那天，老爷爷在这儿也被搜查了，有个士兵搜查了老爷爷的行李，没发现出什么，正准备放行时，旁边的一个士兵看老爷爷气宇轩昂，与众不同，不死心，就搜他的身。不料，搜出了老爷爷身上的家信，那个士兵从信上看见胡左锋招兵买马的内容，就认为老爷爷和这件事一定有什么瓜葛。于是，就将他扣留，而这时候呢，新娘（老奶奶）已被迎接到袁家大门外，就要进屋拜堂，可是还不见新郎，当时众人都不知怎么办了，待在那里不知所措。这时，老老爷爷灵机一动，就让老爷爷的妹妹代替哥哥拜堂成亲。那天老爷爷几经周折，天黑才赶回家。"

"土家族人认为，结婚当天夫妻不能同时拜堂，就预示着这对夫妻一辈子聚少离多。后来，在城里读书时，每年的假期才回来小住；参加革命后，几乎很少回来。解放后，老爷爷八十多岁才又和老奶奶重新住在一起。他们真是一对患难的夫妻，一生都在等待中度过峥嵘岁月的苦和忧，真是一件让人心酸的往事趣闻啊！"

吴晓梅在家"干的都是男人的活"

问：说说吴妈妈吧。

袁碧宇："吴妈妈呢，确实很辛苦。我在几岁大的时候，就背着背篓，拿着小铲子，去挖野菜。她呢，要整天种地、种菜、喂猪，（那时）我们都很小，生活上的事情都是她一个人干。有的事情她不能做的：犁田，插秧，翻谷（?），插秧下去要撒石灰（不撒石灰秧苗长不起来），使牛犁地，这都是男人干的活。"

◎1953年袁碧宇与吴晓梅

母女俩忙得没时间说话

袁碧宇："那个时候，我和妈妈的交流主要就是干活，没得时间聊天。我和堂姐织布也在一个房子里，读书，睡觉都在一起。妈妈做活有时也到我们身边坐坐。我说，要不是解放前，我妈妈肯定能当个领导。她积极得很，在我三哥家住，铁路宿舍，一天作卫生呐，积极得很。"

复杂的"家庭现金链"

问：那时候家里没有男劳力。

袁碧宇："没有。这些活都是请人来做。但是呢，人家来帮忙干活要开工钱的，这个开工钱就比较困难喽！这就要想些办法了。攒下些粮食呢，就把粮食卖喽！再就是把苞谷做成酒，再用酒去跟乡里那些农民去换点钱。做酒的那个渣滓呢，就喂猪。哎呀，那个现金呐，（挣一点）真是很不容易！粮食没得很多粮食，现金没得来处，就想了很多办法。"

孩子们的"家庭教师"

问：你怎么学的文化呀？

袁碧宇："文化呢，讲实在的，我也没正规学什么文化。我妈妈呢，热爱学习。我父亲就告诉她，'没得文化就不好。不然的话，我出去后，通信呢，你又不认识字'。"

"他们（父母亲）结婚早，我父亲在长沙读书，只有寒假暑假才能回家。每次回家，我父亲都会教妈妈认字，学她自己的名字，'桌子'啊，'椅子'啊，就这样。我妈妈就认识到学文化的重要性了，每天坚持认一两个字。后来，她认的字不够了，就我给她读。"

"我爷爷是个读书人，他经常拿着一本书，先给我讲一遍，然后呢，再跟着他学文化（识字）。爷爷年纪大了，七八十岁，他不能一个字一个字的教了。我们就采取一个办法，一篇文章里有不认得字，挑出来，问他这个字念什么？那个字念什么？就是这样子学的。"

这有点类似现在教授带研究生的方法。

"美女"吴晓梅

袁碧宇："我妈妈聪明能干。皮肤很白，中等个子，身材标准。吃得苦。话不多，一天到晚忙个不停。二遍鸡叫我们孩子们就要起床，起床后先把家里的事情都做好。三遍鸡叫后，就要出门干活了，起三个早就算一个工。"

吴晓梅在那个年代，就已经"实行家庭联产承包责任制"了。

吴晓梅从来不提丈夫的事

问：那时候爷爷和家里有联系吗？

袁碧宇："我还小，不怎么懂这些事。只听说我父亲在石门那里。有时候传来爸爸有病啦，死啦，凌迟啦……各种消息。"

问：吴妈妈经常跟您们说起爸爸的事吗？

袁碧宇："不说。她一天就是干活。"

什么也不说，吴晓梅就这样默默地干活、养家、敬老（那时候袁老的父母亲都还健在），等待着心里的"他"有一天能回家。这一等，就是16年……

她的 "他回来了"

1950 年，袁老回湖南工作，这时距离他最后离开故乡已经 16 年了。他给吴晓梅捎信，要她和家人去长沙见面。吴晓梅带着碧宇、意滋从株木岗村走到江垭，从江垭坐船到慈利，从慈利坐板车到常德，从常德坐班车到长沙，走了近半个月，终于来到长沙。久别重逢，吴晓梅急切和期盼的心情可想而知。然而，当她见到丈夫时，发现他已经又结婚了，他现在的妻子叫周雪林。

满益明（慈利县委接待办原主任）："那时候，光从三官寺到慈利县城，就得走一天。"

心地善良的吴晓梅

多年与吴晓梅生活在一起的金云汉，与自己的婆婆可谓是 "心心相印"。她给我们 "全方位" 讲述了她心中的 "吴晓梅"。她喜欢对我们称吴晓梅为 "奶奶"。

金云汉："（吴）奶奶这个人心灵好。比如家里要请人吃饭，一个咸蛋，也要破开，几个人破几块，每人一块。对人心地好。"

◎金云汉夫妇与
母亲吴晓梅合影

性格要强的吴晓梅

问：吴晓梅是个什么性格的人呢？

金云汉："吴奶奶是个很要强的人。就像她信上写得那样，爸爸出去搞革命了，她自己带着孩子在家。有一年冬天，国民党来家抓老人，爷爷躲避在猪圈里，猪圈里黑，爷爷穿着黑棉袄，敌人没抓到他，就把四岁的意渊抓走了。为了救儿子，吴奶奶把家里的好田都卖了。"

母亲救孩子之情何等深厚！

金云汉："之后又租人家的地，给人家种粮食，跟人家分一半，自己留下一点吃。她是小脚啊。"

"小脚"，这对今天的人们来说，已经很陌生了。新中国成立前，很多地方的女孩子，未成年时就要用布把脚缠裹起来，迫使脚的骨骼变小变短，前面呈尖头状，旧社会人们认为女人的脚越小越美。"小脚"，也称"三寸金莲"，只有 10 公分左右。据说，因为南唐后主李煜喜欢观看女人在"金制的莲花"上跳舞，由于金制的莲花太小，舞女便将脚用白绸裹起来致脚尖立在上面，跳舞时就显得婀娜多姿，轻柔曼妙。本来是一种舞蹈装束，后来慢慢地从后宫向上流社会流传，逐渐成为一种病态的社会习俗。还有起源于南朝齐废帝妃潘玉奴说；起源于唐末说；起源于隋炀帝说，等等，但是无一例外地都与统治者的审美观有关系。后来甚至把"瘦、小、尖、弯、香、软、正"和"形、质、资、神、肥、软、秀"，作为评判小脚美的标准。

金云汉："她（吴晓梅）小脚，下（稻）田劳动那是很艰苦的了。她讲过，一家人参加革命了，国民党找她麻烦哪，还要抓他们家的老人（袁老的父亲），她还要保护公公不被抓走。

那时候的媳妇对公公婆婆孝敬啊，不像现在的媳妇啊。早晨伺候着早餐、穿衣……那时很苦的。"

"卖田救子使得家里更困难了，生活上可想而知了。家里的农活有些自己不能搞哇，母女俩跟人家换工，给人家织布啊，做手工啊，人家就帮他们犁田。"

"国民党经常来家里抓人，抓不到大人就抓小孩子。这事儿在爷爷去世后，大哥（袁意奋）曾经对来吊唁的中组部的人说，'当年我妈妈啊，带着几个孩子住在房顶上啊！我妈妈好苦啊——'年逾八十的大哥，说起这事儿激动得不得了。"

"心胸宽亮"的吴晓梅

金云汉："吴奶奶，我结婚的时候就跟她在一起了。爸爸关心他（袁意渊）的婚事也是为了好好照顾吴奶奶。"

"爸爸对自己再婚的解释是，'那个年代，谁知道自己哪一天死啊？打仗的时候说完（死）就完（死），没想到今天这个样子'。"

"吴奶奶呢……当然解放了，爸爸有一个周雪林，她心中肯定也是不舒服的嘛。等待（丈夫）这么多年……但她心里也很宽亮。她给中央写过一封信。写了这么长一张纸（金阿姨用手比划着），都是她自己写的。我记得是用黄草纸叠起来的。后来中组部给她回了一个信，讲'您老人家还是对革命有贡献的，把儿子送来参加革命'。鼓励她'你今后有什么困难，国家会照顾您的'。她在那封信中也写了，自己也想开了这个事情。对爸爸也没有什么……"

久别重逢未重聚，十六年等待转头空。善良坚韧的吴晓梅"想开了这个事情"，她理解了丈夫，她再次选择了"等待"，这一等，又是 30 年……

"永远在路上"的吴晓梅

金云汉："她（吴晓梅）跟着我们一起住，原来在广西南宁，后来在衡阳，住了一年。后来我就生了一个小孩儿。"

"她没上过学，自己就自己认字。爸爸也告诉她'桌子'、'碗'什么的，学习识字。在衡阳，我生小孩之后，她每天写八百（个）字。我生小孩儿之后就抱小孩，这样每天就只能写四百（个）字。"

吴晓梅为了袁老的一句叮嘱，终生都在坚持学习。

金云汉："再后来到株洲去，发生那个事情（孩子一氧化碳中毒夭折）后，一九五五年，他（袁意渊）就到北京铁道学院去学习了。我中毒后就生病，住了将近两年多医院，肺部有问题。"

"以后我们家又搬到长沙去了。为什么搬到长沙去呢？长沙有碧宇在，我也不在家，他（袁意渊）在北京学习，搬到长沙姑姑可以照顾吴奶奶。"

"（一九）五八年五月，他（袁意渊）从北京铁道学院学习回来，我们就从长沙搬到广州来了。一年后，长沙成立铁路局，又调他（袁意渊）到长沙铁路局当运输处处长，我们又搬到长沙去了。'大跃进'时期'反右倾'啊，他（袁意渊）因为实话实说苏联机车的功能问题被称为'右倾'，被搞到商务处。这期间，吴奶奶一直跟我们住。"

"'文革'开始期间，'深挖洞，广积粮，备战备荒为人民'的时候，要求老人回到老家（农村）去，她（吴晓梅）还回老家在老屋住了两年。'四人帮'被打倒以后（应为林彪事件之后），她才回来继续和我们住在一起。"

从慈利到长沙，到广西南宁，到湖南衡阳，到株洲，到长沙，到广州，又回长沙，到慈利老家，再返回长沙……28 年间，吴晓梅搬过 9 次家，平均三年搬一次家，真有点儿"家庭旅行"的味道。

热心公益的吴晓梅

金云汉："吴奶奶（从老家）出来以后，跟我们在株洲一段时间。那时候讲大搞卫生啊，她就天天就吃了饭，扛一把大竹扫把，大声喊着，'搞卫生啦——扫地啦——'她觉得我儿子是局长，我就得带头啊！我就想，你这么一喊，人家不来也得来啊！（笑）你是局长的妈妈呀！"

"但是她是这样的，你愿意来就来，不来她就自己在那里扫。株洲发洪水（由于地势的缘故，株洲过去是有名的"洪涝大县"），有灾民受灾的时候，她还带领家属去慰问……铁路局工会还对她进行表扬。"

"哎呀，她心好敞亮呀！她在长沙小吴门（古城长沙的一个地名，现指长沙市区中山路、八一西路与建湘路的交汇地段）那一块儿，连家里的小孩儿带没戴红领巾呀，她都帮着去检查。'大跃进'的时候，家中有人没工作的，动员出去工作呀，她也不是居委会的，什么也不是，就是热心社会事业。她天天在家写字，报纸一个字一个字的看……"

"吴奶奶觉悟很高的，最后在长沙也参加救灾啊，她很积极的，也捐了钱，我给她一个大衣，她也捐了。《湖南日报》还登过一篇写她的文章。"

吴晓梅还是社会活动积极分子。

◎袁任远和
吴晓梅晚年
合照

饱受感情纠结的吴晓梅

问：吴奶奶和您生活多年，她对与袁老长期分开，包括袁老和周奶奶在一起，她有过什么表达吗？

金云汉："哎呀，开始的那几年，她心里还是很难受的，讲起来会流泪的。但是她知道，爸爸那是没办法，打仗嘛……但心里还是不舒服的。"

问：她跟袁老通信吗？

金云汉："他们没有通信"。

问：您有没有听说过"临终托孤"的说法？

金云汉："那个年代（类似情况）很多呀。我姨妈也是，结婚以后没好久，丈夫就牺牲了。跟我现在这个姨夫也是后来结婚的。那个年代谁知道哪天死，哪天活呀？"

问：只是吴奶奶不知道这件事。好不容易盼到解放了，结果——

金云汉："这事儿叫谁也受不了。我盼盼盼，好不容易解放了……她开始还不知道湖南解放。后来一听说爸爸的名字出来了（有人看到墙上的布告上有袁老的名字），这个时候她才知道。等去了（长沙），又是这样的结果，你说她那心里……所以她讲起来就流泪呀！爸爸当时不让她给中央写信，她就要写。"

问：作为吴晓梅，没有什么文化水儿，但她居然能写那么长的一封信。其实她也不想找回些什么，仅仅就是想把心里话给组织说一说。仅此而已。她还知道找人去说，而且还知道走正当程序。

金云汉："当时她心里是很不舒服的呀，为什么她给中央写那么长一封信呐！我为革命……我家里好苦……她心里……后来中央给她写了信，她心里才好些了，对爸爸也理解了。"

◎袁任远和吴晓梅晚年合照

晚年幸福的吴晓梅

问：吴奶奶最后这几年，你们经常去看她吗？

金云汉："我女儿在株洲，（她）经常去看奶奶。吴奶奶在长沙呢，有姑姑（碧宇）照顾她。那时候我们搬到广州来了，我们也每年都去长沙看她。"

问：吴奶奶最后这几年过得还不错吧。

金云汉："生活上没问题啦。碧宇经常去啦，我们也经常去。"

"中组部委托湖南老干处在干休所里给吴奶奶解决了一套房子。吴奶奶去世后，房子就上交了，我们家里也没有人去问房子的事情。"

"原来有个阿姨照顾吴奶奶，最后家里的东西，奶奶也没什么多东西，阿姨要的就都给她了，老干处安排的一个大卡车，把东西全部拉到阿姨家去了。"

"（吴）奶奶最后走的时候，湖南省还蛮重视的，老同志啊都参加了。湖南省委老干处的同志们都去了。我们在长沙和广州的亲人也都去了。"

"她的为人还是好的呀。"

"爸爸按季给吴奶奶寄钱"

袁意滋："父亲每季度给吴奶奶寄钱。吴奶奶病重的时候，我们兄弟姊妹都去了。"

家书难写，薄银寸心。袁老纵是满腹经纶，又如何解得了与结发妻子分别 60 载的花开花落呢？

周雪林：袁老的红军妻子

　　周雪林是二、六军团著名女红军之一。她与袁老在长征途中结合，是典型的"夫妻红军"。

◎袁任远和周雪林

参加革命，她"先造了自家的反"

　　周雪林，江西永新人。1927年参加革命，是江西永新22个女红军之一。关于他们的结合，曾有"战友托孤"之说，但未见文字记载。

　　袁意滋："周妈妈小时候因为家里穷，被送给叔叔。由于她常常拿家里的食物接济穷人，惹怒了叔叔，最终被赶出家门。她被赶出家以后，就参加革命了。听她家孙辈人讲过，参加革命以后，周妈妈曾带了一批人，把叔叔家里抄了，她就把一部分金银首饰带出来了。"

郭爱民："听周妈妈家人说，她从家里抄的金银首饰大部分都交了党费了。"

出身穷苦的"富家女孩儿"

袁意滋："因为她参加革命的时候就戴着金首饰，因此才有人认为，周雪林是大户人家的孩子。"

郭爱民："她那生活作风也不像穷人家的。"

袁意滋："教会学校（实为天主教堂）也会教一些（言谈举止）的。"

从小在叔叔家长大的周雪林，少时曾被送进天主教堂小学读书。

周雪林的第一个丈夫是红军师长

关于周雪林的第一个丈夫的情况，周雪林的侄媳妇谢福媛根据周本人口述整理的材料中说：

"当时她在贺龙同志领导的红六军团独立一师任政治处干事。在共同革命斗争中的岁月中，与该师侯师长建立了感情，并与他结婚。

侯师长在一次与国民党军的激烈战斗中被俘，在多次拷打审问无果后被敌人残忍杀害，并砍了头挂在莲花县城墙头上示众。"

为此，袁意滋有过如下补充：

袁意滋："我查了资料，（中国工农红军湘赣）独立（第）三师的确有个师长姓侯，叫侯悌云。（湘赣省委常委）甘泗淇兼政委，爸爸（袁任远）是政治部主任。"

侯悌云曾与袁任远并肩战斗，有条件与袁任远与周雪林结婚是"临终托孤"说法相衔接。为进一步了解这位"侯师长"，笔者查阅了大量资料，关于这位"红军师长"的事迹，概述如下：

侯梯云，湖南安仁县朝阳乡古塘村人，生于1897年9月，乳名侯万元，世代都是贫苦农民。幼时随父侯恕铭去江西福洲湖做泥陶活儿，青年时练得一身武功，曾参加安福城组织的农民自卫军、参加朱德领导的湘南起义。1928年2月，率领农军赴井冈山后，受党的派遣到安福、永新一带组织自卫队，担任过赤卫大队中队长、大队长、湘赣独立第三师第二团团长，新独立第一师师长。在中央苏区第四次反"围剿"战中，率部粉碎了敌人对江西永新的进攻，保卫了中共湘赣省委机关和省军区。1933年5月，在鄞县战斗中牺牲。

侯师长的牺牲很惨烈。1933年4月初，敌28军军长刘建绪挥2个师加粤军2个团分三路向湘赣指挥中心永新城进攻。在敌兵力数十倍于我的严峻情况下，担任保卫永新城的湘赣省军区独立第一师师长侯梯云，经请示军区总指挥部同意，率一个团（四百余人枪）到外围去开辟战场，以分散敌人的兵力。

此后的三十几个日日夜夜，红军师长侯梯云所率的红军和与敌人进行了殊死搏斗……1933年5月2日，侯师长率部到了茶陵与炎陵县交界的板溪茶坉。这时，敌人已经逼近茶坉。在天色微明时，四周山头及茶坉内外枪声大作。侯师长听到四周密集的枪声，知道部队已经被敌人包围。他立即命令其他指战员火速从后门突围上山，率领战士分散应变。侯师长扫倒了一批敌人后，枪里没子弹了，他挥动战刀，左拼右杀。最后，终因在敌人层层包围下，身负重伤，倒在血泊之中……

周雪林与敌人肉搏"肠子都流出来"

亲爱的战友和丈夫被敌人残害，使得周雪林愤怒之极。周雪林的侄媳妇谢福媛根据周雪林本人口述整理的材料中说：

"这反而激起了雪林同志的革命斗志。在一次与国民党军的肉搏战中，雪林同志身上多处严重受伤，肚腹上被砍了一道七、八寸长的口子，肠子都流出来了，晕倒在战场上。后因伤口严重感染，发烂流脓。在以后的几十年中，睡觉都不能伸直脚。伤口还没好完全的雪林同志，跟随红六军团参加长征，历尽千辛万苦，多少次出死入生（出生入死），才到达陕北抗日根据地。"

关于袁任远与周雪林结婚，久有"临终托孤"之说。根据袁任远自身经历看，1926 年后，就与家人失去联系。尤其是马日事变和石门南乡暴动后，袁任远一直遭到敌人追杀，致使家人早已认定"袁任远被凌迟"的传言。直到 1934 年底，当袁任远随二、六军团西征至大庸（今张家界）的消息传到家乡，他父亲袁尚赤依然不相信儿子还活着。后来袁任远的长子袁意奋跑到大庸找到父亲，袁老也才知道了家中的近况。

如此这般的天各一方，生死两茫茫，作为既是战友、又是战友之妻的周雪林，身体不好很需要照顾，袁任远与周雪林结为生活伴侣，是特殊年代造成的特殊情况，是完全可以理解的。

由于曾经身负重伤、加上长征途中的严酷环境，最终周雪林没能再生育。更值得一提的是，解放后的很多年中，袁任远的几个孙子孙女，都是由周雪林抚养长大的。

◎袁任远、周雪林20世纪70年代与家人的合影

周雪林没生孩子

问：袁老与周学林为什么没生孩子呢？

袁意滋："我听说，是周妈妈做了（绝育）手术"。

郭爱民："长征路上怀孕了，但呆（保）不住。（流产后）再也就不能怀孕了。"

据周雪林家人提供的材料说，周雪林曾经得了伤寒病（长征路上很多女红军的伤寒病死了），多亏了一家老乡救了她，才活过来了。解放后，周雪林曾长期在家养病。

崔开成："长征中的女红军，后来都不能生育了，比如邓颖超。"

周颖（袁意奋的儿媳妇）："萧克家寒先任阿姨，也没能再生孩子。"

绥德时期的周雪林

苗汝鹍：“袁老和周雪林（一九）四〇年以前结婚。（当时）周雪林在清河工作，（与袁老）隔一座山，（来专区）开会、汇报工作（俩人）才见面。（那时实行已婚干部）礼拜六（回家）制度，（夫妻）团聚时，秘书搬出去。周（雪林）干过干部家属学校校长，（那里）女人多，孩子多，（养）鸡鸭，（女人们）吵嘴、打仗，她（管理）很有本事。”

吴晓梅早就知道“周雪林”

问：您们50年到长沙之前，吴晓梅知道不知道袁老和周雪林在一起了。

袁碧宇：“知道的。怎么知道的呢？是我父亲给我爷爷写信说过的。那个时候来个信好不容易噢，是个很大的事。”

问：她知道后有什么反应？

袁碧宇：“当时她没得说什么，心里还是不舒服的。”

问：您对这件事是怎么想的？

袁碧宇：“我也没得好想。我爸爸出去好多年呐，音信也不通啊，也不晓得这个人哪里去了，几十年也不通封信呐……”

问：您能理解吗？

袁碧宇：“我能理解。”

现场长时间沉默。

这是袁老家一段非常凄婉动情的故事。夫妻、父子及其他人的情感，都被牵涉其中。

周雪林去世，袁老发烧 40 度

郭爱民："周妈妈去世的时候，爸爸病了。正值三月份，北京的三月还是很冷的。那一次家里来人特别多（周雪林是著名的女红军），爸爸礼貌特别周到，凡来的人他都要送到院子里，来一个送一个。那时候他已经 81 岁了，感冒得了肺炎，眼瞅着就不行了。流鼻涕，精神也不好。后来我和公务员带他到北京医院看病，也省得他去接待了。"

"当时没检查出什么来，就打了人血清丙种球蛋白的针，做了心电图，这时候他就躺在急诊室的床上越来越不好！医生看这样子，说'你们先别让他走了'。我回家给他蒸鸡蛋羹，等我回来，他躺在床上就不能睁眼睛了。眼看着他冷得不行，我就给他盖被子，量体温已经发烧到四十度了……"

"在我拿饭以前，曾经给医院说，让他住院。医院说没床位。我拿饭回来，医生说下午有一个人出院，你们就在这儿等着吧。结果等着就不行了，放射科的医生带机器到病床边上来做检查，他的肺还没太大的变化，但人已经烧得昏迷了。医院说不能再等了，就把副总理（级别）以上的一个房间腾出来，让他住进去（袁老是正部级）。"

"赶紧叫医生，我要死了"

郭爱民："到了病房，（爸爸）就完全不行了，痰堵得出不来气了。用进口呼吸机往外抽，还是不行。后来又用了退烧针，（体温）退了一点儿。他（爸爸）清醒过来，可是痰堵得出不来气，他极力喊着：'赶紧叫医生，我要死了——'医生赶过来，我建议给他做气管切开（郭爱民是解放军总医院的护士长），科主任不同意，理由是爸爸年纪太大了，人又胖，脖子又短，不能做（手术）了。他身体这个状况，怕下不了手术台。这就意味着（袁老）等死呀！"

对高级别干部的手术治疗，医生往往顾虑更多，这也可以理解的。

王震亲自拍板做手术

郭爱民："我说'不会的，今天在家里还好好的。我们来看病的时候还好好的，就这一两个小时才这样紫的。你一定要做！'他（医生）还是不肯做。陈文炜（袁老的秘书）把王震、余秋里、韦国清等请来了，在北京医院会议室听取会诊意见。医生们因为风险很大有顾虑，所以向首长们请示是否要做气管切开。我说，'他年纪虽大，但身体底子还是很好的。这次发病又是很急，来时检查时的状态还挺好，所以手术没问题，请求抓紧时间做'。"

袁意滋："大哥意奋说：'听你们的，我也不懂'。这时候，王震听了各方意见后表态说：'和我一个炕头睡觉的就这一个老头儿了，你们就做吧'。当时父亲病情危急，连进手术室都来不及了。医院只好在病房进行消毒，请专家进行手术。"

郭爱民："余秋里说：'要钱我给（余秋里时任总后勤部长），该用什么药你们大胆的用'。韦国清也去了，百色起义时他曾经是袁老的部下。韦国清（时任总政治部主任）说，'需要人帮忙，总政负责'。"

（二）袁意奋与他的"米脂婆姨"常玉英

"米脂的婆姨，绥德的汉，不用打问不用看……"这首陕北民谣，是说陕北米脂姑娘漂亮，绥德汉子英武，货真价实，

◎刻在石板上的民歌

◎石板上的绥德民歌

"好着呢！"对此，笔者以为这是各地自我夸奖的惯常做法。此番写作，不想轻易随声附和，便去查其来由。谁知，一查吓一跳！原来这"米脂的婆姨"是由貂蝉而来，"绥德的汉子"则因大名鼎鼎的"吕布先生"而得名！怎么把"米脂婆姨、绥德汉子"跟"吕布、貂蝉"扯上了呢？笔者觉得有趣儿，就此多戏言几句：

先说说"才貌双全的吕布是绥德人"。据《三国志》·魏志卷七载："吕布，字奉先，五原郡九原人也。以骁武给并州"。"五原郡"，是汉代的一个行政区划，办公机关在九原县。九原位于现今内蒙古包头市九原区麻池镇西北。按此说法，吕布并不是绥德人。关键是后面那句话："以骁武给并州"。由于吕布骁勇善战，把"并州"划给他治理。据《绥德县志》载："东汉实行州、郡、县制。增山复为上郡，隶并州，治所肤施"。"上郡"在王莽新政时改称"增山"，东汉时复称"上郡"。上郡下辖十多个县，"郡治肤施县"。"郡治"就是郡政府所在地；"肤施"，就是今天的绥德（隋代以后，因行政区划变化，把延安称作肤施）。上郡归并州管辖，而并州的办公机关，就在绥德。也就是说，吕布虽不是绥德出生，但曾经在绥德当官办公。既然吕布在此当官，拿他做"绥德汉子的形象代言人"，也算名正言顺。

至于"三国时的天下美人貂蝉是米脂人"，史料不见，实为罗贯中先生把民间传说中的人物加以"艺术构思"，在《三国演义》中写出了"吕布戏貂蝉"的精彩桥段。或许罗贯中把貂蝉与吕布的故事讲得太逼真了，致使有些《三国演义》的"粉丝"，帮助貂蝉"上了户口"：说她"本人姓霍，无名，今山西忻州人"（野史语）。实话说，给貂蝉"上户口"的人，还是很用心的。当时山西忻州属并州管辖，让貂蝉"落户"吕布的辖区，就使得貂蝉与吕布"偶因一回顾"的机会大大增加；依貂蝉的聪慧，她完全能想到把户籍地"迁入"距绥德更近的米脂；貂蝉"来到"米脂，很快成为"米脂的婆姨"当然的"形象代言人"，如此这般出众的"形象代言人"，身为"父母官"吕布岂能不知？

笔者关于貂蝉"落户米脂"的推理纯属戏说。但米脂的婆姨确实漂亮，却是事实。据当地人介绍，米脂古称"银州"，因当地盛产小米，"米汁淅之如脂"而得名。此地适宜种植谷子，谷子碾成小米金黄金黄，煮成小米粥上面漂了一层油脂。也许米脂的小米还有什么成分，使女人吃了长得漂亮，如花似玉。

常玉英是地道的米脂人。关于她的情况，袁老当年的秘书苗汝鹏是这样说的：

苗汝鹏："袁意奋与常玉英是在绥德结婚的，当时王震，王恩茂，郭鹏……反正三五九旅的领导都去了。好像陕甘宁边区绥德县参议会议长安文钦还参加了婚礼。安是陕北著名开明士绅，'陕西四老'之一。他的儿子安志远当过我的秘书。常玉英（人）很好，我到她家吃过饭，（她家是）小市民家庭，（她）是绥德师范米脂中学的（学生）。"

◎姚明深情讲述
烽火岁月

姚明"深情细说"常玉英

袁意奋曾经的上级罗洪标的爱人、全国妇联离休干部姚明与常玉英有着非同寻常的关系。2012 年 2 月 21 日，年近 90 岁姚明阿姨，给我们讲了许多她与常玉英之间令人感叹的故事：

姚明："我是北京人。那时候延安北京人可是不少。我是从北京到太行（山），从太行前方总政治部，主任罗瑞卿给我写的介绍信到延安去。"

问：您是当年奔向革命的热血青年。

姚明："哎。我是北师大女附中的。左权（原八路军副总参谋长）的爱人也是（北师大女附中）的，刘仁（北京市委副书记、中共中央华北局书记处书记）和他爱人甘英是我同班同学。1945 年，我跟随老伴儿（罗洪标）从延安回部队到了米脂，我跟常玉英是在米脂的认识的。"

姚明的爱人罗洪标是个"红小鬼"（即小红军），他曾经主动去鲁艺找过姚明提出结婚意愿，姚明当时回答说现在不想结婚。罗随即又找人帮忙。1944 年 5 月 2 日，姚明与时任晋绥野战军第一旅二团政委的罗洪标结婚。此时，袁意奋是该团副政委。

姚明："常玉英与袁意奋同志结婚的情况，我不太知道。但是那个时候，（女）学生们之间，很多都相互帮忙（找对象），是常有的事儿。"

我们可以从有关背景资料中看到，关于米脂女学生，有一个流传很广的"顺口溜"："脚不缠，发不盘，剪个短帽盖搞宣传，当上女兵翻大山，跟上队伍上延安"。这就是说，不光是八路军干部喜欢米脂女学生，女学生们也喜欢"跟上队伍"。那时候袁意奋25岁，高高的个子，形象又很帅气，又是"经过长征的英雄"人物，无论"硬件"还是"软件"，都很好，被女学生喜欢上是很自然的。那么，常玉英的情况如何呢？姚明阿姨做过详细的描述。

常玉英是标准的"米脂婆姨"

姚明："她（常玉英）是个长脸儿，头发弯得很厉害，就像烫了一样，自来卷，弯弯曲曲的，好看！很热情的。后来解

◎袁意奋（右一）常玉英（中间者）与袁意渊

371

放战争开始了，部队分头到前线去了，我们就分开了。"

"我和常玉英同志相处不到一年，但印象很深。她个子中等，不能说漂亮，但风度很美，又有文化。那时候好多人都不识字，所以米脂女中很出名的，（女孩子）都有文化，可不得了。常玉英就是米脂中学的学生。米脂是陕北的文化中心，好多女学生都找了我们的干部（结婚），我们有个干部的对象是杜聿明的侄女。可惜的是，二团很多老同志都没了，否则你们还可以多了解一些情况。"

问：时间也确实太久远了，我们采访都在要找 80 岁以上的。

姚明："对。80 岁以下的（同志）什么都不知道。"

袁意奋结婚，袁任远称"老"

1942 年，袁意奋与常玉英结婚。这件事还带来另一个意想不到的事情，对此，袁老在他的回忆录里写了这样一段有趣的文字：

袁任远："我的大儿子意奋在长征结束后，分配在三五八旅工作。一九三九年我由雁北返回边区时，在晋西北见到他，当时他在七一四团当总支书记。一九四二年该团调回绥德专区，接替三五九旅防务时，他已提升为该团的政治处主任，不久就任团（副）政委。这一年，他与常玉英结婚，从此，大家就叫我'袁老'了，实际上我当时仅四十四岁，还属中年呢?"

妻子含泪送丈夫出征

问：家属队就是为了丈夫们上前线打仗去了，才成立的吗？

姚明："对呀。我们还欢送他们（丈夫们）上前线呢！我还说：'谁也不要哭，哭了不吉利'。二团家属就我一个有工作的，我是二团政治处宣教股干事，她们其他同志都（只）是家属。因为我是从延安大学、鲁艺学习（后）到这儿来的，组织部门给我安排的工作。团里几个领导的家属都在家属队。以后又连续牺牲了两个领导，知道了以后大家一块哭。"

"那时候部队到前方去了，家属们成立了家属队，我在那儿当支部书记。那时候袁意奋同志不在米脂，常玉英一个人带着孩子在二团家属队。"

◎姚明回忆常玉英

"两个新妈妈"的半世友谊

姚明："当时独一旅的旅部驻在绥德，二团团部驻在米脂县城。到了二团我被分配在二团政治处教育股做教育干事。……我是二团唯一的女兵。"

"当时我刚刚生孩子，她（常玉英）也刚刚有孩子，那年她二十一岁，比我大一岁。我对常玉英的印象是，她非常活泼，爱说话。她生了个孩子之后没有奶（水）。我也不知怎么的奶水特别多。那时候也没什么营养，但（我的）奶水就是多。我女儿吃（我）一个奶，她（常玉英）的儿子吃一个奶，我喂两个孩子。所以我们俩的感情就……"

战争中，常玉英的第一个孩子夭折了

姚明："常玉英是米脂中学的学生。哎哟，她后来（解放后）找到我，我还问那孩子的事儿。她说（孩子）已经没有了，因为没有奶吃，连牛奶也没有，什么都没有。"

"那个时候，我们二团还有个同志的孩子死了，行军的时候不是挺冷吗？（孩子）得肺炎了，那根本没办法。现在孩子得了肺炎肯定得住医院抢救。那时候没有药，孩子就这么死了。我女儿（行军）路上出水痘，急得我都哭，没办法，什么药也没有，就这么挺过来了。有的（孩子）出麻疹，一吹风，把麻疹顶回去了，孩子（就）不行了。所以她（常玉英）的孩子肯定是在战争年代，中间（部队）有行军，营养又跟不上，那时候孩子们都放在小筐里，那也不行啊，睡在小筐里，吹着西北风，大西北挺冷啊！我女儿小手冻得都跟小紫茄子似的。哭啊哭啊——"

"那时候行军途中，没有奶粉，有时候缴获敌人的（奶粉），能发一点儿，没有卖的。发的是小米儿，发一点儿白面，发点儿鸡蛋、白糖，叫大家自己做饼干，先在锅里烙，（然后）切成块儿，孩子饿了，喝点儿小米汤儿，吃点饼干儿，就这个也很少很少有。过去都开玩笑说，有了孩子就升级了，一个孩子是'中农'，两个孩子是'富农'，就是说发东西啊，孩子多的可以多领一点儿。"

问：还记得、常玉英的孩子叫什么名字吗？

姚明："她（常玉英）的孩子叫什么名字我不记得了，但是这个孩子我有印象，吃奶什么的非常健康，不是生下来先天不足那样儿的——"

◎后排左起：常玉英、吴晓梅、袁意奋（前排左起）袁新海、袁海俊、袁海鹰

久别重逢，常玉英心情不好

姚明："那时候袁意奋同志是副政委，但我一直没见过，因为他随着部队在前面打仗。我是在路过卓资山（位于内蒙自治区乌兰察布市中南部，解放战争中曾经发生过著名的卓资山攻击战和保卫战）的时候第一次见到他。我是听说袁任远的儿子在这儿，才知道他（袁意奋）的。"

"解放以后常玉英找我，因为我们俩有那么一段（经历），解放后我们谁也不知道谁在哪里。后来她听说我在全国妇联（姚明 1950 年转业到全国妇联工作直至离休），就通过全国妇联找到我了。具体说什么我都忘记了，只记得她当时心情不是特别好（当时正值袁意奋受错误处理）。"

"我对她印象还是非常好，非常纯洁的，活泼的，对人很热情。我们联系上了，我心里特高兴啊。结果不久就听说她去世了，听说是摔了一跤——这都是别人告诉我的。哎哟，我听了心里头挺难过的。（我们）好不容易找到了……她才四十多岁啊！我们之间真是很有感情。"

"文革"初期，袁意奋曾受到数次冲击而受到审查，他本人情绪亦受到巨大打击，从此变得沉默寡言。

"常玉英是个好人"

马桂芝，女，原绥德家属学校学员，周雪林的部下。

马桂芝："常玉英是个好人。"

"爱说话"的常玉英

郝云飞的丈夫柳条是原榆林基地参谋长，她和常玉英同是首长家属，曾经相处多年。

郝云飞："常玉英爱说，爱谈，陕北米脂人，穿戴很讲究，待人比较和气，一般不了解（她）的，看上去（她）有点架子，你跟她处得来的，其实比较和气。爱说。性格开朗"。

郝云飞："我们在榆林一起待了五六年的样子。她经常到我家去，没有上班。在我印象中她没有工作，在家照顾当司令员的丈夫。她是绥德人，我们经常聊天，她的孩子都不在身边。"

郑玉峰（原榆林基地作战处长）："他（袁海俊）妈妈姓常，在丘岗站（中科院的单位）那里工作，她的性格比较开朗，我们在一起是无话不说的，她在站当书记还是科长记不清了，人际关系也很好。"

◎王兰英回忆她的
邻居加朋友常玉英

常玉英和王兰英

王兰英是曹石亭首长的爱人，在国防七院时与常玉英住邻居，俩人来往很多。72 岁的王兰英，对常玉英的记忆很清晰。

王兰英："我和常玉英住在一个院里，彼此比较熟悉。她是（一九）二三年生人，我是（一九）三一年生的，她比我大好多岁，那时候我还上着班。"

"常大姐是挺平易近人的，性格比较开朗，我们第一次见面是在王部长家。从那就认识了，以后就经常来往，我下班那，她就到我家来玩玩，有时候我也到她家去。她当时不上班了，孩子们都当兵了，家里没人，所以她到我家来的次数多一些。还有个老范，我们一块说说话，一起玩。她（常玉英）群众关系都比较好，大家聊聊家常，她讲袁政委喜欢吃红烧肉（红烧肉是湖南人，尤其是土家族人最喜爱的菜肴之一）。讲她怎么买肉、烧一锅，那时候能吃到肉就不错了。我们家经常在食堂打饭吃，大人上班，小孩上学，没工夫做饭。"

"一动一静" 夫妻俩

问：他们夫妻俩关系默契吗？

王兰英："（他们）还比较默契，夫唱妇随吧。袁政委的特点就是不大爱说话，他坐在那里一个姿势，可以几小时不动。说话很少，非常内向。常大姐性格又比较活泼，可能在家里跟袁政委没大有话说，所以才经常找我们玩儿呗。"

问：你们都玩儿些什么呢？

王兰英："就是聊聊家长里道儿的呗。做饭那，做衣服呀——"

问：常玉英烹调技术怎么样？

王兰英："哈……她可能不大会，她就会做红烧肉。"

问：她的针线活儿呢？

王兰英："她呀，也一般。"

问：知道她是什么家庭出身吗？

王兰英："不知道。'文化大革命'时候谁谈这个呀？有话也不谈呀！我大资本家？有多少房子多少地？都不会说的。都回避这些（话题）。她跟我们在一起，天南地北的扯一扯，开开心，不谈政治。人家说了，在办公室里都不谈政治，回到家也只会给自己家人谈。跟外人都不谈。那个时候大家都避免谈政治话题。"

常玉英 "纯朴正直，过日子很细"

问：常玉英给您印象最深的是什么？

王兰英："老常给我的印象是很淳朴的，人也比较正直，日子过得比较细，买盐啊，叫公务员买一斤就不能买两斤。买一毛钱的，买两毛钱的……就这么个（花钱）水平。（过日

◎前排左起：常玉英、吴晓梅（抱袁向宁）、袁碧宇。

后排左起：袁意渊、袁意奋、袁意滋

子）确实很细。"

问：那时候工资并不低呀？

王兰英："低。那时候减薪减了三次。开始授衔（1955年解放军实行军衔制）时候工资比较高，后来减了一次，还不行，后来又减，（总共）减了三次。我老头儿（曹石亭首长）从200多（块钱）减到90多（块钱）。（当时）国家困难嘛！"

当时的袁意奋是正军级干部（曹石亭是副军级干部）。一个军级干部的家庭生活，生活仍然很拮据，居然也要一毛钱一毛钱的算计过日子，当时中国的生活水平之低可见一斑。

王兰英："孩子多的家庭更什么……国家规定就那些粮食，就那点儿油票儿，什么东西过个年就买那么一点儿：给你一两黑木耳，三两葵花籽儿，半斤花生——这是一家子噢！那时候七院后勤部门拉点儿土豆来分分，这就是最好的福利了。所以老常过日子，也是很自然的。（其实）大家都这个样。院首长也没听说过有什么其他特供。"

问：常阿姨那时候身体状况怎么样？

王兰英："跟我们在一起的时候她身体还好。"

问：精神状态呢？

王兰英："也好！她人不错，很开朗，爱说笑。她去世我是后来才知道的。"

袁海俊："我妈妈是一九七六年去世的，心脏病。"

1976 年 3 月，常玉英病故。那一年，河北邢台闹地震。

"大嫂爱吃饺子"

郭爱民是袁老的小儿媳妇。原解放军总院医务干部。袁老晚年有较长一段时间与小儿子一起生活，故郭爱民对家里的事情了解也比较多。

问：大嫂给您印象最深的是什么？

郭爱民："常玉英的头发是自来卷，像是烫了的，但是没烫。（在北京的时候她）有时候礼拜天她过来，孩子在（爷爷）这边上学嘛。她从榆林也每年过来看孩子。"

"她是北方人，喜欢吃饺子。我是山东的，老家在烟台栖霞，我妈家是蓬莱。我来了以后呢，礼拜天没事儿经常给大家包饺子吃。有一次，（我们）正在包饺子，她正好来了，她就说："你看你多好啊，来了以后就吃饺子，我在这儿从来没吃过饺子'。"

"（她的）孩子都跟着爷爷。在榆林怕轰炸，孩子送到外地。"

（三）袁意渊和他"同甘共苦"的妻子金云汉

袁老一辈子关心国家大事。但家务事他也办得很完满。最值得称道的是，意渊、意滋和碧宇三个孩子的婚事，都是由袁老"牵线搭桥，精心操作"。听几位"当事人"讲来，常常令人忍俊不禁。

父亲对意渊的"特别关心"

问：父亲对你关心吗？

袁意渊：（很肯定地点点头）"很关心。"

问：父亲关心你的方式是什么？

◎袁任远与二儿子袁意渊

袁意渊："父亲关心的方式……给我们介绍对象。是父亲最'关心'的。他也不给我吃，也不给我东西……就是她（指妻子金云汉）嘛——"

说到此，袁意渊脸上显出了甜美的笑意。

小姑子奉命"秘密面试"嫂子

提起老一辈人的婚恋，人们往往觉得很简单。其实不然。老一代人的恋爱结婚，虽然不像今天的人们这么开放浪漫，却同样有着其妙不可言的心路历程。比如袁意渊的婚恋喜剧，听来就让人忍俊不禁。

问：婶婶，袁老是怎么物色到你的？

金云汉：（袁意渊的妻子）"我的一个姨妈和姨夫，他们跟爸爸（袁老）在延安就认识。长沙解放的时候，我姨和姨夫也到长沙来工作了。姨夫在湖南省统战部工作，他们和爸爸常有接触，他们两家住的也近。爸爸就提到自己有个儿子，还没有那个（找对象）……给我姨夫讲过这个事。"

"（一九）五一年我在武汉中南局器材公司工作。有一次我姨夫到武汉出差，我姨就让他顺便看看（我）这个外甥女。这样我姨夫就见了我一面。姨夫见到我以后，回去以后就给他（袁意渊）父亲讲这个事儿了……巧的是，中南局在长沙成立一个器材分公司（后来的交电公司），属于中南局器材公司管。长沙分公司经理到武汉公司人事部门去要人，武汉公司经理认识我姨妈，就建议我到长沙姨妈身边去工作。我那时候服从组织分配，你让我去我就去了。"

"我到长沙之后，到我姨妈那里去，'正好'见到了碧宇（袁碧宇）。"

此时金云汉并不知道袁碧宇是受袁老指派，先来"面试"

她的。

"头一次见面，直接就问同不同（意）？"

问：说说你们第一次见面的情景吧。

金云汉："哈……不记得了"。

问：袁意渊，您还记得当时的情况吗？

袁意渊："哎呀，记不清了——"

夫妻同时"失忆"，可见他们夫妇感情默契程度可见一斑。

问：哦，就是说，你们那个时代行就行，不行就不行，根本不在乎什么爱情不爱情？

袁意渊："我们那时候都是一心一意搞工作。这些事儿根本没有……"

问：不会是袁老告诉你找了一个对象，你就同意了吧？恋爱总是要谈的呀！

袁意渊："根本没有。我们结婚的时候是三对儿，每人凑十块钱，买点儿花生什么的，说一说，就完了——"

袁意渊再次施出"障眼法"保护"隐私"。

金云汉：（终于忍不住了）"嗨，不是的，没他说得那么简单！"

袁意渊："那时候我们俩思想上根本没有这些……"

睿智的袁意渊显然在暗示婶婶不要细说此事。但婶婶对青年时代有着难以忘怀的记忆，她开始详细讲述，她和他的那段刻骨铭心的甜美的初恋……

金云汉："那时候我到长沙以后，我到爸爸家里去，爸爸还给我照了相。"

估计袁老将金云汉的照片给儿子看过征求意见。

金云汉："后来他从广西出差回来，就到我们单位去了"。

曜，袁意渊到底是军人，直接找上门去了。

金云汉："那天我也请了假，我们俩到岳麓山转了一圈……"

婶婶的深情"爆料"，让我们发现袁意渊在这个问题上隐瞒了不少故事。

问：到岳麓山谈恋爱，也很浪漫嘛！

金云汉："（无声大笑）他这个人没什么话讲的。我们围着岳麓山转了一圈，也没说什么话，之后，（他）就问我，'你同不同意？'"

"哈哈……"，闻听此言，我们忍不住大笑起来。这哪是谈恋爱啊，实打实，硬碰硬啊！

金云汉："（当时）我就觉得这个人真是奇怪，头一次见面就……"

问：那你表态了吗？

金云汉："后来……（笑得说不出话来）我也不好说了……我就感到这个人很老实的。不是像有些人哪……其他什么……他没有什么闲话（废话？），问我'干什么工作了，希望怎么工作了……'（他）这样讲。我对他的印象就是这个人很老实，诚实，不会说（道）——一般人不会一次见了就问同（意）不同（意）？哪里就这么一下就同（意）了？"

婶婶这里笑声连连的给我们讲述她和袁意渊当年超滑稽的恋爱史，袁意渊那边却"玩起了冷幽默"，只见他面无表情，像一尊佛似的坐在那里，机械地眨着眼睛，就像一个局外人，这更增加了眼前场面的喜剧效果。

◎1949 年袁老与袁意渊和袁碧宇留影

"大嘴巴、大耳朵"女婿

金云汉："后来我姨夫、我姨妈还有我外婆，也见了他（袁意渊），外婆说这个小伙儿'可以的，大嘴巴，大耳朵!'"

中国民间有语："嘴大吃四方"，"大耳朵有福"。相传龙的第九个儿子貔貅嘴巴特别大，能吞万物而不泄，故有纳食四方之财的寓意。"嘴大吃四方"之说由此而来。"大耳朵有福"源于佛说。佛像有 32 相、80 种好的理想特征。"耳厚、广大修长，轮埵成就"（耳朵大而厚，结实）是第 42 好。好家伙，袁意渊财神、佛像均沾，再加上人高马大，虎背熊腰，声若洪钟，这亲事焉有不成之理呀！

结婚没休一天假

金云汉："就这样，我也觉得这人比较老实，其他这里那里……体制（工作）的问题，金钱（工资）的问题，始终没提过。他也没提过，我也没提过。直到生第一个孩子，我都没问过他的工资是多少。"

"后来，把我调到广西去（此时袁意渊在广西来宾镇南关铁路工程处当人事组长），我们在那里结的婚。当时我们一块结婚的是三家，三家人聚在一起，每家出十块钱，买了两大箩筐花生啊，糖啊，香蕉啊什么的，在一个大食堂里，挂上毛主席像。我们上班穿什么还穿什么，家里也没来人，也没有请客。工地广播喇叭通知，'食堂里有糖果花生，谁来谁吃'，其他什么也没说。"

"宿舍里，他一床被，我一床被，俩人的铺盖连在一起，上面铺床新被单，就买了一顶蚊帐，爸爸捎来我们一床被面，送了一只手表。我们星期天晚上结婚，第二天早上照常上班。没有休一天婚假。"

袁意渊："我们那时候，一心一意搞工作。像家庭这些事儿，我从来不过问。"

金云汉："（也笑了）那时候奶奶（吴晓梅）跟着他（袁意渊）嘛，他一个当过兵的人，也没什么家庭观念。"

他说，"家庭就是饭铺"

袁意渊：（岔开话题）"我们那时候，没有工作八小时。没这个概念。早上一早就走，晚上九、十点钟（回家）……家里是饭铺（店）。"

金云汉："小孩上中学了，他'文化大革命'从五七干校

386

回来。我问他，你今天有没有事儿，大新（儿子）的学校开家长会，你到学校去一下。他说'（儿子）上几年级呀？'孩子都上中学了，他还不知道上几年级呢？有这样的爸爸吗？"

"女儿刚刚两岁多的时候，早上没人管她，她就躺在屋门口哭啊哭啊——你说作为一个爸爸，你的小孩儿在那儿哭，你起码得抱一下，问一问为什么哭啊？哎，他就这么一脚——踩（迈）过去上班去了。他就是这样的爸爸。"

"他这个人哪。只管上班，回家就是吃饭睡觉。"

面对夫人的"控诉"，袁意渊再次"沉默面对"。

"女儿十岁，他就抱过一次"

金云汉："唯一次抱小孩儿，是在女儿十多岁后。有一次（女儿）开水烫了脚，走不得。我们住在二楼，我又抱不动她，正好那天他在家里，他把她（女儿）背到医院里去了，这是唯一的一次！"

袁意渊：（赶紧补充）（女儿）我就抱过一次。男孩子在幼儿园里，趴在地下哭，我一手抱一个——也就这么一次。"

问：为什么说一手抱一个呢？

金云汉："那时候我们住在长沙。"

袁意渊："哎呀——（马上制止）"

金云汉："那时候我到嘉兴学习去了，家里只有一个老人（吴奶奶）——"

袁意渊：（接过话头）"那是为公家解决问题。那个时候，有的职工晚上当（值）班儿，孩子没人接。我就帮他们接——"

387

局长夫人看电影没票

金云汉："他就讲公家。他当个局长，这么多年，人家的电影票都拿回家，那个年代电影票是一种福利。他的电影票，都给了人家。分局有个调度所，调度所是全铁路系统最重要的单位，管着运行嘛。好，他把电影票给人家。"

"那时候，干部不是有照顾吗？一个月给一斤白糖——"

袁意渊：（立即打断婶婶的话）"行啦，只有大家没有小家！"

"只有大家没有小家！"话语虽短，掷地有声。一个"只有大家没有小家"的领导，绝不会成为贪官、懒官、昏官！

金云汉：（马上停住说话）"他就不让我说这些……这每个月的一斤白糖，他都给了调度所的人，说人家辛苦！他就这样，电影票，白糖，还有其他发的东西，都送给人家。我看电影都是人家送我的票。人家都觉得奇怪，你们家怎么没有电影票呢？我说我们家没有电影票。"

袁意渊：（有点受不住了）"行了，你这是表扬我了啊！"

金云汉："还有——"

袁意渊："这是'控诉'，不是表扬。哎呀，（让人）笑话了——"

金云汉："'控诉'？我一生最大的事情……我前一个月还在开刀——"

问：？

袁意渊第一个婴儿"因公夭折"

金云汉："我第一个小孩儿只有七八个月就死了……"

妻子深深地一句话，让袁意渊深深地叹了一口气。

我们屏住呼吸看着婶婶。婶婶开始讲述她最伤心的一段往事。

金云汉："株洲成立分局（1953年，袁意渊成为新中国第一代铁路分局长），要安排干部'搭架子'嘛，他就到广西、南昌去接收干部去了。我们单位也把我调到株洲去了。我家里还有老人和小孩儿啊，那时也没电话，不像现在有个手机打，打电话他到哪里不晓得呀？他也没给家里联系。"

"株洲（刚刚）建局嘛，（那里）又是黄泥巴路啊……他也没有信儿，人家下调令了，我老在衡阳也不好嘛，我就跑到株洲去问，问他到哪里了？株洲的人说他大概在南昌，究竟在哪里，谁也不知道，什么时候回来也不知道。"

"这时局里几栋家属宿舍新房子盖好了，人家说你们的房子分了，我可以交给你钥匙。当时我也没指望他——反正也习惯了，房子钥匙有了，我就一个人把这个家从衡阳搬到株洲来了，家里倒也没什么东西，婆婆一个床铺，我们一个床铺，还有个箱子什么的，请人把我的东西搞到车站，搬运到株洲。到株洲以后再请人把东西搞到这个新家。"

"那时株洲也没的路，都是黄土山，要是买一点东西要爬个山到供应站去买，又冷，冬天，买点木炭啊，生活用的东西啊，穿着深筒套鞋，在黄泥巴路上跑了好几趟。到了晚上小孩儿就哭。（家里）没做饭，就（想）买点木炭生点火，煮点稀饭，和婆婆一起吃点稀饭算了。结果风太大，稀饭也没做成。婆婆说，算了，明天再吃吧。"

"（当时）搞了个火盆在屋里放着。那时株洲冷吗，刮风把门都刮开了。开始没电灯，想搞个蜡烛。外面有解放军战士站岗，就给我一个点火的东西，我就点着了蜡烛。结果风一吹又灭了，我想又要找人家，又不好意思。算了，我来来回回跑得也累了，算了，不吃了，睡觉。结果这一睡睡坏了——"

婶婶叙说至此，有些哽咽。在场的人也都静默地坐在那里不出声。我在想，出什么事情了呢？

少顷，婶婶定了定神，继续讲起来。

金云汉："当时屋里有木炭火，我也想到这个（一氧化碳中毒）事情了。就是有风啊，吹这个门。我没有插门，只是稍微掩住了一下。可是新房子新门啊——婆婆呢，也觉得我头天太累了，总想让我多睡一会儿。"

"（第二天）早晨她也没吃饭，也没去推推我这个门……巧的是下午四五点钟，他（袁意渊）回来了。他敲敲窗户，我只能这样瞪着眼看着他，人不会动了，也说不出来话。他可能以为我不给他开门，就在外面坐了一阵子。后来他觉得这是怎么回事儿？又来敲，我还是这样子，没有动。他马上意识到什么，就问婆婆，'你们晚上生火没生火？'婆婆说'生火了'。这样子他就一脚把门踢开了——踢开门屋里有氧气了，我就好点儿了，可是小孩儿就……"

问：当时孩子多大？

金云汉："七个多月。"

问：男孩女孩？

金云汉："男孩儿。我的头一个——叫'铁鹰'。是他爷爷给起的名字……"

袁意渊默不作声。

金云汉："他不管家的。走出去就忘了这个家了……第二天，他就把这个事情晾在这儿，上班了……"

?!

金云汉："他的心很宽。"

!!! 说起这段往事，此时的婶婶很是伤感。但她却用"心

很宽"这个词来形容自己的丈夫，话语间听不出半点儿的怨恨。

金云汉的为妻之道

问：金阿姨，这么一辈子了，您觉得你们的日子苦的多呢，还是甜的多？

金云汉："我这个人的思想，还是挺符合他的思想。我也认为他做的这样是对的。实事求是嘛。"

问：在他遇到困难甚至不公正境遇的时候，你怎么想、怎么做的呢？

金云汉："我就是做好后勤。他回来，我就做好饭，不管什么时候都是。他回来总是要饭吃，半夜回家也这样。"

问：这个"饭铺"得永远开张。

金云汉："哎。他回来就是吃饭，睡觉，然后就走了。家里事儿他也不问。他就是能吃能睡，再大的事……我们单位有的领导干部开批斗会以后，回家又哭啊，又睡不好觉啊，搞得一家人也难受啊。他就像没事儿。（当时）株洲那里打走资派，他是大走资派呀！他明明挨了打，你问他，他就说，'没有，哪有那么回事儿，你别听他们瞎吵吵'。后来他给我讲，'我给你们说了，一家人也都不舒服。我一个人知道就行了'。"

问：天大的苦痛自己扛，袁意渊是真男人！

金云汉："其实他在外面的情况我也知道，常有人悄悄告诉我。我也管不了那些事，唯一能做的就是，你回家来要吃饭就吃饭，要睡觉就睡觉。"

"……'文化大革命'开大会，党员们都去了，喊'打倒袁意渊！'我也跟着喊。人家就问，你怎么也'打倒'呢？我说人家都'打倒'，我不'打倒'不行啊！"

问：你那就是打着玩儿！

金云汉："他不叫我说这些事儿。他老说，老记着这些事儿干什么？"

问：叔叔现在健康得很，这是您的福气，也是全家人的福气！

金云汉："好人是福。"

（四）袁意滋和他的"军旅妻子"郭爱民

袁意滋和郭爱民的婚事，是袁老"交办的"。这事儿听郭爱民讲来，很有"史料价值"。

◎袁贻滋和郭爱民摄于孟端胡同45号

秘书负有"特别任务"

问：听说你们的婚姻也是袁老牵的线儿？

郭爱民："是。我们……（笑）爸爸原来的秘书是女的，曾经和我妈妈（国家一机部干部）一起在组织部（中组部）整理老干部档案。（当时）爸爸托秘书给他（袁意滋）找对象，秘书在和我妈闲聊中说起孩子的事儿。秘书说，袁老家有个儿子，我妈说，自己有个女儿。当时爸爸在中监（念成 jiàn 了）委，我妈回来对我说起来这事儿，我当即表示我不要什么'中建委'的，我愿意找当兵的，因为我是军人。我（还）以为是建设部的地方单位呢！我妈说，不是'中建委'，是'中监委'（中央监察委员会）。他（袁意滋）也是当兵的，明后天就要走了（回部队）。你要愿意的话，今天就见见（面）吧。当天我妈妈就陪着我去了他家。"

曜，当天联系，当天见面，典型的军人作风。

干脆利索"男相女"

郭爱民："（笑）那天我去（袁家）的时候，他（袁意滋）正好不在家。周妈妈说：'他（袁意滋）出去了'。其实是他跟那个女的上北海（公园）了。爸爸的秘书不知道。他（袁意滋）开始找了个医生。（采访现场，郭还故意问丈夫）哪个医院的来？啊——"

袁意滋："（低声地）搞不清楚了，这么长时间了……"

郭爱民："他（袁意滋）每年回来休假就那么十几天，还要去湖南看看吴妈妈（吴晓梅）一个星期，所以他的时间很短。头一次我们没见着。但是看见了爸爸，周妈妈，新海（袁意奋的女儿），还有家里的阿姨（保姆）。第二天。也是在家里

393

才见得。"

"为这事儿，我爸爸（一机部干部）还很不高兴，说我妈：'你怎么能这么干呢，哪有带着女儿上人家家里让人家看的？'"

问：就见了这么一面就走了？

袁意滋："没有。（我们）到中山公园去了"。

郭爱民："那是第二年了！当时你（袁意滋）不就走了吗？"

袁意滋："哦？！"

郭爱民："当年（见面后）你不就走了吗？就回（部队）去了。"

问：然后是一年见一次？

郭爱民："一年见一次。我们俩十四年没在一起。"

问：这次见面后都同意了吗？

郭爱民："我不知道。"

袁意滋："她送我上火车了。她问我怎么样？我说：'我基本上同意了'。以后（我们）就通信了。"

问：哦？！

袁意滋："这事儿是爸爸（一九）六二年调回北京之后，在中监委工作之后发生的。"

"一封信寄了很多遍"

郭爱民："我就说，我们（袁）家的人遗传爸爸的基因（？）很厉害。（见面）完了以后他给我写信，（笑）……信很简单，几乎每一封信内容都一样……就像是一封信寄了很多遍。"

袁意滋："没词儿——"

（众人大笑）

问：还记得他写得什么吗？

郭爱民："非常的简单：什么'爱民，您好！我——'……反正特别简单，也没什么我爱你呀……"

结婚当天，不见新郎

真的不是一家人，不进一个门。袁老当年没赶上自己的婚礼，这袁意滋，也缺席自己的婚礼。

问：之后你们多长时间结的婚？

郭爱民："我们是谈了三年才结婚，是（19）65年。结婚以后三年才要的孩子。又过了四年，才要了老二（第二个孩子）。"

问：还记得结婚的情景吗？

袁意滋："那时候没婚礼。当时我们在爸爸的院子里临时收拾一间房子，结婚的时候，晚上，她们三〇一医院来一帮子人——"

郭爱民："（猛然想起了什么）你别说，还有这样——"

"结婚吧，（我们）本来定的十月一号结婚，十月一号，（全家）从早晨一直等了一天，（他）没消息。咦，这怎么回事儿，（他）没回来。"

问：他在哪儿没回来？

郭爱民："在东北啊，延边。"

问：?！

郭爱民："原定的十月一号结婚，结果（我们）等到中午（他）没回来，下午还没回来……（我）赶紧给我们单位打电话，说（同事们）'你们别来了，（我丈夫）他没来'。（当时）我就着急，全家人也纳闷儿，这到底怎么了……（他）也不来电话，不来信儿。……是火车路上出事儿了?！后来就用爸爸的红色电话机（中央首长都有红色专线电话），往他们单位打了一个电话。那边说，'啊，袁意滋啊，他在那儿打篮球呢！'"

问：他在单位打篮球？！

郭爱民："当时是（19）65年，全国都在'备战备荒为人民'。过十一（国庆节）要加强战备。他不回来，也不给家里说——"

袁意滋："（慢悠悠地解释）那时候部队电话不准往外打，又不像现在有手机电话。"

郭爱民："不是，你看他——"

袁意滋："（当时）写信也来不赢啊！"

郭爱民："你倒是给领导说一下呀？领导要是知道他父亲是'首长'，肯定会给他假期的。哎，他不说，就在操场上玩儿。"

"（当时）人家赶紧到操场上找他来，我问他：'你怎么回事儿啊？'他说：'这儿不让请假'。我说：'你倒说一声儿啊，你不把人吓死啊？我还以为路上火车翻了，还是怎么的……'我倒不是说别的，就怕他是出事故啊什么的。"

袁意滋：（沉默）……

新婚之日，周雪林建议到北京饭店订房间

郭爱民："（家里）这一打电话，他领导知道他要结婚，赶紧给他批准假期，（叫他）赶紧走吧！"

"（他）赶紧买了火车票。结果（结婚日期）就挪到十月四号，（我们）现去街道办事处登记，跑回来，（我）又叫我们单位的人过来，大家一块儿热闹了一会儿。那时就是送毛主席像啊，送毛主席的书啊，吃点花生啊，糖啊，结婚就

是这样了"。

袁意滋："当时我父亲和周妈妈请她（郭爱民）爸爸妈妈到湖南餐馆吃了一顿饭；请王恩茂到东来顺吃了一顿涮羊肉，王恩茂喜欢吃涮羊肉；请李贞（李贞1955年被授予少将军衔，是女红军里唯一的女将军。李是周雪林的同乡，曾经一起长征）到烤鸭店吃了一顿烤鸭。"

郭爱民："（这些）都是周妈妈操办，去订的餐。我们结婚登记的那天，周妈妈还说：'要不要坐车，在北京市里头转一圈儿啊？'我说'不要，不要'。（她）说：'哪，要不要在北京饭店订个房间啊？'我说'不要'。周妈妈很讲究的。"

20世纪60年代，周雪林会提出如此建议，可见受过洋教育的人，就是不一样。

袁老的战友都是儿媳的"病号"

郭爱民："我在三〇一（医院）干部病房，其实爸爸的好多老战友我都认识，在不认识爸爸之前，我就认识他们，（他们）都是我的病号。后来（结婚以后）看到爸爸的电话本子上的好多人或者到家来看望爸爸，我说这不都是我的病号吗？后来那些老首长知道了，他们都说，'袁老好人，你找到他家（的孩子），袁老对儿媳妇可好了！'他们还说到，意奋在延安（绥德）结婚，他们当时也参加的。爸爸对儿媳妇怎么好，他们没说，大概有点儿什么东西，就给儿媳妇了……（笑）"

袁老善待儿媳妇们，其实也就是善于处理婆媳关系。长子意奋的婚礼安排，以及几个孩子都是由袁老夫妇抚养长大，就是一例。

郭爱民延边探亲"奇遇"

郭爱民："我头一次去延边。那时候从北京到延边要在长春倒（转）一次车。那是一趟慢车，（锅炉）烧煤渣子，火车里都是煤灰。（这些）他也不告诉我，我头一次出门儿。"

"当时'文化大革命'已经起来了，但是路上还行，红卫兵大串连还没有开始。其实那个车站（长春火车站）旁边，陆军招待所也有，空军招待所也有，他也不告诉我。"

"在北京，我是自己排一晚上队，买的火车票。早晨坐火车，第二天早晨到的长春，下车后我就在长春逛了一天。已经是十月份了，那里好冷啊，比北京冷多了！到了中午，要吃饭啊？我看见一个小饭馆儿，我就进去了。要米饭、菜，（小饭馆）都没有。我问'有馒头吗?' '有，是凉的'。咱们的凉馒头，都还能……结果（饭馆儿）一拿出（馒头）来，邦邦硬，冻得！哎哟，我的妈呀！他（饭馆儿）没别的，就只能吃那个。（我）要一点儿肠儿，切成片的那个，（其他）什么都没有。我就坐那儿吃。吃着吃着，一个老头儿，他看我一个人坐那儿，就坐在旁边抽烟，抽一口烟，就把烟灰吹到我的盘子里，我就赶紧躲开了，馒头咬不动，肠儿也吃不成了。"

"晚上5点才开车，这几个小时，我又在大街上逛。我不认识路，也不敢走远，长春没去过。就在车站旁边来回溜达，来回走。走着走着，我看见旁边有一个招待所，里头都是穿军装的，一个陆军招待所——你说，他也不告诉我，告诉我（好）在那儿休息一天啊……这时候快要上火车了，也没时间吃饭了——这事儿我记他一辈子！"

袁意滋："（依旧慢条斯理地）那里到空军招待所，要坐有轨电车三站地。"

火车上，她"冻饿难耐"

郭爱民："我一看，又快五点了。我从上海到北京，火车上都有饭的。我也不知道他这个（去延边）火车上没饭，（我）没在外面吃饭。我买得票是最上头一层，上铺最冷了，越往（延边）那边走越冷。（我）中午也没吃什么东西，晚上又没吃饭，把我给饿得呀……饿得半夜就醒了。天还没亮，实在是冷，我开箱子把毛衣穿上，还不行，还冷，我年轻的时候身体不太好。我就没办法，睡也睡不着，冻得直打哆嗦。就这样的——(小婶婶给我们表演抱着膀子打哆嗦）我就下来了。"

"正好我那个车厢里头还有一个当兵的，他是总参的，家也是延边的，朝鲜族的。他到长春开会，会后回家看看，我俩正好坐在一个车厢。我说……现在想想挺不好意思。（我）下来以后，坐在那里又冷又饿，挺不好受。他（那个朝鲜族军人）也没睡觉，也坐在那里。我看他是当兵的，就跟他说话。"

"我就问他：'还有多长时间到延边呀?'他说还有多长多长时间。啊，这就过去了。"

"没过多一会儿，我又问：'还有多长时间到延边呀?'反正那时候也年轻吧（脸皮也厚点儿）。"

"又过了没多会儿，实在饿得不行了，又冷又饿，（我）就又问他：'还有多长时间到啊?'他又告诉我大概还有多长时间。"

"我说：'哪儿有卖吃的?'"

"他说：'好像是早晨六点钟，这么早恐怕没有卖吃的'。"

"我嘟囔着：'噢，没有卖吃的……'"

"还是人家聪明，比这（指丈夫）聪明。人家一想：'你是不是饿了? 我这儿还有个面包'。就是过去那破面包，黑不

溜秋的。"

"他说：'你是不是饿了？'"

"我说：'没有没有'——"

"'哎呀，我看你是饿了'。他拿出一个面包给我吃，我也没客气，拿起凉面包就吃。"

"他又问我：'你爱人来接你吗？'"

"我说：'不知道，他没说'。"

问：嗯？！

郭爱民："真得没说！"

这时的袁意滋，面无表情，不置可否。

她在"荒郊野外"下车

经历是苦涩的，回忆是有趣的。采访现场，我们绷住嘴巴，继续听郭爱民的"难忘回忆"。

郭爱民："我也没想到那（1966年的）延边火车站就像荒郊野外，不像咱们这个还有个车站街什么的，就一荒郊野外，只有一个调度室，我也没见过。"

"他（朝鲜族军人）说：'这样的吧，下了火车你就跟着我，快一点，有一趟班车，就像公共汽车一样的，要赶那趟车，进到延边市里面'。"

"我说：'好'。"

"六点钟，到了。下车一看，我说，'这是车站呐？！这是什么呀——'"

"他（朝鲜族军人）说：'快点儿快点儿！'"

"他是男同志，走得快。我提着箱子跟在后面，拼命地跑。我直喊：'这什么地方啊？'他回过头来：'快一点儿，晚了就赶不上那趟车了！'我就跟着他（朝鲜族军人）走。"

夜幕中，她遇到"拦截"

郭爱民："当时天还不太亮。（我）走着走着，他（袁意滋）穿着黑不溜秋的工作服（空军蓝色夹克工作服），戴一个破军帽子，我没认出来。他（袁意滋）就在前面挡着我，也不叫我。我就挺生气，这人怎么这么讨厌？"

"前面那个（朝鲜族军人）人还直催我：'快点儿，快点儿——'"

"我说：'来了来了——'我就从旁边躲过（丈夫）去，躲过去他（袁意滋）又在前面挡住我。"

"我说：'这个人怎么这么讨厌那！我冲前面那个（朝鲜族军人）说，'（你看）他老在前面挡着我——'"

"（这时候）我就跟前面那个（朝鲜族军人）人的距离拉开了。这时候我一抬头看，才知道是他（袁意滋）。"

"我说：'你倒喊我一下名字啊——'"

"我赶紧告诉那（朝鲜族军人）人，我说：'他（丈夫）接我来了！'"

"那（朝鲜族军人）人说：'那我走了啊——'"

"你们看，有意思吧?! 结婚结婚他人没来；头一次去（探亲）他也不在。"

踏上粘土地，睡在草垫子

郭爱民："完了以后，（我们）到了延边机场，我一看，这不是到了荒郊野外吗？东北的雨特别怪，跟北京的雨不一样，东北的地跟这边不一样，黑土地（下雨以后）特别的黏，一下了雨都会把你鞋粘掉。他那儿住的有一套房子，房子倒挺大，两间，那时候没人住。"

袁意滋："我们延边那个机场是朝鲜人民军的一个部队家属住房，朝鲜人民军撤回去了，房子空了，那是朝鲜人民军家属来队探亲一套一套住的。"

郭爱民："你知道那个床是什么床？（笑）……床板儿，草垫子，（我们）就睡在那里。"

"他呀，一人吃饱全家不饿"

这还不算什么，好戏还在后面呢！

郭爱民："有一天就下雨，雨下得特别大，都出不了门，东北（我）没去过，我也不知道会下这么大雨，我没带雨鞋、

◎袁贻滋夫妇携小女儿与爷爷合影

伞，防雨的东西都没带。那我就在家待着，等他下了班回来。回来以后，（他）吃完饭回来了……正好他的战友老赵来串门，说着话，老赵可能感觉到什么，他突然问：'你吃饭了没有?'我说：'没有'。'嗨，你说你怎么回事儿啊?!'老赵冲他（袁意滋）大声喊着。"

"我说：他就是'一人吃饱全家都不饿'，到现在都这样儿"。

"后来，好像还是老赵给我去打饭吃的。"

见过粗心大意地，没见过这么粗心大意的。袁意滋这般的把柄还有很多。"这事儿我记你一辈子!"几十年来，这话郭爱民说过无数次了。

（五）袁碧宇和她的"老实人"丈夫连源铭

袁碧宇一生有过两次婚姻。两段婚姻，先苦后甜。

袁慧煌讲述"奶奶的一段内情"

这件事，是袁谋奇的儿子袁慧煌讲的，袁慧煌是听奶奶说的。

袁慧煌："奶奶曾经把她的第一次婚姻情况，详细给我说过。他（×姓男子，袁碧宇的前任丈夫）曾经结过婚，生有一个女孩儿，他是带孩子与我奶奶结婚的。"

问：你奶奶事先知道吗?

辉煌："知道。我奶奶是在×的前妻过世几年后才嫁过去的。"

问：谁决定同意这门婚事的呢?

◎袁老的重孙袁慧煌

袁慧煌："当时老奶奶（吴晓梅）和我奶奶都不同意。扛不住那个媒人厉害呀！说那家的家境怎么怎么好，他（×姓男子）妻子死了几年了。和我奶奶结婚可以带她到大上海……三番五次上门，这边也就同意了。那年我奶奶二十岁，那个时代女孩子二十岁嫁人就算很晚的了。"

问：听说他那个丈夫在上海又娶媳妇，是怎么回事儿？

袁慧煌："我奶奶去上海后，先是在家待着，后来憋得难受，就让丈夫安排进了纱厂工作。"

"当时为防止工人夹带棉纱出厂，女工们下班前都要搜身。当地的女工搜身只是做做样子，而每次遇到我奶奶，那个女班头总是翻来覆去搜查，动作也很粗野。女班头每次把她带的东西故意扔到地上，让她自己捡起来，她觉得很没面子。她把这事告诉丈夫，丈夫开始很气愤，当打了几个电话后，态度180度大变，反而说妈妈不对。这时她觉得×姓男子靠不住。"

"开始奶奶没在意，慢慢她才知道，这个女班头的妹妹，正是自己丈夫的新欢。奶奶一气之下，离开了上海，再也没回去。她的丈夫从此也没再回家。"

袁碧宇是怀着身孕回到家乡的，半年后，她生下了儿子袁谋奇。

袁老慎重对待女儿的婚姻

袁慧煌："解放后，老爷爷回湖南工作。他专门找熟人去上海，了解奶奶（袁碧宇）的那个'丈夫'的情况。老爷爷并不是通过组织办的，而是让人到那个×家附近，打听×的太太是否姓袁？邻居说，×的太太不姓袁。×本人到外面做米生意去了。这样，老老爷爷就决定解除了奶奶这段婚姻。"

"我奶奶回来后，在×家住一伙（段），在外婆这里住一伙。

解放后，老爷爷就把我奶奶带到长沙去了。"

1950年，袁任远任湖南省政府副主席。

◎袁碧宇（左二）回到故居

袁老为女儿解困

女儿的婚姻失败了。自己唯一的女儿这些年在家吃了那么多苦，如今婚姻又不顺，这对袁老来说肯定很不好受。他要亲自出手为女儿排忧解困，是理所当然的。

问：当时袁老决定把你过继给李翠花的时候，您记事儿了吧？

袁谋奇："我不是很清楚。我是（一九）四七年底出生的，四八、四九、五○、五一、五二，我才四五岁。"

问：你妈妈给你谈过这件事吗？

袁谋奇："没有谈过。我妈妈那边没有也没（再）结婚，

405

这边（李翠花）又没有孩子。结果是拆了这座庙，去补那座庙。"

问：袁老主持把您过继给李翠花，当时你妈妈是什么态度？

袁谋奇："她（袁碧宇）那个时候离婚了，（身边）带着一个孩子，怎么办呢？（一九）五七年，她自己找的丈夫。"

袁老"奇谋"解难题

袁谋奇："一九五三年，爷爷（主持）把我过继给李翠花当儿子，我的名字也是爷爷起的。为了起这个名字他想了很久。"

问：袁老说过他为什么给你起名叫"谋奇"吗？

袁谋奇："我看到过一个成语叫'奇谋妙计'，可能是从这里来的。"

袁谋奇说，把他过继给李翠花，这件事袁老"想了很久"。这话绝对是真的。事情明摆着：意奋过继不成，三嫂子孤独一人，长久下去肯定不行；李翠花离婚不离家，这个问题久拖不决，恐有后患；女儿婚姻不顺，身边有个男孩，再嫁不易。把谋奇过继给李翠花当儿子，其身份由外孙变成孙子，名正言顺。既解了李翠花离婚不离家的尴尬局面，又解决了三嫂子与李翠花两个女人后半生的赡养问题，还解除了女儿袁碧宇再嫁的后顾之忧，此举可谓三全其美的"奇谋妙计"！

袁老给这个"后来"的孙子起名"谋奇"，或是表达了他当时的愉悦心情。

袁谋奇，"我姑姑是最忠厚的人"

问：你们母子关系好吗？

袁谋奇："好的。我姑姑（袁谋奇改口叫"姑姑"很坦然）是最忠厚的人！良心最好的人！她们那些同事啊，有事外出，家里有钱放在家里不放心，一万、两万（块钱）放在她这里都放心的。她从来不和别人吵架的。"

"姑姑的第二任丈夫叫连源铭。浙江人，他的叔父在武汉做生意，他在那里当过帮工。后来进了长沙银行，也是最老实的一个人。姑姑结婚以后生了两个男孩儿。"

问：您跟这个姑父见过面吗？

袁谋奇："我经常去。我来我去他也不过问，（对我）以礼相待，从来不厌弃。"

袁谋奇感情很丰富，心胸很豁达，思路很清晰，观念很现代，处事很有心，记忆力很强，人生态度很积极，在他那里，我们看不到丝毫的埋怨和沮丧。

◎袁碧宇与儿子连伟历

◎袁碧宇与儿子连伟英

好人好报，她自己找了"老连"

问：您后来的丈夫也是袁老帮您找的吗？

袁碧宇："是我自己找的。他叫连源铭，也是银行的，人很老实。"

袁碧宇没有讲太多关于"老实人"丈夫的事，但是看得出，他们婚后生活很美满。1959 年、1963 年，袁碧宇先后生下伟力和伟英兄弟俩。老夫妻俩恩爱一生，孩子们学习和工作也都很上进，我们看到的是一个和睦温馨的家庭。

第六章　"袁氏风格"的家风

袁家家风很严，也很正。我的主人公们每每提到家庭的时候，都会自觉不自觉地谈到这一点。由于这方面内容广泛而又零散，在此我们稍加归类。

（一）注重人格

人格的分量有多重？没有任何一杆秤能秤得出，也没有任何一杆秤能秤得动。人格无光无彩，好的人格却是魅力无限，光焰千秋。一个人的人格由谁来评价呢？自己。自己一生的所作所为，就是对自己人格的随时随地的评定。

袁云亭说实话得罪政府

袁谋奇："老爷爷受过几次危险。第一次，乡镇上召集开会讨论在镇上驻军一个连的问题。他是有文化的人，就不同意驻军。说'坏了（抢了）地方怎么办呢？'结果地方政府就勾结土匪就把意渊抓去了，去了五十天，吴奶奶把家里好田都卖掉换成鸦片，才取（领）回来。"

"不怕病从口入，就怕祸从口出"。这是老话。作为读书人的袁尚赤，居然对此视而不见，充耳不闻。足见中国文人身上的"士可杀而不可辱"的气质。

说气话得罪土匪

袁谋奇："再有一次，是因为老爷爷说话得罪了土匪。土匪来家搜人，家里有个猪栏，猪栏里有一堆草，他（老爷爷）趴在上面睡着（躲着），没有被抓走。"

袁碧宇："我记得那时候土匪经常来抓爷爷。来了我们就躲——有一次土匪来了，问我们爷爷哪里去了？我妈妈说，'稻田里放水去了'，他们没抓到。还有一次，土匪来了，我爷爷躲到猪栏里，和猪搞到一起，土匪来了，他也不敢动，才逃脱。"

躲避黑社会追杀

袁谋奇："还有一次和对门铁匠家，那家人现在讲就是黑社会，在桑植、大庸、慈利很有势力。政治人物往往都恨黑社会，结果黑社会就把当地一个有影响人物杀了，头割下来挂在桑植的桥上，变成尸骸了。我们本家有个亲戚在三官寺镇上，听说那个铁匠要杀害老爷爷，就赶紧派一个长工翻山过来送信，叫老爷爷赶快跑！"

政府得罪不起，土匪得罪不起，黑社会也得罪不起。袁云亭生性耿直，不怕得罪任何人，可实际上他谁也得罪不起。

袁老"怒改生日"

前段时间，常听说有人为了个人某种利益的需要，私自改写自己的生日。袁老也改过生日。原因却是为了一个大事件——

郭爱民："爸爸的生日正好是'马日事变'那一天，因此他对这个日子很不喜欢，所以后来爸爸就把庆贺生日与五一劳动节放在一起了。"

◎袁任远在长春与王恩茂

他"宦海沉浮"，却随遇而安

按照今天人们的话来说，袁老一生中"官运"沉浮不定，有时甚至可说是大起大落。客观上讲，战争年代，形势变化很快，部队经常整编，干部调整、职务升降是寻常之事。但值得后人借鉴或学习的是，袁老对每一次个人职务的调整，不仅能坦然对待，有时还会主动"后撤"，这可不是什么人都能做到的。

崔开成："（袁老）不计较。在红七军的时候，他是纵队政委。后来整编当团政委。再后来整编他当了营的政委。抗战刚开始的时候，部队按照国民党的序列了，（编制上）没有政委，他就没有位置了。他自己主动要求到后方去学习，贺龙和任弼时不同意，所以就跟着贺龙、任弼时当了秘书。这一点很不容易！"

"袁老不走上层"

崔开成："袁老不走上层，不拍马。建国后，他就是逢年到贺龙家作礼节性拜访。关系比较密切的王震家啊，萧克家啊，也去得不多。倒是王震、萧克他们，经常到袁老家里来探望。"

他曾两次让出调整级别的机会

崔开成："（20世纪50年代初期）在湖南，在定行政级别的时候，袁老是常务副省长，定为七级。三十多年虽然有机会变动，但袁老一直没有变动。"

袁意滋："一九五三年国家干部由供给制改为薪金制，父亲时任湖南省副主席，他当时定行政七级，这个行政七级一直到一九八六年父亲去世从未调过。我曾经问过父亲为什么这个行政级别三十多年没有调过，他告诉我：'在这期间，有两次调级的机会，我都主动放弃了。因为你们兄妹四人都很自立，不需要家里给钱，这些钱我自己也够花了。另一方面，我调一级等于下面的同志就少了调级的机会，他们生活比我困难，所以两次调级时我都主动放弃了'。"

郭爱民："爸爸到北京内务部的时候，也有一次调工资机会（七级调六级），他又让出去了。"

干部调整级别是大事。尤其是高级干部的级别调整，所能带来的"后果"更是难料。多年做领导工作的袁老，对此应该很清楚，可是他依然能够坦然处置。司马迁有名言：天下熙熙，皆为利来；天下攘攘，皆为利往。（史记·贺殖列传）这袁老此举是真正的"淡泊以明志，宁静以致远"。

"袁老应该是六级，我不应该"

金云汉："广州军区晏副政委（晏福生）有一次给他（袁意渊）说过，那一次我也去了。他说：'袁老应该是六级（行政级别），我不应该'。"

袁家父子四人，都有过让级或高职低配的经历。虽然那个年代这种情况很多，但一家人都有这样的高风亮节，还是很值得敬佩的。

陈慕华说，"你父亲是个好人"

袁意滋：有一次，陈慕华来看父亲，我忘记告诉父亲。陈自己来了。说，'你父亲是个好人啊！'"

陈慕华有空就会来探望袁老夫妇。周雪林还是陈慕华的入党介绍人。

◎袁任远、吴晓梅与工作人员合影

中纪委的人说，"袁老德高望重"

郭爱民："但他不是无原则的，他心里很有数。中纪委对他的评语，就是'德高望重'"。

（二）正人从政

人们对政治人物的评价，往往是听其言，观其行。政治家的地位往往是由其"作为"决定的。

他"很不愿意搞逼供信"

崔开成："他很不愿搞什么批斗啊，逼供信啊。在绥德的时候，他就注意到逼供信的后果，被迫交代，胡扯一帮人，最后一查，全是假的！他尽量重证据。"

袁任远在《征途纪实》讲过这样一个例子：

"一个学生在校长白焕亭逃跑时，他也跟着跑了。他跑到榆林后，又在那个校长新办的响水师范读书，一九四二年才回来。根据他的情况看，决定'抢救'他。找他谈话，问他为什么跟着校长逃跑？他说对共产党不了解，害怕。再追问他，学校这么多人都不害怕，都不跑，你为什么害怕？你害怕什么？你一定参加了国民党的特务组织。开始时，他不承认，经过一再追问，他承认参加了中统，是校长策划他跑的。由于这个问题突破了，大家觉得有文章可做了，就继续追问他为什么回（来），一定带有任务。……搞了五六天，他最后交代说这次回来的任务是发展组织，已经发展了三四个人，还带着暗杀和暴动任务。但他讲的有些情节话很荒谬，不可能是事实，我发生了怀疑。遂亲自审问，……他才讲了实话，他说，参加中统是真的，其他的事，都是编造的。这件事给了我很大教育，审查他的问题是对的，事出有因，但搞逼供信，无休止的追问，就错了，如果不及早发觉，就可能造成冤假错案。"①

以事实为根据，以法律为准绳。重证据，重调查研究，严禁逼供信。这是我们党一贯的政策和原则。袁老一生中都秉持这个原则，即使他受到不公正对待时，也没有放弃。

善作"政治灾害缓冲器"

崔开成："袁老对自己的错误不隐瞒。有的事，在当时的环境下不做不行。这时候，他尽量降低错误后果。比如反右派，你不打不行。他是内务部（现为民政部）党委书记，就管这件事。他呢，就经常下去检查救灾情况……他分管救灾。"

这的确是袁老一大诀窍。在青海的时候，他也是以下基层检查工作来躲避、减缓、降低错误决策带来的危害。

他曾被"AB团"吓着了

崔开成："袁老开始参加革命的时候，还是很敢干的，敢作敢当的。后来到了红七军的时候还好，后来红七军到了湘赣以后啊，这个时候党内'左倾'，肃反——他（袁任远）带来的几个县委书记，都被搞掉了。（那时候）'AB团'嘛，杀了好多人哪……这个时候，他（后来）讲，我这个出身不好，还到过南洋，出过国的……所以这个时候以后，他就（开始变得）谨小慎微了，就不（那么）敢干了。后来他常说：'王震，他怕什么？工人出身，铁路工人！我这，不行啊，你一整就（说你）'AB团'，就搞掉了——"

---

① 袁任远：《征途纪实》，湖南人民出版社 1985 年 11 月版，第 139 页。

袁任远为邓小平说公道话

崔开成："还有件事。当年红七军到湘赣前，邓小平离开了，后来有人写文章说邓小平是逃跑。袁老为此特别讲了一下，说那个时候，听说中央苏区搞'AB团'，死了些人。后来又搞了个什么'富田事变'，所以邓小平要到中央去看看，了解些情况。走之前，邓作了安排，成立了个小前委，他是做了安排的，不能说（邓）是逃跑。"

去中南海反映意见

崔开成："袁老在中纪委工作期间，由于年纪大了，没有分管具体工作，但对于一些重大问题还是积极参与讨论，发表自己的见解。对于相关干部任用方面有些情况不是很适当，袁老对此有看法。尽管他知道其中的背景，但还是决定向时任中组部长的胡耀邦同志反映意见。当时我打电话找到耀邦同志的秘书，说明袁老想去找耀邦同志反映意见。耀邦同志说他要上门看望袁老。袁老听了马上摆摆手，说'不能这样子。人家工作那么忙，我是个大闲人，我去看他'。袁老随即去了中南海，见到耀邦同志，他坦率地说了自己的意见和看法。耀邦同志问他：'袁老，您看什么人选合适呀？'袁老说：'我只是来反映情况和意见'。"

"关键时刻敢于表达自己的意见。但是，在具体表达方式上，又坚持按组织原则办事"。谈起这些往事，崔秘书依然对袁老钦佩不已。

◎袁任远（左二）与老战友在70年代

"父亲处处以身作则"

　　袁意滋："父亲在部队长期从事政治工作。作为一名政治工作领导干部，他总是处处以身作则，坚持和战士同吃同住，绝不搞特殊化。打起仗来，他从不畏惧牺牲，惯常拿起驳壳枪冲锋在前。1933年10月攻打湖南湘西永顺县时，他曾和尖兵连一起直面守敌炮火，勇攀城墙，攻进城楼。长征途中，他在后卫部队三十二军任政委。在他们部队进入草地时，粮食早已断绝，沿途连野菜都被先头部队挖光吃尽了。他尽管当时正在病中，仍然和战士们一起吃草根，啃皮带，坚持行军向前。据有关回忆文字记述，在他任职三五九旅政治部主任期间，一些下级干部遇有生活、工作、干部关系等问题需要解决时，常会给他写信或者直接找他当面反映，他总是亲自出面或者授意有关部门尽量帮助解决。有的工农干部给他写的信上错别字较多，只要被他发现，他都一一改正过来，再退寄给本人。正因为他具有这种一言一行细心示范，身先士卒，处理问题认真负责、深入细致令人折服的优良品质，所以在他做思想政治工作的时候，总是非常令人心悦诚服。"

袁老经常主动承担责任和错误

问：袁老还有一个特点，就是经常主动承担责任和错误。不隐瞒自己的错误，而且还主动承担不是自己错误造成的错误。

崔开成："是的。在青海工作时期出现一些'左'的错误，虽然有些错误决策是省委决定的，袁老认为他是省长，是省委负责人。在会上也提过意见，但这些意见只是个人意见。对外，他则主动承担责任。这在今天来看，往外推脱还来不及呢。这很了不起！"

"对错误路线不低头，也不硬顶"

郭爱民："爸爸他这人（内心）刚正不阿，也不会向错误路线低头，我不硬顶，我躲远点儿……，但他是有原则的。"

"袁老善于提拔青年人"

苗汝鹍："袁老很慈祥，善于团结人，对青年提拔照顾。"
苗老一口气说了好几个年轻人，在袁老的教育帮助下进步很快的例子。

苗汝鹠："(他) 对老年人一般 (这话我没搞懂)，对工农干部严厉的样子，对知识分子宽容，跟王震配合很好。"

"我是 (一九) 四〇年跟袁老 (的)，他平易近人，为人和善，老成持重，事事叨叨，(是) 我们的'老翁'。在所有的干部中团结人，受尊重。"

"袁老对部下很关心，也很注意培养。"

袁意渊 "眼里没有敌人"

金云汉："(他) 对事，对人 (都是这样) ……比如说，头一天开批斗会人家打他，第二天感到不好意思，就说'袁局长，你喝水'；'袁局长你抽烟'……我就说他们头天打你，你还接他们的烟，喝他们的水啊？他就说，'他给你倒水，给你抽烟，说明他感到愧疚了，你还要怎么人家呢？他知道错了就行了'。他是这样一个人。他没有说人家这些人怎么怎么坏。说这么大个运动，有些人……"

袁意渊："在我心目中，到现在，没有哪一个是我的'敌人'。真正的敌人是仇人。"

袁意滋 "20 年没调整级别"

袁意滋："我 (一九) 六四年定的二十级，之后将近二十年没调级。(一九) 七十年代末民航调级，也只有个3%的名额。我出差不在家，回来后人家告诉我，3%有我，晋了一级。我很高兴，说明我群众基础还不错吧！"

20年晋升一级工资，还高兴地不得了。袁意滋的心可真够宽的。

袁碧宇党龄 "60 岁"

问：姑姑，累不累？

袁碧宇：不累。

袁碧宇时年 86 岁了，精神依然矍铄。

问：咱们继续聊。您是党员吗？

袁碧宇："是的"。

问：什么时候入党的？

袁碧宇："一九五四年"。

问：噢？！您是 1954 年入党，我是 1954 年出生。您的党龄和我年龄一样大。

袁碧宇："（我是）一九五〇年参加工作的。"

（三）严于律己

南宋哲学家陈亮有言："严于律己，出而见之事功；心乎爱民，动必关夫治道"。（宋史·列传第一百九十五）。共产党人十分注重强调党员的模范带头作用，要求群众做到的，自己必须先要做到。

父亲不准家人有优越感

问：你说说父亲对你们的影响吧。

袁碧宇："到长沙的时候，我和他（袁老）还不是很熟悉。后来，在长沙工作了，父亲就说过，你们不要因为我是副省长，就有优越感。要好好学习，好好工作。老老实实工作，只要能够生活就行了。我们到长沙后，他忙得很，刚刚解放，千头万绪嘛！那个时候他还是'包干制'（即供给制），星期天我们带着几斤腊肉回去，他就让炊事员帮助搞一搞，把他们家能拿出来出的菜啊，什么的，做一做，对待我们就像客人一样，也不方便，所以我们也不太经常去。"

"后来实行薪金制了，家里可以开伙了。'包干制'的时候，我们每个月只有两块钱零花钱。后来实行薪金制了，我们的零花钱增加到几块、十几块了。当时我父亲和王首道住一个房子，王首道住上面，我们住下面。家里有六口人住在那里，我爸爸住一间会客室，一间卧室。我弟弟（意滋）也住在那里。实行薪金制以后，周妈妈也搬过来一起住了，就很挤。后来才搬到省政府改造的一个房子去住了。这时候，我们再回去的时候，是周妈妈的一个侄媳妇做饭，改善改善生活。"

问：你单位的人知道你是副省长的孩子吗？

袁碧宇："一般人都知道。但我从来不讲的。"

问：很低调。

袁碧宇："我现在也还是低调的（大笑）。早几年，我们单位有个领导，经常讲自己的孩子家里东西好啊，都是'正宗'什么什么（牌子）……我一个同事就讲，老袁呐，你才是真正的'正宗'的（布尔什维克的后代）……"（大笑）

父亲"不愿给人添麻烦"

袁意滋："1982年父亲离休后，按规定他每年可以到外地去休养一段时间，可是他很少出去，总说：'我现在不工作了，去后人家都会迎来送往接待你，尽给省市地方政府添麻烦'。"

郭爱民："百色起义40周年纪念活动，他（袁老）参加了。再以后他就坚决不去。我问他为什么？他说：'我这么大岁数了，没给国家做什么大的贡献，我去了人家还要迎接啊，欢迎啊，欢送啊，送礼物啊——我不能占国家的便宜'。"

袁任远婉言劝乡亲

袁谋奇："民国二十四（1935年）年的时候，我们家乡有一个袁思安当保长、当甲长，因为袁家没有儿子，只有一个哈子（瞎子），家里有点钱，有点财产，但是没有男子汉。这个甲长就经常到屋（家）里逼（要）款子，收税的意思。后来红军来了，爷爷带了一个团扎在江垭中学那个地方，我们的族人就说，要把那个甲长杀掉！后来红军把甲长抓去，爷爷说我们都是（同）族人，不要这么做。我们在外面闹革命，要是把甲长杀了，容易产生深仇大恨，结果就没有杀掉那个甲长。后来红军走了以后，这个甲长对袁家好多了。"

小儿子到青海探亲不派车接

袁意滋："一九五九年，我参加国庆大阅兵之后去青海看望当省长的父亲。天不亮我到了西宁火车站，父亲没有派车接，公交车也还没有上班，我一直走到省政府。门岗说，省长交代了，有个年轻的空军来找我，让他进来。"

孩子工作调动"就低不就高"

郭爱民："他（袁意滋）从东北调回来的事儿，我跟爸爸说过。那时候他刚从江西下放回来，安顿好了。他想把我调到延边去，他（丈夫）不是在延边吗？他（袁任远）愿让我到延边去。"

那时候，郭爱民在解放军总院（三〇一医院），袁意滋还在延边工作。

郭爱民："他（袁任远）说：'你们俩人老这么分着，也不是个事儿啊？'他（袁任远）不说把他（袁意滋）调回来，只想到把我调那儿去。"

从没想到把孩子从下往上调，只想到孩子从上往下调。这就是袁老。

郭爱民："延边那个地方，我没孩子的时候去过一次。有了老大（孩子）又去过一次，还带着老二去了一次。那儿没吃没喝的，我都是从北京买个暖水壶，把牛奶装进去，孩子路上要吃，到那儿也得吃啊！自己背着挂面，那时候也只能拿点儿挂面——我想，怎么可能调那儿去啊，（以后）孩子上学怎么办呐？！我倒不是别的，只是小孩大了上学到哪儿上啊？机场里头也没有学校，四周就跟农村似的，我说不能去，分着就分着吧。"

袁意滋："他（父亲）主要是考虑到夫妻两个结婚分居这么多年……"

袁意滋没有继续往下说。其实，男人还是比女人更理解男人。袁老希望袁意滋夫妻早日团聚，或许因为他深知夫妻天各一方的个中滋味，他或许更希望孩子们不要有自己这般的情感周折。只不过他采取的"就低不就高"的办法，让下一代人难以接受罢了。

郭爱民："这事儿我也没同意。我说：'我不能调那儿去，分着就分着吧，这不都两个孩子了吗？'"

问：?! 袁意滋调回北京不是爷爷办的吗？

郭爱民："不是。是我，我想办法跟空军首长反映的情况，把他调回北京的。我们这位别的人不认识，就认识看大门的呀，打扫卫生的呀，收废品的呀……"

郭爱民说，"爷爷不管我们"

郭爱民："爸爸亲情浓是浓，但是他不管我们。"

问：?！

郭爱民："对我们生活上的要求，他不管。我给你举个例子：爸爸还没去世的时候，他已经八十多了，我们跟他讲，希望他把家搬到木樨地部长楼去住，现在的地方（西城区孟端胡同）很冷的。木樨地是楼房集中供暖，不会这么冷。他不去。结果爸爸说，'我就在这儿了，你们有单位，自己管自己'。"

公私分明，铁面无私。

◎袁家第三代在先辈的事迹展板前留影

背靠大树不乘凉

袁向宁："我就在海装系统工作。按说我爸爸当过海装政委，涉及到我的职务、级别调整的事儿，他完全有条件给有关部门打打招呼什么的，可他从来没有过问一句。"

向宁接受采访时，说到这事儿心情很平静。因为从袁家的孩子从小就被要求不得有特权思想，连生活琐事都是这样，更何况职级调整这种大事呢？

袁局长家没人送礼

金云汉："我们家没人送礼。为什么？人家在我们在家找不到他（袁意渊）。谁有事找他，'好好好，哪一天晚上七点半你到办公室来找我'。他从来不让人到家里来。"

问：哦，电影票不见影儿，糖票不见影儿，工资不见影儿……连人都不见影儿了！

金云汉："几十年他只管吃饭。"

袁意滋，"近水楼台不得月"

袁意滋熟悉很多"大官"，甚至可以说与这些"大官"关系不一般。怎么个不一般呢？

袁意滋："空一军政委肖道生，熟悉（肖在长征时期就是袁任远的部下）；空军副政委黄立清，熟悉（解放战争时期与袁意奋在一起）；陈海林副军长，熟悉（陈在陕甘宁边区时就认识袁任远）；沈阳军区副司令刘转连，熟悉（中将，红军时代就是袁任远的部下），我们（还）见过面。光是空一军（袁意滋原单位），军长、政委都……"

"有一次，肖政委到北京出差，去看望我父亲，我父亲说：'我有个儿子在二十一师啊'。空军二十一师归空一军管嘛。他（肖道生）有一天到我们师检查工作，住在小招待所。打电话，说：'叫袁意滋到小招待所来一趟'。我当时不知道他是谁。一去，他说：'我是一军的政委，来看看你，我对你父亲很熟悉'"。

"陈海林是后来来检查工作聊起来，才知道我是谁。说，'哎呀，你爸爸我认识，是我的老首长！'按现在说，（我）要说一句话，马上就上去（提升）了。我到沈阳去学习的时候，有年春节，有电话来说，叫我到黄政委（黄立清，时任沈阳军区空军政委）家里去一趟。黄政委家在哪里我也不知道，我也没去过。"

"到北京来，余秋里当过（总）政治部主任（余红军时代曾是袁任远的部下），韦国清当过（总）政治部主任（韦红军时代曾是袁任远的部下），你要说关系，这些都很熟悉，（我）要上不就上去了吗？……父亲（对）这些事都不管的，包括意渊，（他）都不管的，'（说）你们组织上怎么安排就怎么安排'。我们（的）组织上怎么安排就怎么安排，他从来不管。他（父亲）就是一句话：'你们的事情，像房子问题啊，你们都有单位，（由）你们单位自己解决'。"

袁意滋为休假遭吴妈妈"训斥"

郭爱民："这里还有个事儿。他在空一军的时候，不是每年都有休假嘛。吴妈妈看见他老待在家里，就说：'意滋啊，你怎么没上班去呀？'他（丈夫）说：'我休假'。吴妈妈就说：'你休什么假呀？你拿着国家的钱，休什么假？你年纪轻轻的，真是的……'她（婆婆）要不是小脚在家里，出来绝对是革命者！"

袁老为一张门票发火

袁意滋："有一次，人大发给父亲一张人民大会堂春节联欢节目的票（看什么节目忘记了），父亲给了跟着自己生活的孙子海鹰（大哥的儿子）。司机怕他们迟到，偷偷用父亲的车把他们送到大会堂。大会堂的工作人员看到父亲的车来了，就主动去迎接。一开门看到下来了两个年轻人，这个事情就反映到上面。"

"父亲知道后发了大脾气，并亲自通知中纪委，从自己工资里扣除车费。他明确规定，家里任何人都不准乘坐他的公务车。"

好家风是"金钱买不到的"

袁意渊："一个好的家风，是金钱买不到的。"

"爷爷是老实人"

袁向宁："爷爷最听话，三天一个工作（形容调动工作频繁），如果在一个地方干，职务不会这么低。他不争，不抢。"

"爷爷平易近人，为人低调，所以他的人缘儿特别的好。有一年爷爷过生日，他的好多战友要到饭店给他过生日，他坚决不让。说就在家里过。他的战友拗不过他，就把北京饭店的厨师请到家里来做饭，还带了一车好餐具。爷爷是老实人，生活无特殊，对子女要求严，不准利用特权。"

"一墙之隔也要住校"

袁海鹰："爷爷要求严，我上中学的时候住校，学校和家一墙之隔。他生活很有规律，东西放置有序，看书书报要到办公桌上去。我参军当了农场兵，挖过大粪，复员后进了工厂，后来到肿瘤医院做宣传（摄影）工作，还管过阶梯教室，爷爷从不过问。"

袁老说，"金霞最好!"

金云汉："爸爸讲我们金霞是最好的。为什么？有件事情。金霞和李钢（袁金霞的丈夫）到张家界去。他们不知道我们老家在哪里，就打听。服务员问为什么打听那里呢？金霞就告诉说，我们老家是那个地方的。后来，人家听说他俩是袁任远家的人，住旅馆的钱，人家不要了。（可）他们还是把钱如数压在住的房间里了。后来爸爸不知怎么知道了，说'金霞他们，最好!'"

家风的教育和传递，于细微处见精神，很值得今天的人们学习和效仿。

"公车只能因公使用"

袁海俊："我们家老爷子（袁意奋）的车从来不让其他人用。我记得他说过好几次，公车，就只能是因公使用，要不还叫什么公车？"

事情不分大小，公私要分明。战争年代，老百姓是从"三大纪律八项注意"中，开始信服共产党解放军的。和平年代，共产党人的点滴所为，依然是能否取信于民的标志杆。正所谓"因善小不为者，绝无真正的大善之举!"

（四）安于清贫

安贫乐道，这是中国的一句古话，意思是安于贫穷，以坚持自己的信念为乐。中国共产党人"安贫乐道"的榜样，莫过于方志敏。战争年代，做到安于清贫相对容易。和平时期，坚持安于清贫则需要觉悟和意志。

袁老"克己奉公，慷慨待人"

袁意滋："父亲毕生克己奉公，严于律己，从不给组织添麻烦。生活上，他崇尚节俭，一直保持着艰苦朴素的作风。衣服、袜子破了，他总是补一补继续穿，就连吃饭时米粒掉在桌子上他都要捡起来吃掉，相反，他对周围的人们却非常慷慨，身边的工作人员、过去部队的部属生活有困难找到他时，他都会慷慨解囊，管吃、管住，临走时还给路费。"

全家上街"排队买羊肉"

郭爱民："爸爸家里生活其实很困难，到去世他的工资也只有三百块钱。家里人多，开销很大，全家都靠花他一个人的工资周妈妈在世时还好一些，她是十三级高干，可是他一个字儿也没向组织上提过。市场上供应涮羊肉片。爸爸特别喜欢吃涮羊肉，全家动员起来，包括司机、勤务员，还有我的两个上小学的女儿，四个人去排队，每人买半斤（限额），一共给爸爸买了二斤涮羊肉片。"

袁老很多部下，都已成为中将甚至上将，职级和待遇都大大超过袁老。然而，从未听到他对此有半句微词或抱怨。一幅"两袖清风身欲飘，杖藜随月步长桥"的模样，凸显了袁老对"苟苟且且，追蝇逐利"之辈的不屑。

"生活困难却只要求多看文件"

郭爱民："父亲晚年生活遇到一些困难时，我们曾建议他向组织反映一下。可是当管理局的同志来征求他的意见时，他却只字不提生活上的困难，只提出多给他一些文件看，且把它看作是 60 年革命生涯里唯一的也是最后的向组织上提出的要求。"

"从不公车私用"

袁意滋："他这样要求自己，也这样要求子女。我一直在外地工作，每年休假回家探亲，他从未用车接送过。每次见面时，他总是嘱咐我一定要好好学习，好好工作。他告诉我，他一生没有积蓄和财物，只有他亲自写的，记录他一生经历的《征途纪实》，可以留给后代作为纪念。"

◎1986年1月父亲去世后，袁家第二代兄弟姐妹合影

"身后只有3000元钱"

崔开成："袁老对老太太还是很那个……后来他不是让我帮他写个遗嘱吗？这很早了。他是看到很多高干子弟，在老子去世后，争遗产呐，闹得很不好。他说我也没有什么遗产，他在遗嘱中要留给老太太三千块钱。"

郭爱民："他去世后，所有存款不到一年的工资。"

一个正部级干部，身后只有3000来块钱，名副其实的"一身正气，两袖清风"啊！

（五）珍视友情

中国人素来有"人走茶凉"之说。可袁老退休二十多年，家里总是人来人往，门庭若市。来探望他的人带来的车，常常挤满了胡同。这对一个年迈之人来说，可是很大的慰藉啊！

袁家经常接济王震家粮油票

郭爱民："跟王震关系近还因为周妈妈（周雪林）。因为王震家人多，周妈妈经常接济他们家粮票啊，油票啊。因为我在部队工作，粮食和油吃不完，剩下的粮票、油票全拿回家，周妈妈就给他们家送过去，爸爸不管。"

◎袁任远参加中央慰问团赴新疆与老战友热烈拥抱

◎中央慰问团
赴新疆慰问

在新疆，"人们拉住袁老的手说个没完"

袁意滋："（一九）八四年，新疆解放35周年，父亲应约去参加纪念活动，来接飞机的三五九旅老战友涌上来拉住父亲的手一直不放，说个没完，那种亲热让人非常感动——"

◎袁任远与萧克

人流不断的"孟端胡同"

袁老位于北京孟端胡同的家里，常年门庭若市，客人来往不断。

崔开成："还比如，进北京以后，有些老部下进京看望老首长就很难。袁老的群众关系很好，人家都愿意找他"。

袁意滋："王震、萧克来得次数多，我就看到过好几次。还有韦国清、莫文骅、孔原、李信也经常来。"

"父亲是个受过高等教育的知识分子，老战友们都说他言谈举止温文尔雅，文质彬彬，夸赞他襟怀坦白，宽厚，为人谦和，诚恳，善于联系群众，作风平易近人，关心部属无微不至，因此，不论是他的老领导，同级或者下级的同志都对他非常尊重，有什么事都愿意和他交谈。在父亲晚年每逢过年过节，家中的客人总是络绎不绝。"

周雪林帮助我相亲

(节选，题目另加)

袁福生："南泥湾原来是一个荒无人烟的地方，要在这里谈恋爱找对象真比上天还难，可我却在南泥湾结婚了！"

"一九四三年六月，在绥德专署工作的周雪林同志，很关心我们三五九旅十来个团级干部的婚姻问题。她向抗大徐向前校长提出建议，有意识地调了六个由晋察冀边区白求恩医科大学来的女学员到三五九旅工作。开始，她们都不肯离开她们的集体，想过两个月毕业之后到延安医院工作。有个叫杨志敏的同志在抗大首长面前大耍小孩子脾气，闹着不肯来。正在哭闹中，看见院中落下两只麻雀，顿时，哭声即止。她蹑手蹑脚、悄悄地扑向前，捉住了这两只小麻雀；在场的人见此情景都乐

433

得哈哈大笑，连她自己也笑了。"

"七月初的一天下午，刚要吃晚饭，李信主任找我去，我很快地到了李信主任的家里，他和柳惠民同志一见我就满脸笑容，我想，有什么喜事？使他俩这样高兴呢！我也傻乎乎的陪着他俩笑。"

"'请坐！请坐！'李主任给我搬来了一凳子。我坐下后，他接着说：'你明天到临镇去！''什么任务？要多长时间？''要多久，也不是什么大任务'。'那去干什么？'他俩又大笑起来，弄得我莫名其妙，紧接着惠民同志憋不住说：'明天，要你去临镇相亲''相亲？'我不由自主地说。'对呀！是去相亲！'李主任肯定地说。他稍停了一会儿又说：'组织上给你做个介绍，你明天去看一看，谈一谈，你们相中了，就将她带回旅政（治部）来，分配在你们科工作'。我傻站着还想说什么，惠民同志说：'你待着干啥？还不回去准备！'"

"第二天，天还没亮，我早早起床，洗了脸、刷了牙。吃过早饭，警卫员拉过马，我骑上缴获的战马，怀着幸福的心情，迎着东方的曙光欣然而去。路两旁茂盛的庄稼非常喜人，金黄的谷子一望无际，还有水稻、玉米、高粱，望着指战员们用汗水换来的成果，我心中多么高兴啊，更增添了我对新开辟的'陕北江南'的热爱！"

"太阳快晌午了，我到了临镇驻军司令部，陈外欧团长，李铨政委见了我，忙伸过手来说：'欢迎，欢迎！'我笑着说：'谢谢你们的热情相迎！'"

"接着我洗了脸，拍了拍身上的高原黄土，刚坐定，金忠潘参谋长带着陈虹，傅俊杰，杨志敏三个女同志进来，说是参加司令部就餐，其实，是他们有意安排让我和志敏见面。这三个女同志见了我老是笑，笑得我有些不好意思，脸上好似火烧，因为，她们猜到了我的来意。杨志敏当时没有对象，故她也猜到几分。她只扫了我一面，就羞得不敢多看一眼。一会儿，她们就笑着都出去了。"

"可是，当时我不知道那一个是我的'对象'，又不好意思开口问。陈团长、金参谋长趁她们都不在，便对我开玩笑说：'那个天真活泼的矮个子，就是你的她！她叫杨志敏，怎么样？'我说：'我……我一时还不好说'。"

"大家开怀大笑，她们几个女同志也在外面议论着，杨志敏见我时没看清楚，说我脸上有一个'疤'。正说着议论着，陈团长的警卫员已催开饭。大家围桌而坐，这时，杨志敏特意偷偷看了看我，见我脸上没有'疤'了。那记号原来是这样：我来时戴了一顶草帽，陕北的风大，骑马时怕被风吹掉，我就把草帽系得很紧，相面时，脸上绳疙瘩的痕迹还没有消失，可吃饭的时候，那'疤痕'就没有了。"

"刚才见面时，我没有注意看她，因为那时不知道谁是我要找的人，听了陈、金二同志介绍后才知道。因此，趁吃饭之机，我也有意地看了看她，只见她椭圆型的脸蛋，一笑两个酒窝，虽然年近二十，但还像个天真活泼的小孩儿。虽然我们见了面，但双方没有说过一句话，不过彼此心里都知道是怎么回事。我从她们的谈话和档案中了解到，她出身于中农家庭，本人是个学生，抗战初期就受党的教育和培养，对革命坚定，是个共产党员，做过秘密的保卫工作，因此，我从内心里相中了她。"

"第二天，吃完早饭，我们向陈团长、李政委等同志谢别后，向金盆湾赶去。我牵着马同她并肩前进，一路上有说有笑，互相问长问短。她非常直爽，把她家里的情况以及她个人的一切经历都告诉了我，我也向她介绍了我的情况；双方无所

不谈。我们越谈越兴奋，忘记了疲劳，不知不觉就走了几十里。我让她骑马，她说她不会骑，于是，我们继续步行，一边走一边说，我向她谈到了南泥湾生产的背景；以及遇到的各种困难；毛主席领导我们怎样战胜了蒋介石反共、困共、饿共的各种阴谋；我们坚决执行毛主席的自力更生政策，做到了丰衣足食，等等。说着说着，我们到了金盆湾。"

"此后，她被分配在旅政治部锄奸科当干事。从此，我们结成了双重关系，一是工作上的上下级关系，二来是未婚夫妻关系。经过一个多月的互相接触和互相帮助，她帮助我学习文化，我帮助她熟悉业务，我们在政治上、思想上有了进一步了解，感情更加融洽了。于是，在一九四三年九月四日，旅首长为×明副主任和齐淑清同志，以及我和杨志敏同志举办了婚事！司令部四科增加了两个菜。王恩茂副政委，苏进副旅长，刘转连参谋长，李信主任和我们四个人一起，举行了集体结婚仪式。那时，我们结婚没有花一分钱，因为，我们从红军时代到抗战时期，除了五分钱伙食费之外，没有薪金，因此大家都很穷。她除了身上穿的旧衣服外，别无他物。我那时只有一床盖了多年的破被子，一个旧褥子，还有一个补了好几块补丁的床单。我们结婚后，没有枕头，只好把我换洗的两件旧衣服和一双布鞋，用一块包布包好当枕头。当时，我身无分文，所以连一块小毛巾也没有给她买。"

袁福生写于长沙东湖干休所

注：文中所提到的李信（1955年被授予少将军衔），李铨（1955年被授予少将军衔），王恩茂（1955年被授予中将军衔），刘转连（1955年被授予中将军衔），苏进（1955年被授予少将军衔），陈外欧（1955年授予少将军衔），金忠潘（1955年授予少将军衔），×明（1964年晋升为少将）等人，都曾是袁任远的部下。

第七章 殊途同归的命运

一家人，因血缘关系连接在一起。这是人世间最天然、最亲近、最真切、也是最值得珍惜的情感。通常来说，最惦记你的、最关心你的、最呵护你的，只有家人。

（一）乱世家人

身处乱世，难免乱事。早年的袁家人可谓乱事不断。

为躲"跑枪"而跑人

袁谋奇："有一次，土匪部队有个姓袁的兵带枪逃跑了（俗称'跑枪'），土匪抓不到人，就要村里姓袁的有钱人都要出'枪款'，爷爷他们只好跑掉。"

"枪款"是土匪们自己设立的款项，既不合理，也不合法。但却是可以堂而皇之公开收缴，成为老百姓"计划内的额外负担"。

为避强盗半夜做饭

袁谋奇："冬天屋子里都没人过，要生火做饭，一看屋顶上冒烟（湘西北土家族家里的炊烟不走烟道，而是从屋顶上瓦

片缝里蔓延出来），土匪就来抢东西。"

袁碧宇："为了躲避国民党的款子（苛捐杂税），家里白天不敢生火，总是在夜里就把饭烧好。"

为求生跑路成了"超人"

那个年代，"跑匪"、"跑枪"、"跑强盗"、跑灾祸……"跑路活命"成了老百姓生活的"基本功"。袁碧宇讲了一个令人哭笑不得、心酸不已的经历。

袁碧宇："那个时候啊，（家里）经常来不是土匪嘛，就是强盗，抓'戴反帽子'（红军）的。（他们）一来（我们）就得跑。我记得有一次，三伯妈和我们一起跑。路上遇到一个宽沟，很宽的，（要在）平时啊，我们根本就跨不过去的。那一次我们仨一下子就跳过去了，吴妈妈是小脚啊，她也一下跳过去了——"

三个女人，带着全家老小，不光要跑路，还要跨越壕沟……当时我形容说，"你们就像三只小鹿，在飞快跨跃奔跑……"袁碧宇听了还"咯咯"地笑。其实，静心一想，那种不顾一切求生的情景，对于三个老少女人来说，尤其是吴晓梅还是小脚，那情景是多么的不堪啊……

（二）"一家之长"袁任远

袁意渊谈父亲

袁意渊："父亲是有原则的。他不是板着面孔啊，我们虽然在一起不多，讲人情，但是有原则。我们没在一起生活过，在绥德他在政府，我在干校（干部训练学校），以后到延安；

◎1952 年袁任远与袁意奋、袁意渊合影

以后南下，始终没见面。以后回到湖南，他当副省长，我在铁路局，从来没有在一起生活过。他在家乡的事我没印象，那时候我年龄小。"

袁老对意渊有很多记述和评价，可是他们居然从未在一起生活过。相互惦念，天涯咫尺，所有的情感，都在思念中——

女儿心中的父亲

袁碧宇，袁老唯一的女儿。接受采访时，她已经 86 岁了。但她面色清秀，皮肤白皙，说话声音清脆悦耳，身板很直，走路很快，看上去最多 60 多岁。

问：姑姑，您身体很好啊！

袁碧宇："满了八十五（岁）了。（一九）二六年生人，属虎的。"

问：真的不像！

袁碧宇："身体还好。"

问：我们知道，您是袁家的"故事大王"，知道的事情很多。先请您先谈谈您的父亲吧。

陌生的父亲

袁碧宇："对他（父亲）呢，我们相聚的日子不多。我听妈妈讲，我出生几个月，父亲就出去了。"

又是聚少离多。袁老这辈子与家人有太多的分离。

袁碧宇："到（一九）三四年父亲长征的时候，才回家还住了几天（父女一别就是八年），这是我第二次见父亲。那个时候，我已经八九岁了，和他很陌生，话也没得讲，只记得他回家以后，我妈妈做饭，他在灶前烧火。他对我亲呐，抱我，逗我，还问我他的胡子扎不扎人呐？我就不作声。我从小劳动，不怎么接触外人，所以我与他（父亲）也不亲。"

"第三次见他，是在一九五〇年，解放后，我是五〇年出来的。长沙是（一九四九年）八月八号解放的，我们与父亲就在一个省。我们县里交通闭塞，几个月也不晓得。到了冬月，他（父亲）才告诉我们，他在长沙，让我妈妈和我，还有弟弟我们三个人出来。"

革命者牺牲岂止在战场。

长途跋涉见父亲

袁碧宇："（那时候）我们家还喂的猪，过年的时候杀年猪，带上点肉，算有点东西送。过了年，正月十五，五〇年的正月十五，我们就来了。我们那个地方交通也不方便，从我们家到江垭要走路，从江垭到慈利县要坐船，从慈利县到常德没有汽车，要坐马车，马车比那个板车稍大一些，漂亮一些，上面铺上点什么毡子和草啊，什么的。这样到了常德。常德到长沙有汽车，但不是每天都有，还要隔两三天才有一班。"

"我们到了长沙，我父亲到汽车站来接的我们。把我们四个人，还有父亲的嫂子，姓张，叫张菊春，我们叫她'三伯妈'。安排在省政府旁边的三间房子里住下来。我父亲是在省政府办公，旧省政府旁边的一个长方形房子里办公，也在里面睡觉。条件很不怎么样。"

当"大官儿"的父亲

问：这个时候，你父亲已经是副省长了。

袁碧宇："这个时候父亲并没有给我们讲他当了副省长。我们是在路过常德的时候，看到墙上的布告上有他的名字，那是'副省长'，我们才知道。县里95%都是文盲，大概只有乡政府才有人知道。"

问：在长沙跟父亲住在一起吧？

袁碧宇："父亲在他家附近安排的住处。当时三伯妈也去看他了。大概住了个把月。后来，广州的三哥（意渊）打仗到了武汉，有人告诉他，你父亲在湖南当副省长。铁路上安排他回湖南来工作了。"

袁碧宇对于三哥离开部队的经过，只是大概了解一些。

袁碧宇："三哥在长沙铁路局工作，我妈妈就跟我三哥住在一起。因为那个时候，我父亲身边有周妈妈（即周雪林）。我呢，就安排到银行去学习，意滋呢，就到一师附小读书，读到中学就参军了。他先是住在父亲家，后来读到中学就住学校了。"

慈爱的父亲

问：形容一下您的父亲吧。我看照片上他长得很帅气。

袁碧宇："父亲长得形象，哈……"

441

问：他对您亲吗？

袁碧宇："他有几句话，我记得很清楚。国共合作了，他就写信回家。说'意奋啊，意渊啊，都带出去了，他最对不起的就是我'。"

"他在长沙干了好几年，他工作也很忙。我呢，在训练班学习也很忙，有时候没得星期天。他那个时候是'包干制'（即供给制），尽量找机会，让保姆买点鸡啊，让大家吃好一点。"

问：是不是父亲有意识的给你一点补偿？

袁碧宇："是得。因为这很长的时间，我一直在家里，跟妈妈一起劳动，同甘共苦啦！"

谦虚简朴的父亲

问：你对父亲最难忘的印象是什么？

袁碧宇："我最难忘的是父亲一贯是谦虚谨慎的，生活上艰苦朴素。我记得有件事讲起来很好笑。他到北京去以后，有一次约几个老同志出去玩，人家都穿的是现在的布料子，他还穿着咔叽布，蓝的啦，灰的啦……他自己觉得不好意思的。我就给他买了一身布料。还有一次，他们这些老干部和一些名人一起去天津玩，所有的人都比他穿的客客气气（衣着整洁）的，谁都比他穿得好。他吃得也很随便。"

"工作期间，我是多年都没得去看他。退休后我到北京去，看见他家的厨子（厨师）做饭煮鸡蛋啊，一下煮十几个，今天吃不了明天又热，明天吃不了后天又热。他也不说。我就说那个保姆，鸡蛋不能这样吃的！我父亲也不说什么，他要求很低"。

心有灵犀的父女俩

问：你到北京一般住多长时间？

袁碧宇："工作期间，我一般住两个星期。八五年退休后，我去北京住了三个月。"

问：他欢迎你去吧？

袁碧宇："欢迎的。虽然我从小与他聚少离多，但是心里还是很敬重他的…我第一次去北京，那些名胜古迹，都是他（父亲）带我去玩的。（哽咽）他实际上对我生活上很关心，父亲没得重男轻女的思想，我做得好些地方都还是像他。对人呢，我低调。生活上我也是简朴的。我待人也实在，不图名不图利。我也不迷信。（我）老头子信佛，我不信，但也不反对他。宗教信仰自由嘛。"

金云汉谈袁老

问：要是让您评价袁老，您会怎么说？

金云汉："他（袁老）这个人好细心呢！我在家住过几天，他经常问，'晚上被子盖得够不够啊？（睡觉）冷不冷啊？吃得行不行啊？'就像个老妈妈一样，很疼爱我们……他很节约，很勤俭！很关心我们。"

"老人（袁老）对我们很关心的，只是我们接触时间很少、很短。"

郭爱民说，他"每天等候在院子过道"

郭爱民："他（袁老）就是关心国家大事。他退下来不工作了，就天天拄着拐棍，坐在前后四合院中间门过道里那个石墩上，等我们下班回来。我们一进门，他就会问：'今天又有

443

什么新鲜事儿啊？'社会上的方方面面的事儿，他都要我们给他讲一讲。"

"再就是他特别爱学习！退休不干了，每天还在书房里头看报纸，觉得重要的段落，都会用红蓝笔画上红杠或者蓝杠。一上午都这样，顶多围着屋里的沙发转两圈。"

袁老惦记着全家人

袁谋奇："爷爷对家人十分照顾，解放初期他的哥嫂健在时，每年写几封信问候亲人，经常寄钱寄物给哥嫂，记得（一九）六一年生活困难，物资极度匮乏时期，给他三姐从青海寄回一盒奶粉，可见对于亲人的照顾之情。"

"（一九）六二年正月，爷爷的四哥因为视力欠佳，用火炉取暖，不幸引火烧身，火烧衣，衣烧人，加上冬天穿的衣多且厚，来不及脱下，全身大面积烧伤，皮开肉绽，血肉模糊，得知消息后，爷爷从青海特意寄回几盒盘尼西林消炎药，因为是信来信往，非常缓慢，只可惜等药寄到的时候，他的四哥已经因为伤势严重去世了。"

"同辈的哥嫂先后去世后，爷爷对我们后辈也是照顾有加，每年会寄一两次钱回家，每次一百元，因我家没有劳动力，所以每次分的四十元，剩下的归爷爷的两侄子平分，各得三十元，爷爷如此寄钱坚持了数年……"

郭爱民，"媳妇变女儿"

袁意滋："一九七九年三月，周妈妈去世后，父亲得了重病。好了以后，他提出不再回原来的地方住了，当年搬到西城区孟端胡同，我们才开始和父亲一起住的。在这之前，我回到北京后一直住在外边。"

郭爱民："周妈妈病重住院，我经常去，人家都以为我是她女儿。"

袁意滋："我们是一九七九年到一九八六年，和父亲在一起住。"

袁老的最后时刻

袁意滋："当时父亲的病很急。三哥在广州，姐姐在长沙，医院通知我们的时候，只有公务员在场。医院说，袁老尿毒症，全身器官衰竭了，看来不行了，你们要有思想准备。我们两个下午去的，去之后就告诉大哥（袁意奋）……"

郭爱民："爸爸到昏迷前，脑子都没糊涂。我们俩去看他，他有肺气肿。大哥在西山开会，我们俩打电话通知大哥，大哥后来去了。去了以后爸爸就问：'哎，今天又不是星期天，你们怎么来了？'爸爸就很警惕。当晚他就昏迷了，之前他知道自己不行了。后来抢救了几天，维持了几天，直到一九八六年一月二日——"

袁老遗嘱全文：

遗　嘱

我今年已满八十五岁了，虽然没有什么大病，但毕竟老了，按照自然规律，总有一天要见马克思的。我死前对后事做一个交待：

一、关于追悼会问题。

我去世后要不要开追悼会，由组织上决定，你们不要提意见。

以前，我不主张开追悼会，后来考虑，不开追悼会一些多年的老朋友知道都不知道，也不好。如果组织上决定开追悼会，也要从简，遗体告别与追悼会一并举行，以减轻与会同志的负担。追悼会的规模不宜过大，真正是生前友好，来往较多的。我开一个名单，可按名单通知。

骨灰是否保存？由你们决定。如不保存，就把我的骨灰撒到湘江。

二、关于遗产遗物的处理。

我的家产，除了工资外，没有其他收入，每月工资都用于日常生活，几乎没有什么节余，到目前为止，尚有三千元存款，这是为了病重时急用，多年一直未动。我去世后，多余的存款留给晓梅。晓梅去世后，如有节余，留给碧宇。

关于文物、字画、书籍。意奋、意渊、意滋三兄弟每人分一点。留作纪念；

1. 陨石、辞源、中国画册，纪念册等物品留给意奋作纪念；

2. 铜鼎、水盂、洗笔池、中国名人大词典留给意渊作纪念；

3. 玉如意、玉寿桃、玉笔筒、王雪涛和汪慎生的两幅画等物品留给意滋作纪念。

其他的书籍，你们根据需要各取所需，剩余的书籍交给图书馆，或者变卖。

三、把团结友爱、艰苦朴素的作风继承下去。

我只有两点希望：

1. 团结友爱，同舟共济。我这一代兄弟姊妹之间是团结友爱的，希望你们也能团结友爱，同舟共济。一家人之间，兄弟姊妹之间都不能团结友爱，还怎能团结其他人呢？我不赞成搞大家庭，子女大了，不要都搞到一起，他们愿意走，就走，西藏也是要有人去建设的，为什么都要搞到北京？

2. 艰苦朴素，勤俭节约。我一生艰苦朴素，勤俭节约，从未铺张浪费过，这不是"小气"。铺张浪费不是好事，它腐蚀人，腐蚀我们的下一代。希望你们不要忘本，生活富裕了，也不要忘本。要永远艰苦朴素，勤俭节约，世世代代艰苦朴素，勤俭节约。

这两点是我的遗言，也可以说是我留给你们的遗产吧！希望你们继承下去。

袁任远

1983 年 9 月 9 日

（三）"饱经沧桑"吴晓梅

吴晓梅一生只跟袁碧宇和袁意渊夫妇住的时间长。因此，他们三个人对吴晓梅了解也最多、最深。

吴妈妈督促孩子们学习

袁碧宇："那个时候，我们还年轻哪，白天一天织布很辛苦，晚上读书。她（吴妈妈）也读书。所以我现在认得几个字，都是吴妈妈教我的。"

问：这很不简单那！那是个时代，农村的女孩子，能认的字……

袁碧宇："所以我到长沙后，搞得什么干部业余文化学校学了好几年。白天上班，晚上上课。"

问：那是一个时代的风气。

◎晚年的吴晓梅

袁碧宇："那个风气我觉得还有味。"

问：那是一个朝气蓬勃的时代。

袁碧宇："我妈妈也是扫盲班的。我妈妈好积极，我不及我妈妈，是妈妈督促我们。"

儿女们促成老父母团聚

崔开成："袁老说过，这几个孩子全是她生的，她抚养大的，很不容易，吃了很多苦，是有功的。他让我起草给中组部的报告，把吴晓梅接来北京"。

金云汉："周妈妈去世以后，我就给爸爸写过一封信，我说你也这么大年纪了，奶奶也这么大年纪了，反正周妈妈也不在了。你叫（吴）妈妈到你那里去，你们在一起，团聚在一起，这也是正当的，老夫妻了嘛。这么多孩子——"

问：袁老与吴奶奶经历了这样的别样的长期分离，重新生活在一起，他们之间默契吗？

郭爱民：默契啊！她对老太太可关心了。周奶奶去世后，爸爸很孤单嘛，我就说，把吴妈妈接过来吧，周奶奶家里也没什么人，也不会出现什么矛盾。他看我们都没什么意见，就（把吴妈妈）接过来了。"

袁意滋："吴妈妈是在周妈妈去世一个多月后，就来北京了。那时候父亲还在住医院，几个月后才出院。"

问：来了以后很融洽吗？

郭爱民："很融洽。反正人老了，也不睡在一个屋子里"。

袁意滋："先是在一间屋子两张床。后来搬新家之后，才分两个屋子睡觉。"

问：袁老和吴奶奶重聚之后，两人之间有过什么纠结吗？吴奶奶有没有抱怨过什么？

郭爱民："抱怨没有过。吴妈妈倒是流露过骄傲的心情，孩子都是我生的，我有功！我还是有福气，享着你袁家的福啦！她很满足——"

崔开成："袁老对老太太还是很那个……他在遗嘱中要留给老太太三千块钱。老太太的生活问题（吴晓梅没工作），他在为她安排退路。遗嘱是我执笔写得，他（袁老）签的字。他在婚姻这问题上，最后处理得很好。"

孙辈们记忆中的吴奶奶

袁大新："吴奶奶小脚，个头不高，圆脸，说话不快。（她）关心国家大事，天天看报纸，讲大道理。我记得她说过，死了以后一定要回老家去。"

袁向宁："吴奶奶经常穿大襟褂子，很聪明，说话很到位，讲话很有逻辑。"

袁老逝世，吴晓梅坚持回长沙居住

问：袁老去世后，吴妈妈为什么坚持回长沙呢？

袁碧宇："吴妈妈是想让我照顾她一辈子的。因为我这么多年，一直跟她在一起。"

问：我们猜到了。你们母女俩，可以说一辈子都是相依为命的。

给父母一个"平平坦坦"的地方

在吴晓梅下面的一篇文字中，记述了袁老曾经讲过的一句话："只要天老爷保佑我们一对可怜虫，我将携着你的手走到坦坦平平的地方"。这是袁老对结发妻子的发自内心的话。这也同时是孩子们的心愿。

袁碧宇："吴妈妈从北京回来以后，组织上把她安排在一个干休所。是借住在那里。安排保姆照顾她。保姆不在的时候，我就去照顾她。那时我也退休了。"

"吴妈妈最后的日子还是跟我在一起的。去年（2011年）我弟弟从北京回来扫墓，我们给吴妈妈的墓地，换了一个墓碑，虽然一般般不豪华，但还是不错的。上面有个帽子，下面一个穴，把我爸爸革命的那些个事情（事迹），还有吴妈妈的那些事情（在墓碑上）带了一下子。"

采访中，袁碧宇曾带我们去过袁老和吴晓梅的安息地。

在老家祖坟里，一块崭新的墓碑上刻着"袁任远吴晓梅之墓"的字样，墓穴中安放着吴晓梅的骨灰和和袁老的部分骨灰。袁老家的祖坟墓地依索水河而建，四周是郁郁葱葱的松柏及各种树木，对面是连绵不断的群山。

袁任远和吴晓梅这对患难夫妻，在长达70年婚姻中，两个人在一起的时间，全部加起来只有9年，有的只是短得不能再短的相逢。袁任远为国家、为人民牺牲了自己毕生的天伦之乐，吴晓梅则为此承担了恩爱夫妻长达60年的分离……

如今，在被厚厚植覆盖的山坡上，在翠鸟啾啾的树林中，他们夫妻二人安静温馨的聚在一起，彼此间一定会有说不完，道不尽的心里话……

我们知道，这些都是袁意渊、袁意滋和袁碧宇及家人计划安排的，而具体事情都是袁碧宇张罗操办。她这个母亲的"贴身小棉袄"，最终给父母安了一个温暖恬静的"坦坦平平的地方"——

吴晓梅留下一幅"溇澧河畔女人图"

这里有一篇吴晓梅口述的文字。她的这些话只有袁家的人知道，此前从未公开发表过。吴晓梅粗通文字，但她却"精通人生"！笔者青年时代读过伏尼契的名著《牛虻》，其中亚瑟留给终身恋人琼玛那封信，曾感动笔者数十年。可是当看到吴晓梅的这篇文字时，笔者觉得比读亚瑟的那封著名信件更加的震撼心灵、更加感人至深。

这是一个久别丈夫的妻子写给已故丈夫、家人的文字，感情真挚内敛，语言朴素清新，叙述委婉流畅，犹如厚厚的冰河下淙淙流淌的清澈的水流，沁人心脾……

这是一个被苦难磨砺的已经大彻大悟的女人写给世人的"溇澧河畔女人图"，充满苦辣酸甜，诉尽悲欢离合，字字珠心血泪，我们从中可以看到一个中国妇女是怎样从黑夜走向光明、从旧时代走向新生的……

朋友：我们一字不改的将它奉献给大家。如果您还不知道什么是真爱，请细细地读吧；如果您还不知道如何去爱，请细细地读吧；如果您还不知道什么是母爱，请细细地读吧；如果您还不知道如何解读中国女人，也请细细地读吧……

为革命尽力

——一位革命母亲的自述

（原文照抄）

任远离开我们去世了，几十年前的往事一幕幕的出现在眼前，就好像在昨天。

我的前半生是从非常艰苦的生活中走过来的。我的娘家有三个哥哥、一个姐姐，我是老么。在我岁半的时候，母亲就去世了，在我十岁的时候父亲中了风，走路要人扶，吃饭要人喂，哥嫂都分了家，伺候病人的重担就落在我一个十三、四岁

的女孩子和大侄子的身上。几年后父亲去世了，大哥早死，二哥不争气，吃喝嫖赌，把家产全部卖光了，最后落得到处流浪，三哥参加胡左峰的队伍被人杀死了。所以我小就没有得到父母的慈爱和亲人的关怀。

任远在慈利县读书毕了业，我公公为了庆贺就把娶媳妇的喜事合在一起请了客，这时我只有十八岁。我和任远结婚后两人的感情是很好的。他一不嫌我娘家穷，二不嫌我不识字没有知识。我原来的名字叫冬香，是他把我的名字改为晓梅，意思是早晨的梅花。他教导我妇女要解放的革命道理，要我放脚，不带耳环；要我学文化，他说："你不学文化，我一出门就说不上一句话，就像死了一样。"他为了我识字，想办法把家中吃的、用的东西都写上字，这样好记，他还抄了些诗句，教我学习。我给他写的信里有错字和不对的标点符号，他就不怕麻烦的将原话写给我，指出哪些字和标点符号用错了。我非常感激他，我也是遵照他的嘱咐去积极学习的。第二年就生了大孩子意奋，不到一岁，他又外出了。我既要做家务事，又要带小孩，每天都忙到很晚，我还是坚持读书识字，不认识的字就通过妹妹请教父亲（旧社会媳妇不能直接请教父亲的）。任远这时是在长沙读书，父亲时常对我说："你不能和嫂子们比，（任远是兄弟中最小的一个）你要多做一些事情，家里是卖了一些田土供任远读书的，不要让哥哥嫂嫂们有意见。"后来哥嫂们同父亲分开吃饭，他们再不管父母的事了。而我还是和父母亲住在一起，家里客人多，种菜、做饭、洗衣服这些繁重的家务事都落在我的身上，尤其是妹妹出嫁时，请了许多匠人做嫁妆，只差石匠没用。把我累得头昏脑涨，最后还累得病了一场。

任远在长沙读"法专"时，因交通不便，寒暑假很少回家。1922年一毕业，他又出国到南洋去了，四年后才回家。这时几兄弟要分家，任远本着革命不要家的思想，他亲自执笔把好的田土写在哥嫂们的名下，将差的田土留给自己。分完后他还对我说："这些土地是给你们的，我是不要的。"当时我还半开玩笑说："我才不给你当守财奴！"

在这第二年，也就是1927年，任远在县里办农民协会，准备接我出去参加革命，一切都准备好了，还没有动身，蒋介石叛变了革命，镇压人民，农民协会垮台了。国民党到处下通缉令，到处捉拿任远，从此他再没有回来了。从1916年结婚到1927年这十一年，我们俩总共在一起没有住上三年。家中的事全是我全部挑起来。他在逃亡中写信给我说："敌人到处抓我，我几次想回家看你们，但都没有办法，被敌人挡回去了。只要天老爷保佑我们一对可怜虫，我将携着你的手走到坦坦平平的地方。"

蒋介石反了水，乌云恶浪一排排向我压来。1927年的下半年，国民党的地方武装熊小卿来抄我们家，恰好父亲不在家，反没杀到，大儿子意奋躲到水缸后面没有捉到，将我只有四岁的二儿子意渊捉走了。家里搞得空空荡荡的，能带走的带走了，不能带走的打乱了。意渊捉走后，熊少卿来信要八百光洋赎孩子，如果不赶快把钱送去，就要烧我家的房子，要将小孩截成几段送回来。这时真困难呀！娘家、本家没有人替我做主，只有我这孤伶伶的妇女承担着精神上、经济上的巨大重担。我只有望着孩子被捉走的方向哭，饭吃不进，觉睡不着，一双鞋子穿了三个月，烂了才晓得换。我到处求亲戚族人帮忙，不管人家条件如何苛刻，只要弄到钱就是好的，不管是大烟，还是粮食、肥猪，能变钱的都弄来，弄来大烟，这些不得好死的人说是太稀，要炒得干干的，这样又少了秤，表面上是八百元，实际是花了一千多元，意渊被捉去七十七天才赎回来，回到我的身边，一块压在身上的重担才落下来，才喘了一口气，意渊虽然取赎回来了，分给任远名下好一点的土地也都卖光了，土地差一点没人要，又只好同二嫂子兑换好一点土地卖掉（因我们同二嫂住在一起，怕烧屋连累他家，所以同意兑换）。就这样把田地买的差不多了，还欠了一身债没有还完。

前难未了，后灾又来。任远办农民协会时期处决了几个劣绅。这些家属就到县里告状，说任远是暴徒的头子要抓人，县里派人来传案，头两次给了些钱就走了，第三次来我们钱也给不起了，传案的一定要带人走，于是兄嫂和父母都跑了，我的娘家没有人，真是上天无路，入地无门，无处容身。嫁在胡家坪的姐姐这时对我说："你带着两个小小孩，还欠一身债，能躲到哪去？还是躲到我这里，看看形势再说。"这样我就躲到姐夫兄弟的一间没人住的空房子里，白天不敢露面，就上山上打柴，晚上趁着月亮就牵着两个小孩（意渊、碧宇）到处求人，将所有的田地或卖或当全部卖光了来还债。一年多后，风声缓和些，我回到家里，为了生活，只好近租三嫂子的田种，我是个妇女，意渊、碧宇都只有几岁，没有男劳力，但为了生活，为了养活子女，我咬紧牙关，拼命劳动，犁田、插秧就请人帮忙，其他旱地里的锄草、水田的拉草、割麦、割稻都是自己干的。我要背几十斤土肥上山种地，背一次全身像瘫了一样。我是一双小脚，柱上一根棍棍，下稻田拉草，脚踏进一尺多深的烂泥里，拔也拔不出来，头上太阳晒，稻田里水热的烫人，热得喘不过气来，想休息一直在水里没办法坐，硬是咬着牙把一行行的草拉净，一步步地往前慢慢的移。这是一个小脚妇女无法忍受得了的。那时候真苦呀！靠租田种收点粮食，这样才勉强的生活下来。

　　我不仅要艰苦劳动，还心里随时惦记着任远，像一块石板压在心里。他 27 年去后，一去就是七八年，杳无音讯，有人说他被敌人杀了，还凌了迟，我心如刀绞，还不敢向别人说，只有做功夫时偷偷哭。有一次昏倒在地，人家问我，我只说病了。实际上是眼泪往肚子里流，有话无处说，承担着千斤精神重担。

　　1934 年，红军长征到了大庸，族里一个侄子做生意见到了任远，他回来告诉我们，开始我们还不相信，后来他写信给本地一支地方武装劝他们招安，我们才知道他真的还在人世。多年的盼望实现了，当时好像天也宽了一些，人也年轻了许多。

　　但任远这次回家并没有给我们带来团聚和欢乐，而是给我们又带来了一场大灾难。任远这次在家只住了五天，红军就走了。一场血腥的镇压马上就来了。国民党到处捉人，在袁家坪旁边的赶狗塔杀死了许多跟着红军打过土豪的贫民。那时意奋不敢在家跟着任远长征去了，我也不敢住在家里，任远也来信叫我们躲到外面，不要坐在家中等死。我只好怀着一个大肚子（意滋）带着意渊、碧宇离乡背井，到石门几个县逃难。正是冬天下着雪，刮着大风，我一双小脚走泥巴路走不稳，东倒西歪，一步步走着，躲到几家熟人家里，睡在堂屋，没吃没喝，受冻挨饿，只差一点挨门乞讨。这几个月的苦头是说不尽的。后来意滋快出生了，我想这是任远的血肉，不能死在外面，只好偷偷回到家中，日夜过着提心吊胆的生活。

　　我就是受了没读书的苦，我再苦也要送小孩读书。红军长征后，意渊那时在九溪小学读书没有毕业，人家说他是红军的儿子就不让读了。三七年国共合作，形势稍微缓和，意渊没有高小文凭不能考初中，这还是意渊的同学找过去任远的一个教育界姓刘的朋友开了一个证明，说意渊的毕业证书被土匪烧了，这样意渊才考入常德三中。读书是要很多钱的，我省吃省穿攒下钱，还不够，多亏父亲和三嫂支援些，才勉强读下去。意渊在中学里接受了革命思想，40年毕了业，全国正掀起反共高潮，意渊要到延安去，我支持了他。意渊那时已有十七、八岁，是一个劳动力，我没有留他在家里帮我种田，减轻我的劳动。意渊走了，我又承担起抚养碧宇和六岁意滋的沉重任务，过着极为艰苦的日子。个子矮小的女儿碧宇没有钱上学，十四五岁就只好学织布，挣点钱来换男劳力来犁田，做重活，自己就种地、喂猪、什么都干。那时土匪很多，背篓里装上衣服、粮食，随时准备躲难，有时还藏在树林里不敢回家。过着太平盛世的现在青年人是无法想象的。这就是这样劳累，生活不安定，还是督促碧宇读书识字，她晚上读书经常睡着了，我又叫醒她再读，就这样她才在解放时识得几个字。

回忆起解放前的这二十几年（1927—1949年）的艰苦生活，也不知是怎么度过来的。国民党地方武装迫害我们，土匪又抢劫骚扰，真是兵荒马乱，我家又穷，又拖着几个小孩，既要劳动，养家糊口，又还要为任远尽孝道孝敬父母。有句古话："有子靠子，无子靠媳"，我总留着好吃的东西等父母轮到我家吃饭时吃，我和父母兄嫂之间是和睦的，对子女要求严格的。要他们热爱劳动，要俭朴，不能同别人比吃比穿，要体谅大人的困难。所以，我的小孩都是比较懂事的。

1949年湖南解放了，这是天大的喜事，我们熬出来了，见了天日了，任远写信回家，要我们母子出来。我和碧宇、意滋出来后，任远对我说："过去战争环境死人多得很，今天不知明天死活，没想到能活到今天见面了，解放这样快，我在外面结婚了，请你多原谅。"他要我跟意渊住，我没有意见。我想革命成了功，我们能见一面就满意了。为了顾全大局，不影响任远的工作，我顺从了他。后来我给党中央写了一封信，诉说我过去的苦处，中央及时通过湖南省给我回了信，信中称我是同志，赞扬我支持任远革命，抚育革命后代是有功的，这对我鼓励很大。

意渊在铁路上工作，流动性很大。我随他到柳州、南宁、衡阳、株洲、广州、长沙、都住过，我感到新社会好，精神特别好。我是一个家庭妇女，能力很小，也想为新社会做一点工作，尽一点力。在株洲、长沙居住时，我参加家属工作，当过卫生委员，带着草帽在大太阳下带头搞卫生，多次得到表扬。有一次将表扬奖状挂在铁路分局机关里。我带头学文化，帮助有小孩的家属带小孩，让她们学习。文件不够，就给每组抄写一份。我本人还得到摘掉文盲帽的证书。60年过困难日子时，我在长沙当生活委员，挨家分发猪肉，那时的干劲真大，我什么事都干，带头慰问铁路职工，带头参观学习。有一次还带着被子去开会。好多家属说："儿子当局长，不晓得享福，还带头工作，真是个老积极。"

上面是几十年的往事，刻印着我一生受过的艰苦道路。在那白色恐怖的年代里，一个家庭妇女为什么能挑起任远革命走后的全部家庭重担，拼命劳动，孝敬父母，抚养子女，对任远毫无怨言，更没有拉后腿？这是因为我对任远的爱情是无比忠诚的，我搞好家庭，就是对任远革命的支持。为什么我咬紧牙关送子读书，意渊长大后又支持他去延安，没有留在身边帮助我劳动来减轻负担？这是我看到只有革命，改变了旧社会，个人家庭才会幸福；为什么解放后我能顾全大局乐意跟意渊居住，这是为了支持任远工作。我没有坐享儿孙们的幸福，带头参加家属工作，我读书看报，教育子女，爱国家，要俭朴，这是想为新社会尽自己一点力量。

袁老离开我们去世了，我们是几十年的夫妻，我是无比悲痛的，但这是自然规律，过分悲痛也是无益的，我现在是一个幸福的人，我和任远结婚几十年，他长期革命在外，婚后年青时住在一起加起来只有三年，但老了却能团圆在一起住了六年可以说是白头偕老，我对得起他，问心无愧，心中感到安慰。只是他病重住院时没有和他说几句话，心中有点不安。我现在生活在新社会，再也看不到人剥削人，妇女受压迫的旧社会，再不是兵荒马乱，到处逃难，现在生活很幸福，我享受到革命的成果了。我子孙满堂，还有几个曾孙是四世同堂的老奶奶了，他们都有工作，不愁吃不愁穿，比我过去过的日子不知好了多少倍，我满意极了。没有任何牵挂。原先发愁袁老去世后，我担心生活困难，组织上考虑到我没有工资，尊重袁老尊重我过去对革命的贡献，给我最优厚的待遇，使我能无忧无虑地过着幸福晚年，我非常满意，非常感激，感激各级领导。

我虽然热爱社会，但现在已是八十八岁的老人了，再不能为国家做什么事了，我已经嘱咐子女在我去世后，如果公家给我的生活费用有剩余时，那就全部捐献给老家慈利县来报答生我养我的地方，这是我最后一点为国尽力的心意。

吴晓梅　口述　袁意渊　整理

一九八六年元月于北京

这是吴晓梅用 70 年婚姻、60 年分离的经历写就的"作品"，在平实的语言背后，分明奔涌着澎湃的感情大潮。这是一个湘西北普通女人生活的写照，这也是一幅集所有中国女人朴实、勤劳、善良、美丽等美德于一身的"溇澧河畔女人图"。

请求解决袁任远遗孀吴晓梅今后生活问题的报告

袁任远同志治丧办公室
韩克、荣高堂、冯岑安、郑伯克诸同志：

敬爱的父亲袁任远在病中和逝世后，中央首长极为关怀，我们深表感谢。

母亲吴晓梅虽是一个家属，但也是一位革命的母亲。父亲参加革命后，她受到国民党反动当局的迫害，她支持父亲革命并培养四个子女参加革命，她是做出了巨大牺牲的。父亲生前没有积蓄，母亲又无工资收入，而且已是八十七岁高龄，我们深信组织上一定会有所安排，使她能渡过安适的晚年。

父亲逝世后，我们征得母亲的意见，现呈报如下：

一、明确其生活费用及标准。

二、因母亲年老体弱行动不便，请用公费雇用保姆一人。

三、母亲决意迁往长沙居住（靠女儿附近），以免触景伤情。请明确指示湖南省有关组织解决其住房并免收房租。

四、解决母亲个人的公费医疗。

五、保证临时和医疗用车并免费。

以上要求的费用以及日常的照顾，请湖南省指定一个单位具体负责，直到逝世为止。

在举行父亲遗体告别仪式后，我们将分散四方，母亲的上述要求，希望在此之前明文解决。以免我们作子女的心中不安。

一九八六年元月五日

子女（签字）：袁意奋

袁意渊

袁意滋

袁碧宇

　　袁老逝世后，意奋、意渊、意滋和碧宇几个孩子，立即给中央写报告，请求解决吴晓梅生活待遇问题。其实这几个孩子有的职务很高，家庭经济条件也不错，赡养吴晓梅毫无困难。之所以写报告给中央，也的确是为了从组织的角度，肯定吴晓梅为革命所做出的积极而特殊的贡献。这也是吴晓梅的心愿。

　　最后，吴晓梅的心愿得以满足，她在湖南长沙一个干休所里幸福生活六年后，于1992年去世，享年92岁。

（四）多重身份的"周妈妈"

　　在袁家，周雪林具有党员、红军战士、干部、妻子、母亲、奶奶等多重身份。她给袁家留下了各种光彩和记忆。

周雪林"很体谅人"

◎八路军时代的周雪林

　　金云汉："周妈妈在的时候，我们去了，她也经常对我们说，'你们到爸爸那里去，和他讲讲话，多到爷爷那里多坐一坐啦——'周妈妈就是这样的，她（周雪林）也很理解。"

　　"周妈妈人还是很好的。我每次去她都嘱咐我，到爸爸那里去，和他讲讲话啦，很体谅人。"

　　问：周妈妈提起过吴妈妈吗？

　　金云汉："她也问过，（吴）妈妈那里好吗？（她们）心里彼此都有。但也都是没办法。她对我们很好，没有疏远啦，冷淡啦，没有。"

周雪林管孩子很严

问：听说周雪林挺严厉的。

金云汉："大哥家的孩子们长期住在那里。海南岛嘛，飞机炸呀，没办法，就把孩子们送来。孩子小啊，上小学哩！长沙解放的时候，她（周雪林）在邮电局当书记。"

袁海俊："反正我看她管教袁新海、袁海英，就当自己的（亲）孙子管——"

金云汉："就是她的孙子呀。"

袁海俊："可不是亲的呀。半军事化管理。叠被子，上课，牙膏牙刷都要放好，上课回来要汇报，出去要请假——"

周雪林之所以对孩子们严厉，是因为她知道，孩子不是自己生的，宁可严厉点儿，也不能放纵溺爱。否则可得"后果自负"。

周雪林，"内心有话难出口"

问：周妈妈身体不太好是吗？

金云汉："她有糖尿病。我们一去，她就督促我们到爸爸那里去，她心里好像也有说不出的什么……"

问：她跟袁老处的好吗？

金云汉："爸爸对她也是很好的。她最后病重，我到医院里去看过她。她看着我掉眼泪，知道我是谁，但是说不出来了……"

袁碧宇谈周妈妈

问：说说周妈妈吧。

袁碧宇："她呢，……我们没得在一起。在长沙的时候，我们星期天回去，也很客气。在北京的时候，我去住过半个月，她招待我半个月。退休以后，我去住三个月的时候，她已经不在了。"

"漂亮而严厉的周奶奶"

袁向宁："（周）奶奶中等身材，漂亮，大眼睛，利落，有气质，穿着得体，（她的样子）很难与长征联系起来。对外人很和气。"

"她对孩子严的让人恨。很严厉，学习、生活（管教我们）都很严。房子后坡地上，开荒种菜，让孩子们去干活。三年自然灾害的时候，家里每个孩子一顿饭一盘土豆，天天吃。她要求孩子们不能有优越感，我们学校离家很近，但是周奶奶给我们每个孩子带饭，中午和同学们一块吃。在学校谁也不知道我们是谁的孩子。'文革'的时候，孩子们把图书馆的书损坏了，周奶奶自己花钱买新书补偿。受这种家风的影响，我们家的孩子们为人处事一直都很低调。"

"那时候，我们家四个孩子，加上周奶奶的一个侄女，她一共要管五个孩子。可是她'一碗水端平'，对每一个孩子都一样的管理教育，所以这些孩子相互之间都很团结。"

袁海俊："周奶奶管孩子严，是因为她不认为自己是外人。"

◎袁意奋之女袁向宁
接受采访

"周奶奶对自己没放松"

袁向宁："她对自己没放松，病休在家，每天早饭后学习三个小时，做记录，雷打不动。她出身大户人家（其实不是），但很朴实。自己开荒养鸡。她有糖尿病自己打针（胰岛素）。"

"爷爷和周奶奶一起为江西永新家乡寄钱。"文革"期间，她随爷爷下放江西抚州三年，几次写信希望孩子们去看望。"

"爷爷和周奶奶感情很深"

袁向宁："爷爷和周奶奶感情很深。（他）俩人因为长征路上很艰苦，没有（生）孩子。我好像听说爷爷和周奶奶是长征以后结婚的。"

袁老与他的红军妻子周雪林曾一起长征、出生入死、患难与共，太知道人生宝贵和人情冷暖了，相互间自然会有更多的默契。

(五) 令人羡慕的袁家亲情

袁家兄弟姊妹之间天南地北,相聚甚少,但彼此之间却始终保持着亲密无间的感情。采访中我们听到他们的谈话,充满情感,令人羡慕。

◎袁碧宇、袁谋奇、连伟历接受采访

大哥与兄弟情

问:大哥与兄弟们之间感情如何?

袁碧宇:"我觉得大哥和兄弟们之间关系还是好的。他和三哥的说话声音一个样子。他和三哥比较谈得来。"

"他好像工作上不太顺利,心情不太好。我记得有一次,他讲从苏联(留学)的时候,吃的土豆烧牛肉,米饭。(中苏)关系好的时候,说他不太讲苏联好;(中苏)关系不好的时候,又讲他美化了苏联。"

从中或许可以看出，袁意奋是个实事求是，讲话客观的人。

袁碧宇："我经常看到他一天一个人坐到那里，不说话。我去了，他只讲几句，'我想你了'。有时还问我一些事情，我想这些是你应该知道的，怎么来问我呢？心里不太清楚了。"

问：大哥最大优点是什么？

袁碧宇："我觉得他为人比较实在。不喜欢吹吹拍拍的。工作不顺利也不出门，平常不讲话。"

问：您最后见他距离去世有多久？

袁碧宇："三年半。我晓得他精神不清楚了。弟弟去看他，他问'你是哪里人呐？'弟弟说，'我是慈利人'。他讲，'我也是慈利人噢！'我三嫂子从广州去看他，他就问，'你是哪里的？'三嫂说，'我是广州的'。他讲，'广州哇，我去过得来！广州热乎得来！'这个情况持续了好几年来！我和三哥一起去看他，他给服务员说，'这是我的老朋友！'"

问：您觉得大哥对您最大的帮助是什么？

袁碧宇："他对我很亲近的。主动带我去潭柘寺玩，带我去长城。我父亲的车不能随便坐的。他就用他的车拉我们去。"

袁意奋通常不办这样的事，可见他对妹妹的喜爱。

金云汉只见过大哥三次面

金云汉："其实这些年与大哥没见过几次。大哥这个人和他几个兄弟差不多，都是很关心政治。"

问：你第一次见大哥是什么时间？

金云汉："第一次……他（袁意奋）在苏联回来的时候还给我买了一件衣服呢！一件红衣服。我穿不了，因为苏联老太太都是好肥的，衣服好大的，我（身材瘦）穿不了。他（袁意奋）还给（吴）奶奶买了一个小收音机，带电池的。还给我们买了照相机，给孩子们买了幻灯机。真正见面是在长沙，（1958 年）他到海南岛去的时候。"

问：1958 年，袁意奋任南海舰队湛江基地政委，次年任海军榆林基地政委。

金云汉："他带着新海、海鹰、还有海俊，那时候孩子们这么高。（海鹰、海俊）两个男孩小调皮，我们住的地方湖边就是铁路，孩子们在铁路上跑，还被大哥喝斥了一顿。要打两个儿子，俩儿子就往外跑……"

"当时大哥专程到长沙看（吴）奶奶。当时我刚生了大新，新海说，'怎么生个男孩，生个女孩多好！'向宁从小一直在爷爷家长大。"

"一九六九年以后，大哥在七院的时候，我去北京出差，在爷爷家看见过大哥。"

"大哥也是好耿直的人。有一次好像为了爷爷去世后，为吴奶奶的事儿，有人想说什么，大哥猛地说，'没你的事儿！我的妈妈带着我们睡到房顶上啊，你晓不晓得？'"

"再见面就是爷爷去世的时候，（与大哥）大概见过三次。"

袁意渊谈大哥

袁意渊："大哥比我大四岁，我比妹妹大四岁，我和大哥很小就分开了，也没在一起生活过。"

提起大哥，袁意渊话不多。但他一生中都以大哥为"标杆"。

大哥眼里的宝贝妹妹

问：好像全家人都对您挺好！

袁碧宇："我从来不与人吵架的。"

问：您说说大哥是个什么样的人？

袁碧宇："我和大哥蛮好的。"

问：大哥的性格好像比较内向。

袁碧宇："他不大吱声。他对我相当细。他第一批到海南岛去的。他给我讲，那里的人啊，真是不开化。猪都不晓得杀。生活苦得很嘞！"

"他每次到北京开会或路过长沙，我都请他吃饭。他到海南岛，后来调到北京七院，我都去过。他经常对我说，'你想什么时候来就什么时候来，想住多久就住多久'。我去海南岛，见过他们割草，种树，种菜。"

"父亲过世后，我去北京看过大哥，他请我吃烤鸭。他总是说，'你多住下子，多住下子……'他只讲些海南岛的生活，其他的话不太讲。"

小姑子谈大嫂子

问：说说常玉英吧。

袁碧宇："大嫂子啊。大嫂子生活简朴节约。……我觉得她出生在陕北，从小就有人管着。节约惯了的人，她养成习惯了。"

问：她是个什么性格的人呢？

袁碧宇："我们见面的时候也不多。她在长沙生新海的时候，住了两三个月，我也上班。我回去呢，父亲和周妈妈开会不在，就看见她在屋里带孩子，讲几句话，没得什么更多。后

来到北京去呢，我一般住在父亲那里，（大哥）他们星期天来，吃了饭就走。十多年以后，我到北京去，大哥那里她也不在了。"

"她是个很朴实的人，是个比较安静的人。不张扬，爱干净，爱做事，洁癖。在长沙的时候，做衣服做鞋，有的做了。节约出了名的……（哈哈）你爸爸抽烟都没得钱。大哥经常说，'我兜里没得钱了！'"

问：大哥大嫂之间关系好吗？

袁碧宇："好的。对大哥还是很好的。大哥常说，'哎呀，就是节约啊！'"

袁海俊："她（常玉英）是个好'管家婆'。每逢父亲出差，她都把衣服行李早早准备好了，井井有条。也保障他抽烟，只是控制"。

袁碧宇："她节约是很出名的。买葱，说买几根就是几根，多一根也不行。"

袁海俊："她在中国科学院水声研究所人事科当科长，因为身体有病，常年不上班，在家病休。"

袁碧宇："她有风湿性心脏病，一九七六年去世，五十多岁就去世了。"

妹妹眼里的"三哥"

问：你的三哥是个什么样的人？

袁碧宇："三哥呀，小时候（我）对他印象不是那么深。我比他小四岁。（他）小时候搞什么也没有名堂。我在学校里看到过他一次。（一九）四〇年，他就到延安去了。（那年）三哥十七八岁，与两个人到延安去了，那两人都是袁姓的，走了一个多月。"

问：吴妈妈知道吗？

袁碧宇："晓得。一共去了三个人。其中一个人在延安病逝了。还一个呢，那个时候战争太惨烈了，说我家里没得生活，家里有土地，有父亲，有老婆，就跑回家来了。只有我三哥一个人革命到底（说到这儿，姑姑一脸的自豪）。我三哥原则性很强的嘞！"

"秉公办事"的袁意渊

袁碧宇想起了一件事。

袁碧宇："现在政策放宽了，对过去抗美援朝的呀，抗日战争的呀，那个年代当过兵的，都有点儿待遇。"

"（和三哥一起走的）死的那个人，家里也给他点儿钱，一个月几十块钱。跑回来的这一个呢，他的子女找到我们，要我三哥出个证明，证明他一九四〇年曾经去延安参加革命。这个人要求三哥写个证明，三哥就不肯写。三哥说，'当时他为什么逃跑呢？'"

"（为这事儿）三哥在办理吴妈妈去世事情的时候，还专门找那个人问，问他，'当初为什么回来？'那个人说，我家里有土地，有父亲，老婆……所以就回来了。"

"我就说三哥，你们到了延安各搞各的，情况也不晓得。你们又没得在一起，又不晓得他逃兵不逃兵，你就证明他和你一起去延安的事情就可以了嘛！他也搞了几年革命的嘛。为这个事我和三哥在电话里'杠杠杠'了好几次，最后才搞成。"

"（现在）一个月给他（跑回家来的那个人）六十块钱。后来三哥还打电话来问到，他写的信收到没有？问题解决了没有？你看，我三哥这个人哪……心还是好的。"

耿直的袁意渊

袁碧宇："他去了（延安）以后我们就没得她的信了。走的时候，放到我这里几本书。（一九）五〇年，他到长沙去（工作）了。"

"（他）到长沙铁路上工作，我妈妈呢，有时到他那里住下子。"

"他这个人呢很耿直，干啥子都很直爽。当时，人们都说共产党如何如何好，毛主席如何如何好。他却说呢，'毛主席的像到处贴，贴的不尊重老人家，厕所门上也还有的贴，这是不尊重别人，不尊重毛主席'。意思就是毛主席像要贴的庄重，到处贴就不好了。所以呢，'文化大革命'就斗他了。"

袁意渊这话有道理，但那个时候，他说"毛主席的画像贴到厕所门"上，也太大胆了，没出大事就是万幸。

袁碧宇："他这个人政治上不那么注意。有一次，我听他讲，毛主席要到长沙来的，要不限行。那个火车一直不来，他就急了，说这样子要影响铁路（运行）业务的，就要急着正常开行列车。结果，毛主席突然一下又来了。有人就讲他不尊重毛主席。"

"他这个人脑子很正统。人家讲共产党怎么不好，他就不高兴。听到有人对共产党不满意，他就说'我看哪个比共产党领导的更好?！'"

"他看电视只看新闻联播。只看战争年代的什么节目，其他一概不看。前几天我打电话给他，告诉他你们要去找他（采访），你不给他讲，他不回忆。"

是的，我们到了广州袁意渊家，他一改原来坚决不同意写书、更不同意写他的态度。见面没多久，他就滔滔不绝的谈起来。由此看出，这个三哥对妹妹还是蛮尊重的。

"运动健将"袁意渊

问：据说袁意渊是个很爱动的人。

袁碧宇："他在长沙铁路局的时候，领着局里的人打篮球，游泳，他还参加横渡湘江。"

袁意渊在广州铁路退休后，曾参加老年网球队，背着行囊到全国各地参加比赛。

袁碧宇："他七八十岁了，还参加铁路上的游泳活动。我们都劝他你这么大年纪了，就不要参加了。劝不听！现在腿不行了，每天下一次楼。搞半个钟头活动。九十岁了，脑子不糊涂，话也讲得清楚。"

问：意渊和意滋，他们兄弟俩老年斑都很明显，可是姑姑您怎么没有呢？

袁碧宇：（自豪地）"我除了搞（搓）一点雪花膏，其他的我从来不搞（抹）什么东西。三哥不糊涂。每天从五楼走到一楼，锻炼。天天就是看报，睡觉。早先他还不这样，现在睡觉多了。"

袁意渊，任火车头体协主席

1953 年 1 月成立株洲铁路分局，隶属衡阳铁路局，同时成立中国火车头体育协会株洲分局理事会，管辖株洲、长沙、岳阳、萍乡四个地区体协组织，由分局长袁意渊任体协主席。

1961 年 8 月，长沙铁路局撤销，改为办事处，由武汉局领导，同时成立中国火车头体育协会长沙办事处理事会。

1963 年 4 月，成立长沙铁路分局，同时成立长沙铁路分局火车头体育协会，分局长袁意渊任第一届理事会主席。

火车头体育协会素有积极开展群众体育活动的优良传统，早在 1951 年 7 月，衡阳铁路局卫生体育宣传列车到达株洲、长沙等地，举办卫生、体育展览，放映体育电影、幻灯，开展各种球赛和广播操活动。到 1958 年，群众体育进入了一个新的发展时期，各基层站段均以车间、班组为单位组织"劳卫制"锻炼小组，组织达标考核，颁发证章证书，掀起了一个"劳卫制"锻炼高潮，参加体育锻炼人数高达 90% 以上。"文化大革命"期间，协会工作中断。

妹妹时时牵挂三哥

对三哥的衣食住行，了然于心。从中可见袁碧宇对哥哥的情谊之深。

袁碧宇："他住的是七层楼，过去的房子，没装电梯。现在房子都成了私人的了，要装电梯呢，人心不齐，装不的。我就担心他摔倒……"

话说到此，姑姑有些哽咽。

袁碧宇："三哥家两个孩子，一男一女。男的叫大新，女孩叫金霞。"

"嫂子（金云汉）原来也是铁路上的，后来归电信部门管，好像是什么联通啊，现在也退休了，她退休早，工资低。原来有个政策，年龄够工作的孩子可以顶替父母就工。嫂子一方面身体不好，另方面儿子大新到了工作的年龄，就顶着妈妈的名额参加工作了。"

问：您嫂子年龄也不小了吧？

袁碧宇："八十一岁了。"（2012 年）

问：我看你说话，三哥他们都还听嘛。

袁碧宇："基本上我讲话他们都还听得喽！（开心地大

笑）但是他是有原则的。"

"有一次，我们老家有个单位，想盖一座亭子，说是纪念我父亲的革命事迹给后人看，通知我们出点钱。我通知了北京的弟弟，又通知了广州的三哥。三哥不同意，说过去有规定，要表扬什么，要纪念什么，国家出面的。国家不出面，还自个表扬自个？不出钱！"

问：三哥在长沙局的威信怎么样？

袁碧宇："他在长沙局的威信分两派：一派说他肯干，生活随便，有水平；另一派就说他不好。"

问：你们平常来往多吗？

袁碧宇："来往次数不多。但经常打打电话。定期的。"

"我陪爷爷回老家"

袁大新："一九七六年九月七日，（爷爷）与蹇先任一道，湖南省委派车送到常德，住在常德招待所，一是休息，二是等候换车。由于从常德到慈利的路况不好，需要另外调配吉普车。但九月九日主席去世，九月十日中央顾问委员会通过湖南通知爷爷，速回北京。十一日即回京了，遗憾的未能回老家。当时我同行。"

袁老 1953 年离开湖南，13 年后回家乡未果。1982 年最后一次回老家时，岁月又过去了 19 年。

袁春记忆中的爷爷

回想爷爷，最先闪现到脑海的是一位满头银发，戴着一副黑框眼镜，眼神永远慈祥，安定，具有学者气质的老人。记忆中的爷爷一直都是忙碌的，不是外出开会就是在家接待来访的客人。没有来访者的时候就在他的书房看书，看报，批阅文

◎袁春和袁源童年合影

件。他书桌上的标准配备是一只红蓝铅笔和一个放大镜。

爷爷对孙辈的教导是用自身行为做表率而不是用言语说教的，爷爷从未用大道理来教育我们应该如何做人，做事，但我们都从他的身上遗传了乐观，豁达，淡定以及坚韧的个性，真正是应了润物细无声这句话。

爷爷最重视的还是孙子辈的学习。我记得高一刚开化学课时，八十多岁的爷爷还可以给我讲各种分子式和化学方程式，以至于我对爷爷超好的记忆力感到由衷的惊奇。爷爷最大的心愿就是我们孙子辈里能出大学生，长沙姑姑的儿子，我的表兄连伟利考取了大学，爷爷虽然很高兴，但他始终认为连伟利是外孙，爷爷就将家里出大学生的希望寄托在最小的两个孙女我和我妹妹的身上。老天终于让我们没有辜负爷爷的希望，我和妹妹都顺利地考取了理想的大学。遗憾的是爷爷在我考上大学之前半年去世，始终没有亲眼看到他的孙女完成了他的心愿。

在筹备爷爷葬礼的过程中，家里人商量在爷爷的骨灰盒上刻上什么文字能够准确表达爷爷的风骨，概括爷爷波澜壮阔的一生的时候，我脱口说出晚唐诗人李商隐的"春蚕到死丝方尽，蜡炬成灰泪始干"这句千古名句，虽然诗歌表达的是爱情主题，但这一表述，也正是爷爷鞠躬尽瘁，为理想终极一生的真实写照。

孙女袁春

2013年6月于伦敦

(袁春是袁意滋的大女儿，某大型国企办公室主任)

陪伴爷爷度过他最后的时光

袁源："我们全家和爷爷一起生活了他生命中最后的六年，因那时我才上小学年龄很小，所以书稿中很多内容都是我第一次听到。从我幼小的眼睛里面看到的爷爷是平静与祥和的，他做事认真严谨，生活非常自律。"

"和爷爷在一起虽然少了一些祖孙那种含饴弄孙的亲昵之情，但爷爷用他的方式表达了对他两个最小的孙女的疼爱：因为家里院子比较大，我们经常带一些同学到家里来玩儿。孩子多了吵闹自然也多。爷爷上了年纪喜欢安静，可是他从来没有阻止我们和同学们的来往，也欢迎同学到家里来玩。只是我们太吵的时候，爷爷会悄悄告诉妈妈，让她提醒我们小一些声音。"

"姐姐和我都是在家附近的普通学校上学，因为家教严格，我们从来都没有觉得自己是高干家庭的孩子，更没有因此沾沾自喜并产生优越感。我们和学校的老师与同学的关系都非常融洽，人缘颇好。"

"很开心的是和爷爷生活的这几年，每年春节他都给我们十元钱压岁钱。这个数目对于当时的一个孩子来说简直就是个天文数字，可以买好多好多的东西啊！至于爷爷为什么要给这么多钱作为压岁钱，我们从来没有问过也不得而知，也许爷爷是想表达他对孙辈的关切吧。"

"姐姐和我都是把压岁钱交给妈妈存起来，从不乱花，也不到处去卖弄。爷爷平时也会买世界地图、笔记本之类的用品送给我和姐姐。他会在扉页亲笔写上：放眼世界，开阔视野，好好学习之类勉励的话语。姐姐和我都考上了大学，接受了高等教育。因为我们知道：这是爷爷的一个心愿。"

"爷爷平时从不用言语教导我们要怎样去生活，但是回想起来，爷爷的行为规范和一举一动都在我们幼小的心灵里留下了深深的烙印，比如平等尊重身边每一个人、生活自律、勤俭节约、做事专注、心胸宽广不计较小事等。这些品质我们从父母的身上也能深刻地感受到，这也就是我们所说的家风吧。我们之所以成为现在的自己是和童年的耳濡目染密切相关的。"

（袁源是袁意滋的小女儿，也是袁家第三代中最小的一个，党员，硕士）

曾经有人建议袁意奋去当二炮司令

袁海鹰："曾经有人建议他（袁意奋）去当二炮司令，他说自己不懂，不去。此时他正在（海军）坐冷板凳。爷爷曾经与我爸爸讨论过此事，爸爸不去。"

袁新海的回忆文章

"一九五〇年，父亲从陆军调海军一分校。面临新的工作，他废寝忘食工作并努力学习海军业务知识，为海军院校的发展做出了很多贡献。"

"一九五四年（父亲）到苏联海军学校学习。父亲克服年龄大、文化偏低、语言障碍等困难，圆满完成了学习任务。"

"在这期间，我和两个弟弟陆续出生，父亲因工作、学习很忙，无法照顾家庭，而妈妈身体不好，她既要工作，还要带我们几个孩子，既当爹又当娘，那日子过得真很艰难，妈妈作为军人的妻子，克服了重重困难，为革命为家庭默默的付出一切。父亲一九五八年回国时，我们都对他很陌生，毕竟我们在一起生活的时间太短，而妈妈给我的爱在我幼小的心灵却留下了深刻的印象。"

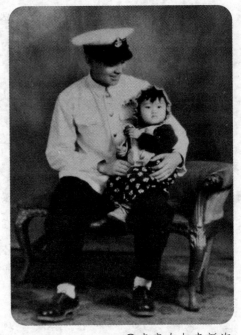

◎袁意奋与袁新海

"父亲一九五八年回国后，调到湛江基地工作，我在湛江上小学一年级。不久父亲又调海南岛榆林基地工作，那时榆林基地一穷二白，生活艰苦，缺淡水、食品、蔬菜等，一切物品都要从大陆运到岛上。部队子女上学都是问题，家属都不去。妈妈为了支持父亲的工作，把我们几个送到远在青海的爷爷家，而妈妈放弃城市生活来到荒岛，与父亲并肩工作、生活，在这儿一干就是十多年。"

"我们长期和爷爷（周）奶奶生活，和父母的长期分离，我们享受父母的爱是很少的。随着年纪长大，我们结婚生子，才深深地理解父亲为了海军建设，从不计较个人得失，多次调动，多次搬家，而妈妈默默地支持、照顾父亲，他们为了工作，长期与家人分离的痛苦，也是常人难以忍受的。"

"爷爷从北京调青海西宁工作不久，为了支持父亲在海疆更好的工作，我们几个来到了爷爷（周）奶奶身边，一个小家庭变成大家庭，由于我们的到来给爷爷（周）奶奶带来了很多生活负担，更重要是承担对我们的教育。"

"1. 三年自然灾害，粮食很少，主要吃野菜，很多人都得了浮肿病。爷爷奶奶不搞特殊，从不向组织张口，（周）奶奶发扬延安精神，自己动手、丰衣足食，来解决我们这一大家的生活。我们家是在一排省委领导宿舍的中间，每家都有个斜坡的后院，（周）奶奶率先在后院种了很多蔬菜，开始菜都死了，（周）奶奶就虚心请教，根据西宁的气候，选择种适合的蔬菜。（周）奶奶每天下班后都在后院爬上爬下种菜，而且要求我们下学后要在菜园里劳动，体会劳动的辛苦，饭菜来之不易，从此在饭桌上我们养成不浪费粮食的美德。（周）奶奶种的菜长的很好，一个南瓜长得很大，很多人来参观我们的菜园。（周）奶奶种得菜既解决了我们家吃菜，又给别的家属起了表率作用。"

"2. 我上学时穿的衣服是姐姐的旧衣服，鞋子是（周）奶奶做的，我的同学穿的都比我好，相比之下我很土气。我埋怨（周）奶奶，当时爷爷说：'他和奶奶的工资都很高，父母每月还寄钱，我们不是买不起漂亮的衣服，而是要从小养成艰苦朴素作风，和同学比要比学习'。这句话在我的心里深深扎根。爷爷调回北京，我们也到北京上学，记得上学第一天，我还是穿着旧衣服、奶奶做的布鞋，同学们露出惊奇得眼光。"

"3. 我们几个长期生活在爷爷（周）奶奶身边，（周）奶奶身体不好，还要工作，在西宁时就请了肖阿姨来照顾我们。但爷爷、（周）奶奶从不养成我们饭来张口、衣来伸手的习惯，吃完饭收拾碗筷、擦桌子，到菜园劳动，起床叠被，自己梳小辫，洗小东西等力所能及的事。这给我们从小奠定了动手能力。"

"4. 爷爷（周）奶奶从不养成我们乱花钱的习惯，上小学、中学只给很少零用钱。夏天在院子里乘凉，爷爷（周）奶奶给我们讲长征、抗日战争、解放战争时故事，买一冰桶三分、五分钱的冰棍。满足我们的嘴馋。"

"在爷爷（周）奶奶身边生活比父母生活时间要长，爷爷（周）奶奶以身作则，既给予我们祖父、祖母的爱，更给予革命长辈对下一代的爱。周雪林奶奶虽然不是我们的亲奶奶，但她宽大的胸怀就像亲奶奶，我们在爷爷奶奶的关心、爱护下健康成长。"

◎袁意渊之子袁大新接受采访

"父亲是纯粹的老布尔什维克"

袁大新："父亲（袁意渊）是纯粹的老布尔什维克。忠于党，无论党犯多大错误，（他）也不愿意说反面话，在这方面，我们有时有争论。"

"他天天看《人民日报》、《参考消息》，新党史，历史书。"

"他很自律。家里少量配备的办公用品，他都自备，不要公家的。他最自豪的事情是：'我两个孩子都没有做违法乱纪的事情'。"

"人家下农村，我也下农村。人家都回城了，父亲不管（我），还是妈妈提前退休（我）顶岗上来的。他常说：'我们身体好，就是你们最大的幸福'。"

"父亲吃饭快，坐不住。七十岁以上，外面的事儿不关心，游泳、跑步，打羽毛球、网球。八十二岁还游泳，自己签字去游泳（管理人员怕出危险的一种不得已的措施）。九十岁的时候上下楼很自如。"

"直到现在，袁意渊年逾91岁，腿脚有些不太好，已经不能到楼下活动了。老伴儿也85岁了，两位老人还是坚持生活自理，尽量不给孩子们添麻烦。因为他们所住的单元只有袁意渊一家有老人，因此电梯安装问题也难以解决。

"父亲性格很内敛、豁达"

袁大新："父亲性格内敛，不图名利。乐观，豁达。从不议论人。（他）群众关系很好。老听有人说：'你爸是好人，太吃亏了！'"

"他是长沙铁路局运输处长，当年的创业者。可是'文革'中受冲击很厉害，关牛棚，去干校（劳动），住在山上。我记得有一天不知什么日子，妈妈让我早早起来，她做了红烧肉，让我们（给父亲）送去，还被看管的人检查了饭盒，说他是'走资派'。"

"那年征兵，我是知青队长，就因为父亲的原因，没能参军。后来父亲知道了，没有任何反应。"

（六）袁家的第三代

长江后浪推前浪，一杆红旗代代传。袁家的第三代可谓"整体继承"了革命前辈的思想、品德和作风，做到了"根正苗红"。这里，我们只做一个简单概述：

孙辈一代共11人：袁向宁（女），袁新海（女），袁海鹰，袁海俊，袁谋奇，袁大新，袁金霞（女），连伟历，连伟英，袁春（女），袁涛（女）。其中，有7名共产党员；4名军人（或曾经是军人）；6名大专以上学历，3名硕士以上学历；9名单位业务骨干；1名小学高级教师。没有违法违规者，更无不良记录者。"历史清白，积极向上"。

重孙辈袁慧煌，多年保护父辈两代人所留下的革命文物，收集相关资料，维护袁老旧居，为弘扬革命传统，传播红色经典，起到了特殊作用。

第八章　公道自在人心的口碑

"口碑"，《辞源》解释为："比喻众人口头上的称颂，像树立的碑志一样"。虽说是"千秋功罪，后人评说"。然而每个人的口碑，又都是"自作自受"的结果，从这个意义上说，每个人的口碑之优劣，都是由自己写就的。

口碑无形，但分量很重，因而很神圣。一个人的口碑，通常与历史的评价相吻合，因为历史很公正。

随着时间的推移，口碑的"含金量"会越来越大。

（一）袁任远：久经考验的忠诚共产主义战士

官方报道：

我党优秀党员久经考验的共产主义战士
袁任远同志遗体告别仪式在京举行

新华社北京 1 月 18 日电：中国共产党的优秀党员、久经考验的忠诚共产主义战士袁任远同志遗体告别仪式，今天下午在八宝山革命公墓礼堂举行。

袁任远因病于今年 1 月 2 日在北京逝世，终年 88 岁。

袁任远是 1925 年入党的老同志，参加过邓小平、张云逸领导的百色起义，任红七军第二纵队政治部主任，长征途中二、四方面军会师后他任三十二军政委，同张国焘的反党活动作了斗争。抗日战争时期，他曾任一二○师三五九旅政治部主任、绥德专员。抗战胜利后，他曾在军调处执行小组和吉林省政府做领导工作。此后，他任过湖南省府副主席、内务部副部长、中共青海省委书记、省长，中共中央监察委员会常委，中央纪律检查委员会常委、副书记，中央顾问委员会委员，四届全国政协常委，五届全国人大常委会委员。

胡耀邦、邓小平、赵紫阳、李先念、陈云、彭真、邓颖超、徐向前、聂荣臻、习仲勋、杨尚昆、余秋里、胡启立、陈慕华、邓力群、王兆国、王震、薄一波、宋任穷、王平、王首道、伍修权、刘澜涛、萧克、黄火青、程子华、王鹤寿、韩光、韦国清、班禅额尔德尼·确吉坚赞、廖汉生、杨静仁、杨成武、陈再道、黄克诚、李井泉、肖劲光、何长工、傅钟等同志，中央顾问委员会、中央纪律检查委员会、全国人大常委会、全国政协常委会、中央办公厅、中央组织部、民政部，湖南省、青海省、吉林省领导机关，湖南省慈利县领导机关，送了花圈。

袁任远同志的遗体安放在松柏丛中。哀乐声中，习仲勋、胡启立、陈慕华、邓力群、王兆国、王震、薄一波、王平、王首道、伍修权、刘澜涛、萧克、黄火青、程子华、王鹤寿、韩光、班禅额尔德尼·确吉坚赞、廖汉生、杨静仁、杨成武、陈再道，中央和国务院有关部门负责同志，袁任远的生前友好，共五百多人在袁任远同志遗体前肃立、静默。

袁任远同志病重期间，习仲勋、邓力群、王兆国、王震、薄一波、宋任穷、王平、王首道、伍修权、萧克、程子华、王鹤寿、韩光、韦国清、班禅额尔德尼·确吉坚赞、廖汉生、杨成武、傅钟等同志曾去医院看望，肖劲光同志曾派人到医院看望。

袁任远同志的遗体火化后，骨灰盒将安放在八宝山革命公墓。

（摘自：《人民日报》1986年1月19日）

官方资料：

袁任远同志生平

袁任远，1898年5月生于湖南慈利县，早在青年时代就学于湖南长沙法政专门学校时，开始接受进步思想。191年"五四"运动爆发后，他积极参加了反对帝国主义和北洋军阀的斗争。1922年夏，到南阳从事教育和新闻工作，积极宣传新文化、新思想。1925年5月回国，8月在长沙加入中国共产党。受党组织委派会慈利县开展工农革命运动。

"马日事变"后，袁任远被湖南反动当局通缉，转到石门县工作，领导了石门南乡的武装起义。1929年夏，党中央派他到广西李明瑞部工作。12月参加了邓小平、张云逸、韦拔群等领导的百色起义。在百色起义过程中，他主要从事政治宣传工作，起草各种文件，为我党主办的《右江日报》撰稿、审稿，翻印党的六大政治决议案。百色起义胜利后，先后担任红七军军部总务科长、第二纵队政治部主任。1930年2月，隆安战斗实力，百色起义部队与军部联系中断，他果断决定将存放在白色的大量军用物资转移至后方东兰，凤山。当他们撤出百色时，敌人主力即进抵百色城，从而避免了我军辎重的损失。随后，他在李明瑞、张云逸的指挥下率领部队转战于黔桂边和右江地区。1930年11月，随红七军主力北上江西，参加湘赣根据地的反"围剿"斗争。1931年7月，红七军调中央根据地，他因病留在湘赣根据地，先后担任红八军政治部主任、独立二十一师政委、湘赣省委秘书长、六军团政治部副主任等职务。二、六军团会师后，他任二军团六师政委，为恢复内左倾路线破坏的党团组织和政治工作制度作了大量工作。1935年11月，二六军团长征后，袁任远在推动川黔边各派反蒋力量与我军联合反蒋抗日，改编地方游击武装和扩大红军方面做了大量工作。二、六军团与四方面军在甘孜会师后，他在反对张国焘的反党分裂活动中，坚定地站在党中央、毛主席一边。1936年7月，二、四方面军由甘孜出发北上，他任三十二军政委，在部队粮饷供给极端困难情况下，以他自己的模范行动，带领指战员，克服了种种困难，走出了草地，胜利到达了陕北。

抗日战争时期，袁任远任一二〇师三五九旅政治部主任。他积极贯彻党中央关于进行独立自主的游击战争，开辟敌后战场和建立敌后根据地的战略方针，在发动群众，扩大抗日武装，建立抗日政权等方面做了大量组织工作。1939年，一二〇师三五九旅返回陕甘宁边区，执行保卫边区、保卫延安、保卫党中央的光荣任务。他参与领导对国民党顽固派进行针锋相对的斗争，大腿了国民党顽固派向陕甘宁民主根据地的进攻，收回了绥、米、葭、清五县政权。同时，他认真贯彻党的抗日民族统一战线政策，团结开明士绅，争取他们与我党合作，参加边区政府工作。1943年1月，他任绥德专员，领导全区群众大力发展生产，进行边区建设。1945年4月，他出席了党的第七次全国代表大会。会后，随南下支队第二梯队南下。

日本投降后，他奉中央命令去东北工作，坚决贯彻执行党的"七大"制定的正确路线。1946年7月，他调到军调部执行小组工作，任 34 小组少将组长，后任吉林省政府秘书长、副主席，完成了政权建设和支前等繁重的任务。

1949 年 8 月，湖南实现和平解放后，他任湖南省副主席，为湖南的和平解放和建设事业付出了心血。1954 年以后，他先后任政务院内务部副部长、青海省省委书记、省长、中央监察委员会常委，在内务部和青海任职期间，他曾对当时一些"左"倾的做法提出过不同意见，表现了一个老共产党员对党高度负责的精神。

在十年动乱中，他对林彪、"四人帮"的倒行逆施深恶痛绝，并进行了抵制和斗争。粉碎"四人帮"后，他带头揭发"四人帮"的残余势力的罪行，作出了重要贡献。十一届三中全会后，他坚决拥护党中央制定的一系列的路线、方针和政策，对三中全会后的中央领导十分信赖，充满信心。对国家出现的欣欣向荣的景象由衷高兴。党的十一届三中全会上，他被选为中共中央纪律检查委员会常委、副书记。在 1982 年党的第十二次全国代表大会上，当选为中央顾问委员会委员，他还是第四届全国政协常委、第五届全国人大常委。

袁任远参加革命 60 年，一贯忠于党，忠于人民，忠于共产主义事业，是一位久经考验的共产主义忠诚战士。1986 年 1 月 2 日不幸逝世，终年 88 岁。

（摘自：《人民日报》1986 年 1 月 19 日）

家人资料：

记忆里的父亲

袁意渊　袁碧宇　袁贻滋

时光荏苒，转瞬之间父亲离开我们已经二十五个年头了。

二十五年，在历史的长河中只算得上一个小小的浪波，却将我们的青丝染成花发，将我们的子女从孩童变为青壮。二十五年，在我们的一生中可以说是一段并不短暂的历程，虽然已经相当久远，却丝毫不能衰减父亲铭刻在我们心中的深刻印象，他老人家的音容笑貌，举手投足，和他那老一辈革命家、老共产党员特有的战斗精神和高尚品格，始终萦绕在我们心中，让我们如沐春风，如临喜雨，每时每刻都沉浸在温馨幸福的记忆里。

父亲从青年时就投身革命。他曾积极参加五四运动，从事新思想、新文化的宣传教育工作；历经过马日事变、大革命失败后白色恐怖最严重时期的锤炼。面对许多革命党人被拘捕、被杀戮，不少革命意志薄弱者纷纷脱党、叛变的革命低潮，他依然走上了武装斗争的道路。革命征途的曲折、坎坷，使他倍感自己将奉献终生的事业确实是任重道远，于是，他将自己的名字"袁明濂"改为"袁任远"，并一直以此自勉，坚持终生不改革命初衷。此后，他先后参加湖南石门南乡起义和创建红七军的工作，投入湘赣革命根据地和湘鄂川黔革命根据地的艰苦卓绝斗争。一九三五年，父亲带着刚刚十七岁的大哥袁意奋一起长征，饱受爬雪山、过草缺衣断粮等艰难困苦，与围追堵截的敌人进行殊死搏斗，最终亲历了红军三大主力的胜利会师。长征结束后，他又继续不停息地转战陕甘宁边区、华北和东北，直到全国解放，投入我们伟大祖国的社会主义革命和建设事业。

父亲是一个党性极强、毕生坚持实事求是、坚持正义和原则的人。早在湘赣革命根据地时，他就反对肃反扩大化，反对把自己的同志当做敌人打击；反对王明"左"倾路线"打倒一切"，"残酷斗争，无情打击"。后来，他在湘鄂川黔根据地工作时，又积极地参加到纠正"左"倾路线错误的斗争中去；为了加强红二军团的政治工作，他从红六军团调任红二军团六师政委后，还大力主持恢复了"左"倾错误路线而被取消了的部队党团组织和政治工作制度。

父亲是一个高度自觉、始终身体力行，苦干实干的人。他在部队长期从事政治工作。作为一名政治工作领导干部，他总是处处以身作则，坚持和战士同吃同住，绝不搞特殊化。打起仗来，他从不畏惧牺牲，惯常拿起驳壳枪冲锋在前。一九四三年十月，攻打湖南湘西永顺县时，他曾和尖兵连一起直面守敌炮火，勇攀城墙，攻进城楼。长征途中，他在后尾部队三十二军任政委。在他们部队进入草地时，粮食早已断绝，沿途连野菜都被先头部队挖光吃尽了。他尽管当时正在病中，仍然和战士们一起吃草根，啃皮带，坚持行军向前。据有关回忆文字记述，在他任职三五九旅政治部主任期间，一些下级干部遇有生活、工作、干部关系等问题需要解决时，常会给他写信或当面反映，他总是亲自出面或者授意有关部门尽量帮助解决。有的工农干部给他写的信上错别字较多，只要被他发现，他都一一改正过来，再退寄给本人。正因为他具有这种种一言一行悉心示范、身先士卒，处理问题认真负责、深入细致、令人折服的优良品质，所以他在做政治思想工作的时候，总是常常令人心悦诚服。

父亲是一个刚正不阿、从不随风摇摆、又善于与同志团结共事的人。一九五八年他在青海省任省委书记、省长时，曾因对一些违反实事求是原则，搞浮夸、图虚名的做法持不同意见，被视为"右倾"，坐过"冷板凳"，"文革"期间，他对林彪、"四人帮"一伙的倒行逆施深恶痛绝，宁可被抄家、被软禁、被流放，也绝不随声附和他们的罪恶行径。这样讲，并不是说父亲只搞斗争。事实上，他对同志、对群众是非常讲究团结，追求和谐的。父亲是个受过高等教育的知识分子，老战友们都说他言谈举止温文尔雅，文质彬彬，夸赞他襟怀坦白、宽厚，为人谦和、诚恳，善于联系群众，作风平易近人，关心部属无微不至，因此，不论是他的老领导、同级或者下级的同志对他非常尊重，有什么事都愿意和他交谈。父亲在世时，家中的客人经常是络绎不绝。

父亲是一个克己奉公、严于律己、从不给组织上添麻烦的人。生活上，他崇尚节俭，一直保持着艰苦朴素的作风，衣服、袜子破了，他总是补一补继续穿，就连吃饭时米粒掉在桌子上他都要捡起来吃掉。相反，他对周围的人们都非常慷慨，身边的工作人员、过去部队的部属生活有困难找他时，他都会慷慨解囊，管吃、管住、临走时还给路费。

一九五三年国家干部由供给制改为薪金制，父亲时任湖南省副主席，定级时，他原定为行政七级，后因有一位比他资历更老的定为行政八级，父亲于心不安，他就主动要求组织把自己定级也降为行政八级，直到后来这位老同志上调一级后，父亲才接受了行政七级。这个行政七级一直到一九八六年父亲去世从未变动。我们曾经问过父亲为什么三十多年里你的工资为什么没有调过，他告诉我们："在这期间有两次调级的机会，我都主动放弃了。因为你们兄妹四人都能自立，不需要家里给钱，我能有七级这些钱已经够花了。再说，我上调一级就等于下面的同志少了一次调级的机会，他们生活比我困难，所以两次调级时我都主动放弃了。"后来许多他原来的下级，职务级别都超过了他，父亲一直处之泰然。

一九八二年父亲离休后，按规定他每年可以到外地休养一段时间，可是他很少外出，总说："我现在不工作了，去后人

家都会迎来送往接待你,净给省市政府添麻烦"。父亲晚年生活遇到一些困难时,我们曾建议他向组织上反映一下。可是,当管理局的同志来征求他意见时,他却只字不提生活上的困难,只提出多给他一些文件看,且把它看作是自己六十年革命生涯里唯一也是最后的向组织上提出的要求。他这样要求自己,也这样要求子女。我们兄妹一直在外地工作,每年休假回家探亲,他从未用车接送过。每次见面时,他总是嘱咐我们一定要好好学习,好好工作。他告诉我们,他一生没有积蓄和财物,只有他亲自写的、记录他一生经历的《征途纪实》,可以留给后代作纪念。

父亲坚持"任重道远"的革命意志,为党和人民的事业奋斗一生,直到晚年年老体衰了,也从没有停息过。为了党的命运和国家的前途,他在粉碎"四人帮"后,继续认真积极地投身到揭批"四人帮"的斗争中去。

一九七一年林彪事件后,父亲从下放的江西抚州回到北京,因为"文革"前,父亲在中央监察委员会工作,"文革"期间中监委已被撤销,所以父亲回京后的生活改由中共中央组织部负责,党组织生活也分编在中组部老干部党支部。

当时,中组部仍由在林彪"四人帮"时期窃任部长职位,坚持林彪"四人帮"的干部路线,制造大量冤假错案,迫害了大批老干部的郭玉峰担任部长,他对平反"文革"期间制造的冤假错案,落实干部政策能持什么态度,是可想而知的。面对冤案如山,郭竟无动于衷这样一种严重态势,年近八十高龄的父亲为党的事业十分焦虑。一九七七年的一天,他找到跟随他多年的秘书陈文炜,细说了他和老干部们商量后的共同观点:为了解决中央组织部领导权的问题,"我们要向中央写信,反映情况!"后经父亲口述,陈文炜执笔起草,父亲细加修改整理并亲自抄就的一份材料，终于在父亲与杨士杰（老干部支部书记，后担任中组部副部长）、张策（后担任中央纪委副书记）商量后，请曾宪植老大姐（叶剑英夫人）送达叶剑英元帅，由叶帅转呈了党中央。

不只如此。稍后不久，适逢选举中共第十一届代表大会代表，以父亲、杨士杰、张策为核心的中组部老干部支部，又抓住这个契机，通过"大字报"形式，以大量事实揭露林彪"四人帮"在中组部的罪行和郭玉峰的真实面目，坚决表示不同意郭玉峰为党代表。并根据老干部王铎的建议，一致同意请人民日报社把中组部里这场斗争的实际情况，反映给党中央；经报社安钢副总编辑来家同父亲联系、深入了解情况，回去与胡绩伟总编辑商量后，指定国内政治部主任王泽民据知整理出一份《情况反映》（题目是《从一批老同志的大字报看郭玉峰在中组部的所作所为》，共一万多字）报送中央。因为这件事震动了党中央，事后汪东兴曾在人民大会堂接见了我父亲、杨士杰、张策、和郭述申等中组部老干部。

一九七七年十二月初，把持中组部达十年之久的郭玉峰终于下台了，中央决定，由胡耀邦任中组部部长。

父亲和一部分老党员这种为了党的利益不顾自身安危的精神让广大老同志感到十分钦佩，后来有的同志对父亲说："袁老，你这是八十打鬼啊！"父亲自己则说："为了这场斗争，我是不计后果的。"

胡耀邦上任后，先是大为纠正"文革"冤假错案，为老干部平反，紧接着又同时展开对一九五七年"右派"的平反工作，并与一九七八年六月在山东烟台召开了"研究右派分子摘帽的具体问题和商定落实方案工作会议"。遗憾的是，由于"两个凡是"的影响，在如何处置"右派"这个问题上，会上出现了激烈的争论。

烟台会议后，陈文炜回到北京向父亲介绍了会议情况，父亲叫陈文炜以亲身参加会议的身份起草一个报告，主要写：建议中央重新召开会议，实事求是的解决"右派"的平反问题。写好后，请陈先征求杨士杰的意见，再送呈胡耀邦审阅。胡耀邦根据此报告将烟台会议的情况上报了中央，促成中央重新审议"右派"平反问题。

一九七八年九月，为五十五万"右派"的平反抗争终于到了收获的季节。中共中央决定再召开一个专门会议，重新审议"右派"问题。会上，以相关部门的名义起草了一份《贯彻中央关于全部摘掉"右派"分子帽子决定的实施方案》。一九七八年九月十七日中共中央"(1978) 中发 55 号文件"向全党正式批转了这个"实施方案"。这就是后来被人们称作"解救五十五万人"的 55 号文件。这个过程，充分体现了父亲作为一名老共产党员，在垂暮之年坚持对党的事业无限忠诚的高贵品质。

今天，透过《征途纪实》和父亲晚年的众多斗争史实，我们不只更多地了解了父亲，了解了他一生壮丽、曲折的革命历程，同时也了解了中华民族不甘屈辱、从衰败中力图复兴的伟大历史变革。我们深切感谢父亲留给了我们一生享之不尽的精神财富，感谢他用他一生潜移默化地教导我们如何去做一个大写的"人"。

父亲青年时期就投身中国人民革命事业，在家时间很少，所以我们兄妹四人和父亲生活在一起的时间很短。因为受父亲的影响，我们的大哥意奋和二哥意渊相继于一九三四年和一九四〇年参军后，曾先后分别和父亲有过一个短暂的相聚。后来由于战争和工作就总是各奔东西了。家里两个弟妹虽在全国解放后有幸和父亲团聚，但因父亲工作调动，这个宝贵时间也仅仅三年多一点。直到父亲晚年，他最小的儿子意滋于一九七七年从沈阳空军调到北京，才真正开始和父亲长年生活在一起，一直到父亲去世。他是我们兄妹四人中，和父亲生活时间最长的一个。

虽然在一起生活的时间很短暂，但父亲对我们的影响是极其深刻的。他的为人，正如英国诗人兰德的一句诗"我和谁都不争，和谁争我都不屑。"前半句形容的是淡然的心境，后半句则描写了文人的傲骨，知识分子的尊严。父亲自尊、正直、朴实、谦和，宽厚待人。这些高尚的品格一直感染着我们。他率先示范做到了他经常教育我们的："一定要做一个品德高尚的人，在世时大家都说你是个好人，死后人们仍说你是个好人，这才是一个真正的共产党人！"

这次借父亲《征途纪实》再版的机会，我们愿意通过本文告慰父亲，你对我们的要求我们都做到了，我们也会把这个良好的家风继续传下去。念及我们祖国建设和谐社会的征途仍然任重道远，谨以此短文缅怀我们的父亲和所有的革命先辈，并以"任远"二字与大家共勉。

二〇一一年夏

袁意渊回忆父亲的文字

我同父亲没在一起工作过，见面次数很少，每次时间也很短，亲聆教导不多，现将我回想到的几点记载如下：

一、一九四〇年八月，我由老家三官寺、桑植龙山、湖北的恩施、利川，四川的万县、开县城口、万源，陕西的镇安、柞水，进西安十八集团军办事处，再步行到绥德，行程几千里，步行两个多月，十月到达绥德，父亲见到我时说："有志气，步行几千里，等于一个小长征，到了这里要好好学习，要立志为人民做点事。"

二、一九四四年，王震组织南下支队，那时我在三五九旅参谋训练队学习，要求随军南下，父亲那时任绥德专区专员，他没有要我留下同他在一起，给予工作上照顾，而是积极支持，他对我说："你走吧！路是靠自己走的。工作时要处处想到群众，要实事求是，尤其对杀人要特别慎重。"

三、一九六二年（？）他到长沙，对我们全家人说："过去地主第一代是勤俭的，有能力的，第二代还能勉强守住产业，第三代就靠祖宗一点产业吃喝嫖赌，成为败家子，你们爷爷每年吃年饭时要做顿野菜饭，边吃边哭，教育我们要勤俭。你们对子女要求要严格，不要成为家庭的败子，社会的害虫。"

四、自一九五六年后，他多次将他不能再穿的旧衣服给我，以示俭朴，为尊重老人的心意，我不论能否用上都接了，他很高兴。

五、一九七四年，我和他闲谈到林彪说不要看小节，要看大节时，他气愤地说："这完全是骗人！一个人小节都保不住，大节还能好？！事实上是一个也没有好的。"我记得每次当他听到党内一些不正之风时，就声色俱厉，他是一个洁身自好、嫉恶如仇的人。

袁意渊（一九）八九年六月

（二）周雪林：二万五千里长征的女战士

官方评价：

周雪林同志悼词

同志们：

今天，我们怀着十分沉痛的心情深切悼念二万五千里长征的女战士，原青海省邮电管理局副局长周雪林同志。

周雪林同志因长期患病，医治无效，于一九七九年三月四日下午在北京逝世，终年七十一岁。

周雪林同志是江西永新县人。一九二七年参加革命工作，同年加入中国共产主义青年团，一九三一年加入中国共产党。在土地革命时期，先后担任红军独立三师政治处宣传员、湖南游击队队员、红军独立一师政治部干事、红六军团政治部民运干事、湖南大庸县委组织部组织部长等职。在毛主席、周副主席、朱总司令领导下红军北上抗日时，她参加了任弼时同志、贺龙同志领导的红二军、红六军团的会师，随后，跟随红二方面军继续长征，直到红一、二、四方面军胜利会师陕北。在抗日战争和解放战争期间，先后担任延安抗日军政大学女生队长，359旅教导营总支书记、359旅卫生部政治处主任、政治委员，359旅留绥办事处主任、留延安家属学校校长，吉林省邮电管理局副局长等职。一九六二年十一月起，周雪林同志因病修养。

周雪林同志是中国共产党的优秀党员，她参加革命五十多年来忠于党、忠于人民，为革命事业鞠躬尽瘁，贡献了自己的一生。

在第二次国内革命战争、抗日战争和解放战争的艰苦岁月里，周雪林同志为了消灭白匪，打败日本侵略者和国民党反动派，解放全中国，在艰难困苦的条件下战胜了种种困难，坚持革命斗争，她为革命负过伤。在长征中，仍然自始至终，坚持徒步，沿途积极开展群众工作，宣传群众，组织群众、依靠群众与敌人进行了顽强的斗争。在爬雪山过草地时，她吃苦在先，起模范作用。在延安和359旅工作期间，她曾多次受到组织的奖励和表扬，为中国人民的解放事业做出了应有的贡献。在社会主义革命和社会主义建设时期，周雪林同志一直在邮电部门担任领导工作，保持和发扬了我党我军优良传统和作风。认真贯彻党的路线、方针和政策。深入实际，调查研究，紧密联系群众，团结同志，作风正派，党性坚强，工作认真负责，勤勤恳恳，任劳任怨，经常带病坚持工作。她在荣誉、待遇、职务面前，从不计较个人名利，数十年如一日，当组织和同志关心照顾她时，她总是说："我们这些是长征过来的人，现在能生活的这样幸福，是很不容易的，感谢党，感谢毛主席。"周雪林同志在生活上不特殊，一贯艰苦朴素，克勤克俭，她把多年积蓄的微薄存款捐献给家乡的人民公社，支援农村的社会主义建设。为我们树立了艰苦奋斗的榜样。她对同志热情、诚恳、平易近人，忠诚党的邮电事业，为我国的邮电事业的建设和发展做出了贡献。

由于长期革命战争艰苦环境，周雪林同志身体受到损害，身患多种疾病，她以坚强的革命意志与疾病进行了长期顽强的斗争。在"文化大革命"中，周雪林同志一家遭受了林彪、"四人帮"的打击迫害。她坚持革命，关心党和国家的前途命运，对伟大领袖毛主席、敬爱的周总理、朱委员长和老一辈无产阶级革命家怀有无产阶级革命感情，她对林彪，四人帮的反革命行径深恶痛绝，她坚信党和革命事业一定胜利。表现了一个共产党员的高尚品德。

周雪林同志的一生，是革命的一生，战斗的一生。她的逝世，使党失去了忠诚的老战士，老党员，我们失去了一位老同志、老战友这是党的一个损失。我们沉痛的悼念周雪林同志要学习她热爱党，热爱人民，为无产阶级革命事业奋斗终生。学习她坚持党的原则，实事求是，光明磊落的革命品质，学习她努力工作，艰苦朴素，平易近人，为人民服务的优良作风，学习她与疾病顽强斗争的意志，学习她立场，爱憎分明，与林彪、四人帮反党集团作斗争的革命精神。我们要化悲痛为力量，紧密团结在华国锋同志为首的党中央周围，贯彻党的路线和党的十一届三中全会精神，迅速把我们工作的重点转移到社会主义现代化建设上来，加快邮电通讯事业建设，为在本世纪内把我国建设成现代化的伟大的社会主义强国而努力奋斗！

周雪林同志安息吧！

一九七九年三月十六日

(此为邮电部为周雪林举行追悼会时发放的悼词原文)

官方报道：

周雪林简历

周雪林，女，1908年生，江西永新县西门人。1927年参加革命工作，同年加入中国共产主义青年团。1931年加入中国共产党。

土地革命时期，先后担任红军独立3师政治处宣传员，湘南游击队队员，红军独立1师政治部干事，红6军团政治部民运干事。湖南大庸县委组织部长。曾参加红2、6军团会师，随后跟随红 2 方面军长征。

抗日战争和解放战争期间，先后担任延安抗日军政大学女生队长，359 旅教导营总支部书记，359 旅卫生部政治处主任、政委，359 旅留绥办事处主任，留延安家属学校校长，吉林省邮电管理局副局长。

新中国成立后，先后担任长沙军管会邮政处副处长，湖南邮政管理局副局长，青海省邮电管理局副局长。

1962 年 11 月，因病休养。

1979 年 3 月 4 日，因病在北京逝世，享年 71 岁。

（此为邮电部在北京八宝山革命公墓礼堂为周雪林举行追悼会时发放的文字材料）

家人资料：

周雪林同志生平素材

周雪林同志于 1908 年出生在江西省永新县西门的一户穷苦人家。父亲由于无钱娶亲，将一名在地里干活的女子抱回家中，强迫成亲，后生下雪林四兄妹，她是家中独女。

父亲是名船运老板驾船的苦力，从江西贩盐至武汉和湘潭等地，由于在船上无法读书，从小在叔叔家长大的雪林在永新一外国人办的天主教堂小学读书。自幼活泼好动的雪林在十几岁适逢江西展开了声势浩大的农民运动，她有一颗善良的心，对穷人无比同情和关心，经常将叔叔家的粮食和余钱赠予当地穷苦农民。遭到叔叔的痛骂，被赶出家门。

从此后，雪林就以革命为家，小小年纪就加入了共青团，并成为当地党组织的地下通讯员和秘密交通员，以卖菜为掩护，从事送信和送革命传单等活动。在一个晚上，雪林和另一个同志外出张贴革命传单和标语时，被国民党巡警发现，一直追他们，跑到一死胡同，无路可逃时，见到旁边一茅房，他们机警的躲进茅房，跳入大粪池，只露出嘴和眼，才没被抓到，捡回一条命，半个月身上还哄臭难闻。

由于雪林同志工作积极，上进心强，早在 1931 年就加入了中国共产党。当时她在贺龙领导的红六军团独立一师任政治处干事。在共同的革命岁月中，与该师侯师长建立了感情，并与他结婚。

侯师长在一次与国民党军的激烈战斗中被俘，在多次拷打审讯无果后被敌人残忍杀害，并砍了头挂在莲花县城墙头上示众。

这反而更激起了雪林同志的革命斗志，在一次与国民党军的肉搏战中，雪林同志身上多处严重受伤，肚腹上被砍了一道七、八寸长的口子，肠子都流了出来，晕倒在战场上。后因伤口严重感染，发烂流脓。在以后的几十年中睡觉都不能伸直脚。伤口还没有好完全的雪林同志，跟随红六军团参加长征，历尽千辛万苦，多少次出生入死，才到达陕北抗日根据地。

（此资料由周雪林侄媳谢福媛和她的上一辈老人讲述，多数事迹是周雪林本人口述）

（三）袁意奋：我军优秀的政治工作者和军事指挥员

官方报道：

袁意奋同志逝世

海军原装备技术部政治委员袁意奋同志（正兵团职待遇），

因病医治无效，于 5 月 29 日在北京逝世，享年 90 岁。

袁意奋是湖南省慈利县人，1934 年参加红军，1935 年加入中国共产主义青年团，同年 12 月转为中国共产党党员。土地革命战争时期，他历任宣传科工作员、文书、干事、团俱乐部主任等职，参加了红军长征。抗日战争时期，他历任团政治指导员、旅教导大队党总支书记，团组织股长、政治处副主任、政治处主任等职，参加了百团大战。解放战争时期，他历任团副政委、团政委、军分区政治部主任、师政治部副主任等职。新中国成立后，他历任海军学校一分校政委、海军湛江基地政委、榆林基地司令员兼政治委员、海南军区副司令员兼榆林基地司令员、海军第七研究院政委、海军政治部顾问、海军装备技术部政委等职，为海军装备事业的发展做出了贡献。

袁意奋 1955 年被授予大校军衔，1964 年晋升为少将军衔。他曾荣获二级八一勋章、一级独立自由勋章、一级解放勋章和一级红星功勋荣誉章。

（摘自：人民网《中国共产党新闻》2007 年 7 月 5 日）

官方资料：

袁意奋同志生平

中国共产党优秀党员、久经考验的忠诚的共产主义战士、我军优秀的政治工作者和军事指挥员、中国人民解放军海军原装备技术部政治委员、正兵团职离休干部袁意奋同志，因病医治无效，于 2007 年 5 月 29 日 11 时 47 分在北京逝世，享年 90 岁。

袁意奋 1917 年 10 月出生于湖南省慈利县袁家坪。大革命失败后，因其家父袁任远参加了革命，反动派查封了他的家，九岁的袁意奋和家人分散逃避。1934年10月，红六军团来到了他的家乡，受父亲早年参加革命的影响，17岁就毅然参加了红二方面军，成了"红小鬼"，从此开始了父子两代人同红军、共革命的生涯。为了牵制敌人，保护中央主力红军，袁意奋和所在的红二方面军先后四次过雪山草地，战胜了各种艰难险阻，创造了人间奇迹。他先后任湖南大庸军分区政治部宣传科工作员、红二方面军红四校一分校文书，1935年11月到红二方面军教导营学习，毕业后于1936年5月任红二方面军政治部宣传干事，红四师十团、十二团俱乐部主任。在此期间袁意奋经受住了反围剿斗争、红军长征等多种严酷环境的考验。经历了西安事变和轰轰烈烈的抗战初期，他革命的决心更加坚定，"虽以父为荣，但绝不靠他吃饭"，思想觉悟，斗争意识不断提高，1935年12月由共青团员转为中国共产党党员。

抗日战争时期1938年1月任一二〇师教导团一连政治指导员。同年5月至9月在抗大一大队学习。经过抗大的学习，为以后组织指挥指挥战斗和建设部队奠定了坚实的基础。在整个抗日战争期间，袁意奋先后任一二〇师三五八旅教导大队党总支部书记、七一四团组织科长、政治处副主任、主任，参加了百团大战、敌后抗战，也经历了整风审干、生产自救等运动的锻炼。在反顽固派斗争中，他坚决批判抗日民族统一战线中的右倾思想，贯彻了我党既团结、又斗争的方针，胜利地完成了晋西北南北线的两次反顽固派斗争的战役任务，恢复和巩固了晋西北抗战根据地。

1945年9月任晋绥野战军独立第一旅二团副政委，参加了绥远战役，摸索出了部队连续作战中的思想政治工作的一些特点和规律。1945年6月调任绥蒙军区七团政委、十一分区政治部主任，1948 年 2 月任一军二师政治部副主任、三师七团政委，由于出色地完成了各项任务，曾在全团的党代表会议上以全票当选党委委员，还获得西北军政治委员会颁发的"人民功臣"奖章。

中华人民共和国成立后，1950 年 10 月他愉快地服从组织决定，从陆军调任海军一分校政委。他努力学习海军常识和业务知识，积极探索学校建设、管理和人才培养的规律，为海军院校的发展、人才队伍建设积累了宝贵的经验，做出了积极的贡献。

1954 年，入苏联伏罗布洛夫海军学校学习。学习期间他以坚韧不拔的毅力，克服了年龄偏大、文化底子薄、语言障碍等重重困难，圆满完成了学习任务，获得优秀的毕业成绩。

1958 年回国后，他先后任南海舰队湛江基地政委、榆林基地司令员兼政治委员、海南军区副司令员。他把在国外学到的知识用于部队建设的实践，创造性地开展工作，形成了清晰完整的工作思路。他勇于吃苦、甘于风险，战胜了缺乏淡水、食品、长期与家人分居等常人难以忍受的困难，在榆林基地一干就是近十年，率领机关和部队艰苦创业、改造荒岛，绿化、美化自己的家园，为部队的全面建设和长远发展创造了良好的条件，做出了卓越的贡献。他坚决贯彻中央军委、海军的指示，根据海上军事斗争的形势及时做出正确决策，指挥部队赢得了著名的"8·6 海战"的胜利，振奋了军威，鼓舞了士气。1969 年 9 月调任国防部第七研究院政委，为我国的舰船科技事业的发展积累了财富、建立了功勋。1974 年在撤销对袁意奋同志错误批示的两个文件后，1975 年 10 月出任海军政治部顾问，1977 年 8 月由正兵团降调为海军装备技术部政委，袁意奋无任何怨言，不向组织提出任何要求，表现出了一个共产党员对党的事业的忠心和高尚品质。他强烈的革命事业心和现实紧迫感，大刀阔斧拨乱反正，坚决清理"文革"中造成的负面影响，坚持以人为本，狠抓基础建设，理顺工作关系，为海军装备事业的快速发展提供了思想、组织、作风、制度的基础和保证，赢得了广大官兵的尊重和赞扬。

袁意奋 1955 年被授予大校军衔，1964 年晋升为少将军衔。先后荣获二级八一勋章，一级独立自由勋章，一级解放勋章，1988 年被授予一级功勋荣誉章。

在七十多年的革命生涯中，袁意奋同志忠于党、忠于人民、忠于共产主义事业。在环境险恶、斗争残酷的战争年代，他一直坚强，不畏艰险，舍生忘死，英勇奋斗。在和平建设时期，他呕心沥血，忘我工作，不计得失，鞠躬尽瘁。他对革命事业坚定不移，经受住了各种严峻考验。他认真学习马克思列宁主义、毛泽东思想、邓小平理论和"三个代表"重要思想，坚持理论联系实际，运用马克思主义立场、观点和方法解决实际问题。在关系党和国家前途命运的大是大非问题上，他立场坚定、旗帜鲜明，自觉地与党中央在政治上保持高度一致，坚决拥护党的路线、方针和政策，始终把党和人民的利益放在第一位。即使在年高体弱的日子里，仍十分关心党、国家和军队建设事业，关心海军的建设和发展。他襟怀坦白，光明磊落，两袖清风，一身正气；他淡泊名利，职务多次变动，从不计较个人得失，自觉服从组织决定；他勤奋学习，积极进取，不断适应岗位的调整变化，出色地完成各项任务；他顾全大局，谦虚谨慎，善于团结周围的同志一道工作；他严于律己，率先垂范，对子女和亲属要求严格，保持了我党我军的优良传统和老红军本色。他生前嘱咐家人，去世后丧事从简，不搞遗体告别，不给组织添麻烦。表现了一个老共产党员的高风亮节。

袁意奋同志的一生是革命的一生、战斗的一生、全心全意为人民服务的一生。他的去世，使我们失去了一位老红军、老党员、军队军事政治工作的优秀干部。我们要学习袁意奋同志的高尚品德和革命精神，化悲痛为力量，团结一致，开拓进取，为祖国的繁荣富强，为积极推进中国特色的军事变革，为加快海军现代化建设进程而努力奋斗。

袁意奋同志永垂不朽！

二〇〇七年六月一日

(此为海军政治部为袁意奋举行追悼会时发放的悼词原文)

家人资料：

回忆我的父亲袁意奋

袁海俊

2007 年 5 月 29 日，90 岁的父亲在北京逝世。父亲逝世后，组织上给予很高的评价："中国共产党优秀党员，久经考验的忠诚的共产主义战士、我军优秀的政治工作领导者和军队指挥员。"

父亲 1917 年 10 月出生于湖南省慈利县三官寺乡袁家坪。受祖父袁任远的影响，1934 年 10 月依然参加了红军，成了"红小鬼"，从此开始了父子两代同红军、共革命的生涯。为了牵制敌人，保护中央主力红军，父亲和所在红二方面军先后四次过雪山草地，战胜了各种艰难险阻，创造了人间奇迹。他先后任湖南大庸军分区政治部宣传科工作人员、红二方面军红四校一分校文书，1935 年 11 月，红二方面军教导营学习，毕业后于 1936 年 5 月任红二方面军政治部宣传干事，红四师十团、十二团俱乐部主任。在此期间，父亲经受住了反围剿斗争、红军长征等多种严酷环境的考验。经历了西安事变和轰轰烈烈的抗战初期，他革命的决心更加坚定，"虽以父为荣，但绝不靠他吃饭"，思想觉悟、斗争意识不断提高，1935 年 12 月，由共青团员转为中国共产党党员。抗日战争时期 1938 年 1 月任 120 师教导团一连政治指导员。同年 5 月至 9 月在抗大一大队学习，经过抗大的学习，为以后组织指挥战斗和建设部队奠定了坚实的基础。在整个抗日战争期间，父亲先后任一二〇师三五八旅教导大队党总支部书记，七一四团组织科长、政治处副主任、主任，参加了百团大战、敌后抗战，也经历了整风审干，生产自救等运动的锻炼。在反顽固派斗争中，他坚决批判抗日民族统一战线中的右倾思想、贯彻了我党即团结、又斗争的方针，胜利地完成了晋西北南北线的两次反顽固派斗争的战役任务，恢复和巩固了晋西北抗战根据地。1945 年 9 月，任晋绥野战军独立第一旅二团副政委，参加了绥远战役，摸索出来部队连续作战中的思想政治工作的一些特点和规律。1946 年 6 月调任绥蒙军区七团政委、十一分区团政委、十一分区政治部主任，1948 年 2 月任一军二师政治部副主任，三师七团政委，由于出色的完成了各项任务，曾在全团的党代表会议上以全票当选党委委员，还获得了西北军政委员会颁发的"人民功臣"奖章。中华人民共和国成立后，1950 年 10 月他愉快地服从组织决定，从陆军调任海军一分校政委，他努力学习海军常识和业务知识，积极探索学校建设、管理和人才培养的规律，为海军院校的发展、人才队伍建设积累了宝贵的经验，做出了积极的贡献。1954 年，入苏联伏罗布洛夫海军学校学习。学习期间他以坚忍不拔的毅力，克服了年龄偏大、文化底子薄、语言障碍等重重困难，圆满完成了学习任务，获得优秀的毕业成绩。1958 年回国后，他先后任南海舰队湛江基地政委，榆林基地司令员兼政治委员、海南军区副司令员。他把在国外学到的知识用于部队建设的实践，创造性地开展工作，形成了清晰完整地工作思路。他勇于吃苦、甘于奉献，战胜了缺乏淡水、食品、长期与家人分居等常人难以忍受的困难，在榆林基地一干就是近十年，率领机关和部门艰苦创业，改造荒岛，绿化、美化自己的家园，为部队的全面建设和长远发展创造了良好的条件，做出了卓越的贡献。他坚决贯彻中央军委、海军的指示，根据海上军事斗争的形势，及时作出了正确决策，指挥部队赢得了"8·6 海战"的胜利，振奋了军威，鼓舞了士气。在"文革"期间，父亲受到了林彪反革命集团的政治迫害，被诬陷"犯了严重的政治立场和方向路线的错误"。在处境艰难的情况下，他仍旧保持了对党的坚定信心和革命的乐观主义精神，坚持党性原则立场。1969 年 9 月调任国防部第七研究院政委（兵团），他顶住层层压力，大胆解放和保护了一批干部和知识分子，为我国的舰船科技事业的发展积累了财富，建立了功勋。1974 年，在有关部门撤销了对父亲错误批示的两个文件后，1975 年 10 月出任海军政治部顾问（军），1977 年 8 月，任海军装备技术部政委，对此，父亲无任何怨言，不向组织提出任何要求，表现出了一个共产党员对党的事业的忠心和高尚品质。他强烈的革命事业心和现实紧迫感，大刀阔斧拨乱反正，坚决清理"文革"造成的负面影响，坚持以人为本，狠抓基础建设，理顺工作关系，为海军装备事业的快速发展提供了思想、组织、作风、制度的基础和保证，赢得了广大官兵的尊重和赞扬。

解放后，父亲长期在海军工作，可以说是中国人民解放军海军是父亲这代人建立起来的。虽然"文革"期间受到过不公正待遇，但他对党的忠诚对海军的热爱已经融化到他的血液里了，并也深深影响了我。和父亲生活在一起的时间并不多，有限的记忆是大东海的波涛声和榆林基地的军号声。1970年我15岁时参加了海军，70到80年代我先后两次进入海军电子工程学院和海军政治学院学习，以后长期在海军装备系统从事管理工作，参与了海军多型号武器系统的研制，荣获过个人三等功，管理团队也获得过集体三等功。和父亲的交流很少，但是我能感到他在乎我的每一次进步。我在海军干了整整35年，这也算是子承父业了吧。

父亲沿着爷爷的路，革命了一辈子。即使在年高体弱的日子里，仍十分关心党、国家和军队的建设事业，关心海军的建设和发展。他襟怀坦白，光明磊落，两袖清风，一身正气；他一生淡泊名利，职务多次变动，从不计较个人得失，自觉服从组织决定；他勤奋学习，积极进取，不断适应岗位的调整变化，出色的完成了各项任务；他顾全大局，谦虚谨慎，善于团结周围的同志一道工作；他严于律己，率先垂范，对子女和亲属要求严格，保持了我党我军的优良传统和老红军本色。他生前嘱咐我们，去世后丧事从简，不搞遗体告别，不给组织添麻烦，表现了一个老共产党员的高风亮节。

至今，父亲离开我们四年了，在建党90周年之际，尊中共张家界市委党史研究室之嘱，谨作此文，以表达我们对父亲永远的怀念。

2011年6月28日

◎在慈利座谈会结束后，与会者意犹未尽

民间资料：

家乡人的集体记忆

2012 年 12 月 10 日上午，一场气氛热烈的座谈会正在慈利县委宣传部会议室举行。"关于袁任远一家情况座谈会"由慈利县文联副主席艾新华主持，艾主席长得白皙文静，说话声调颇有几分吴侬细语的感觉。他先向我们介绍了参加会议的几位老同志和党史专家：

"这位是杜汉中同志，慈利县离休干部、老年书画协会主席（82 岁）；吴扬德同志，原武陵源景区干部（80 岁）；周保林老师，慈利县政协文史委、中国作家协会会员（79 岁）；袁贻悦同志，慈利商业局退休干部、中华诗词学会湖南作协会员（78 岁）；赵精华老师，原慈利四中政教主任（70 岁，据说还与袁老沾亲）；原慈利县民委主任吴远干。几位党史专家是：慈利县委党史研究室田红春主任；慈利县政协文史委王佳林主任；慈利县文物局副局长、书记吴贤龙同志；曹淑仙老师，张家界作协副主席、慈利县作协主席、宣传部副部长。"

"非常欢迎来自北京的各位客人，来我们慈利采访无产阶级革命家袁任远同志及其一家的情况。今天到会的都是熟悉袁老情况的老同志和县里的党史专家……"座谈会在艾主席委婉地声调中行开始了。所有到会的同志，尤其是老同志的脸上都面带微笑，精神饱满。"亲不亲，故乡人。"

这场面让我们亲身感受到家乡人民对袁任远及其家人的厚爱。

吴扬德："我小时候就听到过，袁任远在马日事变之后，他和单汉彩（？）躲在垭门关一个硝洞里，那时候有神兵在那里摆灯火，摆的还蛮大。他俩在那里躲了一段日子，后来事情平息后，他（袁任远）就到石门去了。"

垭门关位于慈利县城以北6公里处，抗战时期，作为常德会战的一部分，这里曾发生过激烈的阻击战。80岁的吴扬德老先生第一个发言，他讲述了自己的一段回忆，我听不太懂他的地方口音，县委接待办满益明主任随即进行"同声传译"。

吴扬德："袁老我见过，那是1982年，县里有事请到北京去专门拜访袁老，我是随行人员，没注意他们说些什么。但是我记得袁老很平易近人，（我们）走的时候（他）把我们送出院子，他是中央的一个负责人嘛，这么大的年纪，还敬礼，点头……"

随着慈祥敦厚的吴扬德老先生简短的叙述，会场立刻热络起来。

父子校友

"我（一九）八〇年到北京见过袁老。……他（一九）八四年，还为武陵源景区题词'龙泉'"。

周保林先生是中国作协会员，笔名柯云，他对包括袁老在内的当地情况十分熟悉，且著作颇丰，此次座谈会后他还提供了很好的文字资料。他说的湖南话好懂许多。

周保林："当年袁老在慈利创建党组织，勇斗'十把持'，后来被敌人列为慈利'四大暴头之首'。马日事变后，一直杀他到长沙。"

"（一九）五三年、五四年，毕嘉乃校长曾经邀请袁老回母校作报告，题校训。"

"袁任远和袁意奋都是慈利中学的学生。"

听周老师这么一说，我心头一震，袁老和他的长子袁意奋竟然还是校友！"父子校友"，而后是"父子长征"——这故事太有趣了。后来，我在慈利中学的档案卷宗里，果然看到袁意奋在此读书的记载。

慈利中学始建于 1906 年，1912 年扩建为县立中学，这是一所具有现代风范的学堂，曾经走出了革命先烈佘惠、蹇先为、温炼之、谭绍福、聂晶、张一鸣等人，还有"中国共产党无线电之父"之称的张沈川，海军正兵团职少将袁意奋，湖南省人民政府副省长卓康宁等党政军高级干部。无产阶级革命家袁任远更是慈利中学的骄傲，袁老的民主思想就萌芽于此。袁老的儿子袁意奋也是从这里走上革命道路，先后就读于同一所学校，也算得上一段佳话。

宋庆龄上门探望袁任远

在参加座谈会的人当中，袁贻悦是见过袁老次数最多、接触最近的一个，他也与袁任远沾亲。

袁贻悦："(一九) 五四年，袁老回家探亲，这是他离开家乡二十年后第一次回家。在索水河边，袁老曾对我说，要好好学习，像大树一样万古长青，要像这河水一样源远流长。"

"(一九) 六二年，我去北京袁老家，见到周雪林，她说'你二伯在午睡'。袁老听到我来了，就起身来到客厅，请我坐下之前，他还亲手摸摸桌椅上有没有灰尘。吃饭的时候，给我红薯吃，(他) 说'不要忘本'"。当时正好宋庆龄来看望他，我就赶紧走了。"

周保林："五四年，他回学校 (母校) 的时候，还作过报告。"

511

"我见过袁老的学生日记"

吴远干主任话不多，但提供了一个重要线索。

吴远干："我只说一件事，就是袁老曾经有两本日记。一本是中学时代写的，（一九）六几年的时候我还见过的，那里面写了他（袁老）在慈利中学上学的事情后，思想、生活的一些情况，还有遇到过的一些事情。我还听说袁老还写过一本长征日记，但我没见过。"

袁贻悦："袁老是有一本长征日记。这本日记是他从家里带出来的，里面记录有南乡起义中，他的思想（过程）。袁老的长征日记，听说袁贻文翻印的，（他是）慈利博物馆的。袁老家里（还）存有《后汉书》，'文革'期间，他媳妇（吴晓梅）说，'你喜欢这个东西就拿去，早晚红卫兵抄家会抄去，烧了就可惜了'。若将来建袁任远博物馆的时候，我可以捐献出来。（我还有）袁意奋读的书，国文，我记得最深的是《两只山羊》，一只黑的，一只白的。"

吴远干："大概（一九）五三年、五四年，这本书（日记）我还看见过，下乡搞农民调查的时候，在他家里看到的。"

"这个日记很重要啊，可以了解当时他（袁老）的思想变化"。

"如果找到这个资料，那可是再好不过喽！"

周保林："我也见过（这两本日记），是（一九）五三年、五四年，搞资料的时候。"

在场的人们为此唏嘘不已。这件事后来我们做了详细了解，证实袁老学生时代确实写过日记，但后来在"文革"期间被红卫兵抄家烧毁了。关于袁老的长征日记，几乎没人说得清，只好暂时作罢。

女作家的期望

"我是三官寺人"。参加座谈会的唯一女性、作家曹淑仙老师对我们的采访给予很高期待。

"袁老对家乡的影响很大，他在家乡留下的故事也很多。写这部作品对慈利很有意义。他当时在家乡组建过三支游击队，我外祖父是其中的一员，牺牲后被评为烈士。"

吴贤龙："袁老的革命事迹很多，革命生涯也很长，包括当地的风土人情，希望多反映。我这里可以提供一些参考书目。"

袁贻悦保存着袁老父子读过的书

袁贻悦："我这里还保存着袁老读过的书。那时"文革"开始后不久，我下工作组到袁老家乡去，袁老的夫人（吴晓梅）对我说：'现在红卫兵到处抄家，我们家里还有些他（用过的书），我看这本《后汉书》还有些用处，你喜欢看书，要愿意要就拿去吧，免得被抄家烧了就可惜了'。这本《后汉书》这么多，上面还盖着'袁明濂'的印章。将来要建袁老的博物馆的时候，我可以捐献出来。还有袁意奋读过的国文课本，我记得最清楚的是'两只山羊，一只黑的，一只白的，相互抵角……'"

杨文友详说袁老"晒黑"二坊坪

座谈会的最高潮。出现在杨文友的到来。杨文友，时年80岁，原慈利县二坊坪乡新建村党支部书记。他面色黝黑，身板儿结实，说话声音十分洪亮。他是头一天晚上才接到通知，今天一大早乘长途汽车赶来的。特意约请他缘于原县接待办主任满益明的建议。满主任说袁老在石门南乡起义失败后，曾经藏在二坊坪，在那里被"晒黑"之后，才离开。这件事袁老在他的《征途纪实》中曾经提到过，但满主任说，其中还有很多有意思的细节。我们对此产生了极大兴趣，于是就让满主任把这位"知情者"约到县城。陪伴杨文友前来的是现任村支书柳春华。

"民国三九年（1928 年），袁老曾经在同学储桑林住了三天（实为一天）"。杨文友一开口就让我傻了眼，因为他的乡音太浓重了，我一句话都听不懂。为了核实内容，我不得不让他再说一遍。杨文友对此不习惯，一下子"哑了火"。满主任赶紧救场，"老杨，你说。我给李作家当翻译"。杨文友这才能够往下说。

杨文友："诸桑林家是小地主，他的后妈胆子小，不敢留他（袁老），诸桑林怕她出卖袁老，就把他（袁老）送到（二坊坪）聂文国家。我丈人姓聂，在家乡当先生，也是聂家的家庭教师"。

真是无巧不成书。我们眼前竟然是知情人加半个亲历者。杨文友越说越来情绪，满主任急着翻译，他的地方口音也出来了，我连满主任的翻译也听不大懂了。这时，曹老师赶紧帮忙解释，可是她坐得离我较远，我听不大见她说话。赵健见状赶紧来到我身边，俯下身子，用他的比较标准的普通话给我作翻译。最有意思的是，此时的杨文友已经"拉不住了"，他放开喉咙，只管自己说下去。于是现场几乎所有的人都成了翻译，杨文友一句话，往往经过"数道工序"我才能够弄明白。就这样，我听到了一段很有特色的革命民间传说——

杨文友："袁老从诸桑林家（靠近县城的南岳寺）来到聂家。当时聂国光在家。后来聂国光走了以后（聂国光在外教书），'聂大和尚'就把袁老送到后山的一个山洞里去了，他每天给他送饭。每天还找人到山上去开荒，让袁老也干活。'聂大和尚'不是虐待他（袁老），他是要把袁老（皮肤）晒黑。后来袁老也晒黑了，他们胆子也大了，不用送饭了，吃饭就到家里来。袁老在聂家住了多半年（实为三个月），后来他（袁老）要走，聂家人就找了四个人，聂其明、张长生、李长树、胡银生。那四个人挑着大桐油篓子，让袁老挑一个小篓子，去了常德。晚上走的，天亮到的，找了一个客栈住下。刚刚住下，他（袁老）就被人认出来了，要打倒他。他赶紧从店的后门转了圈走了，那几个送他的人，也丢下桐油篓子赶紧跑回来了。"

有关"晒黑"二坊坪的后续故事

杨文友讲的故事，有些地方与袁老回忆的细节不尽相同，但是证明了袁老当时处境极其危险，敌人对他的抓捕也没有放松。接下来，杨文友讲述了袁老没有讲过的有关"晒黑"二坊坪的后续故事——

"（一九）五〇年以后，袁老给诸桑林和'聂大和尚'写信，让他到慈利县城学习政策，也叫干部学习班。说去了保证不捆，不打，是保护。他俩学习了一个月，'聂大和尚'的老婆李妹妹，非要把'聂大和尚'叫回家去，结果，慈利县反动组织攻打区政府，'聂大和尚'也参加了，后来被抓住枪毙了。土改时，二坊坪农民强烈要求把聂国光也抓回来枪毙。袁老知道以后，就给身在衡阳的聂国光写信，要他到长沙来工作，为的是怕再发生意外。后来，当地人知道是袁老在保护聂国光，也就没人再提了。"

聂国光虽然出身地主家庭，但是他在共产党人遇到生命危险的时候，敢于冒着巨大风险出手相助，单就这一点，就应该该受到尊重和保护。袁老把聂国光调到长沙，安排在省政府当参事，就近保护起来，体现了共产党人实事求是的政治胸怀，也是尽其所能减少因执行政策失误而带来的不良后果。聂国光后来一直在长沙一所大学教书，父子两代皆为教授。但因种种原因，未能与之取得联系。

袁老曾捐半年的工资接济家乡

"袁老对家乡很有感情，（上世纪）六十年代慈利受灾，他捐款两千元，还特意写信说不要宣传。他没有通知县委领导，却直接给予后勤人员联系交款。"县政协文史办王佳林主任三言五语把事情讲得很精准。

又是"一大爆料！"捐款2000元！？这对袁老家里来说绝对是天文数字。当时袁老月工资300元（直到他逝世也没再涨），300块钱的工资，需要应对一家人的开支。2000块钱相当于袁老半年多的工资啊……

袁任远"刀下留人"

"袁老在掌握政策方面很有水平"。县委党史研究室田红春主任讲了这样一件事。"（一九）五十年代初期，袁老到湖南当副省长。当时慈利要枪毙原中共慈利特别支部书记邹文辉，理由是邹后来变节，到国民党那边去了。袁老知道后说：'建党初期，这种情况很多，（邹）罪不至死'。"

袁意奋："林彪让我当司令，我不知道！"

慈利的杜汉中老人也受到过袁老热情接待，不过他讲的另一件事，更引起我们的注意。

杜汉中："我到过袁意奋家。他对家乡来人很是热情。记得那一次他对我说，'我参军不是（因为）我家里吃不上饭，主要是（完成）父亲的理想'。"

"他（袁意奋）还说，'原来（家乡的）红军很多，长征以后少多了'。'文化大革命'是'窝里斗'，林彪让我当（海军）司令，我不知道！"

这又是一段鲜为人知的资料。袁意奋此话从未见诸各类文字，说明他尽管心里很愤懑，但身为一个长征干部，他还是尽量不发牢骚。此番见到老乡加挚友，他才吐出压在心底的不能说的话。这件事，导致袁意奋发展前途再次受阻（第一次是"文革"期间被扣上"贺龙黑帮"的帽子）。虽然后来平反了，但毕竟这莫须有的事情让一个大有发展前途的海军优秀将领，彻底失去了最好的发展机遇。如此一来，我们疑惑许久的"一个俱乐部主任出身的红军干部，为何变得少言寡语"，也就有答案了。

女部下眼里的"周主任"

常春如，女，1942年八路军绥德家属学校（亦称大光纺织厂）学员。2012年2月14日，在绥德家中接受采访，时年87岁。

问：常老您知道袁任远吗？

常春如："知道嘞，常听说过。"

◎常春如接受采访时给北京的马桂芝打电话

问：知道袁任远的老伴儿周雪林吗？

常春如："哎，我（音厄，下同）想起来了，（袁任远）袁专员嘛！周主任嘛（周雪林曾任359旅卫生部政治部主任）——"

问到"袁任远"的名字，常老似乎有些含糊，提起周雪林的名字，常老猛然想起了"袁专员"、"周主任"。

常春如："周主任带着'皮皮'嘛！住在子洲图书馆那边，'皮皮'戴着尖尖帽……"

"皮皮"是王震的二儿子王军的绰号，当时4、5岁的样子，因为出名的调皮而得名。王震工作太忙，袁任远夫妇（主要是周雪林）经常为其带孩子。

常春如："哎呀，周主任嘛，那时候干部家属她管着，绥德成立家属学校。我也过去了。"

问：周主任是个什么样的人？

常春如："哎呀……周主任是老个大个儿，头发可好了，长得漂亮，可唠叨（很能说）了！模范哩！三五九旅，王震称呼（她）的，积极嘛模范，周主任管学校。……再就记不得了，还有就是'皮皮'。"

陕北人说话很多倒装句，有节奏感，好听。

问：周主任那时候是你们家属学校的校长？

常春如："（她）当主任。周主任。我是米脂的，后妈妈。我14岁，马桂芝（原三五九旅家属学校成员）把我介绍到九团（359旅719团），绥德县王专员（把我）介绍我送给部队上供给部——看看，我的故事有头有尾儿。"

问：怪不得您长得这么漂亮，原来您也是米脂的"婆姨"啊！

常春如："哎呀，赶着（音）漂亮啊！"

听我们夸奖她，常春如阿姨居然还害羞了。她长得真的很好，87岁了，脸上很光滑，仅稍有些许鱼尾纹，慈眉善目，精神矍铄，说话干脆利落，声音也很靓丽。她害羞的样子尽显"米脂婆姨"的柔美。

问：周主任都是怎么领导你们的？

常春如："纺线线，织布，跟我们讲得咋刻苦，咋节省，一个毛尖儿（大概指某种物件）要用三年。……十来个人住在一间大屋里，大通炕上，（把）铺的席子蹬得稀巴烂！"

问：你住在一个班里，都没结婚吗？

常春如："都没结婚。"

问：也起床出操吗？

常春如："出了嘛！打球出操——"

问：你们还学习吗？

常春如："学习。学（写）字儿哩。"

问：是周主任教你们吗？

常春如："人家有文化。"

问：她是个什么家庭出来的——

常春如："不晓得。（她）当干部可能干，可会说了，可漂亮了！"

问：漂亮主任领着一群漂亮兵——

常春如："哈……家属们可当事儿（信服）了。我们在一起待了三四年，最后各走各的了。都分散了……哎呀，原来经常传圪（经常说说），（现在很多）事情忘记了。"

问：周主任领着你们多少人呢？

常春如："哎呀，几十个人。全是家属，主要是纺线线。"

问：您不是说还有纺织厂吗？

常春如："纺织厂就是（我们）纺线线嘛！（厂里）织

布,倒络子(音),打穗子……这是纺织厂的。(我们)一个月纺三斤棉花,纺好了交上去织布去,周主任管着。"

问:你们有工资吗?

常春如:"一个月三块钱,光华票。"

1938年6月,经边区政府批准,由陕甘宁边区银行以光华商店的名义发行分角票,名曰"光华商店辅币代价券",俗称"光华票"。

问:带娃娃的和不带娃娃的一个标准嘛?

常春如:"一个标准。"

问:您什么时候结婚的吗?

常春如:"我是(一九)四八年结婚的,结婚以后就跟部队走了。"

问:周主任参加你的婚礼了吗?

常春如:"参加了(1945年,周雪林随袁任远南下,常老说的结婚日期大概还早些)。参加了也不想她。"

问:为什么?

常春如:"我十八岁就结婚了。(我)还是小娃娃嘛……"

问:您一直住在这儿吗?

常春如:"俺一直在这儿(绥德),一直没出去。后来干居委会,军属待遇。老汉(丈夫)身后有700块钱,俩儿子都给500块钱。我五个小子俩女(孩)子,(全家)四十口子人。"

问:359旅有后代了!

常春如:"哈……新疆的,西安的,都退休了。孙子都上班了,俺北京还有俩孙子,在国税上、外事上,都吃财政饭,一个挣两万,一个挣六七千,家里人挣钱儿可大了——"

身居陕北农家院落,身着普通农妇衣裳,常春如满脸的开心笑意。幼年丧母，少年参加革命，经过艰难困苦岁月洗礼，如今儿女满堂、"都吃财政饭"，革命老人常春如可谓"如沐春风"。

问：您觉得那个年代艰苦吗？

常春如："艰苦嘛！那时候喝豆萁萁饭，老喝豆饭，一般苦的不能喝，洋芋，腌白菜，就吃这些。两顿小米儿（每天吃两顿饭），可苦了。哎呀，窝窝头，可吃够了。领导还发打棍儿（棍子），硕大，只管打——"

"打棍儿？"这话我没听懂。绥德党史办主任李强主任解释说，那时部队上当兵的年轻人多，时常有人来家属学校转转，部队首长就发棍子给家属学校的女人们，批准她们可以用棍子打走前来"骚扰"的年轻人。

问：这不能怪人家战士们，都怪你们长得太漂亮了！

常春如："哈……"

这回，常老的笑声如年轻人般的清脆。

问：看来你们很受重视啊。

常春如："三五九旅的干部经常来，王震来过，何部长（何维忠，中国人民解放军原总后勤部财务部副部长，时任三五九旅供给部长），杨宗胜（原新疆军区生产建设兵团副司令员、新疆维吾尔自治区政协副主席，时任三五九旅供给部副部长），都来过，何部长的爱人丁秀兰儿嘛……"

问：现在回想起来，那段岁月感觉怎么样？

常春如："那段好嘛，好过么。可好过，热闹，红火……那时我是三排的，一排、二排、三排，我是三排的"。

问：你们女兵和家属们在一起没闹矛盾吗？

常春如："闹了嘛！"

问：闹什么呢？

常春如："你说俺了，俺说你了，你背后说俺了，俺背后说你了……女人们就这些事情嘛，可有意思了。"

问：听说你们纺线线很有成绩，还受过什么奖励？

常春如："嗯，那是（奖励）大光纺织厂嘛……"

问：哦，您还是"国企职工"呐，也是"吃财政饭"的嘛！

常春如："啊。我们坚持了十来年，先把日本打退，后来是内战嘛，后来家属学校就散了……"

◎年逾90的马桂芝接受采访

学员马桂芝记忆中周雪林

时间：2011年8月16日

地点：北京

受访人：马桂芝，原绥德家属学校学员，时年88岁。

马桂芝："我们那个延安三五九旅家属学校分两个班，有文化的一个班，一般文化的是二班，都住在一起（一个院子），炊事员挑饭上山（家属学校自己没有食堂，每顿饭都从山下的部队挑上来），饭（主食）随便吃。一班、二班打饭（轮流）值日。"

为吃饭经常打架

"我们（一二班）经常打架，一班值日给二班（打饭）少了，二班值日给一班（打饭）少了。遇到我（值班）给得少了，我打了她，周校长批评我，我还顶嘴——（哈哈……）后来我们俩（打架的）成了朋友。"

"生一个孩子一斗米"

马桂芝："家属学校为了生产组织起来，夫妻一般不住在一起，没孩子的二斗小米的价值（定量），（生）生一个孩子（增加）一斗小米，（生）两个孩子的没（生产）任务。那个时候纺线线，织毛衣。"

"周校长心直口快"

马桂芝："周（学林）校长心直口快，文化不高。李贞（著名女红军将军）是童养媳，王季青（王震的夫人，北师大学生）有文化。"

"住窑洞，吃白萝卜条，自己做鞋子"

马桂芝："（那时）住窑洞，扭秧歌，还有扫盲班。（吃）小米饭，白萝卜条，穿的是，发点儿布（自己做）。一个孩子是富农，两个孩子发布、棉花，自己做鞋子——"

"那个年代艰苦，但我觉得好"

马桂芝："那个年代活得愉快，高兴，痛快，简单，真诚，没什么勾心斗角。（那个年代）艰苦，但我觉得好！"

"那个年代艰苦，但我觉得好"。这句话我们采访中不止一次的听过。这些老前辈们怀念过去的"那个年代"绝不是、也不可能希望继续过那种艰苦生活，更多的是怀念"那个年代"人们的精神风貌、人与人之间淳朴真实的感情，以及公正民主的工作生活氛围。

这使我想到，对于人来说，最主要、最关键的因素还是来自精神方面的需求。

附　　录

附录：（一）袁任远的文章

广西右江的红色风暴（节选）

——回忆百色起义

袁任远

"今天，我们在新的长征途中，在欢庆广西壮族自治区成立二十周年的大喜日子里，纪念百色起义四十九周年。

四十九年前，广西右江地区掀起了一次红色风暴，在邓小平同志和张云逸同志的领导下，举行了百色起义。

虽然时间已经过去了半个世纪了，可是，当时的情景仿佛就在眼前——"

"百色起义，就是在南昌起义、秋收起义、广州起义鼓舞下举行的一次起义。也是我们根据毛泽东光辉思想，在广西西部地区点燃的'工农武装割据'的星星之火。它在我党的历史上闪耀着灿烂的光辉。"

"一九二九年春天，蒋桂军阀混战，桂军失败，李宗仁、白崇禧、黄绍竑被迫下野，桂系的势力被逐出广西，广西军人俞作柏当了省主席，李明瑞当了绥靖司令。当时，我党在广西已有群众基础，力量也逐渐扩大，俞、李受我党的影响，是靠近我们的。他们上台后，想借助我党的力量巩固自己的地位，主动要求我党派遣干部协助工作，我党也想利用时机，发展广西的革命力量。于是，先后派邓小平、张云逸等同志来到广西。我原在湖南工作，一九二八年夏天在石门南乡起义失败后转到上海工作，也被派来广西。"

"我们来到南宁不到三个月的时间，九月底，俞作柏，李明瑞决定发动反蒋战争。当时我党认为他们力量还未准备好，时机不成熟，贸然行动，必然失败，曾加劝阻，但他们急于反蒋，想打下广州，以两广为根据地，与蒋介石逐鹿中原，未听我们的劝告。我们只好征得他们的同意，把掌握在自己手中的部队留守后方，以便应付他们失败时的不利局面。"

"俞作柏、李明瑞部队刚出动，就因为部下叛变投蒋而很快失败了。俞由我党派人护送去香港，李经我党争取参加了革命。这时，我们把军械和弹药都装上了船。十月初，按预定计划，将留守南宁的部队拉到左右江地区去。到右江地区去的，一路由邓小平同志指挥军械船和警卫部队，朔右江而上；一路由张云逸同志率领警备第四大队和教导总队一部，从陆路前进，几天后，到平马镇会合，继续前进，来到百色县城。"

"党所以选择右江地区'工农武装割据'，是因为这里的群众基础较好。右江地区是广西土地革命和武装斗争开展较早的地区。广西右江地区农民运动领袖韦拔群同志领导农民在东兰、凤山一带进行了长期的斗争。一九二五年，韦拔群同志从广州农民运动讲习所回来后，在群众中广泛宣传马列主义，又在东兰县办了农民运动讲习所，为右江各县培养了大批农运骨干，并且组织农协会和自卫军，领导农民打击土豪，使右江地区的农民运动蓬勃发展起来。"

"我们来到百色一个月，右江地区革命形势迅速发展，我们的武装力量不断扩大，起义的时间逐渐成熟。十一月初，党中央批准了我们左右江地区举行武装起义的计划，决定建立红七军和红八军，任命邓小平同志为前委书记和这两个军的政委，李明瑞同志任这两个军的总指挥，张云逸同志任红七军军长。前委把举行起义的日期定在广州起义两周年那一天（十二月十一日），以广州起义的革命精神，激励大家再接再厉，把革命进行到底。"

"十二月十一日终于来到了！上午八时，起义部队集合到大广场上，庄严宣布：我们在中国共产党的领导下举行了武装起义，成立了光荣的中国工农红军第七军。朝阳映照着迎风招展的红七军军旗，整个百色沸腾了。衣领上系着红带子的红军战士和干部，迎着朝晖，雄赳赳地走上大街，欢呼起义的胜利；四乡的农民，扛着锄头和红缨枪赶到城里来，欢庆自己的解放；码头工人、市民和学生挥舞着彩旗，同农民兄弟一起，向红军致敬。整个右江地区也沸腾了。在平马，召开了右江第一届工农兵代表会议，选举产生了右江工农民主政府，雷经天同志任主席。这一天，平马举行了几万人的庆祝大会，右江各县都沉浸在狂欢中，热烈欢庆右江革命政权和红七军的诞生。"

"一九三〇年二月一日，龙州起义爆发了，红八军诞生了，俞作豫同志任军长；同时建立了左江革命委员会。龙州起义有力地策应了右江地区的革命斗争，并使左右江革命根据地连成了一片。"

"一九三〇年四月，邓小平同志从中央回到右江以后，亲自到东兰县的武篆地区，同韦拔群同志一起，进行土改试点，深入发动土地革命。六月，红七军重返右江，邓小平又领导部队整训和巩固根据地的工作。右江革命形势随之大好。"

"可是，八月，由立三路线控制的党中央派来了代表，授给红七军任务。离开右江根据地。攻打柳州、桂林，到广州小北江建立根据地，阻止广东军阀向北增援。保证以武汉为中心的"一省和数省首先胜利"，然后由红七军夺取广州，完成南中国的革命。"

"我们离开右江根据地以后，由河池、怀远向柳州前进。一路上攻打四把和长安镇，战斗十分激烈，战士们打得英勇顽强，但因侦查得知白崇禧亲率一个师由郴州增援，前委分析了当时的形势，决定不打柳州，从长安镇转向湘桂边前进。经过湖南武冈一场激战之后，我们再入广西，占领全州。这时因桂林也有敌人重兵把守，我们在全州休整三天后，就直取湖南道州，下江华，准备取道湘粤边进入江西，同毛泽东同志领导的中央红军会合。"

"红七军离开右江长征，英勇地冲破敌人层层包围封锁，击溃了国民党反动军队的前堵后追，在十个月里，转战四省，行程万里，一九三一年七月，终于在兴国县桥头镇与中央红军会合了。"

"这次红七军在敌强我弱的情况下，远征万里，为什么没有被敌人打败打垮呢？首先是红七军在前委的领导下，采取实事求是的方针，及时总结经验教训，认识到攻打中心城市的决定是错误的，反对在力量悬殊的情况下同敌人硬拼，以保存自己的有生力量；红七军以机智英勇的行动抵制了立三路线的干扰，没有去打柳州、桂林。其次，红七军领导人邓小平、张云逸、李明瑞等同志每次重要战斗都亲临前线视察地形，了解敌情，指挥作战，机动灵活，当机立断，能攻则攻，当撤则撤。同时，部队的民主作风好，领导干部能够深入群众听取意见，大家也敢于说出自己心里的话。领导干部爱护部队，战士也爱护干部，在艰苦的环境中，能与全体战士同甘共苦，团结全军，共同战胜困难，争取胜利。"

"我年逾八旬，每当回顾百色起义和红七军的光辉战斗历程，心潮起伏，思绪万千。我们无限怀念为人民革命事业献出生命的先烈们，怀念壮族人民优秀的儿子韦拔群同志。他们为创建右江革命根据地，为发展右江人民的武装斗争，流尽了最后一滴血。人民的英雄是永垂不朽的"。

（摘自《人民日报》1978 年 12 月 9 日）

纪念百色起义 (节选)

袁任远　韦国清　陈漫远　莫文骅　吴　西

"1929 年 12 月 11 日，邓小平、张云逸等同志组织领导的广西百色起义，至今已经五十二年了。这次起义是在中国共产党第六次全国代表大会决议的指引下，在毛泽东同志创造的工农武装割据的推动下爆发的，它为祖国各族人民的革命斗争历史，写下了光辉的篇章。"

"当时的中国，正处在帝国主义、封建主义双重压榨之下，灾难深重，民不聊生。蒋介石、汪精卫控制的国民党，已经背叛了孙中山先生决定的国共合作政策和反帝反封建政策，屠杀共产党人和中国人民。如同全国其他地区一样，广西的革命运动，这时也几乎被军阀摧残殆尽。但是广西的党组织和革命人民，并没有被征服、被杀绝，他们转入地下，继续着各种方式的斗争。"

"广西右江地区地处桂、滇、黔三省交界，原来就有我党的工作基础，特别是农民运动领袖韦拔群同志，素孚众望，即使在大革命失败后的白色恐怖时期，这里革命斗争也没有停止过。邓小平、张云逸等同志到达后，根据当时当地情况，立即筹划武装起义。邓小平同志召开了党委会议，决定进一步发动群众，宣传党的'六大'主张；改造和扩大部队，建立政治工作制度，组织士兵委员会，实行官兵平等；通过地方党组织，武装农民，开展打土豪劣绅的斗争。于是，右江地区的革命活动日益发展。至 11 月初，党中央批准了在左右江地区举行武装起义的计划，颁发了红七军、红八军的番号，任命了领导干部。邓小平同志根据党中央的指示，立即在百色和龙州筹划一切，具体部署武装起义的各项准备工作。"

"1929 年 12 月 11 日，也是广州起义两周年纪念日，百色城头高高升起了武装起义的红旗，宣告中国工农红军第七军正式诞生。按照党中央的任命，张云逸同志为军长，邓小平同志为政委和前委书记。下辖三个纵队：第一纵队司令李谦，政治部主任沈静斋；第二纵队司令胡斌，政治部主任袁任远；第三纵队司令韦拔群，政治部主任李朴。军部经理处长叶季壮。第二天，在平马召开了右江地区第一届工农兵代表会议，选举产生了右江苏维埃政府，雷经天同志任主席，韦拔群、陈洪涛等同志为委员。"

"翌年 2 月 1 日，左江英雄儿女聚集在边陲重镇龙州，宣布红八军和左江苏维埃政府成立。红八军军长俞作豫，政委邓小平（兼），下辖两个纵队：第一纵队司令何家荣（后离队），政治部主任潘思文；第二纵队司令宛旦平。同时还宣布邓小平同志任红七军、红八军总政委，李明瑞同志任红七军、红八军总指挥。这时，左右江红色区域有 20 个县，100 多万人口，成为当时全国瞩目的革命根据地之一。"

"1930 年 9 月间，红七军前委决定依托右江革命根据地向东发展。恰在这时，党中央又派来代表，指令红七军离开革命根据地，冒险去攻打柳州、桂林和广州，保证以武汉为中心的'一省或数省的首先胜利'。后来发现这些大城市都有敌人重兵防守，我军处境不利，邓小平等同志力主放弃攻打大城市的计划，但是这种意见当时属于少数，没有通过。由于执行左倾路线，红七军遭受了重大的损失。"

"这时已进隆冬，行军途上雪花纷飞，寒风怒号。红七军指战员们还穿着单衣、草鞋。大家凭着坚强的革命意志和信心，翻山越岭，忍饥挨饿，且战且走。1931年2月初，红七军在粤北乐昌渡河时，遭敌截击，邓小平、李明瑞同志指挥主力渡过河去，向江西崇义前进；张云逸同志率领的另一部在坪石以北渡过小北江，进入湘赣根据地。4月，这两支部队在永新会合。旋即协同红二十军、独一师在安福打了一个胜仗，连克茶陵等五城，配合中央红军取得第二次反"围剿"的胜利。"

"半个多世纪过去了。经过历史风雨的洗刷，百色起义作为中国共产党在土地革命时期所领导的许多次武装起义中的一次起义，至今仍然光景如新。它是毛泽东同志'实行工农武装割据'的光辉思想，在广西左右江地区的一次重要革命实践，是对中国革命的一个重大贡献。它的历史经验，丰富了我们关于建党、建军和建政的思想宝库，特别是它所表现出来的无产阶级革命精神，正是今天我们抚今追昔所要学习的主要内容。让我们在党中央的领导下，高举社会主义的旗帜，发扬共产党人坚韧不拔的战斗精神，同心同德，排除万难，鼓足干劲，奋发图强，为建设高度的物质文明和高度的精神文明，为建设正规化、现代化的革命军队，而奋勇前进！"

（摘自人民网《中国共产党新闻》2006年12月7日）

共产党员的楷模

——回忆彭德怀同志二三事

袁任远

今年 11 月 29 日，彭德怀同志离开我们整整九年了。他的一生，南征北战，英勇奋斗，为中国人民的解放事业立下了赫赫战功，为军队的发展和建设倾注了大量的心血，为新中国的创立和建设做出了卓越的贡献。这些都载入了中国人民革命的史册，为世人所共见。他大公无私，光明磊落，刚直不阿的高贵品质，艰苦朴素，廉洁奉公，严于律己，言行一致的作风，更为广大党员和群众所敬佩，并在群众中广为传诵，彭德怀同志崇高的革命精神，高尚的品德和艰苦朴素的作风，在我的脑海里同样留下了不可磨灭的印象，多年来总在教育和鼓舞着我。

我和彭老第一次见面，是在 1937 年 6 月间，那时我在三十二军工作，我们的部队由宁夏的固原县回到了陕西，在富庄里镇镇北的乡村进行整训。有一天，接到了前敌指挥部的电话通知，彭老总要到我们部队视察工作，同志们听到这个消息后非常高兴。过去，我们从未见过彭老总，但是，关于彭老总的故事却听了不少，他不仅是一位久经疆场，能征善战的将军，特别是他的为人，更为大家所钦佩，敬仰。因此，我们非常希望能见到他，亲聆他的教诲。6 月的一天早晨，彭老总的车从总部所在地三原的云阳镇出发，三原离这里不远，一个多小时就到了。他带的随员很少，一个警卫员外，就带一名参谋。轻装简从是彭老总的一贯作风，他反对领导同志外出视察工作时，兴师动众，前呼后拥，也反对别人迎来送往。他的车子直接开到军部，我们就在军部门口迎接他。他进屋后，没有休息，就让我们汇报。当我们汇报了部队的情况后，他又到营房视察了几个连队，找连队的干部战士谈话，了解情况，然后又检阅了部队。午饭时，我们军部的几个领导同志和彭老总在一桌吃饭，为彭老总的到来，便加了两个菜，有肉有蛋。在通常的情况下，来了客人，加两个菜，这本来是一件很平常的事情，我们并没有大摆宴席。饭后，彭询问我们战士的伙食情况，我们回答说：战士和干部一样，也是两菜一汤，干部比战士的伙食标准稍高一点。他听了以后，很耐心地对我们说，我也是一名红军战士嘛！你们不要把我当首长看待，我们的分工虽然不同，但大家都是一名红军战士，为什么要专门招待我？你们吃什么，我也吃什么。你们吃得，为什么我吃不得？和大家一样吃嘛！以后再也不要加菜了。这件事虽已过了四十多年，但我至今记忆犹新。彭老总不仅对自己要求很严，对部下，对同志要求也是严格的。当他发现违背党的原则和损害人民群众利益的事，他就要批评，毫不客气。不管是谁，就是老同志有了缺点、错误，他也照样批评，越是领导干部，他越是严格。他说，老同志受党的教育时间长，更应该严格要求，更应该起模范带头作用。彭老总批评起来是很严肃的，不留情面，有时甚至发火。但是彭老总批评人，是讲道理的，以理服人。他允许别人申辩，允许提出不同意见，只要你有理由，你的意见是对的，他就接受。有时发觉批评错了，他可以当面向你认错，这一点是很可贵的，对于一个领导者来说，是很不容易做到的。所以，有一些被他批评过的人，并不怕他，也不怨恨他，仍然很爱戴他。

　　1943 年初，我由三五九旅调到绥德专署工作。因绥德位于陕甘宁边区的东北部，东隔黄河，与晋西北相接，是连接华中、华北的要道，我们经常接待华北、华中解放区去的同志。1943 年冬，彭老总从前方回延安准备参加"七大"，路经绥德，我们给他安排好食宿后，彭老总来看我。当时我们的办公地点就在原国民党绥德专署的旧址。这里有几排窑洞，我和副专员杨鹤亭同志住在西边的三间窑洞。我住北边的一间，杨住南边的一间，中间一间是吃饭的地方。当时没有家属宿舍，家属住在另外的地方，我在办公室里放一张床，白天办公，晚上住宿。我的办公室有一张写字台，桌上放了"文房四宝"，办公桌对面有一张小茶几，两边是两把太师椅。茶几上放着一个搪瓷茶盘和一把茶壶、几个茶杯，彭老总进屋后，看了看屋子里的家具和摆设，表现出不高兴的样子。他刚从前方来，在战争环境下，部队的流动性很大，今天在这里驻防，明天也可能到另外一个地方去了，都是住在老百姓家，哪里有什么写字台、太师椅一类的东西。我给他倒茶时，他问：这个搪瓷茶盘是多少钱买的？我明白彭老总的意思，赶忙解释说：这些家具和摆设都是何绍南在绥德当专员时留下的。1940 年我们打退了国民党的第一次反共高潮，把何绍南赶走了，王震同志兼绥德专员，就在这里办公。王震同志调到南泥湾后，我接任专员，这些东西都是原来的，连摆设的位置都没有变，不是我们新添置的。彭老总听了以后，知道是误会了，就没有再说别的。这件事，彭虽然没有批评我们，但是也使我们受得了很大教育，我们深感彭老总对干部的关怀和爱护。一个共产党员在任何时候都不能铺张浪费，讲排场，摆阔气，都要艰苦朴素，廉洁奉公，保持和发扬党的优良传统和优良作风。

　　1959 年庐山会议后，彭老总蒙受冤屈，一直在家休息。

1961年冬，彭老总提出回湖南家乡搞点调查。从北京出发时，铁道部给他挂了一节专车。临上车前，彭老总就提出，给他挂专车他不走，硬是要普通软卧。北京车站的同志说服不了他，只好背着彭老总临时动员已经上车的旅客搬到给他挂的那节专车里，腾出普通软卧车厢让彭老总乘坐。当彭老总乘坐的这次列车到达郑州时，适逢我由青海回湖南，到郑州转车。因为车上没有软卧了，只好让我们去坐那节专车。到长沙后，我和彭老总住在一个招待所，晚上看电影时，和彭老总见了面。他问我青海的情况怎样？我说：还不是和全国一样。他说：噢，是不是步子也跨大了一点？我说是。因为庐山会议后，我在青海也受到触动，挨了批评，他是知道的。当时我们的心情都比较沉重，大家都不愿意多谈，他也没有再多问，我也没有多讲。看完一部电影后，他就回房间休息了，我也走了。第二天一早，他就到湘潭去了。事后招待所负责人告诉我，他走时，省委给他派了一辆小卧车，他不坐，硬是要了吉普才走的。

事情虽小，精神可贵。从以上几件很小的故事中，可以看到彭老总的为人。在大节上、在原则问题上，他不顾个人得失和安危，更是旗帜鲜明，当仁不让。当前，全党正在贯彻党的十二届二次全会精神，开始全面整党，为实现党风根本好转而奋斗。彭德怀同志是当之无愧的共产党员的楷模，是全党学习的光辉榜样。

（摘自《人民日报》1983年11月29日）

袁任远话抗日往事

八月上旬的一天，我在北京某机关碰到前中共中央纪律检查委员会副书记、现中共中央顾问委员会委员袁任远的秘书，我多年未见到袁老，就顺便问起他的近况，闵秘书告诉我："袁老身体还好，最近在家，不大出门。"这是看望袁老的机会，于是我搭乘闵秘书的车子来到位于北京西城的一座四合院。

这是典型的具有北京特色的院落，走进院子，我们径直来到袁老的客厅，客厅很朴素，除了一圈沙发，没有什么其他特别的摆设。四壁也没有什么特别的装饰，唯有一幅苍劲的书法条幅最引人注目。上书"大鹏万里有闲意，老鹤千年无倦容"这是一九八三年袁老八十五岁寿辰时，前海军副司令员周仁傑特地为袁老手书的。

不平凡的革命生涯

"欢迎你呀，记者同志"袁老拄着拐杖，穿着半旧的便服，在秘书的陪同下从里间走出来，他老远就伸出手要同我握手，我连忙赶上前去边握手边把他让到沙发上。

袁老今年八十七岁，虽然满头银发，但脸色红润，嗓音洪亮，雄风犹存，在这个院落里，他是"四世同堂"的曾祖父，在外他是受人尊敬的"老资格"。他前半生大部分是横戈跃马，后半生则活跃于政坛。富有丰富的革命经历。他原名袁明濂，一九二二年毕业于湖南长沙公立政法专门学校，继而出走南洋，先后在马来西亚、缅甸任教和办报。一九二五年，他从南洋辗转回国，不久在长沙加入中国共产党。一九二七年，他领导了湖南石门南乡武装暴动，失败后到上海参加赤色总工会的工作，一九二九年，他参加了邓小平、张云逸领导的广西百色起义，从此步入军界，先后在红七军、湘赣独立师、红八军、红六军团、红二方面军、三五九旅任要职；一九四六年，他被中央委派到军调部工作，参加美国、国民党、中共三方谈判，身份是第三十四执行小组少将组长。他是中共干部中最早获得军衔者之一。国共和谈破裂后，他出任吉林省政府副主席。全国解放后，他又先后担任副省长、副部长、省长，中共中央监察委员会常委等高级职务，"文革"中，他同其他老干部一样，受到不公正的对待，被流放到江西抚州。直到林彪死后，他才回到北京，继而复出于政坛。

从"抗日战争馆"开放谈起

我们的话题从纪念抗日战争四十周年谈起，我说"军事博物馆、'抗日战争馆'经过调整后，充实了国民党正面战场对日作战的有关史料，你老如果有时间的话，不妨去看看？"

"我真想去看看，可惜行动不便。"袁老用手拍了拍沙发扶手说。"陈列国民党爱国将士们的抗战史料，这是我党我军实事求是的表现，这样做也是应该的。国民党军队不是完全没有打过日本的，如在卢沟桥事变、台儿庄战役中国民党部队是打过日本的，有些国民党将士还献出了生命。他们也是为反法西斯捐躯的，我们要平等相待。只是后来，国民党在抗战问题上经常是动摇的，不是共产党坚持抗战到底，八年抗日战争国民党是坚持不下来的。"

这位当年在抗日战场上，多次与日军、国民党军打交道战将，思绪回到了那烽火弥漫的岁月。抗日战争时，他在王震的三五九旅。

在西安事变前后

袁老深思了一会说："西安事变时，我在红二军团三十二军任政委，听说蒋介石被捉，我们非常高兴，因蒋介石消极抗日早就引起举国义愤，当晚深夜，我立即把军部的同志都喊起来，召开营以上干部会议，传达张学良、杨虎城扣留蒋介石的消息，他们回去后，又开会进行传达，干部战士高兴极了，不时地高呼口号，把村里的群众都吵醒了，群众得知这个消息后也兴奋地和战士们一起唱歌、拥抱，通宵未眠。"

西安事变后，党中央从团结抗日的大局出发，做出了和平解决西安事变的英明决策，后来，袁任远所在的红二军团改编为一二零师，辖三五八旅、三五九旅。开始时，部队取消了政治工作建制，取消了政治委员，过了几个月又恢复了，袁任远被任命为三五九旅的政治部主任，和王震同志一起率领部队在晋察冀开辟敌后战场，打了不少漂亮仗。一次是一九三八年十月二十八日的邵家庄伏击战。王震、袁任远所指挥的三五九旅一个团埋伏在山西的广灵、灵丘之间公路边的山上，这里是两山加一沟的丘陵地带。当日军的汽车进入我军的"口袋"后，战士们拉响了埋伏在公路上的地雷，炸翻了敌人车队前后的车辆，十几辆汽车被堵住了，敌人既不能前进，也不能后退。战士们趁机向敌人猛烈射击，投掷手榴弹。经过两个小时的激烈战斗，击毁敌人汽车五辆，消灭日军一百多人，还打死敌军一名旅团长。

　　还有一次是一九三九年的细腰山涧战斗，王震和袁任远指挥部队重创驻繁寺、五台的日军第 109 师，独立混战第三旅团，打死打伤敌人七八百名，缴获枪支近千，还缴获了两门大炮。三五九旅的名声也因此大震。

　　袁老说："日军宣布投降的消息，是我在延安参加中共七大后奉命和部队南下、东渡黄河途中听到的。得悉日本政府在八月十四日照会美英苏中四国政府，宣布接受波茨坦公告，同日，日本天皇裕仁发表"停战诏书"，宣布无条件投降。我们干部战士高兴极了。时局突变，我们是否还继续南下？不久，我们接到中央回电，命令我们速赴东北。为了争取时间，当时继王震之后任三五九旅政委的张启龙和我一道从部队中抽调 30 名干部组成先遣队，骑马先行，部队随后向东北进发。我们日夜兼程，马不停蹄的经过冀南、冀中，继而通过平津铁路。这条铁路距北平很近，过去日军戒备很严，是不易通过的，现在日军只龟缩在据点里等待投降，不敢轻易出来活动……"

"青年人要懂得这一段历史"

　　袁老侃侃而谈，我佩服他如此高龄，仍然有这样清晰的记忆。坐在袁老身旁的闵秘书告诉我：袁老脑子很好，对过去的经历记忆犹新。这些年他退居二线当顾问委员会委员之后，除参加会议和一些社会活动外，就是潜心撰写回忆录。反映他革命生涯自传体新著《征途纪实》，最近已经脱稿，今年十一月将出版问世。

　　闵秘书还告诉我，袁老本很想到过去征战过的地方看一看，但近来袁老腰部骨质增生，行动不便。对疾病，袁老并不示弱，除了看书看报，处理公文外，他有意识的锻炼自己，每天饭后总要拄着拐杖绕着院子转三圈。

告别时，袁老边起身边说抗日战争这一幕，青年人以至四十岁的人都没有经历过，对他们进行爱国主义传统教育是必要的。他们应懂得这一段历史。

本报记者　王谨

（摘自：《人民日报》（海外版），1985 年 8 月 22 日）

朴实无华　文如其人

——为袁任远同志《征途纪实》作序

王　震

　　我与袁任远同志 1931 年在湘赣苏区相识，共同经历了五十余年中国革命的峥嵘岁月。在此期间，过从甚密，相知颇深。早在四十年代初期，我们在三五九旅共事期间，他刚四十多岁。因其子参加长征，到达陕北后又结婚成家，故我与同志们就对任远同志以"袁老"相称了。

　　袁老已度过了八十六岁寿辰，他写了这本自传，记述了他六十余载的革命生涯，从一个角度反映了中国人民在党中央、毛泽东同志领导下从民主革命到社会主义革命的伟大战斗历程。因而，写出这本自传是很有意义的。

　　袁老是一位学识渊博，阅历丰富，社会活动范围十分广阔的知识分子老干部。他少时读过四书五经，青年时代受过高等教育，五四运动时，参加了反帝反封建的斗争，受到共产主义思想影响；后来出走南洋，又目睹了殖民统治的罪恶，决心回国投身革命，最终成为一位坚定的马克思主义者、忠诚的无产阶级革命战士。数十年来，他在任弼时、邓小平、贺龙、关向应、林伯渠等同志的直接领导下，从事过多方面的工作，积累了丰富的革命实践经验。尤其是他参加过以邓小平同志为领导核心的广西百色起义，这是继南昌起义、秋收起义、广州起义后又一次规模较大的起义。起义后，他在邓小平同志领导下转战桂粤湘黔，到达湘赣后，他参加了红六军团的工作。

袁老是一位在长期革命斗争中奋斗不懈的久经考验的革命家，也是一位党性锻炼很好的同志，为人诚恳，襟怀坦白，在长期的艰苦斗争中，他坚定地站在党和人民利益一边，力戒为个人得失所惑；在重大是非曲直面前，他坚持实事求是的态度，从不看风使舵和随波逐流；对党和人民的事业忠心耿耿，个人生活克勤克俭，勤奋好学，这些都是熟悉他的同志所公认的。

这份自传，实事求是，朴质无华，文如其人。我以为，袁老的共产主义人生观的形成过程、长期的革命斗争实践和高尚的革命品德，对青年一代是有教育意义的，书中所涉及的一些史实，对党史工作者也有一定的参考价值，故我赞成其自传的出版问世。

（摘自：（摘自：《人民日报》1986 年 1 月 19 日）

忠心耿耿为党奋斗六十年

——悼念袁任远同志

王恩茂　苏　进　刘转连　贺庆积

　　袁任远同志是我们党内一位受人尊敬的很老的同志，是久经考验的党性很强的共产主义战士，是忠心耿耿为党奋斗六十年的老革命家，他年龄虽已八十八岁。但身体健康。去年九月二十六日，他还兴致勃勃地乘坐飞机到乌鲁木齐，参加维吾尔自治区成立三十周年庆祝活动。十月一日，他同中央代表团、全国各地代表和新疆各族人民的代表一同参加庆祝大会，观看群众游行。从开始一直到结束，他都精神焕发，参加到底，请他休息也不休息，看他身体状况可以活到百岁。但没想到他竟于一月二日与世长辞。

　　我们认识袁老，已经半个世纪左右了，短则四十多年，长则五十五年。袁老的不幸逝世对于我们来说，感到特别悲痛。这不是偶然的。而是我们认识他的时间很长，同他相处的日子很多，得到他的教益也很多，同他在长期艰苦的革命斗争中建立了深厚的革命感情。我们了解他的一生是革命的一生，战斗的一生，忠于共产主义事业的一生，全心全意为人民服务的一生，坚持艰苦朴素的一生，模范遵守党纪党规的一生，他年轻时就参加过五四运动，在南洋一带从事过新思想、新文化的宣传教育工作。他由追求真理而走向共产主义革命，以一个地主阶级出身的知识分子，背叛本阶级而积极投身于大革命时期的工农运动。嗣后经历过马日事变，在大革命失败之后白色恐怖最严重的时期，许多革命党人被杀被关，不少革命意志不坚定的人叛变、脱党的情况下，他依然走向武装斗争的道路，回湘西石门县组织了南乡起义。起义失败后，革命信念仍然毫不动摇，辗转万里，由武汉而开封，而南京，而上海，到处寻找党的组织。他本来叫袁明濂，在上海找到党的组织后，他感到革命确实任重道远，遂慨然改名为现在的名字。而且一直以此自励，千曲百折而不改其革命的初衷。此后，他参加过邓小平同志领导的百色起义和红七军工作；参加过湘赣革命根据地和湘鄂川黔革命根据地的艰苦斗争；红二方面军从湘鄂川黔革命根据地突围长征时，他带着刚刚十七岁的儿子一起长征，爬雪山过草地；长征结束后，转战于华北、陕甘宁边区和东北，一直到全国解放，参加祖国的社会主义革命和社会主义建设。他把自己的一生完全献给了党。袁老参加革命六十年如一日。为党为国为人民鞠躬尽瘁，死而后已的革命精神是感人至深、令人难忘、使人钦敬的。

*　　*　　*

袁任远同志在抗日战争初期就被尊称为袁老了。记得首先这样称呼他的是王震同志。直接的缘由是和他一起长征的儿子到陕北之后成了婚，按照子女成婚便称老的习惯，人们就约定俗成地就这么叫起来，其实，他那时才过不惑之年。慢慢地周围的同志根据各自和他直接或间接接触中获得的感受，在这个称呼中注进了更多的内涵。

袁老一个突出的特点，是党性坚强，实事求是，遇事冷静，大关节上头脑清醒。早在湘赣革命根据地的时候，他就对当时王明"左倾"路线"打到一切""残酷斗争、无情打击"的一套很反感，对肃反扩大化，把自己的同志当敌人打击很反对。对当时的湘赣省委书记刘士杰（后叛变，被我处决）卖力的执行王明"左"倾路线，肆意打击好同志很有意见。他很同情那些无端被杀、被关的同志和由于对"左"倾路线有怀疑，执行不力而被打击的同志。他在湘赣鄂川革命根据地工作时，在任弼时同志的领导下，积极参加纠正王明"左"倾路线错误的斗争，他在任红二军团六师政委时，大力恢复由于左倾路线错误造成对部队党团组织和政治工作制度。这时期，他还重视统一战线工作。长征到达川西，与红四方面军会合时，他在六军团任政治部副主任。张国焘派人迎接红二方面军时，向六军团散发反对党中央和毛主席的刊物，他发现后当机立断，报告王震同志后立即加以收缴销毁。他在红三十二军任政委时，坚决执行中央的正确路线，消除张国焘错误路线的影响，团结三十二军干部。加强了部队党的领导和政治工作。在华北抗战时期，他任三五九旅政治部主任，协助王震同志坚决贯彻党中央关于敌后斗争政策。开展地方群众工作，建党、建政、扩军。扩大抗日统一战线，扩大雁北抗日根据地做出了贡献。他从华北回陕北时，协助王震同志坚决执行中央关于反对国民党顽固派的指示，积极参加了绥、米、佳、吴、清五县国民党顽固势力的斗争。在四十年代陕甘宁边区"抢救失足者"运动时，他任绥德地区专员，在"抢救"工作中，注意实事求是和执行政策，不搞人人过关，反对"逼供信"。五十年代末，他在青海任省委书记、省长工作期间，因为对一些违反实事求是，图虚名搞浮夸的做法持不同意见，被视为"右倾"，好几年时间坐冷板凳。至于"文革"当中，他对林彪、"四人帮"一伙的倒行逆施深恶痛绝，宁可被抄家、被软禁、被流放，也不肯随声附和。四人帮倒台后，他对"四人帮"的残余势力仍然把持中央组织部门大权深为气愤，挺身而出与之斗争，其刚正不阿之气，对我们这些熟悉他的同志来说，更是不言而喻的。王震同志对他有句评价"袁老很自尊，过火的事他不跟，他不是顺风倒的人。"这实在是深知袁老为人的中肯之论。也许，正因为他不是顺风倒的人，而且敢于讲不同的意见。在过去党内生活不正常的情况下，他便受到不应有的压抑。

"试玉要烧三日满，辨材须待七年期，"经六十年之考验，袁老不愧是党性坚强、能坚持实事求是，执行党的正确路线的忠诚的共产主义战士。

*   *   *

早在一九二九年，袁老被党派到李明瑞的广西部队任政治教官，此后，从红七军、红三十二军直到三五九旅，他长期从事部队的政治工作。作为一个政治工作领导干部，袁老有他个人的鲜明风格。

他是个受过高等教育的知识分子，像他这样的知识分子干部，红军时期可以说是凤毛麟角，他文质彬彬，口无鄙语，但和工农出身的干部战士毫无雅俗两隔之态。打起仗来，他可以拿起驳壳枪冲锋在前，在湘鄂川黔地区攻打永顺县城时，他就是和尖兵连在一起，爬城墙攻入城内的。他吃苦耐劳同工农干部比较毫不逊色。他在部队工作，总是和战士一样生活，不吃小灶，不搞特殊化，长征过草地时，他在后卫部队三十二军担任政委，在粮食供应断绝的情况下，他以病弱之躯，和战士一样吃野草，啃皮带，一个知识分子干部而能如此以身作则，这是他使人折服，说话管用的重要原因。他自己严格遵守纪律，发现违反纪律的现象，立即纠正。他还有一大长处，不管同事性格如何，他都能够团结的很好。王震同志的脾气耿直刚烈，特别是看到令人生气的事情，发起火来谁都怕他几分。但袁老和他团结的很好。常常是王震同志严厉批评了一个同志，袁老便接着做思想工作，他的耐心细致和王震同志的尖锐爽快，可以说是相辅相成。袁老对王震同志有胆有识、有魄力、有作为，很佩服，很尊重；王震同志对袁老这样的高级知识分子，知识渊博，很重视，也很尊重。他们从湘赣革命根据地一直到陕甘宁边区在一起工作，团结无间，结下的友谊很深，罗炳辉同志脾气比较急躁，袁老和他共事，也团结的很好。凡是了解袁老的同志都一致认为："如果有谁和袁老搞不好关系，那责任一定是在对方。"关向应同志说他："为人长厚"，王震同志说他"朴实、厚道"，朴实、厚道、谦和、诚恳，可以说是他性格的本色。是他作为一个政治工作的领导干部可贵素质的一个重要方面。他也有慷慨激昂义愤难以自制的时候，也有遇事不平，内心激动的时候，但他绝不计私怨。有一位湘赣苏区出来的老同志，袁老对这位老同志当时搞肃反扩大化本来很有意见，"文革"中，这位老同志受到冲击，袁老得知后，经常去看他，还有一位在青海一起工作过的老同志，因为执行"左"的政策，袁老和他意见不合，这位同志调走时，袁老因故没去送他，为此一直怀有歉意。以后，他来北京住院，袁老特意前去探视，而且当面表示歉意。袁老襟怀之宽厚，于此可见一斑。

至于他善于联系群众，作风平易近人，关心部属无微不至，那更是同志们公认的，而且心悦诚服。在三五九旅时，下级干部有问题需要解决时，常常写信给他，或者直接找他，从工作问题，干部关系到生活问题，这样的信每天都有十几封。他总是亲自出面回答或授意秘书找有关部门尽量解决。

有的工农干部写给他的信上错别字很多，他一一改正过来，然后寄还本人，解放战争中他在吉林工作时，他的二儿子打仗负伤，就在这时，他接到一个部下牺牲的消息，他心情抑郁，寝食不安，得知那个部下家庭困难，便翻屉掏兜，把手头的钱悉数拿出来，凑了一百多元，亲自写了封慰问信，一并寄给烈士家里。身边一位同志问他："那你自己的儿子呢?"他说"他有组织上管，养养就会好起来。"其体恤下情。感人至深。

* * *

袁老对个人的地位和物质待遇一向淡然处之，因为部队整编，或其他人事因素，他多次从上级领导岗位降到下级单位去任职，甚至从军政委下到师部当秘书，他都以事业为重。服从党的决定，从没听说他有过怨言。建国初期定级，他听说在同一地区工作的一位老同志只定八级，于心不安，便提出把自己从七级降到八级，以后这位老同志高定了一级，他才接受七级。从那以后，他的级别一直未动。组织上两次要给他调级，他主动提出不要考虑他的调级问题。许多他原来的下级，职务级别都超过了他，他安之若素。组织上考虑他年事已高，提出他可以享受一些特殊供应，他不要始终和家属一样享受普通市民的供应。他平素自奉俭朴，滴酒不沾;抽烟剩下的烟屁股，都要捡起来，捏成碎末用烟斗来抽。战争年代他从来没有开过小灶，没有菜吃或菜乏味，炒点辣椒吃，他就觉得很满足了。他的钱，经常用于周济部属和身边的工作人员，进城后，故旧来探望他或来京申诉，有的手头拮据，他常用自己的工资补助其食宿和回去的路费。由于济人之难开支太多，以至去世之后存款无几。他自己不特殊，也反对别人特殊，对那些凭老资格向党伸手的人，他极为反感，谈起这类现象来，一反平素温和之态，皱眉品额，义形于色，在中纪委工作期间，他力主严肃党纪，部下有人摆老资格，他批评起来也是很厉害的。但是，人们不能不服他。因为，在党风方面，他六十年始终如一，自己就是一个很好的表率。

（摘自：《人民日报》1986 年 1 月 20 日）

父子红军袁任远袁意奋 (节选)

袁国祥

在中国工农红军的队伍中，据说出现过 3 对父子红军，而红 6 军团政治部副主任、2 军团 6 师政委、2 方面军 32 军政委袁任远和他的儿子——17 岁在湘西参军的"红小鬼"袁意奋就是其中的一对。在抗日战争中，袁任远当 359 旅政治部主任，袁意奋就在 358 旅任团政治处主任。父子二人同在 120 师战斗工作。同为打败日本侵略者，开辟华北抗日根据地做出过重大贡献。

南疆军区部队是从井冈山走出了的一支老红军部队，为了传承历史，筹建军史馆，我们曾在 2001 年前后，派人寻访过不少革命老前辈。在北京，我和王振功中校也找过袁任远的家，但老首长早在 1986 年，88 岁时因病逝世。他的大儿子，原海军装备技术部政委袁意奋也已 84 岁，虽然有病但仍然接见了我们。他说：父亲在世时，两袖清风，生活非常节俭，有点积累也接济了老家亲友和原来生活有困难的部属。父亲对我们兄妹四人要求非常严格，我们兄妹 4 人工作后，各奔东西，各忙各的工作，很少见面，小弟袁意滋，1977 年由沈阳军区调到空军航空工程部工作，因为他年纪最小，就住在父母那里顺便照顾父母的晚年生活，所以父母逝世后，父母的历史材料，相片都由小弟保存。我这里没有什么材料，我跟小弟打个电话，你们需要什么可以向小弟索取。同时，他谈到母亲的情况时说，我母亲周雪林是位老红军，江西永新人，1929 年参加红军，1931 年入党，曾任红军独 1 师政治部干事，大庸县组织部长等职，跟随二方面军参加了两万五千里长征。长征胜利会师陕北后，她曾任抗日军政大学女生队长，359 旅教导营总支书记，359 旅卫生部政治处主任、政委，359 旅留绥办事处主任。359 旅南下第 2 支队到东北后，她任吉林省邮电局副局长。解放后任湖南省邮政管理局副局长，邮电部市话总局办公室副主任，青海省邮政管理局副局长等职。1979 年因病在北京逝世，终年 71 岁。当我们到空军装备技术部干休所找袁意滋大校时，他已在门口等候我们。他不仅提供了袁任远的历史资料和相片，而且还送给我们一篇他亲自写的纪念父亲的文章，不幸的是，袁意奋将军因久病不愈，于 2007 年逝世，享年 90 岁。这两位誉满全军的父子将军，走完了他们的革命人生，为我们留下了无限的遐思。

在长征路上，袁任远父子各有任务，很少相见。他们在爬雪山，过草地的长征途中不仅要克服高原反应等困难，还要沿途宣传群众，筹粮筹款，扩大红军。在过草地断粮的严峻时刻，走在最后的 32 军先头部队过后连能吃的野草都很难找到的情况下，袁任远总是以身作则，鼓励大家想办法战胜困难，终于将部队安全带到了陕北。

他儿子袁意奋，随着年龄的增长，革命觉悟不断提高，在大庸军分区工作时表现突出，1935 年 11 月，加入了中国共产党，长征开始前，他便到 4 师 10 团，12 团当俱乐部主任，对活跃部队文化生活，鼓舞官兵战斗士气，起了很大作用。1936 年 8 月，经过长途跋涉和无数次战斗考验的袁意奋，在红 2 方面军成立时，他就被调方面军政治部当宣传干事，和他父亲一样先后 4 次爬雪山，过草地，吃草根，啃树皮，历经艰难险阻，还多次参加战斗，一直打到了陕北，完成了光荣的万里长征任务，他也被锻炼成一位优秀的红军干部。

在华北抗日 3 年期间，袁任远主任作为王震将军主要助手，事无巨细，精心处理，在政治工作中独当一面，默默无闻的发挥了巨大作用。他的儿子袁意奋，同样活跃在抗日战场。红军整编后，他任 120 师教导团 1 连指导员，抗大学习回来，任 358 旅教导大队总支书记，走上华北战场，曾任 714 团政治处副主任，主任，在多次反扫荡和"百团大战"中身先士卒，冲锋陷阵，与日寇做过殊死战斗，不愧为一位抗日英雄。抗日战争胜利后，袁意奋任晋绥野战军独立第一旅二团副政委，绥蒙军区七团政委，11 军分区政治部主任等要职。他坚决贯彻中央方针政策，参与大胜了绥蒙战役，胜利完成了南北两线的反顽固派斗争任务，有力巩固和扩大了晋绥革命根据地。

1945 年夏，袁任远出席了中国共产党第七次代表大会。此时，袁任远先后担任吉林省政府秘书长和副主席，除配合部队剿匪，安定社会秩序外，还大力推行土地改革。派大量工作组下乡，发动贫苦农民翻身，砸碎封建枷锁，建立人民政权。曾任过王震秘书的周立波写出的《暴风骤雨》，就是那段工作的生动体现。

在三年多的解放战争中，当时担任绥蒙军区 7 团政委，以后升任 11 军分区政治部主任的袁意奋参加肃清土匪，建设政权，恢复生产，巩固根据地的工作，1947 年初，当国民党 25 万人马大举进攻延安时，袁意奋回到由 358 旅发展起来的晋绥军区第 1 纵队，开赴陕北，保卫毛主席，保卫党中央。1948 年，他担任了 1 军 2 师的政治部副主任，接着又到 3 师 7 七团当政委，不仅深入火线，激励战士，而且亲自指挥打了一个又一个大胜仗。直到大军西进，解放甘肃、青海。打出了一个中华人民共和国。

　　袁任远在湖南工作 4 年，政绩卓著。1953 年，他到国务院任内务部副部长时，曾以全国人民慰问团新疆分团副团长的身份到新疆进行慰问活动，特别是到了喀什，和分别多年的老战友郭鹏、曾涤、左齐、朱家胜见面时，相互拥抱，高兴的流泪。这些情景被我拍了下来，现在来看仍然亲切感人。袁老穿着朴素，平易近人，他在参加慰问大会时，把纪念章和毛巾、茶缸等慰问品发给部队；召集英模人物座谈会，要求继续发扬红军传统，受到了老部下的热烈欢迎。此外，他还到连队认真查看过战士的生活，也到我们政治部进行了访问。当他得知有女同志是两年前从湖南参军来的时候，便亲切询问，并以家乡老前辈的口气，勉励大家安心边疆，做好工作。临行时，还和我们一一握手，合影留念。至于他带来的"香玉剧社"，为部队演出了《花木兰》等豫剧，更是受到了广大官兵的热烈欢迎。

　　袁任远是位德高望重的老同志，他参加革命 60 年，对党忠心耿耿，对敌人嫉恶如仇，对人民全心全意服务。在战争年代，出生入死，不避艰险，英勇战斗。在和平年代，兢兢业业，呕心沥血，坚守对党原则，为人公道正派，他廉洁奉公，生活俭朴，不计较个人得失和物质待遇，对儿孙们要求严格，时常教育他们要好好学习，努力工作。

　　袁意奋是艰苦奋斗出来的老红军战士，他把毛主席"自己动手，丰衣足食"的教导和"南泥湾精神"，带到了天涯海角的榆林。他在那里艰苦创业 10 年，战胜了缺乏淡水、食品、文化设施和与家人长期两地分居等困难，以身作则，带头劳动，大量植树，种菜养猪，不但把基地建成了一个优良军港，而且把荒岛变成了一个温馨的花园。在此期间，他还坚决贯彻中央军委、海军的指示，组织领导了东南沿海对台作战，振奋了军威，鼓舞了士气，也鼓舞了全国人民。但是，在"文化大革命"中，他被林彪集团诬陷为"犯了严重的方向路线性错误"。在处境艰难中，他坚信党和人民，保持着乐观情绪。

1969 年秋，中央军委调袁意奋为 7 院政委。他到 7 院后，坚持党性原则，顶住重重压力，大胆保护和解放了一大批知识分子干部，为我国海军舰船科技事业的发展做出了积极的贡献。

1974 年，随着撤销对袁意奋错误批示的两份文件下发后，他出任海军政治部顾问。为了海军装备技术的发展，组织上将他由正兵团职政委降调正军职海军装备技术部政委，他不计较职位高低，仍然勤奋工作。在工作中，他大刀阔斧拨乱反正，消除文革错误影响，理顺工作关系，狠抓基层建设，为加快海军装备事业的发展提供了思想、作风、组织、制度上的保证，赢得了广东官兵的尊重和赞扬。

袁任远和袁意奋、父子红军，两颗将星，划过中国革命历史的灿烂长空，成为人们永恒的记忆。袁任远名如其人，完成了他一生奋斗的任重道远的革命任务。而袁意奋也名如其人，他意气风发，艰苦奋斗，走完了他辉煌的一生。当他父子携手走到马克思面前报到时，那位大胡子老人肯定会高兴的说，你们不愧为革命父子，因为你们已把毕生精力，献给了世界无产阶级的伟大事业——共产主义。

（摘自：袁国祥：《敬贤集》中国文化出版社，2009 年 9 月版）

回忆袁任远同志回乡二三事

李文典

1954年9月上旬，时任湖南省政府副主席的袁任远同志休假回乡探亲，只带了秘书和警卫员一行三人，轻装简行。他的家乡是距慈利县城60公里的三官寺乡，而我正是当年的老十一区政委，负责安排袁老的接待工作。袁老这次回家探亲在家乡共住了5天，通过一天一夜的长途跋涉，袁老于第二天的下午4时到达了他的祖居，在祖居共住了4天。时间很短，但在这短暂的几天中，我对袁老大公无私、艰苦奋斗的革命精神感触很深，有几件事情，虽时隔多年，现在回想起来，仍记忆犹新，久久不能忘怀。

有功之臣平冤昭雪

谢宝玉，家住三官寺乡双垭村，是个残疾人，人人都叫他谢瘸子，他到底是怎样负伤，怎样致残的，当时是个谜团搞不清。直到1954年袁任远回家探亲，才弄清楚谢瘸子负伤致残的真相。当年，谢宝玉在贺龙部队红二军十团二营一连一排任副排长，1935年5月初的一个上午，他在攻打龙山县时负伤致残。当年，贺龙部队攻打龙山县城，历时一个多月都没有攻破。城内国民党驻军是58师，师长熊少卿。龙山县是一个山城，四面是山，地势险要，城内到处都是防守碉堡，挖的战壕有一米多宽，一米多深，沟的底层都安装了竹签小刀，易守难攻。在一次攻城的战斗中，他们团担负攻打城楼，他的排又担负先遣突击队，他们用云梯爬城攻打城楼，在战斗中他的腿被敌人机枪扫射中弹七发而打断。他当时连人带梯倒在城楼地下，由于伤势很重，流血过多，当时昏迷不醒，像死人一样，当即由担架队抬走，被转移到城外一里多远的大路旁边的草地上。等到天亮时，他才听到大路上有行军脚步声和马蹄声，他猜想这一定是自己的部队。当他看到是贺龙军长亲临前线指挥战斗来了，他就大声喊："贺军长、贺军长，贺军长……"贺军长听到喊叫声，立即停了下来。贺军长看到他的腿被打断，满身是血，伤势很重，便命令担架排排长，安排战士用担架把他抬走，转移到永顺桑木溪后方医院抢救治疗。到医院后，经院长、医生检查研究决定动手术锯腿治疗，手术后，在医院治疗半个多月，才把他转送到后方桑植县枫火村，交给军部政治部负责安排（当时袁任远是政治部主任）继续治疗。到8月份才安排他回家。临走时，政治部的一位同志对他说，回家后不要讲是贺龙部队攻打龙山县城战斗中负伤致残的，不然你就会带来杀身之祸。他回家后，就一直隐瞒事实真相，人家问他，他就说在外面被抓了壮丁，在国民党军队内当兵，打土匪时负伤致残的。一直等到慈利解放了，1950年下半年，他才向当地群众和农会干部说明负伤致残的事实真相。说他是贺龙部队的战士，是红军。但是谁也不相信，说你一会儿说是打红军，一会儿说打土匪，都说他是个骗子，是兵痞，是叛徒，并把他当坏分子看待，还限制了他的人身自由，规定他白天不准下山，晚上不准出门，只能在家老老实实劳动改造。当他听说袁任远回家探亲，他想这次有救了，就立即下山到袁家坪找袁任远，得到袁任远的接见，当听了他讲述在贺龙部队1935年攻打龙山县城受伤致残的全过程，袁老听后，回忆了一下说情况属实。并表示回县后一定向县民政部门帮他核实，尽快解决后就通知他。这时才真正揭开谢宝玉多年含冤背黑锅的谜底，使他得以解脱。等袁老探亲回县后不久，谢宝玉就接到县民政局的平反通知，享受红军待遇，每月发津贴费20元，一等残废军人抚恤金每年150元。家中有困难，每年还享受困难补助。

尊师重教走访三官寺乡中心学校

探亲期间，我陪同袁老走访了三官寺乡中心完小。袁老很重视教育事业，很关心爱护下一代。那天，我们一行四人，步行三华里，到学校看望全体师生，受到全校500多师生的热烈欢迎。为表达对袁老的敬意，校门口写了欢迎标语。师生们手上都拿着小红旗列队欢迎。袁老看了学校的教室、宿舍和食堂，然后又与老师座谈。校长简单地介绍了学校概况和今后的发展规划。袁老还问了寄宿学生的生活情况和老师的待遇问题，并问学校目前有什么困难和要求，大家都表示没有什么困难。校长代表老师说要请袁老为学校题写校名，留作纪念。当即袁老点头答应，并在办公室提笔写了"三官寺乡中心完小"八个大字，当时大家都非常高兴，并以长时间的掌声表示感谢。最后，袁老在师生热烈的掌声中依依不舍的离开学校。

扩招红军，亲自送子参军

袁老探亲期间，给我们讲了他当年回乡扩招红军的故事，1934年冬月，大庸成立了中共湘鄂川黔省革命委员会和省军区，当时袁任远任省革命委员会委员和省军区第一军分区政委，他们为坚定地贯彻中央的战略意图，在贺龙、任弼时同志领导下，率领工作队，配合红军五十三团，在溪口创建革命根据地，组建溪口委员会和溪口区革命委员会。1935年4月，军区派袁任远率领红军16团回到老家三官寺、喻家嘴、赵家岗一带扩招红军（简称扩红），部队到达三官寺后，他们组成三个分队，分赴各地宣传发动群众，动员报名参加红军，很快就形成了群众积极报名参加红军的热潮。当时涌现了很多母送子、姐送弟、妻送郎等送亲人当红军的动人场面，袁老就在这次亲自让自己的儿子袁诒奋参加了红军。经过7天的努力工作，扩招红军千余人，为创建湘鄂川黔革命根据地做出了很大的贡献。

（摘自《难忘的岁月——老同志回忆录之四》，慈利县中共党史联络组慈利县委党史研究室编，2009年9月版）

回忆和袁老的三次见面

袁诒文

袁任远，原名明濂，1898 年农历 4 月生于慈利县三官寺乡朱木村（袁家坪），按党的职务称他是中共中央纪律检查委员会副书记。

1975 年，慈利县委、县政府，组织全县人民开展轰轰烈烈的农业学大寨运动，大搞改土造田，等农田基本建设，需要大量的炸药，有一次，他们在黑龙江齐齐哈尔市采购到一批炸药，因订不到火车皮计划，无法将这批炸药运回慈利，如不及时运回，将严重影响我县的生产建设，县委决定派我去北京找袁老帮忙，这时我高兴极了，渴望已久想和袁老见面的梦想要实现了，9 月 24 日上午乘机去北京，只坐一点四十八分钟就到了北京机场，下机后直接去袁老家里，首次与袁老见面。这次见面真是感慨万千，归纳起来有三点，一是他朴实无华，待人热情、平易近人，没有一点官架子，是我最崇拜的好前辈，好六伯。我们三人到他家后，他特别热情，对我说：诒文，你们三人就住在我家，一起吃饭，不收你们一分钱。我们在他家总共住了七天，在这七天当中他除了帮我们做事以外，还经常问家乡的建设情况，讲革命历史……

二是他关心家乡建设，积极帮慈利办事。9 月 28 日，他亲自跟铁道部长万里打电话，说他的家乡湖南省慈利县在黑龙江齐齐哈尔市有一火车皮炸药，搞不到火车皮计划，无法运到慈利，万里部长立即表态可以，嘱咐第二天到计划司拿手续，过国庆节后派人去黑龙江运货。第二天也就是 9 月 29 日，我们如约到铁道部计划司拿到了写给东指（铁路运输指挥部）的一封信，10 月 3 日由陈育林去黑龙江齐齐哈尔市办了运输手续，只有几天时间，50 吨炸药就运到了慈利。

另外，在此之前他还亲自跟国家计委主任，余秋里打电话，请他帮忙给家乡湖南慈利，搞几台汽车指标，（因汽车指标紧张不易得到，要凭计划供应）余主任答应想点办法，后来搞到三台二吨的货车，（一台给三官寺，一台给喻家嘴，一台给象市），这一次，他还跟交通部副部长周惠要了一台大客车，给了当时的县委招待所。

三是他是一位忠诚的共产主义战士，是久经考验的中国共产党的优秀党员。

几十年来，袁老为革命不怕牺牲，南征北战，参加了著名的二万五千里长征和抗日战争、解放战争，为湖南和平解放等方面做出了很大贡献。

第二次见面

1976 年 9 月 9 日，袁老，塞老（先任）到湖南常德视察工作，地委办通知慈利县到常德汇报工作，县委书记赵树立要我和杨名焕（县招待所长），一同前去，我们三人到行署招待所见到了袁、塞二老，当时他见到我们非常高兴，特别热情，要我们和他们一起吃中饭。原准备下午三点汇报慈利工作，结果只到下午一点多钟就听到伟大领袖毛主席逝世的消息，大家都很悲痛，袁老宣布，你们不用汇报了，我要立刻赶回北京，你们回去要做好吊唁毛主席逝世的准备。回来后，县委作了布置，全县乡镇从 9 月 11 日到 17 日设灵堂吊唁伟大领袖毛主席逝世。这次见面，我感受到他对毛主席的无限忠诚。

第三次见面

1982 年 4 月 2 日袁老回到慈利，住县招待所，4 月 3 日，我和爱人周艳萍（周的母亲张德俊 1926 年曾与袁老在石门白洋湖一起工作），到招待所看袁老。其次，我即是他的亲人，又是接待他的工作人员，袁老在慈利期间，我一直都陪着他，他这次回慈利县是想到三官寺乡袁家坪看看的，县委考虑他年岁已高，路不好走，乡里条件较差，就劝他不要到老家去了，就通知老家的亲属到城里见面吧！他经过考虑后，表示同意，并跟我交待，并跟我交待，一家来一个人，不要来多了，于是我按他的意图通知了贻欢、贻庸等近 20 人，于 4 日上午到县里见面了。大部分人只吃了两餐饭，住了一宿就回去了，只有 4、5 个人住了两天，在时间的安排上也比较紧，他 2 日到县，3 日听取县委的工作汇报，4 日和亲戚见面谈家常，5 日看望母校并参加栽树，6 日应县委邀请座谈慈利党史方面的情况，7 日和亲属继续叙旧，一起照相留念，8 日离慈回北京。这一次见面我感受最大的有四点：

第一、他非常廉洁。和普通人一样，不搞特殊化，在县委招待所住普通房，睡普通床、吃普通餐，不大吃大喝，不讲排场，不要县里花钱。

第二、他不以权谋私，不利用职权安排亲人，如有些亲人想找他帮忙，在外面找份工作，他都一一解释，做思想工作，拒绝了他们的要求。

第三、他对母校慈利中学特别留念。

第四、他对子女培养教育很好。三儿一女都是国家工作人员，是一个革命大家庭。

（摘自《难忘的岁月——老同志回忆录之四》慈利县中共党史联络组中共慈利县委党史研究室编，2009 年 9 月版）

袁任远回母校

赵精华

　　1982年春暖花开的季节，中纪委原副书记袁任远同志回到了阔别已久的家乡慈利，踏上了他魂牵梦萦的故乡热土，4日5日上午10点，袁老在省领导刘夫生、万达、市、县领导刘春樵、赵树立的陪同下专程来到他的母校——慈利中学旧址，（1981年改为慈利四中校址）。这天，天气格外晴朗，阳光普照，整个校园一派节日气氛，慈利四中全体师生静静迎候远方的客人，当袁老一行乘车来到学校时，校园里立刻响起了掌声和欢呼声，全体师生热烈欢迎从这里走出去的革命老前辈，袁老亲切地挥手向师生们致意，激动地说："同学们，老师们，我是多么的想念母校！"随后袁老不顾旅途的疲劳，高兴的在校园里每一处看一看，走一走，还来到师生中间，询问教师的教学情况和学生的学习情况，慈利四中领导向袁老汇报了学校现有的规模、教育教学情况以及今后的发展，袁老听了十分高兴，"学校有了很大的变化，发展很快，办学取得了很好的成绩，今后要发扬成绩克服困难，搞好教育教学改革，不断前进，要为本地培养更多的人才，同时，要为国家输送更多优秀的人才。"当看到一位年轻的女教师怀中抱着小孩时，袁老走上前去慈祥地问道：小孩多大了？家中有几个小孩？得知这位女教师只生一个小孩时，袁老关切地说："好！要响应国家号召，实行计划生育。"

　　稍事休息后，袁老和随行的省市县领导同师生一起挥锹培土，在新落成的教学楼前种上一排水杉树，不一会，8 棵绿绿的水杉稳稳地立于校园中，微风拂过，枝叶摇曳，仿佛在向大家点头致意。参加植树的师生和前来看望袁老的亲属们簇拥着袁老等领导在刚刚植下的水杉前合影留念。校园里传出一阵阵朗朗的欢笑声，中午 12 时许，袁老一行离开学校，回到他下榻的慈利宾馆。临别时，全校师生依依不舍，许久许久还沉浸在无比的幸福和喜悦之中。

一晃 20 多年过去了，袁老种下的幼树，现已经长成参天大树，叶茂枝密，巍然挺拔，学校一直安排专人管理，让它永远长青。学校还把袁老等老一辈革命家早年在此读书活动的情况以及袁老回母校植树的故事作为德育教材，列入每年新生入学的必讲内容，激励一批又一批后来人发愤图强，报效祖国。

（摘自《难忘的岁月——老同志回忆录之四》慈利县中共党史联络组中共慈利县委党史研究室编，2009 年 9 月版）

附录：（三）收入慈利县志的袁家五人简历

袁任远简历

袁任远，男，1898 年农历 4 月生，汉族，大学文化，中共党员，慈利县三官寺株木岗村人。原系中共中央纪律检查委员会常委、副书记，中央顾问委员会委员。

1922 年毕业于湖南法政专门学校，1925 年加入中国共产党，是慈利县党组织创始人之一。1928 年在石门领导南乡武装暴动。1929 年参加广西百色起义，后任红 7 军第 2 纵队政治部主任。1931 年起，先后任湘赣独立 12 师政委，红 8 军政治部主任，中共湘鄂川黔省委委员、秘书长，六军团政治部副主任等职，在长征中任 32 军政委。抗日战争时期，先后任八路军 120 师 359 旅政治部主任，绥德专员等职。解放战争时期，先后任中共吉林省工委委员、永吉地委书记，东北民主联军独立 11 师政委，吉林省政府秘书长、副主席等职。1949 年 8 月，湖南和平解放后，任湖南省政府副主席。1954 年以后，历任政务院内务部副部长，中共青海省委书记、省长，中共中央监察委员会常委。党的十一届三中全会上，当选为中共中央纪律检查委员会常委、副书记。1982 年党的第十二次全国代表大会上当选为中央顾问委员会委员。是中共七大、八大代表，第五届全国人大常委，第四届全国政协常委。

1986 年 1 月 2 日，因病在北京逝世，享年 88 岁。

袁意奋简历

　　袁意奋，男，1917 年生，汉族，大学文化，中共党员，慈利县三官寺株木岗村人，原系海军装备技术部政委，少将军衔。

　　1934 年参加中国工农红军，1935 年加入共青团，同年 12 月转入中国共产党。土地革命时期，先后任红 2 方面军政治部宣传干部，红 2 方面军第 4 师 10 团、12 团俱乐部主任，参加了湘鄂川黔革命根据地的反"围剿"斗争和长征。抗日战争初期任八路军 120 师教导团连指导员，1938 年入抗日军政大学学习。1939 年起，历任 120 师教导营总支书记，358 旅 714 团政治处组织股股长，团政治处副主任、主任，参加了百团大战和晋西北反"扫荡"、反"蚕食"、反"封锁"及保卫陕甘宁边区的斗争。解放战争时期，先后任晋绥野战军独立第 1 旅 2 团副政委，晋绥军区第 7 团政委、11 军分区政治部主任，第 1 野战军 1 军 2 师政治部副主任。先后参加过绥包、西府、陇东、荔北等战役。新中国成立后，任海军学校一分校政委。1954 年入苏联伏罗希洛夫海军学院学习，1958 年毕业回国后，历任南海舰队湛江基地政委、榆林基地司令员兼政委，海南军区副司令员，国防部第七研究院政委，海军政治部顾问，海军装备技术部政委等职。1964 年晋升为少将，曾荣获二级解放勋章、二级独立自由勋章、二级八一勋章和一级红星功勋荣誉章。

袁意渊简历

袁意渊，男，1922年4月生，汉族，初中文化，中共党员，慈利县三官寺株木岗村人。原系广州铁路局计划处处长（副厅级离休）。

1940年6月毕业于省立常德三中。1940年8月在延安120师359旅参加中国人民解放军，同年加入中国共产党。1941年5月至1944年10月在延安359旅参谋训练队学习。1944年10月至1946年5月在南下支队（由359旅组成，南下湖南、广东）司令部任参谋。1946年6月任湖北中原军区司令部参谋，随后突围北上。1947年6月任湖北江汉军区第二支队副参谋长。1949年8月转业到广州铁路局工作，先后任长沙铁路分局局长、广州铁路运输处长、计划处长。1982年离休（副厅级）。

袁意滋简历

袁意滋，男，1936 年 2 月生，湖南省慈利县三官寺株木岗村人。中共党员。原系空军第一研究所副所长，大校。

1953 年 7 月入伍，在空军第八预科学校学习，任学员。1954 年 4 月，转入空军第十航校学习，任学员。1955 年 4 月毕业，分配到空军航空兵部队工作，任机械员。1957 年，在第八航校学习，任学员。1960 年 7 月毕业，分配在空军航空兵部队，先后任机械师，分队长，副中队长，中队长，团副参谋长，机务大队长。1977 年，调中国民航总局，任处长。1979 年，任空军航空工程部（后改为装备部）外场部正团职副处长。1983 年，任空军第一研究所副所长。同年，率空军专家组赴巴基斯坦，解决巴空军飞机技术问题。1987 年——1989 年，任空军专家组副团长，赴坦桑尼亚培养其空军飞行员和机务人员。

1988 年，任空军调研室调研员。同年，被授予空军大校军衔。1991 年退休。

袁海俊简历

袁海俊，男，1955年3月出生，汉族，大学文化，中共党员，慈利县三官寺竹木岗村人，现任中国航天时代电子公司（央企）总经理助理兼长征火箭技术股份有限公司高级顾问，高级工程师。

1970年至1976年在海军航空兵第二十八团任技师，期间1973年6月加入中国共产党。1976年至1978年在国家海洋局第一研究所任技术员。1978年至1980年在海军电子工程学院学习。1980年至1986年在海军驻青岛造船厂军代表室任军代表。1986年至1988年在海军政治学院学习师团政工专业。1988年至2005年在海军驻航天部系统军代表室历任副总代表，总代表、大校军衔。2006年调任中国航天时代电子公司总经理助理兼航天火箭技术股份有限公司高级顾问，高级工程师。

先后发表论文多篇。其中：《航空导弹系统模拟训练器》、《潜艇导弹通用规范》分别获得军队科技技术进步三等奖、四等奖；《增强装备的环境适应能力问题》，《可靠性工程当前主要研究的几个问题》分别为第七、八届战术导弹武器系统可靠性应用交流会论文；《对在研导弹合同管理中存在问题的探讨》、《潜地弹道导弹星光制导系统研制现状》分别发表于《海军装备杂志》，《21世纪海军装备技术发展论坛》。1997年立三等功，2003年在军内因领导完成国家重点工程项目成绩突出记集体三等功。

附录：（四）鸣谢采访人员名单

《芙蓉骄子》采访创作答谢名单

有道是，"众人拾柴火焰高"。《芙蓉骄子》的采访和创作过程，是在军队和各级地方党委和政府、各级党史部门、袁任远家人及众多同事和朋友的支持帮助下，才得以完成的。在本书成书之际，作者在此致以特别诚挚地感谢：

单位：

海军政治部干部部，海军南海舰队后勤部政治部，海军榆林基地，海军大连指挥学院，张家界市委、市政府，百色市委、市政府，湖南省委党史办，青海省委党史办，张家界市委党史研究室，百色市委党史办，百色起义纪念馆，绥德市委党史办，桂林市广电局，慈利县委、县政府，慈利县委宣传部、党史办，桑植县委党史办，石门县委宣传部、党史办，榆林军分区党史办，北京湘赣星火文化传播有限公司。

个人：

亲属： 袁意渊　袁碧宇　袁贻滋　金云汉　郭爱民
　　　 袁向宁　袁海英　袁新海　袁海俊　周　颖
　　　 袁大新　袁金霞　李　钢　袁　春　袁　涛
　　　 袁谋奇　连伟历　唐艳红　连伟英　袁谋勇
　　　 袁慧煌　袁宏卫　袁新军

（以下以采访先后为序）

北京： 夏　平　刘学军　曾　豹　李　军　郭永才

苗汝鹏　　马桂芝　　崔开成　　苏　萍　　曹石亭
王兰英　　王允罡　　姚　明　　阴法舜　　左　凌
李家许　　高　源　　滑　巍　　路晓光　　唐建明

湖南：杜芳禄　　王江华　　覃仪涵　　杨慈安　　朱法栋
　　　于　平　　周洪森　　柳朝阳　　赵　健　　何小飞
　　　朱法国　　黎盛元　　满益明　　余忠明　　孙　凯
　　　艾新华　　吴扬德　　周保林（柯云）　　王佳林
　　　吴贤龙　　田红春　　杜汉中　　曹淑仙（澧兰）
　　　袁贻悦　　杨文友　　柳春华　　孙　超　　陈金平
　　　张海峰　　宋帖蔚　　杨祥林　　娄协成　　詹腊珍
　　　王浦堂　　陈俊武　　周训典　　唐明哲　　周友林
　　　张吉全　　刘狂彪　　谢应林

广东：陈海林　　苏　兰　　郑世芳　　郝云飞　　杨青山
　　　肖　鼎　　吕林翰　　"首长"　　董顺卿　　郑玉峰
　　　田美英　　黄中东　　张　敏　　柳亚青　　柳亚新
　　　柳晓光　　邹贤河　　罗伟宏　　徐东平　　王民慰

广西：范　力　　黄桂宁　　李　滨　　韦宝昌　　黄汉儒
　　　黄　芬　　李文彬　　李汉春　　蔺艳超　　陈　陵
　　　潘桂玲　　黄丽娟　　黄建清　　叶　枫　　王永鑫
　　　文根久　　龙送军　　任伟志　　陈俊峰　　甘莉莉
　　　卢　澳

海南：陇国军　　杨华辉　　杨年邦　　张志鲁　　陈明春
　　　何　博　　陈忆重　　燕虎

陕西：李　强　　郝爱萍　　武旺雄　　常玫宁　　高　峻
　　　刘　飞　　刘维德　　刘维忠　　刘　林　　刘　龙
　　　刘俊皋　　常春如　　柳维和　　郭成海　　刘　勇
　　　刘　峰　　刘光明　　刘星明　　徐永红　　翟巧飞
　　　孙　瑞

辽宁：曹助雁　王树君　林荣祯　张梦梓　寇　雷
南京：徐执提
青岛：周　强　薛　洪　刘本涛
新疆：郭红霞　贾爱玲　刘　桦　宁　燕

　　笔者还也特别感谢袁老的孙子袁海俊、孙媳周颖夫妇，在收集资料、配合采访、保障协调等方面，给予了全力配合和支持，为本次创作活动顺利进行提供了良好的环境和氛围。

　　还要感谢我的爱人兼助手张东亚，从创作策划、采访拍照、材料打印，文字校对、作品审读等环节，都付出了辛苦的劳动，提出了很多建设性意见和建议。

附录：（五）

主要参考书目

1.《征途纪实》袁任远著　湖南人民出版社 1985 年 11 月版

2.《毛泽东选集》人民出版社 1991 年 6 月版

3.《中国共产党史》中共党史研究室著　中共党史出版社 2002 年 9 月版

4.《李先念传》（1909—1949），朱玉主编，中央文献出版社，1999 年 6 月版

5.《王震传》王震传编写组　当代中国出版社 1999 年 8 月版

6.《刘华清回忆录》刘华清著　解放军出版社 2004 年 8 月版

7.《王尚荣将军》王尚荣将军编写组　当代中国出版社 2000 年 1 月版

8.《铁骨英风——张启龙传奇人生》张光彩编著　中共党史出版社 2012 年 1 月版

9.《红军长征史》中共中央党史第一研究部编　中共党史出版社 2006 年 3 月版

10.《红军史》郭德宏　阎景堂　青岛出版社 2006 年 10 月版

11.《八路军史》张立华　董宝训　青岛出版社 2006 年 1

月版

12.《解放战争》（上下）王树增著，人民文学出版社，2009 年 8 月版

13.《解放战争实录》（上下）谢立夫著，河北人民出版社，1990 年 8 月版

14.《解放战争史话》张平　杨骏　吕英　乔希章编著，中国青年出版社 1987 年 12 月版

15.《解放战争回忆录》（增订版）红旗飘飘编辑部，中国青年出版社，1961 年 1 月版

16.《解放战争时期内蒙古骑兵》钱林豹著，内蒙古大学出版社，1989 年 12 月版

17.《薛宏福诗文集》蒋岚啸　编中共宁夏回族自治区委员会党史研究室审稿　2003 年 7 月版

18.《西北解放战争纪实》袁德金　刘振华著　人民出版社 2003 年 1 月版

19.《战地女杰——长征中的红军女战士》常敬竹著　中共党史出版社 2006 年 1 月版

20.《慈利县志》农业出版社 1990 年 12 月版

21.《慈利六十年》（1949—2009）中华出版社 2009 年 5 月版

22.《绥德县志》三秦出版社 2003 年 7 月版

23.《子洲县志》陕西教育出版社 1993 年 10 月版

24.《榆林市军事志》山西人民出版社 2006 年 3 月版

25.《中国共产党慈利地方史》中共慈利县委党史研究室编中共党史出版社 2005 年 7 月版

26.《慈利党史大事记》慈利县中共党史联络组、慈利县史志办公室编　2001 年 6 月版

27.《慈利党史人物传》慈利县中共党史联络组、中共慈利县党史研究室编　2002 年 12 月版

28.《中共石门地方史》中共石门县委党史办　中共党史出版社 2005 年 7 月版

29.《先辈的嘱托——红二六军团后代寻访录》中共张家界市委党史研究室编　中共党史出版社 2012 年 7 月版

30.《慈利红军》杨年耀　柯云　中国文联出版社 2011 年 6 月版

31.《军旅生涯——曹石亭回忆录》时代出版社 2011 年 7 月版

32.《难忘的岁月——老同志回忆录之四》慈利县中共党史联络组　中共慈利县委党史研究室编

33.《石门英雄传》石门县党史办　石门县民政局编

34.《子洲文史资料》（第二辑）中国人民政治协商会议子洲县委员会文史资料委员会编

35.《中国共产党百色市历史》中共百色市委党史办公室编著　广西人民出版社 2011 年 5 月版

36.《百色起义人物志》中共广西区委党史研究室　中共百色市委党史办公室编　广西人民出版社 1999 年 12 月版

37.《百色起义史稿》中共广西壮族自治区党史研究室中共百色市委员会党史办公室编著　广西师范大学出版社 2004 年 8 月版

38.《千里来龙——红七军》徐建军　韩永保著　广西人民出版社 2011 年 9 月版

39.《百色风雷》百色起义纪念馆编　广西人民出版社 2009 年 12 月版

40.《红城百色》黄芬编著　中国文联出版社 2012 年 12 月版

芙蓉孩子——

听『历史』讲述：『袁老』家的国事家事

41.《我的父亲与红七军》广西百色起义纪念馆主编　湖南大学出版社 2011 年 10 月版

42.《百色市志》广西壮族自治区百色市志编纂委员会编　广西人民出版社 1993 年 6 月版

43.《张家界之神奇东大门》曹淑仙编著　中国文联出版社，2011 年 11 月版

44.《走进榆林》任德存主编　陕西旅游出版社 2005 年 9 月版

45.《娄澧风》（期刊 8 册）慈利县文联主办

46.《石门文史》期刊资料（4 册）石门文史编委会编

47.《情系沧海热土》徐世平著

48.《红六军团史稿》李荣春　周维祝著

49.《敬贤集》袁国祥　中国文化出版社，2009 年 9 月版

50.《陕北民俗》郝安忠著，陕内资图批字（2009）EY54 号

51.《二十六史》海南出版社　1999 年 7 月版

各地相关档案资料若干

◎ "袁老峰" 袁慧煌摄

情驻袁老峰

(代后记)

张家界是袁老的故乡，也是笔者创作传记报告文学《芙蓉骄子》采访的最后一站。当今的张家界被誉为中国最重要的旅

游城市之一，这里地处湘西北，澧水中上游，东临八百里洞庭，西望湘、鄂、川、黔，1992 年，联合国教科文组织将其所辖的武陵源风景名胜区列入了《世界遗产名录》。武陵源风景四季多彩，秀美迷人，中外游客，络绎不绝。

2012 年冬月，我们一行数人，冒着薄薄的轻雾，走进了著名的金鞭溪峡谷。在景区入口处，陪同前来的小张提醒我们，这里就是闻名遐迩的"天然氧吧"，每立方厘米负氧离子含量超 10 万个，高于其他地方数十倍乃至数百倍。我们正在惊诧，但听得旁边的导游向游客们发出提示："大家到这儿要做三件事，第一是深呼吸，第二是深呼吸，第三还是深呼吸——"，在导游的"导引下"，游客们个个作深呼吸状，场面很是有趣。

我们没有加入"深呼吸"的行列，因为我们怀有心事，那就是，去找寻当年红军撤离湘、鄂、川、黔根据地时的行进路线。我们沿着金鞭溪西行，清澈的溪水，悄然流淌，无声无息，要不是水中有波纹摆动和水草漂浮，根本看不出水的模样。两边幽深的山崖上，植被很厚，虽已是冬天，可大树的叶子还是绿绿的，绿得有些遮天蔽日。顺着溪流的走势，为行人修葺的蜿蜒的石板路长满青苔，上下高矮踏上去很舒适。偶有鸟鸣声传来，还有林间窜来蹦去猴子们，更衬映出周边的宁静。从谷底抬头望去，张家界独有的奇峰千姿百态，幻化无常，时而状似各种人形，时而形似各类禽兽，时而温文尔雅，时而凶险吓人，像是一个巨大的"万花筒"，游人们一边走，一边欣赏，一边根据各自的审美和想象力，揣摩山的形状，兴致盎然，毫无疲倦之感。连我们也禁不住为几个山峰"命名"："蛇王吐信"，"小象祈福"，"老叟秘话"……

　　大约走了一半的样子，我们来到一个小岔道处，金鞭溪从这儿分出一股溪水向西北方向流去，在两条溪水汇合处有一座小桥，桥上赫然写着"红军桥"三个字。随同前来的小张告诉我们，1934 年 11 月，2、6 军团从桑植撤离湘、鄂、川、黔根据地转移时，就是经过这里朝东南方向迂回行军的，这座小桥因此得名"红军桥"。哦，原来是这样！我们禁不住朝西北方向的小路望去，西北方向的那条峡谷没有进行开发，保持着原始森林的样子。小张进而告诉我们，西北向的小路也能走得通，只是没有这边好走。来这里游玩的人，很多人都不到"红军桥"上来，说这是一条"不归路"……怎么会这样?！红军长征的确很艰险，是一条艰苦卓绝的路，但也是中国革命通往胜利的路啊！正是当年红军勇于牺牲，敢于胜利，敢于战胜一切困难的大无畏的精神，才有了五星红旗飘扬的新中国啊！假如一个人失去精神支柱，后果将会非常悲惨的。

　　我久久地看着那条通往西北方向的小路，原始森林中似乎闪现着包括袁老在内的红军战士艰难跋涉的身影。78 年前，贫瘠的湘西北人民无力给红军带足长征所需要的衣衫粮秣，只能《门前挂盏灯》，默默地为子弟兵送行：

　　　"睡到那半夜过，门口嘛在过兵，
　　　婆婆（地个）坐起来，侧着嘛耳朵听。
　　　不要那茶水喝，又不喊百姓。
　　　只听那脚板儿响，不见嘛人做声。
　　　……
　　　大家都不要怕，这是贺龙军。
　　　红军那个多辛苦，全是为穷人。

媳妇你快起来，门口嘛挂盏灯。

照在地个大路上，同志们好行军……"

　　家乡的土地也无以给自己的子弟兵更多温暖和希冀，只有"送上"缕缕寒风中尚且发绿的树叶，树上无人尝过的野果，以帮助红军挨过饥饿的草地；"送上"满含乡情的"高浓度的负氧离子"，希望这些能帮助红军翻过缺氧的雪山；"送上"冰冷但很清澈的溪水，为缺医少药的红军伤员清洗伤口……

　　我相信，当年红军战士从这里走过，根本没人发现这里的景致有多美好，因为他们是低着头，走着没有路的路；他们扒着树林草丛前行，只为尽早脱离敌人的围剿；他们是咬着牙，拼着身家性命，要把"星星之火"在中华大地上燎原！红军战士们从这里走过，没人知道他们的姓名，没人知道他们最后的下落，可当年他们什么也不想，只是一门心思的前进，前进，前进！战斗，战斗，战斗！

　　80年后，我们站在红军桥上，看到茂密的树林掩映了红军留下的足迹，但我们相信，红军的精神永远不会从中华民族的血脉中消失。

　　怀着崇敬而复杂的心情，我们离开红军桥准备沿金鞭溪继续西行。转过一个弯道，前面是一段开阔地段。我带着刚才的思绪仰天长叹，猛然间，在我正前方的一座山峰，让我惊呆了——我简直不相信这是真的！这座山峰是由一组山峰组成，下半部连在一起，上半部分为南北两个山峰。面朝北的那个山峰，壮阔高大，与之相对的那个山峰，个头只有南面山峰的一半，就像一个娇小的女人，"二人"相互深情凝视。两座山峰之间有一片树林（张家界的山峰顶部都有树木，此为一绝），就像两个人紧紧抱在一起的胳膊。更令我惊奇的是，从东南向西北角度看去，还有一个小山峰"趴"在北面那个小山峰上，就像女人背篓里的孩子，在这组山峰东侧近旁，还有三个高、中、底三个小山峰，犹如三个未成年孩子，围绕在父母身边。

大自然的鬼斧神工简直不可思议！这场景与袁老离开家乡长征时的情形一模一样：1935 年 11 月离开家乡长征，袁老 17 岁的大儿子意奋跟他一起当了红军；二儿子意渊 12 岁，想参军没走成；女儿碧宇 8 岁；小儿子意滋，于袁老走后 3 个月出生。袁老当年抱着决死的信念，从金鞭溪走向远方，奔赴革命疆场。由此，我想到了一句古话："汤武革命，顺乎天而应乎人"（易·革·象辞）。当年，商汤起兵推翻夏桀的暴政，被赞誉为"顺天应人"为世代传颂。红军战士为解民众于水深火热，为谋求中国走向光明未来，吃尽人间苦中苦，历经人生难中难，前赴后继，舍生忘死，抛家舍业，这是大仁大德之心胸，义薄云天之壮举，感动了全中国人民，也一定会感动上苍。如今，贺龙元帅安眠在张家界天子山顶，与日月相伴。而袁任远夫妻长征、父子长征、两代将星、全家革命的事迹，也被大自然"幻化成真"，永久镌刻在天地之间！这意外的发现，着实让我们一行人领教了什么叫作"感天动地"，什么叫作"天人合一"——

在无尽的感动和惊叹中，一个名字几乎从我们所有在场的人的心中一起呼出："袁老峰"！就在此时，一团薄薄的"云雾"悄然蒙上了我的眼睛，这是我的泪水，我被"上苍的有情有意"感动得流泪了……

我们依依不舍地与"袁老峰"告别的时候，心情还未能平静。马上，我们又被"惊诧"了一回。不远处，树立着一个景观标识牌：千里相会。导游解释说，这座山峰是古时候有一个武士告别家乡多年，战争结束后与家人在这里重聚幻化而成。思路相近，但我还是觉得称其为"袁老峰"与现实的事例契合度更高，也更符合"上苍"的初衷。既是"见仁见智"，于是笔者心里就有了下面几句诗：

千里相会"袁老峰"，置身缘在感动中。顺天应人红军路，洒尽热血迎大同。

李文庆

2013 年 5 月 31 日于青岛

图书在版编目（CIP）数据

芙蓉骄子：听"历史"讲述："袁老"家的家事国事 / 李文庆著.
—北京：中央文献出版社，2013.12

ISBN 978-7-5073-4013-6

Ⅰ.①芙… Ⅱ.①李… Ⅲ.①袁任远—生平事迹②袁任远—
家族—研究 Ⅳ.①K827=7②K820.9

中国版本图书馆 CIP 数据核字（2013）第318791号

芙蓉骄子——听"历史"讲述："袁老"家的家事国事

著 者：	李文庆	
责任编辑：	彭 勇	
封面设计：	张东亚 孙彦红	
责任印制：	寇 炫 郑 刚	

出 版：中央文献出版社

地 址：北京西四北大街前毛家湾1号

网 址：www.zywxpress.com

邮 编：100017

发 行：中央文献出版社

新经典文化有限公司

销售热线：010 - 68423599

邮 箱：editor@readinglife.com

排 版：北京方方照排中心

印 刷：北京汇林印务有限公司

680mm×960mm 16 开 37 印张 432 千字

2014 年 1 月第 1 版 2014 年 1 月第 1 次印刷

ISBN 978-7-5073-4013-6 定价：80.00 元

版权所有 违者必究